Research Methods in Education

教育研究方法

第三版

刘良华◎著

华东师范大学出版社

·上海·

图书在版编目（CIP）数据

教育研究方法 / 刘良华著. —3 版. —上海：
华东师范大学出版社,2021
ISBN 978-7-5760-1678-9

Ⅰ.①教… Ⅱ.①刘… Ⅲ.①教育科学—研究方法
Ⅳ.①G40-034

中国版本图书馆 CIP 数据核字(2021)第 078775 号

教育研究方法(第三版)

著　　者	刘良华
责任编辑	李恒平
责任校对	范　薇　时东明
装帧设计	卢晓红

出版发行　华东师范大学出版社
社　　址　上海市中山北路 3663 号　邮编 200062
网　　址　www.ecnupress.com.cn
电　　话　021-60821666　行政传真 021-62572105
客服电话　021-62865537　门市(邮购)电话 021-62869887
地　　址　上海市中山北路 3663 号华东师范大学校内先锋路口
网　　店　http://hdsdcbs.tmall.com/

印　刷　者　常熟高专印刷有限公司
开　　本　787毫米×1092毫米　1/16
印　　张　16.75
字　　数　381 千字
版　　次　2021 年 5 月第 1 版
印　　次　2025 年 6 月第 13 次
书　　号　ISBN 978-7-5760-1678-9
定　　价　49.00 元

出 版 人　王　焰

(如发现本版图书有印订质量问题,请寄回本社客服中心调换或电话 021-62865537 联系)

目 录

第1单元 研究设计

第2单元 怎样做实证研究

第3单元　如何分析与写作

第三版前言

本书第三版虽然保留了第二版的 9 章，但对每一章都作了修改和调整。

第 1 章增加和调整了两个内容。一是"走向叙事研究"，将叙事研究界定为实证研究中的"质的研究"。它是一种研究范式而不是具体的研究方法。讨论了教育叙事研究的类型、教育叙事研究是否可以虚构以及何谓好的教育叙事研究。二是改写了"走向有理论视角的实证研究"。

第 2 章改写了理论视角和关系视角，同时在对立统一关系中增加了冲突视角。实际上，冲突视角也是关系视角。源自康德范畴理论的关系视角其实是形式上的关系视角。而冲突视角是实质上的关系视角。按照康德的范畴理论，整个世界处于三个形式上的关系之中：表里关系、因果关系和对立统一关系。三个形式上的关系囊括了整个世界的存在形态。除此之外，不存在别的形式上的关系。任何问题，都可以从三个形式关系之中的任何一个关系或两个、三个关系的视角得到解释和说明。同样，整个世界也处于三个实质上的关系之中：主客关系、主奴关系和情理关系。三个实质上的关系囊括了整个世界的存在形态。任何问题，都可以从三个实质关系之中的任何一个或两个、三个关系的视角得到解释和说明。另外，研究者也可能将新观念、新材料或新工具作为研究的视角。这是比较弱的研究视角。

第 3 章改写了"文献阅读与名著阅读"的讨论。本章特别强调，阅读名著时，可考虑三个步骤：一是直接面向名著本身，但读不懂时，不要硬读，要借助权威解读。二是先入为主，带着自己的观点与名著对话；三是批注并引用，以写带读。

第 4 章改写了教育行动研究，强调批判的行动研究对于实践的行动研究和科学的行动研究的重要意义。同时增加了思想实验一节，主要关注哲学实验、文学实验和德育两难问题实验。

第 5 章改写了人类学研究，增加了有关课堂话语分析和视频图像分析的内容。在教育观察研究中，课堂互动以及课堂话语研究是一个重要的研究方向。由于这样的观察最好有录像录制成课回放和转录成文字的视频，所以，也被称为"视频图像分析"。

第 6 章改写了历史的考证研究和历史的叙事研究，特别按照主客关系、主奴关系和情理关系的分析框架,对第二版的历史的话语分析做了较大的改写。

第 7 章是新增加的一章,重点讨论三个部分:一是抽样与测量,包括抽样方法、信度和效度、变量的测量类型;二是描述统计,包括集中量数:样本集中量的描述、差异量数:样本差异量的描述、地位量数:样本相对位置的描述;三是推断统计,包括参数估计、显著性差异检验、相关性检验。最后讨论了统计方法的拓展,回应教育研究中经常遇到类似的问题:如何描述学生的成绩?怎么回答"成绩受到其他因素的影响"?怎么回答类似"家庭社会经济地位不仅影响学生成绩和家庭教养方式,家庭教养方式又影响学生成绩"这样的问题?

第 8 章将第二版中的第 7 章"怎样撰写实证研究报告"和第 8 章"怎样撰写哲学研究论文"合并而成。第 8 章的标题调整为"怎样撰写论文"。第 1 节的标题调整为"实证研究报告的语步与次语步",本节内容几乎全部重写,重点讨论如何撰写摘要、引言与文献综述;如何撰写研究设计或方法论;如何撰写结果、讨论与结论。第 2 节标题为"怎样撰写思辨研究论文"。本节内容大体保留了第二版的写作思路。第 3 节标题为"论文写作中的价值判断及其争议",对于第二版做了较大调整。

第 9 章关注了转引和间接引用的问题。第三版特别补充了有关学术不规范或抄袭的相关说明:有学术规范意识的学者绝不会轻易采用"转引"。如果某个研究者所"转引"的文献是常见的或容易获得的文献,那么,就说明这个研究者是一个不懂学术规矩的初学者或这个研究者缺乏基本的学术规范意识。

有一种比较常见的学术不规范或学术偷懒行为:采用"标头"的方式,在某章或某节的标题后面采用脚注的形式声明,"本章"或"本节"主要参考了某某专著或某某论文。然后,明目张胆地大量借用相关文献的资料。如果属于"编"或"主编"的材料,只做笼统的注释然后大量借用他人资料,尚可以理解(尽管也不规范)。

但是,如果属于学位论文或专著,在章节的标题后面笼统注明参考某某文献,然后大量采用他人的研究材料,就是比较严重的学术不规范,而且是比较严重的学术抄袭。学位论文或专著的基本原则是:凡有引用,必有注释。而且,不能大段引用他人的话语。这增加了学术写作的难度,但也说明学术研究是有规则的,研究者需要对学术研究有基本的敬畏感。

实现教育强国的战略目标,面临很多理论和实践问题。既要有教育关怀的热情,也要有科学研究的方法。针对这个问题,本书增加了相关问题的讨论以及进一步阅读的文献、网站等资源,提供了更多的直面当前中国教育改革热点和难点的研究范例。

第二版前言

　　本书直接指向本科生或研究生的学位论文写作,把"有视角的实证研究"作为一个值得追求的方向。本书开篇就告诉你,为什么实践研究不适合作为学位论文的研究方法?为什么思辨研究是艰难的?为什么要"走向实证研究"?本书的特色在于,它鼓励你从那些优秀的论文尤其是学位论文的案例中领悟如何做研究,而并不条分缕析地为各种具体的研究方法提供定义和解释。

一、本书的追求

　　本书的总体追求是鼓励你做"有视角的实证研究",谨慎选择思辨研究,而尽量避免采用实践研究的方式提交学位论文。在这个前提下,本书针对你可能遇到的困惑作出相关的回应。你所关心的问题,在本书的某个章节中也许可以找到答案。

　　你可能会问,究竟有哪些可选择的教育研究方法?思辨研究、实证研究和实践研究有什么差异?实践研究包括哪些具体的研究方法?为什么不可以采用实践研究的方式提交学位论文?思辨研究包括哪些具体的研究方法?实证研究包括哪些具体的研究方法?为什么说选择思辨研究会让你"笑着跑进去,哭着爬出来"?在什么意义上,选择实证研究会让你"哭着爬进去,笑着跑出来"?选题应注意什么问题?什么是一个好选题?研究视角为什么是重要的?从哪里才能找到可研究的主题?有了大致的选题意向之后,有哪些网站可以帮助你找到有用的资料?如何检索文献?如何撰写文献综述?文献综述有哪些关键要素?什么是一份好的文献综述?文献综述容易出现哪些问题和错误?如何撰写开题报告?开题报告有哪些关键要素?什么是一份好的开题报告?开题报告和学位论文答辩中容易出现哪些问题和错误?以上这些问题及其回应,构成了本书的第一单元。第一单元主要讨论"研究设计"。

　　你可能会问,究竟怎样做实证研究?科学的教育实验研究、作为教育改革的实验研究和教育行动研究有何差别?教育行动研究有哪些类型?怎样做调查研究?量的调查研究有哪些方法?何谓问卷法、测量法、内容分析和元分析?质的调查研究有哪些方法?何谓人类学研究、现象学研究和自传法?如何形成"扎根理论"?怎样做历史研究?历史的考据研究、历史的叙事研究和历史的解释研究三者之间有哪些差异？何谓校勘法、两重证据法和三重证据法？何谓历史发生学研究、历史话语分析和历史人类学研究？何谓传统解释学研究、隐微解释学研究和历史比较研究？以上这些问题及其回应，构成了本书的第二单元。第二单元讨论的主题是"如何做实证研究"。

你可能会问，撰写实证研究报告有哪些规范的格式？为什么实证研究报告在语言表述上必须保持价值中立？一种既价值关怀又价值中立的研究何以是可能的？何谓"零修辞写作"？在论文撰写的过程中如何实现"目录自动编排"？如何实现"参考文献自动编排"？如何做"插图"？撰写思辨研究论文有哪些基本结构？如何撰写论文的"大标题和小标题""开头、正文和结尾""中英文摘要和关键词"？如果撰写思辨研究论文遇到困难，如何由思辨研究转向实证研究？何谓学术规范和学术失范、学术不端？究竟什么算是明目张胆的抄袭、什么算是严重的"暗袭"？调查研究或实验研究中容易出现哪些伦理问题？以上这些问题及其回应，构成了本书的第三单元。第三单元主要讨论"怎样写作"。

根据笔者讲授"教育研究方法"这门课程的经验，在花费了四周左右的时间讨论"研究设计"之后，如果紧接着讨论"如何做实验研究""如何做调查研究"以及"如何做历史研究"，学习者会感觉心理疲劳。为了调整学习的节奏，在学习或讲授本书时，你可以按照本书的顺序逐章阅读，也可以在阅读第一单元之后，越过第二单元而直接跳跃到第三单元。然后，再回头阅读和讨论第二单元。由于"如何写作"以及相关的"学术规范"与"学术失范"等话题直接指向学位论文的写作，而学位论文的写作正是初学者最关心、最焦虑的问题，因此，这个单元的讨论将使这门课程的学习出现另一个新的高潮。在理解和掌握了有关写作的技巧之后，最后讨论实验研究、调查研究和历史研究的操作问题。

总体而言，本书告诉你，只有思辨研究和实证研究适合作为学位论文的研究方法，而不宜采用实践研究的方式提交学位论文。在思辨研究和实证研究之间，本书重点推荐实证研究。在各种实证研究之中，实验研究最有"实证"精神，实验研究也许会成为未来的教育学的重要方法。不过，如果初学者不具备教育实验的条件，则可以重点考虑调查研究或历史研究。

实证研究并非只讲事实不重视理论研究或思辨研究，相反，本书真正推荐的研究方法既不是纯粹的思辨研究，也不是纯粹的实证研究，而是"有理论视角的实证研究"或"有分析框架的实证研究"。

二、本书的特色

教育领域的经典名著很少直接以"教育研究方法"为主题。教育经典名著的作者也很少给他们的学生直接开设"教育研究方法"的课程。

为什么？原因就在于，教育研究方法原本就"不可说"，也"不可教"。方法只能在使用中显示出来或在案例中隐隐约约透露出来。好的方法总是隐含在好的作品中。任何一部教育名著都隐含了值得你借鉴和模仿的研究方法。

正因为如此，本书的重点并非条分缕析地教你如何做研究。拿起这本书，你将在书中会遇到一群走在你前面的人。这本书告诉你，那些走在你前面的人是如何做研究的？他们当年的选题、研究方法和研究视角是什么？他们的论文在什么意义上是出色的？或者，他们的论文出现了哪些不规范的问题？他们的论文是否存在抄袭或剽窃行为？

本书推荐大量的案例，你可以从这些案例中领会相关的研究方法。本书给你引荐一些形形色色的走在你前面的人，你可以从中选择值得你敬畏和仰望的前行者。你的身边已经有一些导师，你身边的导师是重要的。但是，你最好避开门户之见，去拜访某个遥远的精神导师。教育研究方法虽然不可教、不可说，但它可以学，而且，有效的学习只能通过"师徒制"的方式实现出来。你最好让自己拥有两个导师：一个在你的身边，另一个在远方。

本书尤其重视那些可供学生借鉴、模仿的硕士或博士学位论文。虽然只是提供了这些论文的简介或片段，但完整的论文或相关的专著唾手可得。每章后面推荐了"进一步阅读的文献与网站"。你可以按图索骥，阅读完整的案例。比如，你可以直接从"中国知网"(http://www.cnki.net)或"读秀"(http://www.duxiu.com)等网站下载相关资料。

你会发现，案例是本书真正的重点。案例的背后是一群遥远的精神导师。本书提供的案例虽然主要来自硕士或博士学位论文，但这些案例同样适合于本科生阅读。本科生论文和研究生论文在难易程度上也许存在一些差别，但是本科生和研究生所使用的研究方法并没有差别。很难说某个研究方法只适合本科生采用而不适合研究生采用；也很难说想某个研究方法只适合于研究生使用而不适合本科生使用。

本书的另一个特色在于，它提醒你，最好超越教育学而进入其他学科以及相关的案例去理解"教育研究方法"。研究教育学的人不免会追问本学科究竟有哪些"独门"的研究方法。一般教育学的教材甚至将拥有独立的研究方法视为这门学科是否成熟的标志。但是，本书告诉你：教育学虽然有自己独立的研究对象，但并没有自己独立的研究方法。教育学综合采用哲学(主要借用其思辨研究法，思辨研究法也可直接称为哲学研究法)、自然科学(主要借用其实验研究法)、社会学(主要借用其调查研究法)、史学(主要借用其历史研究法)等各个学科的方法。

不过，这并不意味着教育学的不发达或不成熟。恰恰相反，教育学不仅综合采用了其他各个学科的"方法"，而且也综合了各个学科的"视角"并以此来解决教育问题。研究视角的综合性、复杂性决定了教育学是一门高级形态的学科。这意味着任何一个教育问题的研究，都需要有多学科的视角。可是，任何某个单独的学科视角都只能为教育问题的解决提供单一的视角而不能为之提供完整的解释。于是，教育学的治理就有两种可能：一是哲学、社会学、心理学、史学等各个领域的学者的参与。他们在关注其他问题的同时，偶尔也可以从各自的学科领域和视角去关注教育问题；二是某个学者重点关注某个学科领域及其研究方法,然后,凭借这个研究方法去长时间地思考和关注教育问题。就研究方法而言,这两者所做的教育研究并没有实质的差别。唯一的不同在于,前者只是偶尔关注教育问题,教育研究是其众多的研究主题之一或业余爱好;后者长期关注教育或教育学问题,教育研究是其唯一或重要的研究主题,他们也因此被视为从事教育研究的专家或学者。

也就是说,无论是教育研究的业余爱好者还是专业研究者,他们首先必须有某个学科的视角及其研究方法。比如,在讨论"何为有效教学"这个问题时,史学的视角可为之提供有关孔子的启发术或苏格拉底的产婆术的历史研究,社会学的视角可为之提供有关师生互动或教学中的公平问题的调查研究,心理学的视角可为之提供有关教师期望对学生学业成就的影响的实验研究,哲学的视角可为之提供有关有效教学的本质、价值和对策的思辨研究。

三、如何阅读本书

本书虽然按照研究设计、如何写作和如何收集资料的顺序展开,但是,每一章相对独立。你可以从任何一章开始阅读。如果你采用本书作为"教育研究方法"的教材,你可以从任何一章开始你的教、学之旅。

每一章的前面提示了"学习目标"和"本章内容导引",后面设计了"讨论与探究"的话题和"进一步阅读的文献与网站"。你不必等待完整阅读某一章之后再来关注后面的"讨论与探究"的话题和"进一步阅读的文献与网站"。比较可取的办法是:阅读某章某节之后,你可以在这一章的后面去寻找相关的"讨论与探究"的话题和"进一步阅读的文献与网站"。如果你采用本书作为教材,你可以在当天的教学活动之前,从每章后面的"讨论与探究"的话题和"进一步阅读的文献与网站"中提取相关的内容,作为课外阅读、讨论和探究的主题。

建议你关注本书特别安排的一些隐微符号,比如数字、括弧、引号、脚注,等等。你也许能够从这些隐微的符号中获得更多有意义的信息。加括弧或加脚注并不仅仅是为了提供"补充说明"。加括弧或加脚注的意义在于:括弧里面的话可能比括弧外面的话更重要;脚注里面的话可能比正文中的话更重要。加引号也并不仅仅是为了提示它是一个专门术语。加引号的真实意义在于:它使日常词语概念化或陌生化。此外,本书大量地使用3和8这两个数字而几乎不使用其他数字。3这个数字之所以重要,是因为它隐含了"道生一,一生二,二生三"的对立统一甚至否定之否定的先验原理;8这个数字之所以重要,是因为它隐含了"八项注意"。它提示初学者容易出现错误或失误的八个方面。

第一版前言

2004 年,我开始承担华南师范大学教育硕士的《教育研究方法》的教学。最初参考的教材是袁振国主编的《教育研究方法》(教育科学出版社 2000 年版),后来参考的教材是杨小微主编的《教育研究方法》(人民教育出版社 2005 年版)。2006 年,我开始形成自己的教学提纲,并整理成《教育研究方法:专题与案例》书稿。在教学过程中,我不断寻找相关的研究案例和教学资源,探索适合学生学习的教学方法,在此基础上,逐渐形成本书的一些基本追求。

一、直接为学生提供"选题与开题"的指导

从教育硕士最关心的问题出发,直接为学生提供"选题与开题"的指导。比如,怎样"选题"? 怎样做"文献综述"? 怎样写"开题报告"? 怎样做"脚注"和"参考文献"?

关注操作的细节,比如怎样做"文献检索",尤其是怎样做"关键词检索"和"追踪检索"? 怎样写"文献综述"?

鼓励教育硕士和中小学教师"读书",并从研究方向、研究专业和研究领域不同层次为教师提供"推荐书目"和发表读书笔记的"教师博客"。

强调教育硕士论文的选题最好是"日常而真实的问题",并使日常而真实的实践问题与有争议的理论问题连接起来。

二、重视"研究案例"与"案例教学"

在谈论某个具体的教育研究方法,比如调查研究、实验研究法之前,先询问自己:本领域有哪些著名的人? 这些著名的人提交了哪些重要的作品? 这些重要的作品里面隐含了哪些重要的研究方法?

在寻找教育研究领域的范例时,本书坚持从教育研究的外围进入教育研究的内部:(1) 先在整个人文社会科学领域寻找三个范例;(2) 然后再从教育领域内部寻找三个范例;(3) 接下来解释该研究方法的操作策略;(4) 最后,再以"拓展阅读材料"的形式提供三个可以直接模仿和借鉴的论文或研究报告式的三个范例。

在寻找相关的研究案例时,本书没有囊括所有的著名的研究案例的野心,但尽可能提出比较"重要"的三个案例以及相关的文献。

比如,在谈论怎样做"调查研究"时,本书的基本思路是:(1)先从国外学者所做的调查研究报告中选择三个著名的个案:涂尔干的《自杀论》、本尼迪克特的《菊与刀》、托克维尔的《论美国的民主》;再从中国学者所做的调查研究领域推荐三个范例:费孝通的《江村经济》、曹锦清的《黄河边上的中国》、秦晖的《农民中国:历史反思与现实选择》。(2)先从国外学者所做的教育调查研究报告中推荐三个著名的个案:科尔曼提交的《教育机会均等》、美国"国家教育优异委员会"提交的《国家处在危急之中》、沃尔科特的《校长办公室里的那个人》;再从中国学者所做的调查研究报告中推荐三个比较著名的个案:陈向明主编的《在行动中学作质的研究》、刘云杉的《学校生活社会学》、徐碧美的《追求卓越——教师专业发展案例研究》。(3)解释"调查研究"的基本策略:收集资料:访谈、观察与问卷;分析资料:"编码"并确认"关键事件"与"本土概念";形成"扎根理论":将"本土概念"还原为"本土故事"。(4)在拓展阅读材料中推荐三份论文或研究报告:"教师生存状况调查报告";"从自卑到自尊——一个学业优秀学生的发展分析";"王小刚为什么不上学了"。

三、重视从教育研究的外围寻找范例

为什么推荐那么多教育研究之外的范例?

本书的思路是:教育研究和其他人文社会科学研究只是在研究对象和主题上有一些差别,而在研究方法上是相互串通的,区别不大。教育研究的外围是一个更广阔的领域,它在数量上和质量上具有明显的优势,因而不能局限于教育研究的内部苦苦追寻"范例"。

教育研究(或"教育学研究")与史学研究、社会学研究、哲学研究在研究方法上究竟有多大差别?在维护教育研究方法的独立性的同时,难道不应该谦虚一些,诚恳地欣赏和借鉴相关学科的研究领域的范例?本书把这些疑问转交给读者,由读者自己去思考和回答。

四、重视范例中的"具体的人"

在推荐范例时为什么要同时介绍那些范例的"名人传记"?

本书希望改变以往的"目中无人"案例介绍现象。"具体的个人"是重要的,读者除了需要从那些范例中领会方法之外,还需要从那些提交研究报告的具体个人的生活史和他的学术道路中领会相关的"研究精神"。如果说具体的案例隐含的是"研究方法",那么,具体的个人的传记式的介绍,它隐含了可贵的"研究精神"。对准备从事学术研究的年轻学者来说,"研究精神"比"研究方法"可能具有更重要的意义。

五、面对相同的案例,鼓励不同的理解

推荐大量的"范例"及其"名人"对教育硕士研究生来说是否期望太高?

本书无法期望所有研究者都愿意接受和领会所有这些的范例，那不现实。本书只希望某个具体的研究者对某个具体的个案发生兴趣。每个人的人生经历和学术兴趣都不同，个人只能选择自己感兴趣的个案和相关的方法去做相关的思考和研究。

但是，这并不意味着研究者就只能接受一些更简单的更浅显的研究方法的讲解，而不应该接受高级的、复杂的研究方法的训练。

无论教育学本科生，还是教育硕士或者教育学博士研究生，他们在接受有关教育研究方法的训练时，只存在"理解程度"的差别，但并不存在"学科内容"上的差别。教育研究方法不同于数学、物理学等学科，不存在类似"初等数学"那样的"初等教育研究方法"，也不存在类似"高等数学"那样的"高等教育研究方法"。

六、启用新的"分类框架"

本书借鉴德国学者布列钦卡的分类，将教育研究分为三类方法：（1）实证研究（也称为"科学研究"）。（2）思辨研究（也称为"哲学研究"）。（3）实践研究（也称为实践的行动研究）。[①]

三者之中，思辨研究（哲学研究）与实证研究（科学研究）表面上"势不两立""分庭抗礼"，实际上，思辨研究与实证研究向来就相互关联、彼此呼应。第一，思辨研究确实以"价值研究"和"本质研究"为使命。这种价值研究和本质研究的论证方法虽然不是实证研究所能接受的，但价值研究和本质研究的结论却可以成为实证研究的"假设"。第二，思辨研究除了以"思辨"的方式提供论证之外，也以"直觉"的方式提供"假设"。"直觉"既为哲学思辨提供灵感，也为科学研究提供"假设"。实证研究（科学研究）素来以"假设—求证"为本事，但科学研究的"假设"怎么来？这一直是一个悬而未决的问题。把思辨研究理解为"假设"的来源，不失为一个可取可信的思路。

三者之中，实践研究虽有"研究"的名义，但它只是"日常工作"而非"正规研究"。正规研究和日常工作有两个关键差异：第一，日常工作可以先行动后反思或总结经验。而"正规研究"则必须在行动之前就有一个"假设"。也就是说，正规研究必须有预先的假设而日常工作可以没有预先的假设。而且，即便日常工作在行动之前有"计划"（相当于"假设"），但这个计划也只需"眉头一皱，计上心来"，然后，付诸行动。但是，正规研究的假设必须考察这个假设别人是否已经提出来了，别人对这个假设已经研究到了什么程度。也就是说，"研究"必须有基本的文献研究而日常工作可以不做文献研究。第二，正规研究在研究的过程中必须不断地观察和反思，而实践研究往往显示为一次性的问题解决。

实践研究虽算不上"正规研究"，但就整个研究领域的社会分工来看，理想的分工状态是：有大量的从事实证研究（历史研究、调查研究、实验研究）的"学者"（"专家"）；也有大

---

① 布列钦卡将教育理论划分为三种：科学的教育理论（教育科学）、哲学的教育理论（教育哲学）和实践的教育理论（实践教育学）。参见布列钦卡.教育知识的哲学[M].杨明全，宋时春，译.上海：华东师范大学出版社，2006：28.

量的从事思辨研究(批判研究)的"思想者"(或"思想家");还有大量的直接介入教育实践的行动者(或"改革家")。实证研究和思辨研究指向观念转变。从观念转变开始,到引起实践的变革,这是研究的理想道路。

由于本书明确倡导实证研究,因而本书安排三个独立的专题,分别讨论历史研究、调查研究、实验研究。而在"思辨研究"专题中总体讨论类比研究、比较研究和批判研究。

由于实践研究并非"正规的研究",因而本书虽然提示实践研究及其具体的操作方法("问题解决""经验总结""对策研究"),但并不安排专门的章节。

七、重申"质的研究""量的研究"与"叙事研究"三者的关系

若按照"三分法"的框架,教育研究可以分为三种类型:一是实证研究(科学研究);二是思辨研究(哲学研究);三是实践研究(实践的行动研究)。

若选择"两分法"的框架,人们常常将教育研究分为两条道路:一是质的研究,二是量的研究。

但是,这里面容易引起误解,需要做一些解释:

第一,质的研究和量的研究究竟有什么区别?

质的研究和量的研究是有区别的,但他们的区别并不像某些研究者所想象的那样:质的研究采用历史研究法、访谈法或者观察法,而量的研究采用问卷调查法、实验研究法。实际上,质的研究和量的研究都可能采用历史研究、调查研究或实验研究。它们都追求"实证精神""科学精神"。

质的研究和量的研究的真实区别只在于:"量的研究"用数量统计的方式来描述世界。而质的研究用讲述事件的方式来描述世界。

第二,质的研究、量的研究与叙事研究是什么关系?

质的研究实际上就是叙事研究。"叙事研究"被提出来之后,人们误以为它是一种既区别于量的研究、也区别于质的研究的"新方法"。殊不知,所谓叙事研究,不过是"质的研究"的别名。不过,叙事研究除了显示为真实的、非虚构的质的研究之外,它还可以显示为虚构的神话、小说、电影以及相关的研究。作为质的研究的别名,叙事研究对质的研究构成一种补充说明:在质的研究过程中,研究者必须关注"具体事件";在写作方式上,研究者最好采用有情节的、故事性的"深度描写"。

第三,质的研究和量的研究统一就构成完整的研究方法吗?

无论质的研究还是量的研究,它们只是实证研究的两种方式。完整的研究方法除了实证研究(科学研究)之外,还有思辨研究(哲学研究)和实践研究(实践的行动研究)。

人们在质的研究和量的研究之间,常常提出"既要重视质的研究,也要重视量的研究"或者"质的研究与量的研究相统一""质的研究与量的研究的整合"等口号。

问题是:"既要重视质的研究,也要重视量的研究"或者"质的研究与量的研究相统一"

"质的研究与量的研究的整合"就能够解决问题吗?

如果承认质的研究和量的研究一起构成实证研究,那么,有意义的思路应该是:

既要重视实证研究(包括质的研究和量的研究),又要重视思辨研究(主要是批判研究),在必要的时候,还需要重视"应用研究"(主要是改革研究)。

在中国教育研究领域,问题恰恰在于:以往人们采用思辨研究的道路时,他们往往不愿意通过实证研究的方式获得证据。可是,当质的研究成为风尚的时候,研究者又容易轻视"理论思维",以致于那些质的研究报告只提交一堆事实,而事实里面缺乏基本的理论含量。

八、倡导"学者""思想者"与"改革者"的互动

前述提到,就整个研究领域的社会分工来看,理想的分工状态是:有大量的从事历史研究、调查研究、实验研究的"学者"(或"学术研究者");也有大量的从事"批判和论证"的"思想者"(或"思想家");还有大量的直接介入教育实践的改革者(或"改革家")。

从研究开始,到引起实践的变革,这是研究的理想道路。在"学者""思想者""改革者"三者之间,没有必要褒扬哪一方而贬低另外一方。如果某个时代抬举"学术"("学者")而贬低"思想"(思想家),或者,某个时代宠爱"思想"("思想家")而贬低"学术"("学者"),这都不是正常的现象。

就研究者个人的研究道路来看,理想的研究经历是:先做一个从事历史研究、调查研究或实验研究的"学者"("学术研究者"),然后做一个有批判精神的指点江山的"思想者"(或"思想家"),然后做一个关怀实践、引发变革的"实践者"(或"改革家")。

第 1 单元

研究设计

　　本单元主要包括三个部分：如何选题？如何选择切合选题需要的研究方法和研究视角？如何做文献综述和提交开题报告？

　　你要在实践研究、思辨研究和实证研究三者之间作出审慎的选择。实践研究和思辨研究看似容易，实际上却艰难；实证研究看似艰难，可是，一旦掌握必要的实证研究的技巧，就可能会发生势如破竹、得心应手的学术效应。

　　虽然思辨研究的选题和实证研究的选题思路并不相同，但是，好选题依然有一些大致趋同的核心要素。你需要考虑选题的三个来源。更重要的问题是，你需要重视自己的研究视角。研究视角往往决定选题的成败。

　　有了大致的选题意向之后，你的重点是如何通过文献检索来理解和推进自己的研究，以及，如何撰写文献综述和开题报告。本单元会提醒你，开题报告有哪些关键要素？开题报告和学位论文答辩中容易出现哪些问题和错误？

研究方法的类型及其选择

  不同的研究方法和研究视角将导致不同的选题方向。表面上看,研究者遇到的首要问题是"我可以研究什么问题"。实际上,研究者首先需要考虑的问题是"我将采用何种研究方法和研究视角"。对研究方法和研究视角的不同选择,将决定研究者走上不同的研究道路。或者说,研究的方法决定选题的方向。

  教育研究方法有多种分类。不同的视角呈现出不同的分类。有人分为质的研究和量的研究。[①]也有人分为理论研究和实证研究。[②] 这里选取德国学者布列钦卡(W. Brezinka,1928—)的分类。布列钦卡将"教育学"(Educology)划分为三种:一是教育哲学(哲学的教育理论);二是教育科学(科学的教育理论);三是实践教育学(实践的教育理论)。[③] 按照布列钦卡的思路,教育研究方法可分为三类:一是哲学研究或思辨研究(与之对应的学科是"教育哲学")[④];二是实证研究或叙事研究(与之对应的学科是"教育科学");三是实践研究或实践的行动研究(与之对应的学科是"实践教育学")。

  思辨研究、实证研究和实践研究在论证方式上显示出不同的风格和不同的方向。实证研究主要关注"是什么"(be)或"有什么"(there be)。实践研究主要关注"应如何"(ought to be)或"怎么办"(how to do),偶尔也关注"是什么"或"有什么"。[⑤] 思辨研究主要关注"是什么"或"为什么",偶尔也关注"有什么"和"怎么办"。

  人类的思考与研究最先出现的往往是实践研究,后来逐渐出现思辨的哲学研究,最后才出现科学的实证研究。按照孔德(A. Comte,1798—1857)的说法,人类的思考呈现为三个阶段:一是神学阶段;二是形而上学阶段;三是实证阶段。[⑥]

通过本章的学习,你将能够

- 了解实践研究或实践的行动研究不宜作为学位论文的研究方法的理由;

---

  ① J. 高尔,M. 高尔,W. 博格. 教育研究方法:实用指南[M]. 曲书杰,郭书彩,胡秀国,译. 北京:北京大学出版社,2007:12—14.
  ② 日本筑波大学教育学研究会编的《现代教育学基础》将教育学的研究方法概括为五种:理论研究、调查研究、实验研究、历史研究、比较研究。这个分类其实已经将教育研究方法分为理论研究和实证研究(含调查研究、实验研究和历史研究)两个类型。比较研究不是独立的研究方法,它是理论研究和实证研究共享的研究方式。详见:筑波大学教育学研究会编. 现代教育学基础[M]. 钟启泉,译. 上海:上海教育出版社,1986:487.
  ③ 布列钦卡. 教育知识的哲学[M]. 杨明全,宋时春,译. 上海:华东师范大学出版社,2006:28.
  ④ 哲学界用"思辨哲学"来翻译黑格尔的 die spekulative philosophie,而把 dialectics 译为"辩证法"。按照学术惯例,本书统一采用"思辨研究"的说法。
  ⑤ 也可以将实证研究和实践研究统称为"经验研究"。考虑到经验研究容易在汉语语境中被误解为经验总结,本书不采用"经验研究"这个概念。
  ⑥ 孔德. 论实证精神[M]. 黄建华,译. 北京:商务印书馆,1996:1. 引用时对译文略有调整。

- 理解布列钦卡有关教育研究的三分法；
- 理解实践研究的三个基本方法；
- 理解思辨研究的困难以及本质研究、价值研究和批判研究中容易出现的问题；
- 理解实证研究中的实验研究、调查研究和历史研究及其差异；
- 理解行动研究、个案研究、叙事研究、人类学研究、现象学研究的内涵及其不能作为独立的研究方法的原因。

本章内容导引

- 实践研究
  - 一、教育改革
  - 二、经验总结
  - 三、对策研究
- 思辨研究
  - 一、价值研究
  - 二、本质研究
  - 三、批判研究（或元研究）
- 实证研究
  - 一、实证研究的类型
    - （一）实验研究、调查研究和历史研究
  - （二）质的研究和量的研究
  - （三）抽样研究和个案研究
  - 二、走向教育叙事研究
    - （一）教育叙事研究的类型
    - （二）教育叙事研究可以虚构吗
    - （三）何谓好的教育叙事研究
  - 三、走向有理论视角的实证研究
    - （一）从实践研究到理论研究
    - （二）从思辨研究到实证研究
    - （三）何谓有理论视角的实证研究

第1节　实践研究

实践研究主要显示为日常的教育改革、经验总结和教育对策。由实践者（比如中小学教师）本人所做的实践研究也称为"实践的行动研究"。

实践研究往往"以口头语言为基础"，大量采用"纲领性定义"、口号和比喻来叙述事实。[①] 也因此，实践研究是非学术性的研究。但是，这并不意味着实践研究是低级的或不重要的研究，恰恰相反，实践研究事关"实践智慧"，它比一般意义上的哲学研究（思辨研究）或科学研究（实证研究）更复杂也更艰难。

一、教育改革

教育改革类似教育实验，也可称之为"问题解决"或"变革型实验研究""实践的行动研究"。

若教育改革的对象是某个课例（lesson），那么，这种教育改革也可称为"课例研究"（lesson study）。若教育改革的主体是实践工作者，那么，这种实践研究则可称为"实践的

---

① 详见：布列钦卡. 教育科学的基本概念：分析、批判和建议[M]. 胡劲松，译. 上海：华东师范大学出版社，2001：7—9. 布列钦卡也译为布雷钦卡。下同。

行动研究"。比较常见的实践的行动研究是"课堂教学改革""班级管理改革"或"校本课程开发"(school-based curriculum development),等等。

教育改革可以转化为正式的实证研究。比如,研究者可以使"课堂教学改革""班级管理改革"或"校本课程开发"转化为"科学的实验研究"或"科学的行动研究"。这意味着研究者需要有必要的"文献研究"、有"多次尝试"(两轮以上的实验研究或行动研究)、有必要的"效果检测"。

若实践者既无必要的"文献研究",又无"两轮以上"的实验研究或行动研究,也没有必要的"效果检测",那么,类似"课堂教学改革""班级管理改革"或"校本课程开发"等活动就显示为日常工作或教育改革式的实践研究。不过,对于一般教育实践工作者而言,也并无必要将所有的日常工作或教育改革都转换为"科学的实验研究"或"科学的行动研究"。

二、经验总结

经验总结也可以称为"教育反思"。如果教师以反思的方式改进自己的日常教学,这种教学也被称为"反思性教学"(reflective teaching)。

从反思的时间跨度来看,经验总结既可能显示为短期的经验总结,比如撰写教学反思日志(并以此推动"反思性教学")、班主任工作日志、教育管理日志,等等;也可能显示为比较长时间的经验总结,比如学期经验总结、年度经验总结、跨年度的经验总结。就效果而言,短期的经验总结更有利于促进日常教学实践的改善,而长期的经验总结更有利于对经验的归纳和概括。

教育经验总结类似教育传记。其中,总结自我的教育经验(自我经验总结)类似"教育自传";总结他人的教育经验(他人经验总结)类似"教育他传"。对于中小学教育实践者而言,教育传记是比较合适的实践研究形式。苏霍姆林斯基(B. Cyxomjnhcknn,1918—1970)的著作几乎都可以视为经验总结或教育自传(参见专栏 1 - 1)。

专栏 1-1

我们欣赏大自然的音乐①

对音乐旋律美的感受会向孩子揭示他自身的美——小小的人会意识到自己的长处。音乐教育——这不是培养音乐家,而首先是培养人。

有一天,我们去橡树林。这是初秋的一个阳光明媚的日子,阳光下的树木绚丽多姿,秋天的小鸟在歌唱,远处传来拖拉机的轰鸣声,雁群在清澈的碧空中列队南归。我们聆听了柴可夫斯基的《秋歌·十月》。乐曲帮助孩子去感受在此之前未察觉到的周围自然界中无与伦比的美——橡树的黄叶在微微颤动,清新的空气发出馨香,道边野菊在凋谢。

---

① 详见:苏霍姆林斯基. 我把心给了孩子们[A]. 唐其慈,等,译. 蔡汀,王义高,祖晶. 苏霍姆林斯基选集(第 3 卷)[C]. 北京:教育科学出版社,2001:82—88. 另,以下仅对学术领域公认的著名学者标注生卒年。

真令人高兴，音乐使得情绪反应更加敏锐了，它唤起了由音乐形象美所引起的想象。真想让每个孩子都能在音乐的影响下去想象，去幻想。音乐能增强儿童天性中诗情的和想象的成分，这是多好的事。

实践研究中的经验总结也可以转化为比较正式的实证研究。比如，"自我经验总结"（教育自传）或对他人的经验总结（教育传记）可以转化为正式的调查研究报告（主要是观察和访谈）。[①]

但是，如果研究者既没有采用重写自传或合作自传的方式将"自我经验"作为再研究的对象，也没有采用深度观察与深度访谈的方式形成有关"他人经验"的调查研究报告，那么，此类经验总结就只是实践研究而不是正式的实证研究。

三、对策研究

除了教育改革和经验总结之外，实践研究也可能呈现为某种对策研究或教育理想、方案设计。

对策研究的主题一般表述为"论……的对策"或"论……的问题与对策""论……的策略""论……的几个原则""论……的操作方法"，等等。与之相关的另一种表述方式为"让……""论……发展方向""论……的困境与出路"，等等。比如，"减轻课业负担的对策""论教师职业倦怠的问题与对策""论有效教学的策略""有效学习的几个原则""论自学辅导教学的操作方法"，等等。

教育对策研究或教育理想、方案设计只是研究者比较随意的"设想""看法"而并不为这些设想、看法提供系统的论证。比如，杜威的《我的教育信条》看起来似乎显得很有理论含量。从内容或观点来看，杜威的《我的教育信条》的核心内容是其开篇第一个信条：教育既需要立足于儿童的兴趣（心理学方面），又必须立足于社会生活（社会学方面）。然后，由这个信条派生出其他四个信条。[②] 但是，从表述方式或论证方式来看，杜威的《我的教育信条》的核心句式是"我认为……"。而且，杜威只是提出自己的教育理想而并没有提供详细的辩护或辩论。其论证方式仅仅呈现为"实践研究"而不是思辨研究，至多只能算是一份思辨研究的提纲。

实践研究的主要目的就在于关注或改进教育实践本身而不在于作出新的知识贡献。正因为如此，实践工作者在以方案设计的方式提交教育改进咨询报告或议案时并不需要提供批判性分析或系统论证，相反，实践研究倒是需要对学术研究的风格保持适当的距离。实践研究式的改革探索、经验总结或方案设计（议案）只需要提供相关的经验事实或思路即可，而不必显示为不合时宜的"为什么不能那么做"的系统批判或"为什么要这么做"的长篇论证。

---

① 后文第3单元第8章将提供比较详细的有关现象学体验研究、自传研究以及观察法、访谈法的调查研究的讨论。

② 详见：杜威. 学校与社会. 明日之学校［M］. 赵祥麟，任钟印，吴志宏，译. 北京：人民教育出版社，2005：3—15.

也正因为实践研究的主要目的在于改进实践而不在于作出新的知识贡献,所以,实践研究可以作为实践者提升自己的"实践智慧"和改进自己实践研究的途径,但不宜作为学术研究的方法,尤其不宜作为学位论文的研究方法。如果研究者以对策研究的方式提交学位论文,这种对策研究看似针对教育现实问题,显示了强烈的现实关怀和实践意义。但是,容易出现的问题是,如果研究者仅仅热衷于现实关怀却又不为之提供有说服力的辩护,那么,这种研究就容易成为"没有根据的夸夸其谈"或"很自信的胡说八道"。

比如,在讨论"教师职业倦怠的问题与对策"时,初学者可能会认为教师职业倦怠主要有三个原因:一是教师的工作负担过重;二是教师的工资收入过低;三是学校管理不民主。然后,针对这些原因和问题,提出解决教师职业倦怠的三个对策:一是减轻教师的工作负担;二是提高教师的工资待遇;三是学校实行民主管理。初学者也许还可以增加更多的有关教师职业倦怠的原因和更多的对策。

无论在数量上增加多少原因分析和对策,这种对策研究依然只是一些"很自信的胡说八道"。看似指点江山,激情飞扬,实际上不过是一堆"非学术"甚至"反学术"的个人意见。对策研究的人脑子灵活,关心时事。但学术研究不需要炫耀聪明,甚至也不必关心时事。诸葛亮舌战群儒,大骂东吴的儒生"笔下虽有千言,胸中实无一策",这是对的。影视剧里甚至将诸葛亮和周瑜的共同特点说成"书房无书",因为他们看书之后,心领神会,然后把书扔掉或烧掉。但是,学术研究不仅需要下笔千言,而且还要引用和注释。凡有引用,必有出处。

缺乏文献基础和引文出处的对策研究貌似有理、口若悬河、出口成章,实则蛮横、霸道,不仅无理,而且无礼。名为思辨研究,实为指手画脚、好为人师的闲谈。思辨研究的说服力来自有证据的逻辑论证而并非来自汪洋恣肆、口若悬河的夸夸其谈。思辨研究并不需要数量上的长篇大论,而恰恰需要保持必要的节制、谨慎甚至寡言少语;"不要想,而要看"[①];"凡不可说的,保持沉默。"[②]否则,思辨研究就会堕落为拍脑袋的发号施令、随意发挥、"眉头一皱,计上心来"的非学术的个人意见。就此而言,学术研究文章尤其是学位论文最好避免出现类似"……的对策研究"或"……的问题与对策"的标题。把事实描述出来,把原因分析出来,"对策"或"趋向"就隐藏其中,不言自明,不需要研究者画蛇添足、自作多情地"过度议论"。

第 2 节　思辨研究

思辨研究也可以称为哲学研究或理论研究。在有关"教育研究方法"的讨论中,已有不少学者将思辨研究或理论研究作为独立的研究方法单列出来。[③]

---

① 维特根斯坦.哲学研究[M].陈嘉映,译.上海:上海人民出版社,2005:37.
② 维特根斯坦.逻辑哲学论[M].贺绍甲,译.北京:商务印书馆,1996:105.引用时对译文做了调整,原来的译文为:"对于不可说的东西我们必须保持沉默。"
③ 详见:筑波大学教育学研究会.现代教育学基础[M].钟启泉,译.上海:上海教育出版社,1986:487.

从论证的方式来看,思辨研究可分为演绎法、归纳法和类比法。[①] 从研究的主题来看,思辨研究常用的方法有:本质研究、价值研究和对策研究。也就是说,完整的思辨研究包括三个部分:一是"是什么"。它显示为"本质研究";二是"为什么"。它显示为"价值研究";三是"怎么办"。它显示为"对策研究"。但是,其中每一个部分都具有相对的独立性,可以独立成篇。

学术研究更多地显示为实证研究而不是思辨研究。虽然思辨研究和实证研究都是可选择的学术研究的道路,但是,思辨研究显得更艰难且更容易让研究者落入本质研究、价值研究和对策研究三个险境或陷阱之中。这并不意味着研究者不可以做本质研究、价值研究或对策研究,而是说,这三种研究看似容易,其实却艰难。如果既没有逻辑的说服力又没有经验证据的说服力,思辨研究就面临"徒托空言""空言义理"的风险。

一、价值研究

价值研究的主题一般表述为"论……的价值",与之类似的主题还有"论……的意义""论……的作用""论……的地位""论……的意义和作用"。比如,"论知识的价值""论体育的意义""论教师的地位和作用""论惩罚的教育价值",等等。与之相关的另一种表述方式为"……最有价值""……有什么用"。比如,"什么知识最有价值""读书有什么用",等等。

此类价值研究直接讨论某事或某物的价值,此类研究似乎理所当然是有意义(有价值)的。但是,某些研究虽然有实践意义(或实践价值),却并没有理论意义(或学术价值)。某项研究是否有理论意义(或学术价值),主要取决于研究者是否提供了有说服力的理论辩护。即便研究者提出了一个值得研究的问题或提出了某个"立场鲜明"的观点,如果研究者没有为之提供有说服力的逻辑论证或事实论证,这种研究就几乎没有理论意义(或学术价值)。比如,有人模仿斯宾塞的"什么知识最有价值"[②],讨论"什么知识最有力量"(参见专栏1-2)。这样的主题似乎提出了一个有意义的问题,但它从一开始就隐含了某种困难:此类价值研究需要有必要的论证技术或技巧,若没有熟练的论证技术或技巧,这种研究就容易显得夸夸其谈而"论证不充分"或"缺乏说服力"。

专栏1-2

什么知识最有力量[③]

培根说,知识就是力量。这话我信。但若说所有知识都是有力量的,我不信。我相信"丰富"的知识比单调的知识更有力量;我相信"有用"的知识比无用的知识更有力量;我相信"有

---

① 后文在讨论"怎样撰写哲学研究论文"(详见第 5 章)时将详细讨论演绎法、归纳法和类比法的含义及其差异。与之类似,本章只简单提示实证研究主要包括实验研究、调查研究和历史研究,但对实验研究、调查研究和历史研究三者并不展开讨论,后文第三单元将为之提供详细的解释。

② 对于"什么知识最有价值"的提问,斯宾塞的回应是:"一致的答案就是科学。"详见:斯宾塞. 斯宾塞教育论著选[M]. 胡毅,王承绪,译. 北京:人民教育出版社,1997:91.

③ 刘良华. 什么知识最有力量[J]. 全球教育展望,2004(10):14—18.

趣"的知识比无趣的知识更有力量。我对这三个知识假设比较有信心。这三个假设合起来，就形成另外一个结论：若知识是丰富的、有用的、有趣的，那么，"知识就是力量"。

价值研究往往呈现为"有立场的研究"或"强立场的研究"，甚至显示为强烈的价值判断的研究。有立场的价值研究意味着作者在相互冲突的价值观之间坚守自己的立场，为自己的立场进行辩护，并对"异己"的价值观提出批判。价值研究主要包括评价研究和批判研究。其中，批判研究是价值研究的核心方法或核心精神。

教育研究领域的评价研究往往呈现为"述评"。"述评"意味着对某个教育现象或作品进行叙述并作出评价。由于述评研究直接针对某种教育现象或作品，这使它接近实证研究（尤其接近调查研究或历史研究中的解释研究），也使人们有时很难区分某个研究是"述评研究"（思辨研究）还是实证研究（历史的解释研究）。思辨研究中的述评和实证研究中的述评的差别在于：前者更多地显示为"评"。"评"的篇幅远远大于"述"；而后者更多地显示为"述"。"述"的篇幅远远大于"评"（甚至很少评价而显得"述而不作"）。比较简单的"述评"研究是各类广告式的"书评"。比较有学术深度的述评研究显示为严谨的思辨研究（或实证研究）。有学术感的述评研究是在坚实的解释或调查基础上作出相关的评价。

二、本质研究

本质研究的主题一般表述为"论……的本质"，与之类似的主题还有"论……的特征""论……的关键特征""论……的本质特征""论……和……的本质差别""……的定义"。比如，"论教育的本质""论语文的本质特征""论人的本质"或者"论人和动物的本质差别""课程的定义"，等等。

本质研究相关的语法结构为"是什么"或"有什么"。与"是"相关的表述形式包括"何谓……""……意味着……"或"……即……"，等等。与"有"相关的表述形式包括"……的种类""……的分类""……与……的差别""……与……的比较""……对……的影响"，等等。这些表述都可以还原为"论……的本质"。比如，"何谓教育""教育意味着什么""教育即生长""教育即生活""教育与生活的差异""教育与管理的比较"等表述方式几乎都可以还原为"论教育的本质"。

本质研究当然是值得关注的课题，但是，选择本质研究的前提是，研究者需要掌握本质研究的论证技术或技巧。如果研究者既不了解也没有掌握本质研究的论证技术或技巧，就贸然着手本质研究，就很可能呈现为一大堆似是而非的空话、套话甚至经不起推敲的"口水化"的"个人意见"。至于本质研究究竟有哪些论证技术或技巧，后文在讨论思辨研究时，会提供详细的解释。

三、批判研究

批判研究也可称为"元研究"（meta-study）。布列钦卡将"教育学"划分为教育哲学、教育科学和实践教育学①，与之相应的研究方法是哲学研究（或思辨研究）、实证研究和实践研究。同时，他又将有关教育学的批判和反思称为"元研究"（与之相应的学问可称为"元教育学"）。需要考虑的问题是，这里的"元研究"（meta-study）或"元教育学"（meta-pedagogy）在前面的三分法中究竟处于什么位置？

从元研究或元教育学的论证方式来看，元研究属于思辨研究。元研究主要是对已有研究的研究，而且主要聚焦于方法论的反思和批判。② 这种元研究与后来出现的"元分析"（meta-analysis）比较相似，但是，两者的差异在于："元分析"主要是利用已有的研究中的数据进行"再次分析"或"二次统计分析"，因而一般呈现为量化的调查研究。而"元研究"主要是对研究自身的方法论的反思。"元研究"主要呈现为教育认识论（或教育知识论）③、教育研究方法论的反思④（以及与之相关的元教育学⑤）和教育语言分析（教育分析哲学）。

与本质研究和价值研究一样，批判研究或元研究也是哲学的本性。按照古希腊哲学家的说法："哲学始于惊异"。这个说法也可以转换为另一种形式："哲学始于怀疑"或"哲学始于批判"。⑥ 哲学与其他学科的不同之处就在于，它对任何事实或观点始终保持怀疑和批判状态。哲学的别名就是"普遍怀疑"和"前提性批判"。"怀疑是思想的免疫系统，它保持着思想的主权，即保持着思想自主这一绝对性，使思想免于仅仅成为心理活动甚至仅仅成为生理活动。"⑦事实上，几乎所有的哲学家、思想家都是怀疑论者。所有的怀疑论都是对"独断论"的不信任和质疑。怀疑之所以可能，还有一个更重要的原因是：任何一种存在，必有一种相反的存在。存在是合理的，相反的存在也可能是合理的。怀疑论的典型说法是："每个命题都有一个与之相反的命题"或"相互反对的论证似乎同样有力"。⑧

怀疑之后是"前提性的批判"。怀疑只是一种对眼前的现象、事实、制度、观念或知识等等表达"不信任"。可是，这种"不信任"并不能解决问题。怀疑和批判是有区别的。怀疑只是一种疑神疑鬼的"不信任"的心情，你并不见得有自己的立场。你对眼前的事情不那么信任，但你并不知道正确的答案在哪里。批判却不同，批判的前提是你已经有自己的标准和答案，甚至已经有具体的方案。你是用那个标准或那个方案去反对这个标准或这

---

① 布列钦卡. 教育知识的哲学[M]. 杨明全，宋时春，译. 上海：华东师范大学出版社，2006：28.
② 有关教育学的反思和批判可成为"元研究"，详见：叶澜. 关于加强教育科学"自我意识"的思考[J]. 华东师范大学学报（教育科学版），1987（3）：23—30. 陈桂生. "教育学"辨——"元教育学"的探索[M]. 福州：福建教育出版社. 陈桂生. 教育学的建构[M]. 上海：华东师范大学出版社，2012. 陈桂生. "教育学"辨——"元教育学"的探索[M]. 福州：福建教育出版社，1998. 但并非所有与"元研究"或"元教育学"相关的研究都是"元研究"，比如，有关"元研究"或"元教育学"的由来与发展的讨论就不属于"元研究"（也因此不属于哲学研究）而属于历史研究。详见：唐莹. 元教育学[M]. 北京：人民教育出版社，2002. 唐莹，瞿葆奎. 元理论与元教育学引论[J]. 华东师范大学学报（教育科学版），1995（1）：1—14.
③ 布列钦卡. 教育知识的哲学[M]. 杨明全，宋时春，译. 上海：华东师范大学出版社，2006：2（英文版序）.
④ 有关教育研究"方法"和教育研究"方法论"的区别，详见：叶澜. 教育研究方法论初探[M]. 上海：上海教育出版社，1999：2—18.
⑤ 有关"元教育学"的解释，详见：陈桂生. 教育学辨析："元教育学"的探索[M]. 福州：福建教育出版社，1998：3—18. 另参见：布列钦卡. 教育知识的哲学[M]. 杨明全，宋时春，译. 上海：华东师范大学出版社，2006：1—28.
⑥ 克尔凯郭尔提出三个命题：哲学始于怀疑；哲学思考之前我们先得有所怀疑；近代哲学始于怀疑。详见：克利马科斯（克尔凯郭尔）. 论怀疑者/哲学片段[M]. 翁绍军，陆兴华，译. 北京：三联书店，1996：26—37. 引用时对译文略有改动.
⑦ 赵汀阳. 论可能生活[M]. 北京：三联书店，1994：58.
⑧ 斯通普夫，菲泽. 西方哲学史（第七版）[M]. 丁三东，等，译. 北京：中华书局，2005：165.

个方案。

就批判研究而言,思辨研究是知识的解毒剂。它对所有乐观的教育策略、教育方法、教育体系表示忧虑和不满。从批判的视角来看,几乎所有的乐观都是盲目乐观。从事批判研究的人是研究领域的一群"挑刺者"和"扒粪者"。他们以啄木鸟式叮咬尤其以"意识形态批判"为己任。他们为教育理论研究和现实的教育制度实践提出批判或改进的建议。

批判研究也可能导致某种"重建"或"整体转型"。怀疑和批判是一种否定,否定的结果可能导致新的肯定和新的建设。这种重建和整体转换也可能显示为类似实践研究中的对策研究,但是,两者的差别在于:思辨研究中的重建与整体转换立足于系统的反思和前提性的批判,而实践研究中的对策研究仅仅提出自己的个人理想、设想或研究方案而并不提供系统的论证。

第 3 节　实证研究

热衷于思辨研究的人往往把"思辨能力"或"哲学思维"作为判断研究者水平的关键指标。此类研究者可能会认为实证研究只适合研究无生命的"物理",不适合研究有生命的"事理"或"人的问题"。可是,从事自然科学研究的人以及愿意从自然科学汲取研究方法的人会义无反顾地拒绝思辨研究而强调实证研究。他们更愿意把实证研究作为某项研究是否有科学性的唯一指标。在他们看来,科学研究就是实证研究,反之,实证研究就是科学研究。实证既是方法,也是精神。

学术界对实证研究有多种理解。与之相关的概念主要有实证主义、经验研究和叙事研究。实证研究与孔德的"实证主义"(positivism)以及波普尔(K. Popper,1902—1994)的"证伪主义"(falsificationism)有关。孔德所追求的"实证精神"以及相关的实证主义哲学可以作为实证研究的理论基础,但是,这里所讨论的实证研究(empirical research 或 empirical study)主要强调实验研究、调查研究和历史研究等具体的研究方法,而并不关注实证主义哲学本身,也不关注那些与实证主义哲学相关的争议。或者说,这里所讨论的实证研究主要指布列钦卡的三分法中的科学研究,其核心精神是用经验事实或经验证据说话。

经验研究在不同的人那里可能有不同的含义。比如,在有些人看来,经验研究几乎等同于实证研究。而在另一些人看来,经验研究几乎等同于经验总结。这里所讨论的"经验研究"(experience research)是指所有用经验事实说话的研究,包括布列钦卡所提示的"实证研究"以及"实践研究"。实验研究、调查研究、历史研究等实证研究以及教育改革、经验总结等实践研究固然属于经验研究,而教育理想或方案设计等实践研究也仍然属于"经验之谈",也可以视为经验研究。这样看来,实证研究与经验研究是类属关系。所有的实证研究都可以视为经验研究,但是,并非所有的经验研究都是实证研究。

一、实证研究的类型

实证研究的基本特征是用"事实"而不是用"逻辑思辨"的方式论证,这使实证研究区别于思辨研究。实证研究的另一个特征强调研究设计和研究报告的"规范"。这使实证研究区别于实践研究。

■（一）实验研究、调查研究和历史研究

从研究者所采用的研究工具来看,实证研究主要包括实验研究和调查研究。但是,这里所讨论的实证研究并不限于自然科学意义上的调查研究或实验研究。

除了调查和实验,教育研究中的实证研究大量地显示为历史研究。[1] 比如,有研究者对德国教育界各种"批判教育学"进行分类和比较,按照批判教育学诸流派的代表人物对批判的不同理解,批判教育学可分为:批判—交往教育学;批判—解放教育学;批判—唯物主义教育学;批判—理性主义教育学;超验—批判教育学。[2] 其中,批判—解放教育学影响最大(参见专栏1-3)。

专栏1-3

德国批判教育学

批判—解放教育学的基本观点是:（1）批判—解放教育的目的是解放个体人格,即使之达到人的成年状态。（2）成年状态的根本特征是意识形态的批判的能力。（3）强调交往和对话能力的培养。（4）教育是一种把人从其文化中的虚假的规范、信念和信仰解放出来的手段。（5）反对资本主义社会的绩效原则和绩效要求,认为这是一种压迫和剥削。（6）尽管具有感性和审美理想,在实践上还是把理性的批判能力放在首位,因而具有理智主义色彩。（7）要求没有权威的教育,视权威为压迫和不自主。（8）对于国家不信任。（9）反对性禁忌,主张性自由。（10）试图减少家庭的教育影响,并把儿童与其父母分离开来。[3]

在实验研究、调查研究和历史研究三者之中,实验研究最有实证研究的魅力,调查研究次之,历史研究再次之。但是,由于教育研究主要以"人"为其研究对象,这使历史研究也可能成为教育研究中最重要的方法,调查研究次之,实验研究再次之。

不过,未来的实证研究将越来越关注实验研究和调查研究。表面看来,实验研究受限制太多,不仅容易受无关因素的干扰,而且容易出现伦理问题。实际上,只要选择恰当的

---

① 第3单元将详细讨论如何做实验研究、调查研究和历史研究。
② 详见:彭正梅.解放的教育:德国批判教育学研究[M].上海:华东师范大学出版社,2008:6—12.
③ 详见:彭正梅.解放的教育:德国批判教育学研究[M].上海:华东师范大学出版社,2008:182.

实验主题、实验假设并采用巧妙的实验设计,实验研究仍然可以作为教育学研究领域的学位论文的研究方法。[①]

调查研究往往能够直接对教育现实中的某些现象提供"相关关系"的分析,并针对教育现实中的某个热点问题或痼疾提出解决问题的可参考的对策。教育调查研究既能够为重大决策提供"参考资料",也能够为日常教育实践提供问题解决的依据。也因此,某些重大的教育改革或某个重大的教育政策出台之前,往往伴随着相关的教育调查研究。比如,"科尔曼报告"(*Equality of Educational Opportunity*,一般称为 Coleman Report)为美国政府改善黑人孩子所在学校的办学条件提供了重要的依据。[②]

■ (二)质的研究和量的研究

从研究者对数据的敏感和倚重程度来看,实证研究可分为质的研究和量的研究。质的研究主要采用文字叙述的方式提交研究报告;而量的研究主要采用数字和量度来提交研究报告。

一般而言,在实验研究、调查研究和历史研究三者之间,实验研究和调查研究往往显示为量的研究,而历史研究往往呈现为质的研究。不过,这种划分并不绝对。

准确的说法是,尽管实验研究也可以采用质的研究,但它一般显示为量的研究;尽管历史研究也可以采用量的研究(一般称之为"计量史学"),但它一般显示为质的研究。而调查研究中的问卷法、内容分析法、元分析等往往显示为量的调查研究,调查研究中的人类学研究、现象学研究、自传法等往往显示为质的研究。

■ (三)抽样研究和个案研究

实证研究一般采用抽样的方式。问卷调查尤其重视抽样。调查研究基本上都显示为抽样调查。[③] 抽样的优势就在于:只需要调查总体中的一(小)部分人,这大大降低了调查的成本;调查结果能够很好地预测总体的状况。最能体现"抽样的魔力"的案例就是美国总统选举的民意测验。几乎每次美国总统选举前夕都有机构对选举结果进行民意测验。各个不同的机构预测的结果与实际选举结果的偏差不超过 3 个百分点。而它们抽取的调查人数其实只是一个很小的数据。

但是,实证研究也可能以个案为研究对象。如果调查研究的对象为一个或几个人、一个或几个组织,那么,这种调查研究往往被称为个案研究(或案例研究)。个案研究(或案

---

① 后文第 3 单元将对实验研究、调查研究和历史研究等实证研究展开比较详细的解释并提供相关案例。

② "科尔曼报告"显示,影响学生学业成就的主要因素是学生的家庭教育背景及学生对他们自身的教育期望,而学校的设施和课程、教师质量对学生的学业成就影响较小。学校教育对白人孩子的学业成就的影响更小(因为他们有优质的家庭教育及其他教育资源)。详见:Coleman, J. Campbell E. Hobson C. McPartland J. Mood A. etc. Equality of educational opportunity[R]. Washington, D. C.:U. S. Government printing office, 1966:22. 关于"科尔曼报告"这项调查的整体设计和实施过程,参见:Coleman, J. Campbell E. Hobson C. McPartland J. Mood A. etc. Equality of educational opportunity[R]. Washington, D. C.:U. S. Government printing office, 1966:ⅲ—ⅳ, 8—9, 554, 556—558.

③ 抽样调查的对立面是全面调查,即对调查对象中所包含的全部单位无一遗漏的调查。

例研究)主要采用观察法和访谈法或历史研究法,而并非独立的研究方法。[①]

总之,个案研究并非独立的研究方法。个案研究与实验研究、调查研究和历史研究等研究方法并不构成并列关系。

二、走向教育叙事研究

叙事研究来自文艺学与传播学。叙事就是文学艺术以及传播领域的讲故事,文学艺术领域的叙事研究主要关注讲故事的形式而较少关注故事背后的道理。教育叙事研究不像文学叙事研究那样关注讲故事的技巧和形式,而更关注故事中的教育道理。比如,卢梭写了一个教育故事,故事的主题是《爱弥儿》(副标题是"论教育"),教育叙事研究不仅关注卢梭讲"爱弥儿"这个故事的方法、结构和形式,更重视卢梭在这个故事中讲了什么教育道理。也就是说,尽管叙事研究来自文艺学,尽管教育叙事研究也会像文艺叙事研究那样关注讲故事的技巧和形式,但教育叙事研究更关注故事背后的教育道理。

■（一）教育叙事研究的类型

教育叙事研究或许是一种范式(paradigm),但它不是具体的方法(method)。叙事研究就是实证研究中的"质的研究"。教育叙事研究需要收集相关资料,然后根据所收集到的资料讲述教育故事。根据收集资料的途径,教育叙事研究可以分为历史的叙事研究、调查的叙事研究、行动的叙事研究。

历史的叙事研究也可称为叙事的历史研究。它是用历史研究的方式收集资料,然后,通过讲述某个历史故事来提示相关的教育道理。研究者可以叙述某个教育思想史的故事,也可以叙事某个教育制度史的故事,还可以叙事某个学术史的产生、发展与传播的故事。某些教育小说或教育电影不仅讲述某个教育制度的故事,也可能讲述某些教育观念上的冲突与较量。对教育小说或教育电影的叙事研究,也可以视为历史的叙事研究。

调查的叙事研究也可称为叙事的调查研究。它是用调查研究的方式收集资料,然后,通过讲述某个现实生活中刚刚发生或正在发生的故事来提示相关的教育道理。调查研究可以采用"量的研究",也可以采用"质的研究"。调查的叙事研究只采用"质的研究"方式来收集资料和解释资料。"量的研究"以及相关的大数据分析虽然也可以成为叙事研究,但学术界一般将量的研究以及思辨研究称为"宏大叙事"。

行动的叙事研究也可称为叙事的行动研究。它是用行动研究的方式收集资料,然后,通过讲述某个实验研究或行动研究的故事,来提示相关的教育道理。行动的叙事研究就是研究者采用行动研究或实验研究的方式收集资料和解释资料,然后用讲故事的形式发表行动研究报告或实验研究报告。

---

① 有关个案研究不是独立的研究方法的讨论,详见:维尔斯马,于尔斯. 教育研究方法导论[M]. 袁振国,等,译.
北京:教育科学出版社,2010.19.

■（二）教育叙事研究可以虚构吗

叙事可以是虚构小说，也可为真实报告。反过来说，教育叙事研究可以呈现为真实的教育报告，也可以呈现为虚构的小说。与"小说"相对的是"大说"。小说就是讲故事的记叙文；大说就是直接讲道理的议论文。

与"报"告相对的是虚构。报告文学要求有某种真实性。如若不然，最好在讲故事之前提前预告：本故事纯属虚构，请勿对号入座。教育叙事研究需要保持必要的真实性。科学的教育叙事研究不能讲虚构的故事。求真是科学的基本品质。

但是，也不要简单地认为虚构的教育故事就一定只是故事而没有研究。强调教育叙事研究报告所讲的故事必须是真实的，这没问题。但是，也不必认为虚构的教育故事不是教育叙事，更不能认为研究虚构的教育故事就不是教育叙事研究。

教育叙事研究与虚构故事的关系比较复杂。不必夸大虚构叙事的力量，但也不要轻易贬低虚构的叙事。

第一，一个虚构的故事一旦发表，这个发表的文本就是一个真实的存在。卢梭发表《爱弥儿》，他讲的是一个虚构的故事。但是，一旦卢梭发表了《爱弥儿》，这本书就是一个真实的存在。我们可以去研究卢梭的《爱弥儿》这个虚构的故事，写成真实的教育叙事研究报告。

第二，不必认为虚构的教育故事就"有故事而无研究"。人们在谈论教育叙事研究时，容易简单地认为虚构的故事只有叙事而没有研究。试问，卢梭的《爱弥儿》讲了一个虚构的故事，这个故事难道只有故事而没有研究？ 如果所谓的"研究"就是要讲出教育理论，那么，卢梭的《爱弥儿》难道没有教育理论吗？ 相反，一个好的故事，其背后总是有高级甚至复杂的教育理论。哪怕类似"郑人买履""揠苗助长"这样虚构的小故事，其背后也有大理论。

第三，教育叙事研究不仅不必排除虚构的教育叙事，而且可以将虚构的教育故事作为教育叙事研究报告可模仿的原型。因为，只有呈现为虚构的故事，才有可能保持故事的纯粹性。到目前为止，几乎没有哪一个真实的教育叙事研究在讲故事的完整性与纯粹性上能够超过虚构的教育故事。也因此，我们既要研究类似《西游记》《水浒传》《三国演义》和《红楼梦》四大名著中的教育道理，也要向四大名著学讲故事的技巧和方法。何况，《西游记》《水浒传》《三国演义》和《红楼梦》四大名著本身已经成为历史文本。研究四大名著中的教育道理，可以视为历史研究。

■（三）何谓好的教育叙事研究

教育叙事研究主要是通过讲故事来讲道理。或者说，教育叙事研究就是教育写作中的记叙文。作为记叙文的教育叙事研究区别于一般意义上的教育论文，而且，记叙文优先于议论文。作为记叙文的教育叙事研究至少需要具备以下几个特点：

第一，有故事。故事的质量取决于这个故事的情节。有故事和有情节几乎是一回事。要学会写记叙文。小学生已经知道，记叙文要有时间、地点、人物、事件、原因、经过、结果。

遗憾的是，现在很多人已经忘记了记叙文的基本要素，以至于讨论教育叙事研究的时候，需要重新强化讲故事或记叙文的基本要素。

第二，有道理。故事的道理取决于这个故事情节是否有冲突。有冲突既维护了故事的情节，也直接或间接地讲述了故事的道理。几乎所有好的故事都有道理，而且，几乎所有道理都可以称为"教育道理"。

第三，有文采。有文采可能显示为用词高级，语法地道。有文采可以有文学的华美、艳丽，更需要保持历史叙事的朴素从容，大俗而大雅。有文采可遇而不可求。于是，有人提出另一个标准取而代之，以有条理代替有文采。若无文采，有条理亦可。所谓文章，"文"就是"布纹"，纵横交错而有条理。"章"就是布纹上的修饰之花。对于布匹或衣服而言，修饰之花可有可无，而布纹之条理既不可缺少，更不可凌乱。相反，文采太过，反而会影响信度，可爱有余，可信不足。

有故事、道理、文采的另一个说法是有义理、考据、辞章。有义理就是有道理，这是文章的头脑和灵魂。有考据就是要有站得住脚的事实材料。有辞章就是要有文采。最好关注义理、考据、辞章三者之间的连接。如果在同一篇文章中满足义理、考据、辞章这三个标准，就做到了学术研究所追求的"史论结合"。所谓"史论结合"，就是既有历史事实，又有大道理。相比之下，文采没那么重要。

但是，好的叙事研究与一般意义上的好文章也还是有一些微妙的差异。一般意义上的好文章就是义理、考据、辞章。其中，义理位居首位。但是，叙事研究更重视讲故事，重视考据及其"史料"。这是历史学科的长项。然后才是"史识"，这是哲学学科的长项。最后是"史才"，这是文学学科的长项。

教育学研究尤其是教育叙事研究属于事理学（或人类学、心理学），它区别于物理学。好的教育叙事研究就是沟通和打通文史哲。好的故事总是有证据链，这需要有基本的考据，需要做必要的历史研究，也可以做调查研究或实验研究。在历史研究、调查研究和实验研究三者之间，历史研究更强大。除了证据链，好的故事还要有道理（义理）和形式（辞章）。

教育叙事研究尤其需要有基本的人文精神和社会科学精神。教育叙事研究不仅需要打通"文史哲"，而且需要沟通"政经法"。除了人文与社会科学的精神，教育叙事研究还要有基本的科学精神，汲取自然科学的研究范围，强化叙事研究与实证研究的内在关联。

三、走向有理论视角的实证研究

按照布列钦卡的分类框架，教育研究可分为教育实践研究、教育思辨研究（教育哲学研究）和教育实证研究（教育科学研究）三个类型。[①] 三者之中，教育实践研究不属于理论研究，不指向知识贡献或学术贡献。只有教育思辨研究（教育哲学研究）和教育实证研究（教育科学研究）才属于理论研究。这样看来，类似提交学位论文的教育研究应该从实践

---

① 布列钦卡. 教育知识的哲学[M]. 杨明全，宋时春，译. 上海：华东师范大学出版社，2006：28.

研究走向理论研究。而在理论研究中应该由思辨研究走向实证研究。实证研究并不排斥思辨的哲学研究,相反,出色的实证研究总是有理论视角的实证研究。

■ (一)从实践研究到理论研究

为了提高实践研究的理论含量和思考品质,实践研究中的对策研究可以转换为思辨研究的批判研究。实践研究中的对策研究与思辨研究中的批判研究的差别在于:思辨研究中的批判研究在提出对策时往往提供充分的有说服力的辨析、辩护。实践研究中的对策研究虽然也需要对所提出的策略和方案作比较周全的考虑,但它只提供条款式的、文件式的实施建议或实施方案,而不提供"为什么这样做"的批判性分析或系统论证。一旦为策略研究提供"为什么这样做"的批判性分析或系统论证,这种对策研究就会转化为思辨研究。

对策研究或教育理想、方案设计除了可以扩展为思辨研究(批判研究)之外,也可以转换为实证研究。比如,可以将教育对策或教育理想、方案设计转化为调查研究或实验研究的"假设",并使之在调查或实验中获得验证和讨论。

不过,即便做成实证研究式的方案设计,在提出方案或对策时也最好保持必要的节制。实证研究在提出"研究的结果"之后,往往会展开"对结果的讨论"并在讨论中提出相应的对策。但实证研究在提出对策之前,总是用"大量"的篇幅解释问题的"原因",只用"少量"的篇幅讨论"对策"或"趋向"。也就是说,实证研究即便提出对策,它的重点仍然在于强化调查或实验的结果本身,淡化调查或实验之后有关对策的讨论,并将对策严格限制在调查或实验研究所发现的结果之内而不做过度的议论。

■ (二)从思辨研究到实证研究

虽然思辨的哲学与实证的科学研究都是理论研究,但是,相比之下,思辨的哲学比实证的科学研究更加艰难。也因此,对于提交学位论文的初学者而言,最好选择实证研究而不是思辨研究。

思辨研究看似容易,其实却艰难。出色的思辨研究甚至可遇而不可求,它需要研究者有某种辩才和灵气。与之相反,实证研究(包括实验研究、调查研究和历史研究)看起来比较麻烦,但是,一旦掌握了实证研究的操作技巧,做起来就比较容易。对于初学者而言,最好先尝试实证研究(尤其是历史研究),然后,逐步尝试思辨研究,并使实证研究与思辨研究之间保持贯通的状态。关于选择思辨研究还是实证研究,教育界流传一个说法:思辨研究或实践研究容易让初学者"笑着跑进去,哭着爬出来"。实证研究往往让初学者"哭着爬进去,笑着跑出来"。

所谓"笑着跑进去,哭着爬出来",主要是指思辨研究或实践研究看似容易其实艰难。不少初学者尤其热衷于"对策研究"。殊不知,提出一条或几条有意义的对策并不困难,困难的是为自己的对策提供有说服力的论证。初学者自以为是地提出了不少对策并为之沾沾自喜,却不知这些对策只是一些没有根据的常识,或者,只是一些"马克思说……""杜威说……""赫尔巴特说……"等既没有逻辑说服力又没有事实说服力的装腔作势的"言证"。那些对策不仅没有学术价值,反而显得研究者头脑简单、见识短浅。更常见的现象是,初学者最初以为对策研究或本质研究、价值研究是容易的,而后来感觉越来越艰难,且提交研究的时间越来越紧迫,于是,研究者就会"痛哭流涕"或"欲哭无泪"。此时,初学者很容易由当初的自以为是、头头是道的自负转向自惭形秽、自我贬低的自卑。他很容易觉得自己"对学术没兴趣""不是搞学问的料"。事实上,即便某个初学者因热衷于价值研究、本质研究或对策研究而陷入写作的困境,也并不意味着他"对学术没兴趣",更不意味着他"不是搞学问的料"。

唯一的问题是,他在没有做好必要的准备时就贸然选择了一条最艰难的学术道路。而他的学术生活原本可以显得更轻松、更有趣、更可信一些。出色的学术研究的确不易,它需要有非凡的智力和情感。比如,并非任何人都可以获得沈曾植(1850—1922)、章太炎(1869—1936)、王国维(1877—1927)、梁启超(1873—1929)、陈寅恪(1890—1969)、胡适(1891—1962)等人那样的学术成就。但是,几乎任何智力正常或平常的人都可以在学术研究领域找到自己感兴趣的主题并作出程度不同的知识贡献或学术贡献。出色的学术研究需要有非凡的天赋,而一般的学术研究只需要正常或平常的智力。学术研究的关键在于,研究者最初选择了何种研究方法或研究道路。对于初学者来说,最好先选择实证研究,掌握必要的实证研究的方法或"套路",然后逐步增进自己的理论素养。

所谓"哭着爬进去,笑着跑出来",并不意味着初学者在从事实证研究的过程中一定是痛苦的。它只是提示,实证研究虽然也需要掌握某些调查研究或实验研究、历史研究的基本技巧,而且最初需要付出必要的努力以便掌握这些技巧。一旦掌握了实证研究的基本技巧,初学者就会找到豁然开朗、势如破竹的学术研究的感觉和激情。

这样看来,对于初学者来说,如果写"论文"写不下去了,倒是可以反思:自己是否跌入了思辨研究的某个险境或陷阱之中?[①] 如果确实跌入了思辨研究的某个陷阱之中,则可以考虑将思辨研究转化为实证研究的理论视角,走向有理论视角的实证研究。有理论视角的实证研究有两个特征:首先,它是实证研究。其次,这种实证研究并非没有理论,而是并不大谈理论,"一小勺理论已经足够了"[②],然后,把自己所选择的理论作为研究的一个视角,而不将理论研究作为一个独立的完整的研究。在理论研究者看来,理论研究(或思辨研究、哲学研究)可以通过思辨的逻辑推论而形成可靠的结论,因此,理论研究有独立而完整的结论。但是,从实证研究的范式来看,理论研究并不构成一个独立而完整的研究,其研究报告也不构成一篇完整的论文。因为,理论研究仅仅提出了一个胆小的或大胆的假设,而没有后续的实证。实证研究的精神是"有一分证据,说一分话",若无证据,理论研究就被视为没有事实根据的空话和胡言乱语的废话。

---

① 哲学研究与实证研究的差异及其关系,接近中国历史上的"学与思"的关系。孔子曾以自己的亲身经历来告诫后人:"吾尝终日不食,终夜不寝,以思,无益,不如学也"(《论语·卫灵公》)。这说明,在学和思之间,孔子比较重视"学"。这与他强调"述而不作"的治学风格是一致的。不过,总体而言,孔子倾向于学思结合:"学而不思则罔,思而不学则殆"(《论语·为政》)。至于究竟如何实现"学思结合",这是一个悬而未决的问题(可称之为"孔子问题")。孔子之后,中国学术界一度出现孟子和荀子之间的"学与思"之争,这是中国学术史上的哲学研究与实证研究之争的第一波。宋代出现朱熹与陆九渊之间的"尊德性与道问学"之争,可以视为中国学术史上的哲学研究与实证研究之争的第二波。清代发生"理学与考证学"之争(后来又出现"问题与主义"之争),则可视为中国学术史上的哲学研究与实证研究之争的第三波。

② 详见:奥特尔斯佩尔.秩序与忠诚:赫伊津哈评传[M].施辉业,译.广州:花城出版社,2008:167.

■（三）何谓有理论视角的实证研究

与其将某个哲学问题直接作为自己的研究课题，不如将某个哲学问题进一步转化为关注教育实践问题的理论视角。比如，与其研究精英教育的本质或价值，不如从精英教育（或大众教育）的视角来研究尼采的教育思想。[①] 又如，与其研究新制度教育学的本质或价值，不如从新制度主义的理论视角来调查教师角色[②]或研究性学习在实施过程中的真实效果。[③]

有理论视角的实证研究就是从某个教育理论的视角来收集和解释相关的资料。缺乏理论视角的实证研究将导致实证研究出现三个严重的问题：

第一，由于缺乏理论视角，研究者在"收集资料"时，会对大量珍贵的资料视而不见。没有理论视角的研究者就像置身于没有光线的黑暗之中。夜间观牛，其色皆黑。研究者只能收集自己所能收集的资料，而不可能将所有资料全部打包。缺乏理论视角的研究者面对大量的资料，无从下手。不知道选取哪些有用的资料，也不知道舍弃哪些无用的资料。

第二，由于缺乏理论视角，研究者在"分析资料"以及形成"研究结果"时，往往不知道从哪几个角度去确立自己的分析框架。理论视角虽然不能提供精准的分析框架，但分析框架往往来自理论视角。没有分析框架，就不会有稳定的分析资料的角度，也不会有稳定的呈现研究结果的角度。

第三，由于缺乏理论视角，研究者在"对结果的讨论"以及提出"研究的结论"时，就只能就事论事，无法对研究的结果提供深度的分析，既不能分析研究结果背后的原因，也不能分析本研究结果与相关研究结果之间的差异。

总之，教育研究方法主要包括思辨研究、实证研究和实践研究三种。其中，符合现代学术规范的研究主要包括思辨研究和实证研究（含实验研究、调查研究和历史研究）两条路径。而在思辨研究和实证研究之间，最好将思辨研究与实证研究合二为一，走向有理论视角的实证研究。

关键术语

实践研究　思辨研究　实证研究　实验研究　调查研究　历史研究

讨论与探究

1. 讨论：你认为布列钦卡提供的有关教育研究的分类是否合理？除此之外，你觉得教育研究还可以划分哪些不同的类型？

---

① 详见：刘良华，覃晓思. 精英教育与大众教育：尼采教育哲学中的矛盾关系及其解决思路[J]. 山西大学学报（哲学社会科学版），2018(4).

② 详见：殷玉新. 学习机会公平研究[D]. 上海：华东师范大学，2018.

③ 详见：柯政. 中国大陆课程政策实施研究：以制度理论视角探讨"研究性学习"政策在 A 市的实施状况[D]. 香港：香港中文大学，2008.

2. 讨论：在什么意义上,思辨研究是艰难的? 在什么意义上,价值研究、本质研究和批判研究(或元研究)是学术研究的三个陷阱?

3. 讨论：为什么说实践研究(包括实践的行动研究)不宜作为学位论文的研究方法?

4. 讨论：质的研究与量的研究是否可以截然分开? 思辨研究是否属于质的研究?

5. 讨论：为什么说个案研究、叙事研究、人类学研究、现象学研究都是某种特殊的调查研究而不是独立的研究方法?

6. 讨论：专栏1-1是苏霍姆林斯基著作的节选。请完整阅读这本书并说明,苏霍姆林斯基的这本书和杜威的《我的教育信条》为什么只算是实践研究而不能算是思辨研究或实证研究?

7. 分析：专栏1-2是一篇论文的节选。请在网上搜索并下载这篇论文,分析这篇论文的论证是否合理、充分。

8. 讨论：专栏1-3是一篇学位论文的简介,该论文已公开出版。请完整阅读该论文,分析该论文的选题意义和研究方法。

9. 讨论：本书前言提示,教育学只有自己的研究对象而并没有自己独立的研究方法。但是,也有人认为独立的研究方法是构成一门学科的必要条件,否则就不能成为一门独立的学科。谈谈你的看法。

进一步阅读的文献/网站

1. 陈向明. 质的研究方法与社会科学研究[M]. 北京：教育科学出版社,2000. 重点阅读该书第1章"导论"部分有关质的研究与量的研究的差异分析以及第2章"质的研究的历史发展"。

2. 维尔斯马,于尔斯. 教育研究方法导论[M]. 袁振国,等,译. 北京：教育科学出版社,2010. 重点阅读该书第1章有关教育研究方法分类的讨论。

3. 叶澜. 教育研究方法论初探[M]. 上海：上海教育出版社,1999. 重点阅读该书第1章有关"方法论"的解释。

4. 陈桂生. 教育学辨析："元教育学"的探索[M]. 福州：福建教育出版社,1998. 重点阅读该书第1章有关"元教育学"的讨论。

5. 布列钦卡. 教育知识的哲学[M]. 杨明全,宋时春,译. 上海：华东师范大学出版社,2006. 重点阅读该书的"导论"部分有关"教育学、科学和元理论"的讨论。

6. Hock. 改变心理学的40项研究[M]. 白学军,等,译. 北京：中国轻工业出版社,2004.

7. Coleman, J. Campbell E. Hobson C. McPartland J. Mood A. etc. Equality of educational opportunity[R]. Washington, D. C.：U. S. Government printing office, 1966. (另可参考华东师范大学出版社中译本)

8. Rosenthal, R. & Jacobson L. Pygmalion in the Classroom：Teacher Expectations and Pupils' Intellectual Development. New York：Holt, Rinehart and Winston, 1968.

9. 网站1：中国知网(http://www. cnki. net)、JSTOR(http://www. jstor. org)或OALib(http://www. oalib. com). 重点搜索本章提示的相关论文。

10. 网站2：读秀(http://www. duxiu. com)、ebooksread(http://www. ebooksread. com)等。重点搜索本章提示的相关论文。

第 2 章
如何选题

选题需要考虑的问题包括：什么是一个好选题，或者说，好选题的评价标准是什么；选题有哪些重要的来源，或者说，形成了大致的选题意向之后，如何在写作中生成和调整选题；如何选择研究的视角，研究视角将给选题带来多大的影响。

通过本章的学习，你将能够

- 理解好选题的几个标准；
- 学会从有争议的理论问题中形成自己的选题；
- 学会根据亟待解决的实践问题形成自己的选题；
- 学会在写作中生成和调整自己的选题；
- 理解思辨研究和实证研究的选题标准的差异；
- 理解研究视角对选题的影响；
- 了解理论视角、关系视角和时空视角的差异。

本章内容导引

- 什么是一个好选题
  - 一、思辨研究的选题标准
  - 二、实验研究或调查研究的选题标准
  - 三、历史研究的选题标准
- 选题的三个来源
  - 一、有争议或前沿性的理论问题
  - 二、亟待解决的实践问题
  - 三、在写作中生成选题
    - （一）在写作中调整、更换选题
    - （二）如何调整选题：先大题小做，
      后小题大做
    - （三）从"仿写"或"重复验证"开始
- 研究视角对选题的影响

- 一、理论视角
  - （一）理论基础
  - （二）学科视角
  - （三）学派视角或学理视角
- 二、关系视角
  - （一）表里关系
  - （二）因果关系
  - （三）对立统一关系
- 三、时空视角
  - （一）作为新观念或新概念的视角
  - （二）作为新材料的视角
  - （三）作为新工具的视角

第1节 什么是一个好选题

选题的评价标准一般有两个：一是理论意义，有知识贡献；二是实践意义，能为改进教育实践提供借鉴。不过，这两个标准对初学者的选题几乎没有实际的意义，或者说，这两个标准很难给初学者的选题带来实际的帮助。

研究者需要进一步考虑的问题是：如何保证自己的选题不仅是有意义的（包含理论意义和实践意义），而且是可行的（有可行的研究思路和可论证的资料）？

研究者需要考虑的另一个问题是：思辨研究的和实证研究的选题标准有哪些差异？在实证研究内部，实验研究和调查研究的选题标准与历史研究的选题标准有哪些差异？

一、思辨研究的选题标准

思辨研究中的好选题一般有三个特点：它是一个"以小见大"的问题；它有自己的概念框架或理论视角；它在历史中是一个有争议的问题。

第一，这是一个"小中见大""大处着眼，小处着手"的问题。选题并非越小越好。好的选题总是"小问题，大精神"。研究者虽然只是选择了一个小问题（小处着手），但是，这个小问题可以引出一个"大是大非"的关键问题或大事件（大处着眼）。解决了这个关键问题，其他问题就可以迎刃而解。

"以小见大"或"大处着眼"之"大"，主要是"理论意义"或"实践意义"之大而不是"研究范围"之大。比如，就研究范围而言，类似"家庭教育学论纲"、或"教育传播学论纲""中国教育学的反思与批判"等主题已经足够宏大了，但是，这样的研究是否具有较大的理论意义或实践意义，就很难说。相反，类似"社经地位与学生学业成就的关系"①、"严复与王国维导入西方教育思想的比较研究"②、"教育学'命题'的建构"③等选题虽然只是一个小问题，其背后却可能含有重大的义理。相反，如果初学者满腔热血却无法将自己的理想（义理）转换为某个具体的问题，则说明此人"好高骛远""好大喜功""志大才疏"。

第二，它有自己的核心概念，这个核心概念与另一个概念构成对立统一的关系。这两个关键概念一起引出了相应的教育争议或教育冲突，也构成了该研究的理论视角或关系视角。比如，有研究者立足于"天下体系"和"国际体系"这一对概念去研究世界政治的方向④；有研

① Sirin S. Socioeconomic Status and Academic Achievement：A Meta-Analytic Review of Research[J]. *Review of Educational Research*，2005(3)：417—453.

② 肖朗. 异源同流，殊途同归——严复与王国维导入西方教育思想的比较研究[J]. 华东师范大学学报（教育科学版），2001(4)：73—95.

③ 详见：陈桂生. 教育学的建构[M]. 上海：华东师范大学出版社，2012：106—111.

④ 详见：赵汀阳. 天下体系：世界制度哲学导论[M]. 北京：中国人民大学出版社，2011. 作者的《论可能生活》则从"德性伦理学"和"规范伦理学"这一对概念去研究人的可能生活. 详见：赵汀阳. 论可能生活：一种关于幸福和公正的理论[M]. 北京：中国人民大学出版社，2004：23.

究者从"哲学解释学"的理论视角去分析"理解与教育"的关系[①];有研究者立足于"参与者知识观"和"旁观者知识观"这一对概念去研究教学方式的变革[②];有研究者从"文化学"的理论视角分析教育学的文化性格(见专栏 2-1)。某些出色的选题虽然没有明确的理论视角,但它有自己独特的关系视角或时空视角。

专栏 2-1

教育学的文化性格[③]

教育学活动应该有一个"文化转向"。"文化时代"的教育学将获得一些新的特征。一是教育学活动将显示它的文化性格,而不只被视为客观的科学活动。二是教育学活动的基础应该从学科基础转向更广阔的生活基础。教育学不仅从相关学科发展所提供的科学知识来认识和分析教育问题,而且更从日常的教育生活和整个社会生活中寻找自己的价值根据和方向,进行价值的批判和引导。三是教育学民族性的真正确立。克服教育学活动中的"西方中心主义",汲取本民族的教育智慧。四是新研究领域如教育语言学、教育民俗学的拓展和旧研究领域的新观察。五是教育学者生存方式的转变。在广阔的历史文化视野下认识教育问题,而不是匍匐在其他学科研究者的身后,做一些"应用性"的工作。

第三,它在历史中是一个有争议的问题。"有争议"至少有三个含义:一是历史中已经出现了相关的资料和证据,研究者因而可以获得大量的历史资料来论证自己的问题。这是"有争议"的最重要的好处。二是它在历史中是一个曾经被一再提出讨论的问题,也因此,它是一个历史中出现过的"真问题"。三是它隐含了作者赞成什么或反对什么的某个立场。

二、实验研究或调查研究的选题标准

出色的实验研究或调查研究的选题一般有三个特点:它不仅提出了某种假设和关系,其变量具有可操作性或可检测性,而且,必须具有巧妙的研究设计。三者之间,巧妙的研究设计尤其显得重要。

第一,它有明确的假设,或者说,它隐含了某种因果关系或相关关系。实验研究主要考察变量之间的因果关系,其选题一般显示为"A 对 B 的影响",比如,"自学辅导教学对初中生数学学习成绩和学习兴趣的影响"。调查研究主要考察变量之间的相关

---

① 详见:金生鈜.理解与教育[D].北京师范大学,1993.

② 详见:高慎英.论学习方式的转变及其知识假设[D].上海:华东师范大学,2002.

③ 详见:石中英.教育学的文化性格[D].北京:北京师范大学,1997.石中英.教育学的文化性格[M].太原:山西教育出版社,1999.

关系,其选题一般显示为"A 与 B 的相关性",比如"担任班干部对小学生学习成绩的影响"。

第二,实验研究的自变量必须是某种具体的、可操作的、可"变"的行为或心理因素。比如,"班主任的性格对小学生学习成绩的影响的实验研究"就是不恰当的选题,因为"班主任的性格"几乎是不可改变的因素。可将"班主任的性格"改换为"班主任的管理风格"或"班级风气"。又如,"素质教育对小学生学习成绩的影响的实验研究"也是不恰当的选题,因为,"素质教育"虽然是一个可改变或变革的因素,但它不具有可操作性。可将"素质教育"进一步转换为类似"校本课程开发"或"学生社团"等更具体的实验因子。在考察因果关系的调查研究中,其自变量虽然不必是具体的"变革"措施,但它必须是可观察或可检测的行为或心理。

而在考察相关关系的调查研究中,其自变量不必是可"改变"的。比如,在"无名指食指的比率与文理科思维的相关性的调查研究"中,无名指和食指的比率虽然也称为"自变量",但这里的"变"并非指某个人的手指比率是可"改变"的,而是指这个人和那个人的手指比率是一个"变数"。就某个特定的人而言,他的手指比率主要属于遗传因素,几乎是不可改变的。

虽然并非所有实验研究和调查研究的自变量都是可"改变"的,但其因变量必须是可改变的和可检测的。比如,在"班主任的管理方式对青少年性格的影响的实验研究"或"班主任的管理方式对青少年性格的影响的调查研究"中,"青少年性格"尤其是高中生、大学生的性格已经比较稳定,不大可能因班主任的管理方式而发生改变。

第三,它有一个"巧妙"的研究设计。研究设计是否巧妙,主要看它是否能够保证实验研究或调查研究的信度和效度。为了提高实验研究或调查研究的信度和效度,研究者需要选择研究的情境,创造研究的环境,控制无关变量。如果没有巧妙的研究设计,即便研究者提出了一个不错的"研究假设",也很难使这个研究假设获得有效的、可信的验证。比如,研究者有一个假设:"好榜样的宣传可以促进亲社会行为,但是,过度的榜样宣传反而会降低亲社会行为"。可是,如何设计或创设一个实验情境,以便使这个假设得到可信而有效的验证,就是值得研究者慎重考虑的问题。

三、历史研究的选题标准

实证研究主要包括实验研究、调查研究和历史研究。其中,历史研究主要包括历史的考证研究(对历史事实的怀疑和订正)、历史的解释研究(对历史文本的注释或解释)、历史的叙事研究(对战争、改革、个人成长等历史事件的叙述)。

历史研究虽然也可以视为实证研究,但其选题特点和研究方式不同于实验研究和调查研究。出色的历史研究至少具备以下一个或几个特点。

第一,它采用了类似"历史的发生学研究""历史的话语分析"或"历史人类学研究"的方式,从零散的文本或话语的背后找到了一以贯之的线索。比如,有人从中国 11 世纪的文教领域的"话语冲突"中寻找出一条"意志的冲突"的脉络:以"天理"压制"人欲"并由此引发话语冲突的悲剧。[①]

第二，它以历史的比较研究的方式分析各种教育思想或教育制度的异同。或者，它叙述或评介了陌生的、新异的材料，提供了域外或古典的教育思想、教育制度的新视野。比如，有人根据新的材料，对美国"进步主义教育运动"[②]、"八年研究"等问题进行评介。[③]

第三，它更正了有关历史文本或历史事件的误解。该研究要么直接指向他人的相关研究，更正他人的相关误解；要么直接面对原作者和原文本身的隐微的意图，从文本的表面绕到文本的背后，指证那些隐藏在文本背后的原作者的真实意图。比如，有人从卢梭的《论科学与艺术》文本表面的背后看出"卢梭的意图"。[④] 也有研究者从卢梭的《爱弥儿》文本表面的背后，揭示出卢梭的写作对象是立法家的教育而并非一般大众的教育。[⑤]

第 2 节　选题的三个来源

选题大致有三个来源：要么来自有争议的理论问题；要么来自亟待解决的实践问题；要么在写作中生成和调整选题。

当然，有些选题可能直接来自他人尤其是导师的建议。初学者最好关注导师的研究课题和研究方向。比较便捷的途径是将导师正在研究的某个课题或"子课题"作为自己的学位论文的选题。将自己的选题纳入导师的课题可能带来"双赢"的合作。不过，这样做的前提是，该课题所隐含的研究路径最好是实证研究而不是思辨研究（诸如本质研究、价值研究或对策研究）。某个导师也许习惯于从事思辨研究，此类研究有时也可以成功申请立项或获得资助。但是，一般而言，思辨研究并不适合初学者。

一、有争议或前沿性的理论问题

在有争议的理论问题中寻找选题首先意味着阅读相关的理论文献。这些理论文献主要包括期刊、专著和学位论文。也可以将阅读的范围从"读书"扩展到"读图"。后者指观看学术讲座录像或相关的纪录片。

第一，在期刊论文、学位论文和专著三者之间穿梭。在选题和后续的研究过程中，研究者需要有基本的文献阅读。文献阅读主要指"读书"和"读论文"。后者包括公开发表的期刊论文和尚未公开发表的硕士或博士学位论文。在"读书"和"读论文"之间，"读论文"

---

① 周勇.知识、教化与欲望——中国十一世纪的教育话语[D].上海：华东师范大学,2002.周勇.教育空间中的话语冲突与悲剧——中国十一世纪的经验[M].北京：教育科学出版社,2004.
② 详见：张斌贤.社会转型与教育变革——美国进步主义教育运动研究[D].北京：北京师范大学,1995.张斌贤.社会转型与教育变革——美国进步主义教育运动研究[M].长沙：湖南教育出版社,1998.
③ 详见：杨捷.重构中学与大学的关系——美国进步主义教育之"八年研究"初探[D].上海：华东师范大学,2006.杨捷.重构中学与大学的关系——美国进步主义教育之"八年研究"初探[M].北京：中国社会科学出版社,2008.
④ 详见：施特劳斯.卢梭的意图[C]//刘小枫.苏格拉底问题与现代性.北京：华夏出版社,2008：69—100.
⑤ 详见：刘小枫.《爱弥儿》如何"论教育"[J].北京大学教育评论,2013(1)：126—146.

比"读书"更重要。由此也可以说,有效的选题不是"多读书"而是"少读书"(这样说的前提是"多读论文")。对于那些习惯于做调查研究或实验研究的研究者而言,他们甚至"不读书"(只读"论文")。不过,与期刊论文相比,专著仍然有自己的优势:专著或教材往往可以为研究者提供本学科的常识和比较系统的相关研究成果。

与公开发表的论文相比,那些尚未公开发表而又与自己的选题相关的硕士或博士学位论文显得更加重要。学位论文不见得最权威最全面,但是,它往往显示出学术研究的前沿性和学术写作的规范性。一般而言,研究生学位论文的选题往往比一般论文和专著的选题显得更慎重更有学术感。它不仅可以提示本领域的前沿课题,而且可以提供本领域的写作规范。更重要的是,学位论文往往提供了有关该研究领域的比较详细和全面的文献综述,读者可以藉此而迅速了解该领域的相关文献并提高后续的文献检索的效率。

第二,留意不同作者之间的分歧或冲突。好的选题往往隐含了某种教育冲突或矛盾。它既显示为不同观点的对立和冲突,也显示为不同观点的相反相成、重新组合。

因此,在阅读期刊和专著时,研究者尤其需要留意不同论证之间的争议和冲突。凡有争议的地方,就隐含了进一步研究的价值。当代学者研究的课题很可能在历史中曾经发生过激烈的争论。整个学术史就是一个意见纷争、众说纷纭的论坛。所谓选题,就是在意见纷争之中,选择某个有争议的问题并形成自己的假设或立场。

除了留意不同论者之间的争议之外,还需要留意同一论者所坚持的某个意见的对岸或反面。如果某个研究者极力反对某个观点,那么,那个被反对的观点就值得关注,最好追查该观点的原始出处,并考虑该观点是否隐含了"片面的真理",以及,这个观点是否被他人严重地误解。也许,这个被反对被误解的观点恰恰是有意义的、正确的观点。而澄清该观点被误解的过程以及该观点的真实意图,就成为有价值的选题。

更重要的是,如果某个教育制度改革或教育思想长期被主流意见忽略、反对、压制或歧视,那么,它就有可能恰恰是有待重新发现、重新评价的选题。比如,究竟如何看待某些大逆不道的"不道德"或"反道德"现象?[①] 究竟如何看待疯人院的"疯子"?[②] 究竟如何看待"自闭儿童"?[③] 这些特殊群体究竟应该接受治疗还是应该获得理解? 这就是有待研究的问题。

除了留意不同作者之间的争议,也需要关注同一作者貌似自相矛盾的说法。如果在阅读的过程中发现同一作者似乎出现了自相矛盾的观点,那么,就需要放慢阅读的速度,慎重考虑该作者的观点为何显得前后不一或自相矛盾。同一作者若出现某些看起来似乎自相矛盾的说法,一般有两种可能:一是该作者的思想在其发展的过程中出现了断裂。二是该作者的观点貌似前后断裂,其实是"一以贯之"的。某个作者的思想出现前后断裂是可能的。这种断裂往往显示为青年时期不成熟和晚年的"痛改前非",形成"晚年定论"。

---

① 有关尼采的"反道德"或"超善恶"的讨论,详见:覃晓思. 大众教育与精英教育:尼采的道德教育思想研究[D]. 广州:华南师范大学,2012.有关马基雅利利的"反道德"的讨论,详见:李翠婷. 马基雅维利的"新"君主教育[D]. 广州:华南师范大学,2013.

② 有关"疯人"如何由"疯人船"的放逐转移到"疯人院"的治疗的讨论,详见:福柯. 疯癫与文明[M]. 刘北成,杨远婴,译. 上海:上海三联书店,2003:32.

③ 相关问题的讨论详见:冯嘉慧,刘良华. 自闭儿童:治疗还是教育[J]. 当代教育与文化,2013(1):88—91.

比如,阿里斯托芬(Aristophanes,约公元前 446—385)笔下的苏格拉底和色诺芬(Xenophon,公元前 430—354)笔下的苏格拉底就完全不同。[①] 前者代表了少不更事的青年苏格拉底,后者代表大彻大悟的成年苏格拉底。又如,王阳明就认为朱熹晚年"大悟旧说之非",意识到自己中年所做的集注"误己误人",乃"未定之论"。[②] 若某个作者的确出现了思想的断裂,那么,这种思想的断裂本身就是值得研究的课题。不过,也有另一种可能。该作者在不同时期提出的观点看似前后不一,实际上却是一致的。比如,柏拉图(Plato,公元前 427—347)的前期作品《理想国》强调政治精英的教育,而后期作品《法律篇》重视平民教育。两者之间似乎存在矛盾和冲突;与柏拉图类似,卢梭(J. Rousseau,1712—1778)似乎也经历了这样的矛盾和冲突。

也就是说,经典名著中貌似自相矛盾的地方不只是显示了作者在两种对立的观点之间的徘徊或思想发生过程中的自我否定,更可能暗示了作者试图以第三条道路超越两种对立观点的方向。初学者比较容易犯的错误是:人云亦云或沾沾自喜地认定某个哲人的说法是自相矛盾的。

第三,关注前沿性的新概念或新课题。前沿性的新概念或新课题本身就意味着某种不同的学术意见或学术突破。关注前沿性的新概念或新课题并非跟风或追赶"时髦",而是对世界范围内正在发生或新近出现的重要理论问题或实践问题保持必要的学术敏感。中国教育界一度关注"建构主义"知识观、"儿童哲学""后现代主义教育""多元文化教育""元教育学"、教师的"个人知识"或"实践知识""教学内容知识"(PCK)、"教师专业化""教育现象学""教育叙事研究""校本行动研究""校本教学研究""校本管理""校本课程开发"(参见专栏 2-2),等等。

专栏2-2

校本课程开发[③]

校本课程开发是立足于本校教育哲学以学校教师为主体进行的课程开发。它的兴起旨在满足具体学校的实际条件和需求,弥补单一的国家课程开发机制难以满足学校多样性与差异性的缺陷。校本课程开发的运行机制包括校本课程开发的条件、影响因素、活动类型、操作模式和评价原理,等等。中国校本课程开发经历了艰难的政策和理论探索,在迎来难得的历史机遇的同时,也面临严峻的现实挑战。当务之急,一是借鉴世界课程变革的先进经验,采取适当的变革策略,实现课程开发机制的多样化转换;二是进行学校的组织与管理变革。教师应该而且必须成为课程开发的主体。

① 施特劳斯.苏格拉底与阿里斯托芬[M].李小均,译.北京:华夏出版社,2011:1.
② 王守仁.王阳明全集(上)[M].上海:上海古籍出版社,1992:127—128.
③ 详见:吴刚平.论校本课程开发[D].上海:华东师范大学,2000.吴刚平.校本课程开发[M].成都:四川教育出版社,2002.

二、亟待解决的实践问题

学术研究并非一定要关注现实问题。而且，即便关注现实问题，也不必期望学术研究直接能够影响和改进教育实践。如果研究者热衷于"跟风""赶时髦"，那么，该研究者反倒会显得浅薄、浮躁、媚俗甚至不学无术。

但是，不"跟风"、不"赶时髦"也并不意味着教育研究就应该远离教育实践。关注并影响教育现实，这原本是教育研究内在的责任和使命。问题在于，研究者以何种姿态、何种方式去关注和影响教育实践。或者说，研究者在研究实践问题时以何种方式显示自己的学术品位或学术修养。

在实践中发现选题可能导致该研究直接呈现为经验总结、对策研究或方案设计等"实践研究"，但是，在实践中发现选题依然可以将实践问题转化为理论研究或实证研究。这种转化大致有三个方向：一是直接面向实践问题展开实证研究；二是有理论视角的实践问题研究；三是以"纯理论研究"或思辨研究回应某个或某些实践问题。

第一，以调查研究或实验研究的方式直接关注实践问题。直接面向教育实践问题的研究往往显示为教育调查研究或教育实验研究。而在调查研究和实验研究之间，研究者一般不具备实验研究的条件，因此，直接关注实践问题的研究大量地显示为调查研究，具体包括问卷法、访谈法和观察法。

第二，以历史研究的方式间接关注实践问题。调查研究和实验研究往往能够直接回应或影响实践，而历史研究只能间接地回应或映射实践问题。

面向实践问题的历史研究看起来与纯粹的历史研究没有太大的差异。但是，纯粹的历史研究并不针对任何现实问题，也并不追求研究的现实意义。而面向实践问题的历史研究往往在研究报告中呈现与教育现实相关的"启示"。即便研究者不提供与教育现实相关的"启示"，这种面向实践问题的历史研究往往能够让读者感受到它对教育现实问题的间接回应或影射。

第三，从某个理论视角分析实践问题。从某个"理论视角"分析实践问题往往显示为某种思辨研究（或哲学研究）。一般而言，教育实践中的任何问题都牵涉某个教育基本理论。也因此，研究者在面对教育实践问题时，他完全可以选择某个理论视角去分析和解释教育实践问题。这样的研究思路往往显示为"从……看……"。"从……看……"既可以直接显示为研究的主题，也可以不呈现为主题而隐含在研究的思路、研究的过程和研究的结论之中。

三、在写作中生成选题

选题的过程并不是一个简单的从阅读到写作的线性运动。无论是从阅读中寻找选题还是从实践中寻找选题，如果迟迟不动手写作，选题就一直处于悬而未决的虚无之中。选题并不需要长期的深思熟虑，相反，选题需要一次或多次的尝试错误：一旦有了大致的研究意向,就可以尝试开始形成研究的框架和思路。更重要的是,在形成大致的思路和研究框架之后,研究者需要开始尝试进入写作状态并在尝试写作的过程中逐步调整选题。

■ (一)在写作中调整、更换选题

初学者为了确定自己的选题,他们往往愿意勤奋地阅读,希望在阅读中惊喜地找到自己可以研究的课题。可是,大量阅读之后,他们遗憾地发现,在浩瀚的他人的研究成果中,很少有自己感兴趣的课题。或者,他确定了一个研究意向之后,又发现他人对这个问题早已经做了深入的研究。

为了尽快确定研究的选题,可取的办法是:经过一段时间的阅读、听课和思考,尽快形成一个大致的"研究意向"(初步选题),并尽快围绕这个研究意向进入写作状态。若在写作的过程中感觉这个研究意向是可行的,则迅速投入写作,一气呵成。若在写作的过程中遇到了资料不足的困难或感觉乏味,则可以考虑放弃"初选"的课题,进行第二次选题或第三次选题。但是,每一次更换主题时,最好有一段时间的热情求知和写作的过程,通过尝试写作的方式使自己对该选题的研究达到一定的深度。否则,如果频繁更换选题,就可能因为频繁的浅尝辄止而导致选题上的"习惯性流产"。

相反,如果研究者尽快进入写作状态,每次更换选题之前都对某个选题有了比较深入的研究,那么,研究者就会发现写作的路子越写越宽阔。即使更换了新的主题,这个新的主题也并非完全另起炉灶,而更可能是由此及彼、旁逸斜出、节外生枝、顺藤摸瓜甚至获得意外的发现。初学者有时会因为时间的紧迫而不敢贸然确定选题,不敢贸然写作。可是,若长期不进入写作状态,研究者就会越来越心浮气躁、心神不宁。可取的办法是:先试探写作,让自己安静下来,并在写作中逐步调整或更换选题。更换选题绝非浪费时间,因为,满意的选题恰恰就在调整、更换选题的过程中"生成""诞生"。

■ (二)如何调整选题:先大题小做,后小题大做

为了避免泛泛而谈,选题最好聚焦于某个具体的问题。宁可"小题大做",也不要好大喜功。

但是,选题也并非越小越好。在"小题大做"之前,最好先对自己所研究的领域有整体的了解,然后逐步缩小研究的范围,先"大题小做",再"小题大做"。

"大题小做"不仅意味着研究者对自己所研究的领域有整体的了解,更重要的是,研究者需要理解自己所研究的领域有哪些比较紧迫的"大问题"(或危机),从中选择一个大致的方向。然后,开始寻找相关的文献,再逐步缩小研究的范围。有人把这个思路称为"漏斗"。[①]

■ (三)从"仿写"或"重复验证"开始

如果研究者完全不知道如何选题,可以考虑从"仿写"或"重复验证"开始。"重复验

---

① 详见:麦瑞尔姆.质化方法在教育研究中的应用[M].于泽元,译.重庆:重庆大学出版社,2008:42.

证"原本特指采用调查或实验研究的方法验证他人已经取得的某些结论。这里借用"重复验证"的概念,泛指所有借鉴他人的研究方法和研究思路进行的"模仿写作"(简称为"仿写")。

有意义的仿写可能并不局限于教育学写作的圈子内部的模仿,而更多地显示为从思辨研究论文到教育学研究论文的仿写、从心理学研究报告到教育学研究报告的仿写,从社会学研究到教育学研究的仿写、从文艺评论到教育评论的仿写,等等。

"模仿写作"甚至可以理解为对他人的选题和写作框架以及研究思路的"借鉴"。如果"借鉴"而不加说明或不完整的说明,就有抄袭、剽窃的嫌疑。但是,如果"借鉴"且在引文和注释中有明确的说明,则在学术规则允许的范围之内。"借鉴"很难显示出学术创新的价值,不过,并非所有的学术研究都必须有闪闪发亮的原创性。借鉴他人的研究框架和研究思路且以引文和注释的方式明确说明了对他人的借鉴,可能依然是诚实而且有知识贡献的学术研究。

以"借鉴"的方式从事学术研究的现象并不限于年轻的初学者。某些比较著名的研究者在自己的研究中也可能随时向他人学习,甘愿成为一个虚心的"学生"。如果发现他人的某个研究无论在选题还是在研究的框架、研究的思路、核心观点和关键概念上都显示出有魅力的学术光芒,那么,某些比较著名的学者可能依然会主动选择"重复验证"或"模仿写作"。[①] 比如,《道德理想国的覆灭——从卢梭到罗伯斯庇尔》借鉴了《卢梭与道德共和国》和《姊妹革命:美国革命与法国革命启示录》[②]的标题、关键概念、研究框架、核心观点和叙事形式。但,该书依然显示了它的学术贡献。只是,在"借鉴"的同时,需要呈现规范的"引文"和"注释"。如果大量借鉴了某个理论视角或研究框架,则需要指出该理论视角和研究框架的来源。

第3节 研究视角对选题的影响

研究视角(research perspective)[③]也可称为研究立场(academic footing)或分析框架(analytical framework)。它是研究方法(或研究思路)的一个重要部分。研究者在考虑选题、提交开题报告或完整的研究报告时,往往需要陈述该课题的研究方法。而在陈述研究

---

① 比如,《无立场的教育学思维》和《无立场的伦理分析》的研究思路就具有某种相似性。详见:赵汀阳. 无立场的伦理分析[J]. 哲学研究,1995(7):66—73;金生鈜. 无立场的教育学思维[J]. 华东师范大学学报(教育科学版),2006(3):1—10.

② 详见:朱学勤. 道德理想国的覆灭——从卢梭到罗伯斯庇尔[M]. 上海:上海三联出版社,2003. Blum, C. Rousseau and the Republic of Virtue: The Language of Politics in the French Revolution, Cornell University Press, 1986:133—152. 邓恩. 姊妹革命:美国革命与法国革命启示录[M]. 杨小刚,译. 上海:上海文艺出版社,2003:1—23.《道德理想国的覆灭——从卢梭到罗伯斯庇尔》的原型是作者的博士学位论文。论文公开出版时,作者调换了论文的正标题与副标题。详见:朱学勤. 从卢梭到罗伯斯庇尔——道德理想国的覆灭[D]. 上海:复旦大学历史学系,1992.

③ 视角(perspective)不同于视域(horizon),前者是看问题的角度,后者是问题自身所在的背景。在视域理论看来,任何焦点知识有自己的背景或边缘场域,背景或边缘场域影响或决定焦点知识的意义。详见:胡塞尔. 经验与判断[M]. 邓晓芒,张廷国,译. 北京:三联书店,1999:54—55.

方法时,需要提出该课题的研究视角并对该研究视角提供解释。无论是理论研究还是实证研究,都需要有研究的"视角"或研究的框架。出色的研究往往显示或隐含了独特的研究视角。成为一个出色的研究者意味着成为一个视角主义者。研究视角使我们看到一些"没有理论我们就看不到"的东西,它能帮助我们预见和理解事实。"我们在田野中所看到的东西,我们向参与者提出的问题,以及我们所注意到的文献都是由研究的理论框架所左右的。当然,它也决定了,什么是我们不去看,不去听,不去注意的。"①

　　表面上,选题就是选择自己所要研究的问题,实际上,选题是从某个合适的"研究视角"去分析某个问题。研究的视角决定研究的问题。如果没有合适的研究视角,研究的问题就尚未提出或有待提出。理论视角类似照射研究对象的一个光源。如果没有研究的视角,研究对象就会一团漆黑。"夜间观牛,其色皆黑"。研究对象正是通过研究视角而被看见、被理解。不见得所有的研究都需要有理论视角,但是,恰当的理论视角能够让自己的研究显得有理论思维的含量。比如,如果调查研究者从某个理论视角去展开相关的调查,那么,这样的调查研究就容易显示出它的学术性而区别于一般新闻记者所做的新闻调查。学术领域的调查研究既要像新闻记者和侦探那样有寻找证据的"侦查精神",又要凭借理论视角而超越一般意义上的新闻调查。

　　研究的视角主要包括三种:一是关系视角,也可称为分类视角或比较视角。二是理论视角。它是从某个"学派"的角度去研究事物。三是时空视角。它是研究者对新"观"点或新材料、新方法(或新工具)的选择。三者之中,空间视角一般不被视为研究视角,比较常用的是关系视角和理论视角。而在理论视角和关系视角之间,理论视角在研究中往往直接以"本研究的理论视角是……"的方式陈述出来。关系视角往往隐而不彰,它是一种思维方式和写作方式,一般不直接以"本研究的关系视角为……"的方式陈述出来。

一、理论视角

　　理论视角主要是指从某个理论框架去观看和解释研究对象。理论视角主要包括理论基础、学科视角和学派视角。三者之中,比较常用的是学科视角和学派视角。

■ (一)理论基础

　　传统意义上的"理论基础"大体也可以视为理论视角,但是,理论基础往往会列举两个以上的理论,而"理论视角"强调研究者采用某个"学派"作为自己的"分析框架"去分析某个具体的"问题"。

　　传统意义上的理论基础虽然也有"理论视角"的效用,但其缺陷在于:当研究者提出一个或多个"理论基础"时,研究者往往并不真实地借助该理论去分析自己的研究对象。当多个理论之间缺乏联系甚至彼此冲突时,研究者就更难真实地将那些理论作为自己研

---

① 麦瑞尔姆. 质化方法在教育研究中的应用[M]. 于泽元,译. 重庆:重庆大学出版社,2008:33—34.

究的"基础"。传统意义上的"理论基础"在研究报告中往往只是一些故作姿态的摆设或装腔作势的炫耀，并没有实质的意义。也因此，越来越多的研究报告放弃使用"理论基础"的说法，而直接代之以"理论视角"或"研究视角"。

■（二）学科视角

宏大的理论视角几乎就是某个学科视角。面对同一个对象，不同的学科视角往往会从这个对象中看到不同的问题或主题。比如，面对同一座山，地质学的视角可能会留意这座山的矿产，生物学的视角可能会关注这座山上的生物多样性，而文学的视角可能会想象这座山的风情。

面对同一个教育问题，不同的学科视角会提供不同的问题解决方案。以"课程改革"为例，哲学（或教育哲学）的视角可能会从人性论、认识论（或知识观）、存在论（尤其是政治哲学）的角度去考虑课程目标、教学方式和学习方式、课程评价等方面的变革；社会学（或教育社会学）的视角可能更关注师生交往中的民主型管理或权威型管理、师生互动中的角色问题或公平问题、教材中的性别角色问题、同伴文化的社会角色问题、父母的经济地位与社会地位对学生学业成绩的影响等。心理学则可能更重视学生人格（比如积极心理与消极心理）、气质（比如男性气质、女性气质、双性气质或未分化气质）、性发育、教师期望等因素对学生学业成绩的影响。而社会生物学理论[①]则可能从"道法自然"（比如动物生存方式甚至生物生存方式[②]）的视角去重新考虑人类生活和教育的方向。[③]

不同学科之间虽然并没有严格的界限，但在现代学科体制中，各门学科还是有相对独立的研究视角。比如，教育哲学可能关注有关建构主义和客观主义的知识观的争论、全面发展和个性发展的人性论的争论。社会学（或社会心理学、社会文化人类学）可能关注教育公平问题、父母的社经地位对学生学业成绩的影响。[④]

■（三）学派视角或学理视角

一般而言，教育研究很少直接宣布自己的研究采用"哲学的视角""心理学的视角"，但研究者可能会在主标题或副标题中显示"新社会学的视角""新制度主义的视角""行为经济学的视角"等等。这些视角其实已经不是某个学科而是某个学派。

---

①　有关社会生物学的研究，可参加威尔逊的《昆虫社会》《社会生物学：新的综合》《人性论》和《造物》《论契合》等书。威尔逊认为，正是虫子和杂草这些东西构成了地球上的大部分物种，应谨慎地使用杀虫剂。人类需要昆虫才能生存。如果昆虫消失的话，地球环境很快就会崩溃。详见：威尔逊. 造物[M]. 马涛，等，译. 上海：上海世纪出版集团，2009：27—31. 相关文献可参见：德瓦尔. 黑猩猩的政治[M]. 赵芊里，译. 上海：上海译文出版社，2009. 戴蒙德. 第三种黑猩猩[M]. 王道还，译. 上海：上海译文出版社，2012. 莫利斯. 人类动物园[M]. 何道宽，译. 上海：复旦大学出版社，2010. 莫利斯. 裸猿[M]. 何道宽，译. 上海：复旦大学出版社，2010. 安吉尔. 野兽之美[M]. 李斯，胡东霞，译. 北京：时事出版社，1997.

②　比较彻底的"道法自然"是第欧根尼（Diogenes，约公元前 404—323）式的犬儒主义生活。详见：D. Laertius. Lives and Opinions of Eminent Philosophers[M]. tr. by C. Yonge. Bohn's Classical Library，1853：228—230.

③　按照卢梭的说法："思考状态是违反自然的一种状态，而沉思的人乃是一种变了质的动物。"详见：卢梭. 论人类不平等的起源和基础[M]. 李常山，译. 北京：商务印书馆，1962：79.

④　至于教育学是否有自己独特的视角，这是有争议的问题。与之类似的争议是，教育学是否有自己独特的研究方法。

也因此,若研究者打算采用"心理学的视角"或"哲学的视角",则最好进一步将学科视角落实为学派视角,比如"个人知识观的视角""国家主义的视角""大众文化的视角""身份认同的视角"或"社会学习理论的视角",等等。与之相应的标题往往呈现为"从 A 看 B"或"A 与 B""A 中的 B""A:B 的视角",比如"知识转型与教育改革"①、"人类学视野中的学校教育与地方知识"②、"村落中的'国家'"③、"学校中的政治仪式"④、"识读大学:组织文化的视角"⑤、"表演:解读教育活动的新视角"⑥,等等。

几乎每个学科都会在其发展过程中逐步分化出各种不同的"学派"。这种学派既可能直接呈现为"……学派""……主义"或"……观""……学""……理论"。比如,社会学领域存在结构—功能主义与冲突理论之争、文化哲学内部则存在"一元文化主义"与"多元文化主义"之争。⑦

研究者较少采用宏大的"学科"视角而更多地采用学科内部的某个"学派"作为研究视角。比如,有人从经济学的视角来研究教育问题,而其具体的研究视角是制度经济学而且是"新制度经济学"。该研究从"新制度经济学"的视角来分析教育制度的生成与变革。⑧也有研究者把新制度主义的视角作为自己的分析框架,以此分析课程改革实施过程中遇到的困难,把"课程实施"理解为"课程政策的实施"(参见专栏 2-3)。

专栏2-3

课程改革实施行为的新制度主义分析⑨

本研究选择这次课程改革的一个代表性政策——"研究性学习"课程政策在 A 市的实施为例,采用新制度主义的理论视角对这次课程政策的实施过程进行分析。从新制度主义的分析视角来看,影响学校课程政策实施的制度及其机制主要有三个基本要素:一是管制性制度

① 详见:石中英. 知识转型与教育改革[M]. 北京:教育科学出版社,2001:87—123. 在文学界,比较典型的例子是王国维的文学研究。他以叔本华的意志哲学及其悲观主义作为研究《红楼梦》的视角,写成《红楼梦评论》。又以"境界"的视角研究中国古典诗词,写成《人间词话》。详见:王国维. 王国文学论著三种[M]. 北京:商务印书馆,2001:1—30.

② 有关该研究的视角的解释,详见:巴战龙. 人类学视野中的学校教育与地方知识[D]. 中央民族大学,2008:8—11.巴战龙. 学校教育·地方知识·现代性[M]. 北京:民族出版社,2010:14—19.

③ 有关该研究的视角的解释,详见:李书磊. 村落中的"国家"[M]. 杭州:浙江人民出版社,1999:11.

④ 详见:程天君. "接班人"的诞生——学校中的政治仪式考察[M]. 南京:南京师范大学,2007.程天君. "接班人"的诞生——学校中的政治仪式考察[D]. 南京:南京师大出版社,2008.该研究第 2 章和第 3 章从仪式的视角考察学校中的"接班人"培养现象。

⑤ 详见:阎光才. 识读大学:组织文化的视角[D]. 上海:华东师范大学,2001.阎光才. 识读大学:组织文化的视角[M]. 北京:教育科学出版社,2002.

⑥ 详见:李政涛. 表演:解读教育活动的新视角[M],北京:教育科学出版社,2006:34.李政涛. 教育生活中的表演——人类行为表演性的教育学考察[D]. 上海:华东师范大学,2003.

⑦ 有关文化多元主义的讨论,详见:亨廷顿. 文明的冲突与世界秩序的重建[M]. 周琪,等,译. 北京:新华出版社,2010:293—297. 有关亨廷顿观点的解读,详见:李慎之. 数量优势下的恐惧[C]//亨廷顿. 文明的冲突与世界秩序的重建.周琪,等,译. 北京:新华出版社,2010:337—343. 刘军宁. 亨廷顿的三重身份[N]. 东方早报,2009-1-5.

⑧ 详见:康永久. 教育制度的生成与变革——新制度教育学论纲[D]. 武汉:华中师范大学,2001.康永久. 教育制度的生成与变革——新制度教育学论纲[M],北京:教育科学出版社,2003.

⑨ 详见:柯政. 中国大陆课程政策实施研究:以制度理论视角探讨"研究性学习"政策在 A 市的实施状况[D]. 香港:香港中文大学,2008.柯政. 理解困境:课程改革实施行为的新制度主义分析[M]. 北京:教育科学出版社,2011.

（包括督导规则、教学质量评价规则）的影响；二是规范性制度的影响；三是文化—认知制度的影响。这三个要素的不同匹配方式在课程实践中具有新旧两套竞争性的课程制度，而且，"旧课程制度"比"新课程制度"对学校行为的影响更大。

学术研究一般对意识形态或政治立场、党派式的"主义"比较警惕。胡适就曾经劝告研究者"多研究些问题，少谈些主义"。从意识形态或党派式的视角来分析问题是可以的，也可以由此形成"论文"并公开发表自己的主张。但是，这种"论文"只是关注"时事政治"的"政论"，并非一般意义上的学术研究。一般意义上的学术研究可以隐含某种政治立场或政治信念，但并不直接"为政治服务"。按照韦伯的说法，学术有学术的职业道德，学术论坛或讲台"不是先知和煽动家应呆的地方"。①

不过，并非所有"主义"都属于意识形态或党派立场。就胡适所说的"多研究些问题，少谈些主义"而言，这里的"主义"主要有三层意义：一是意识形态式的"主义"；二是空泛的"大道理"；三是研究具体问题所需要的"眼光"或"学理"。胡适反对的是前两种"主义"，但他并不否认"学理"式的"主义"对于学术研究的价值。恰恰相反，胡适本人倒是终身提倡和信奉"实验主义""易卜生主义"以及相关的"自由主义"，并将这些"学理"输入到他所研究的种种具体的问题之中。在《多研究些问题，少谈些"主义"》这篇文章中，胡适也一再补充说："读者不要误会我的意思。我并不是劝人不研究一切学说和一切'主义'。学理是我们研究问题的一种工具。没有学理做工具，就如同王阳明对着竹子痴坐，妄想'格物'，那是做不到的事。种种学说和主义，我们都应该研究。有了许多学理做材料，见了具体的问题，方才能寻出一个解决的方法。"②

二、关系视角

关系视角是一种思维方式或"思维形式"③，相当于康德（I. Kant，1724—1804）讨论的关系范畴。④ 范畴（category）本身就有分类和关系的含义。在康德看来，所有事物都处于三种类型或关系之中：一是表里关系。康德称之为"实体性—偶性关系"。它涉及本质与现象关系、一与多的关系；二是因果关系，它涉及"相关关系""源流关系"。"相关关系""源流关系"是弱的因果关系；三是对立统一关系，康德称之为协同

---

① 韦伯. 学术与政治[M]. 冯克利，译. 北京：三联书店，2005：37.
② 胡适. 多研究些问题，少谈些"主义"[C]//胡适文存（第一卷），合肥：黄山书社，1996：253.
③ 黑格尔认为康德的范畴就是"思维形式"。详见：黑格尔. 小逻辑[M]. 贺麟，译. 北京：商务印书馆，1980：118.
④ 康德的范畴理论是对亚里士多德的范畴体系的加工。亚里士多德曾经归纳了15个范畴，但康德认为亚里士多德的15个范畴仅仅来自随意的归纳，"碰到它们就把它们捡拾起来"，属于"漫游"式的、"碰运气"式的"拼凑"。康德自信他自己设计的范畴避免了亚里士多德的缺憾。康德对亚里士多德的范畴做了改进。他设计了4个项目，每个项目共3个范畴，共计12个范畴。康德认为他的知识哲学是对传统的知识哲学的颠倒，他称之为"哥白尼式的革命"。而在实现其"哥白尼式的革命"的过程中，范畴起了关键作用。详见：康德. 纯粹理性批判[M]. 邓晓芒，译. 北京：人民出版社，2004：71—73. 另可参见：康德. 未来形而上学导论[M]. 庞景仁，译. 北京：商务印书馆，1978：97—98.

性关系。① 否定之否定是对立统一关系的特殊形态。按照整个关系视角的分析框架,世界中的万事万物必处于这三种关系之中。任何事物都以三种关系中的一种、两种甚至三种方式存在。

■（一）表里关系

按照康德的范畴原理,任何事物在变化的同时,其实体或本质是不变的。"实体在现象的一切变化中持存着,它的量在自然中既不增加也不减少。"②康德所讨论的实体与变化的关系,相当于哲学史上一直关注的"现象与本质""一与多"或"同一与差异"的关系,可简称为"表里关系"。

从表里关系的视角来看,某个思想或实践总是存在表面与里面(现象与本质)的差异。表面上看,某个思想或实践呈现为 A,实质上,这个思想或实践乃是 B。所谓"研究",就是从表象的背后发现、辨析其本质,从各种"差异"的背后把捉"同一"。或者,先把握事物的不变的实质(或本源、主干),然后从不变的实质(或本源、主干)牵引出各种表象(或流变、分支)。

就教育研究而言,研究者可以通过表里关系这个视角展开"隐微解释学研究"或"哲学研究"。隐微解释学研究主要包括三个具体的视角:一是"内外有别"的视角,关注作者的"难言之隐"或"隐微教诲",指证文本的字面意义与隐含意义的差异。所谓作者的难言之隐,主要指作者不便直接说出的某些政治上的敏感问题。直接说出某些政治敏感问题不仅会受到当权者的迫害,甚至会引发大众的愤怒和攻击。真理是值得追求的,但不合时宜地直接说出真理有时会给作者和读者双方都带来伤害。二是"整体与部分"的视角,从整体与部分的"解释学循环"的思路更正已有研究的误解。三是"早期和晚期"的视角,指证某个人的教育思想或教育制度改革的早期、中期和晚期思想是否出现断裂(甚至呈现否定之否定的关系)。

揭示研究对象的表里关系既可以作为实证研究的思路,也可以作为思辨研究的论证思路。其思维方式以及表达方式往往呈现为"虽然……但是……""表面上……事实上……""貌似……其实……""不是……而是……",等等。

■（二）因果关系

按照康德的关系范畴的原理,因果关系具有普遍性。"一切变化都按照因果连结的规律而发生。"③就此而言,面对任何问题,都可以从因果关系的视角去展开研究。出色的实验研究或调查研究往往能够揭示那些看似不相关的两个或多个因素之间的因果关系。比如,有研究报告结果显示,人手的食指与无名指的长度及其比率与运动潜能呈正相关,杰

---

① 不过,其他关系如并列关系、递进关系、主次关系(或主从关系)、中心与边缘的关系(或焦点与背景的关系)、整体与部分的关系等是否可以纳入康德的三种关系之中? 以及,它们在什么意义上可以纳入康德的三种关系之中? 倒是可讨论的问题。

② 康德. 纯粹理性批判[M]. 邓晓芒,译. 北京:人民出版社,2004:170.

③ 康德. 纯粹理性批判[M]. 邓晓芒,译. 北京:人民出版社,2004:175.

出的运动员的食指与无名指的比率较低。[1] 也有研究者提出，测量人手的食指与无名指的长度及其比率可以预测他们的考试成绩。无名指比食指长的儿童，理科比文科要好；而那些无名指比食指短的孩子的文科要好于理科。然而，也有研究显示：手指比率与人的性别取向态度或行为的关联性不具有跨文化一致性。人的手指比率与他们的文理科思维能力究竟是否具有因果关系或相关关系？ 这就是值得进一步研究的问题。[2]

因果关系的视角除了显示为实验研究和调查研究之外，还可能显示为历史研究。比如，有研究者从利益群体的冲突的角度来考察学校科目背后的因果关系。各种利益群体"为自己的生存和条件改善而奋斗"并由此导致相应的课程或科目的产生和发展。[3]

只是，有些问题比较容易查明其因果关系，有些问题不那么容易查明其因果关系。如果某个问题不那么容易查明其因果关系，就只能采用别的视角而暂时放弃因果关系的视角。反过来说，即便暂时放弃了对事物与事物之间的因果关系的考察，并不意味着它们之间没有因果关系。暂时放弃意味着暂时不具备勘察其中因果关系的条件或研究工具。

除了严格的因果关系之外，还有一种相关关系。相关关系往往显示为"互为因果"的关系。但是，如果具备一定的条件，研究者也可以从互为因果的关系中进一步确认：在什么条件下，A 是 B 的原因，而在什么条件下，B 是 A 的原因。

一般而言，实验研究关注的是因果关系，而调查研究往往只能查明相关关系，历史研究则只能大致认定历史事件之间的因果关系或相关关系。

■ （三）对立统一关系

康德以"协同性"范畴来提示对立统一的关系。在他看来，一切实体"存在于普遍的交互作用中"。[4]

康德的"协同性"范畴在黑格尔（G. Hegel，1770—1831）那里被进一步解释为"矛盾性"以及"对立统一性"。在黑格尔看来，康德的范畴及其矛盾说提示了思维的辩证运动的方向，这是"哲学知识上一个很重要的推进"。[5] 但黑格尔认为康德的范畴及其矛盾论并不彻底，其范畴依然没有显示出彻底的客观性。黑格尔将它进一步发展为以"矛盾论"（主要是对立统一和否定之否定）为核心的"辩证法"。在黑格尔看来，"认识矛盾并且认识对象的这种矛盾特性就是哲学思考的本质。"[6]他将辩证法（矛盾及其对立统一）视为万物运动的基本精神。"辩证法是现实世界中一切运动、一切生命、一切视野的推动原则。同样，辩证法又是知识范围内一切真正科学认识的灵魂。"[7]

① 袁建琴，阮昌雄，李芳辉，等. 食指与无名指指长比率（2D：4D）与运动能力研究评述[J]. 体育学刊，2009（4）：104—107.
② 参与研究的人员为梁文睿、陈晓葵、李婷、陈幸友、张彩莲、黄洁虹、林佳佳、赖晓丹、刘璇燕、李璇、陈娟华、黎海燕、刘良华。详见：梁文睿，陈晓葵. 2D：4D 与文理科思维的相关性的调查[J]. 当代教育与文化. 2009（5）：78—81.
③ 详见：古德森. 环境教育的诞生：英国学校课程社会史的个案研究[M]. 贺晓星，仲鑫，译. 上海：华东师范大学出版社，2001：5. 陈华. 中国公民教育的诞生：课程史的研究[D]. 上海：华东师范大学，2012.
④ 康德. 纯粹理性批判[M]. 邓晓芒，译. 北京：人民出版社，2004：190.
⑤ 黑格尔. 小逻辑[M]. 贺麟，译. 北京：商务印书馆，1980：133.
⑥ 黑格尔. 小逻辑[M]. 贺麟，译. 北京：商务印书馆，1980：132.
⑦ 黑格尔. 小逻辑[M]. 贺麟，译. 北京：商务印书馆，1980：177.

按照辩证法(矛盾及其对立统一)的原理,如果研究者对某个教育思想、教育制度仅仅提供并列式的、平铺直叙式的描述,就暴露出思维的简单、低级与贫乏。尽管黑格尔的辩证法后来受到非议①,但是,黑格尔所提示的矛盾论及其"对立统一"的确具有某种普遍性和普适性。即便像尼采(F. Nietzsche, 1844—1900)那样反感黑格尔"体系"的人,他在其《悲剧的诞生》中也依然采用了"对立统一"的视角。②

对立统一关系与异同关系有相似、交叉的地方。但前者主要是事物之间动态的比较,而后者呈现为事物之间静态的比较。比如,亚里士多德(Aristotle,公元前 384—322)在《形而上学》中将知识分为三种:理论、实践和技术(生产)。③ 这三种知识之间虽然呈现出某种异同关系,但更显示了某种动态的对立而统一的关系。

对立统一的视角也适合于两种或多种教育观念或教育制度的横向比较,还可以用于某个教育制度改革或某个人的教育思想的前后差异的纵向比较并由此呈现为发生学研究或谱系学研究。④ 比如,可以从对立统一的视角来考察青年苏格拉底和成熟的苏格拉底之间的差异、柏拉图早期和晚期在"苏格拉底问题"上的变化、康德早期和晚期在"德福观"上的变化,等等。对立统一的视角有时也可以用来分析不同的教育观念之争尤其是"师徒之争"。教育思想史上一些著名的争论往往发生在师徒之间。老师开创了某个学派,学生往往抱着"吾爱吾师,吾更爱真理"的激情而对老师的思想提出修正。比如,柏拉图和亚里士多德之间就存在师徒之争,而这种师徒之争预演了后来的康德和黑格尔之争⑤、胡塞尔(E. Husserl, 1859—1938)和海德格尔(M. Heidegger, 1889—1976)之争。而无论是对立的各方之间的横向比较还是纵向比较抑或是师徒之争,都离不开"比较研究"。这样看来,对立统一的视角实际上也隐含了"比较的视角"。反过来说,几乎所有"比较研究"都可以视为"对立统一"的视角的变化形式。如果说"对立统一"的视角具有普遍的意义,那么,比较研究也具有普遍的意义。很少有研究报告能够完全避免比较研究。即便显示为个案式的介绍或译介,这种个案式的介绍或译介也依然隐含了"古今"比较或"中外"比较。

"否定之否定"是"对立统一"的一个特殊形态,它更充分地显示了"对立统一"的动态特征。一般意义上的"对立统一"是横向的、空间上的对立统一,而"否定之否定"是纵向

---

① 比如有人认为,"辩证法本来只是对话博弈模式,而黑格尔却把辩证法说成思维规律,进一步又说成世界规律。最离奇的是,黑格尔还把辩证法搞成世界历史发展规律。详见:赵汀阳.思维迷宫[M].北京:中国人民大学出版社,2010:25.也有人认为,"黑格尔没有认真对待、理解与吸收上述康德哲学中深具启发性的思想内涵,以一种纯粹思辨的、理论哲学的眼光,使辩证法重新回到了康德试图避免和禁止的思辨理性的立场上。"详见:贺me.辩证法研究的两种出发点[J].复旦学报.2011(1):11—19.

② 一般人认为古希腊文化的核心精神是"明朗",显示出"高贵的单纯,静穆的伟大",但尼采看到的古希腊文化是阿波罗(太阳神精神)与狄奥尼索斯(酒神精神)的对立、冲突与统一。这个视角为尼采重新理解希腊文化并由此而重新理解"人的本性"提供了方便。阿波罗的造型艺术和狄奥尼索斯的音乐艺术的"对立"和"统一"贯通整篇论文(该书其实是一篇较长的学术论文)。后来,尼采发出一系列有关"奴隶道德"和"主人道德"的重估,也还是延续了"对立统一"的思维形式。详见:尼采.悲剧的诞生[M].孙周兴,译.北京:商务印书馆,2012:185.

③ 也译为:实用、制造和理论。详见:亚里士多德.形而上学[M].吴寿彭,译.北京:商务印书馆,1991:118.另有人译为:实践、创制和思辨。详见:亚里士多德.形而上学[C]//苗立田,译.苗立田.亚里士多德全集(第十卷).北京:中国人民大学出版社,1993:146.亚里士多德认为理论包括数学、物理学和神学三种。详见:亚里士多德.形而上学[M].吴寿彭,译.北京:商务印书馆,1991:119.

④ 有关发生学研究和谱系学研究的讨论,详见第 6 章第 2 节有关"历史发生学研究"的解释。

⑤ 康德与胡塞尔虽然没有直接的师承关系,但是,康德现象学对胡塞尔现象学发生了直接影响,就此而言,康德与胡塞尔之间存在学术上的师承关系。

的、时间上的对立统一。也因此，"否定之否定"视角常用来研究教育制度改革或教育思想家的发展轨迹。比如，杜威早年倾向于个人主义，重视个人参与和个人"冲动"，其标志性事件是他在晚年发表的《从绝对主义到经验主义》中所提示的思想转变；而在中期对集体主义发生兴趣，其标志性事件是 1927 年访问苏联并在此前发表的《人性与行为》中强调社会"习性"对个人"冲动"的控制和规范；后来则由集体主义重新转向个人主义，其标志性的事件是 1937 年杜威参与"托洛斯基案件"的调查并发表调查报告。[①]

对立统一以及否定之否定的视角实际上隐含了达尔文的"进化论"思维。"进化论"不仅以"对立统一"的冲突与转化为基础，而且显示为"否定之否定"的阶段。但进化论对否定之否定的超越之处在于：否定之否定容易被理解为"回到原点"式的"圆的哲学"，而进化论则直接呈现为上升、向前的发展方向。

总之，按照康德的关系范畴的分类框架，事物的分类主要显示为表里关系、因果关系和对立统一关系。其他关系如并列关系、递进关系、整体与部分的关系、主次关系（或称之为主从关系）、中心与边缘的关系（或称之为焦点与背景的关系）等关系似乎都可以纳入康德所提示的三种关系之中。在这些关系中，似乎只有并列关系不那么重要。若研究者只是以并列的方式叙述某个教育制度或教育思想的各个要点，这种研究及其思维就显得比较简单。

关系视角的作用在于：它为经验提供思维形式并使经验事实因此而被认识。如果没有思维形式，经验事实就不可能被认识。借用康德的说法，思维无经验则空，经验无思维则盲。[②] 关系视角主要用于事物的分类并分析事物之间的关系。若给事物分类并确认其关系，那么，事物与事物之间的日常关系至少包括并列关系、递进关系、因果关系、同一与差异的关系（或称之为现象与本质、内容与形式、特殊与普遍的关系）、整体与部分的关系、内与外的关系[③]、主次关系（或称之为主从关系）、中心与边缘的关系（或称之为焦点与背景的关系）、对立统一关系（含对立关系、协同关系、否定之否定的关系），等等。但是，从康德的"关系范畴"的分类框架来看，事物之间的关系主要有三种：表里关系（康德称之为实体与偶性的关系）、因果关系和对立统一关系（康德称之为协同性）。

关系视角（或分类视角、比较视角）没有理论视角那么宏大，却比后者更具有普遍适用性。作为一种思维形式，分类可用于任何概念或事物的分析和解释。或者说，任何概念或事物的存在都隐含了某种形式的类型和结构。但是，作为学科或学派的理论视角只能用来分析某个特定的事物。

关系视角与理论视角的另一个重要差异在于：理论视角与研究对象没有内在关系，它独立于研究对象之外。也因此，理论视角可以视为广义上的空间视角。而关系视角是

---

① 1935 年前后杜威连续发表有关自由与社会控制的文章。详见：杜威. 人的问题[M]. 傅统先, 邱椿, 译. 上海：上海人民出版社, 1965：74—112.
② 康德的原话为"知性无内容则空，直观无概念则盲"。详见：康德. 纯粹理性批判[M]. 蓝公武, 译. 北京：商务印书馆, 1960：71. 也有人译为："思维无内容是空的，直观无概念是盲的"。详见：康德. 纯粹理性批判[M]. 邓晓芒, 译. 北京：人民出版社, 2004：52.
③ 有关整体与部分的关系、内与外的关系的讨论，详见：黑格尔. 小逻辑[M]. 贺麟, 译. 北京：商务印书馆, 1980：282—290.

研究对象自身的一个部分。关系视角是研究对象的内在的形式。分类的思维与事物的结构之间的关系隐含了存在与思维的统一。分类及其思维似乎是主观的、经验的,但它却具有先天的或先验的普遍适用性。

在表里关系、因果关系、对立统一关系三者之中,对立统一关系是常见的研究视角。教育研究中的对立统一关系主要包括三个实质上的关系:一是主客关系;二是主奴关系;三是情理关系。

1. 主客关系

主客关系就是主体和客体之间矛盾关系及其相互转换的关系。它包括人与人之间的主体与客体的关系,也包括人与知识(尤其是书本知识)之间的学思关系。

主客关系虽然也包含了主体主义、客体主义的学派视角,但它更重视主体与客体的相互转化关系。比如,当人们在争论儿童在家庭教育中的主体地位或客体地位时,洛克提出一个立场:儿童必须成为一个自由的人,自由是人的基本权利。但是,儿童在成为自由人之前,必须接受监护人的监护。洛克在《教育漫话》中不厌其烦地提到父亲权威,提到"畏惧之心"。家长因为年龄的自然优势而拥有某种自然权威。洛克在政治哲学中严厉抨击"家长制",在绅士教育中却高扬"父亲权威"。两者貌似矛盾,其实洛克是在讨论儿童成为主体之前必须有一个作为客体的过程。家长应该最终使得他们不再需要家长的监护。[①]教育的作用就是促使儿童从客体的被动状态转向主体的自由状态。而在转化的过程中,家长和老师必须发挥监护人的作用。

主客关系不仅存在于人与人之间的交往活动之中,也存在于人与知识、人与书本的对话活动中。人与知识或人与书本的关系一般指向"学思关系"。

有人重视学生的学,比如孔子、荀子强调通过学来接受书本知识。在《论语》中,孔子两次讨论学与思的关系。孔子虽然有过"学而不思则罔,思而不学则殆"的说法,但他却又感叹:"吾尝终日不食,终夜不寝,以思,无益,不如学也。"这使孔子在思与学之间更重视学而不那么重视思。荀子则将孔子的感叹进一步转换成"吾尝终日而思矣,不如须臾之所学也"。

但也有人更重视学生的思,比如孟子,康德等人强调,学生必须凭借自己的独立思考或批判性思维,让学习者本人以"大人""大丈夫""法官"的姿态来对待眼前的任何知识。荀子选择了孔子的"思而不学则殆",孟子更愿意接受孔子的"学而不思则罔"的训示。孟子以"心之官则思"来证明"思"不仅重要而且可能。《孟子·告子上》曰:"心之官则思,思则得之,不思则不得也。此天之所与我者,先立乎其大者,则其小者弗能夺也。"孟子所谓"思",就是"自求自得""求其放心",是将"流放"、丢失了的"良心"寻找回来。只需要停止放纵和破坏,就能够成为圣人,"人皆可以为尧舜"。

德国哲人康德更重视思学关系中的"思"。在康德看来,传统的哲学和教育哲学过于看重学习的对象,而遗忘了学习者本人的主体地位和主体身份。康德发展出主体主义新哲学,认为人原本就不必围着客体转,相反,应该让客体围着人转。他把自己的新哲学思

---

① 详见:吴增定.利维坦的道德困境[M].北京:生活·读书·新知三联书店,2012:282—283.

路称为"哥白尼式的革命"。他有时也将这个新思路比喻为"小学生"与"大法官"的关系："必须带着自己按照不变的法则进行判断的原理走在前面,强迫自然回答它的问题,却决不只是仿佛让自然用襻带牵引而行;……理性必须一手执着自己的原则,另一手执着它按照这些原则设想出来的实验,而走向自然,虽然是为了受教于她,但不是以小学生的身份复述老师想要提供的一切教诲,而是以一个受任命的法官的身份迫使证人们回答他向他们提出的问题。"①

2. 主奴关系

主奴关系其实也是主客关系。主奴关系是主客关系的一个特殊形式。主奴关系主要关注主人与奴隶(或奴仆、仆人)之间的地位悬殊以及两者的转换问题。主奴关系也包含了一般意义上的精英与大众、精英主义与平民主义之间的关系。

黑格尔较早地讨论了主奴关系及其转换的历史发展规律。黑格尔认为,每个人都希望获得他人的承认。主人是对奴隶的征服,并由此获得奴隶的承认。成为主人的好处在于:主人可以统治奴隶,满足了被奴隶的承认的虚荣,并获得了不劳而获的享乐的权利。但是,主人的不劳而获的享乐也带来一个严重的后果:他失去了与物的直接联系,主人与物的中间横亘着奴隶并因此而失去了自己的独立性。② 主奴辩证法的"狡计"就在于,历史的发展将出现颠倒:主人必败,奴隶必胜。③

奴隶逐渐强大的第一个原因是奴隶对死亡的恐惧、对主人的恐惧以及相关的"苦恼意识"而带来了坚实的屈辱感、焦虑感和存在感。"死的恐惧在他的经验中曾经浸透进他的内在灵魂,曾经震撼过他整个躯体,并且一切固定规章命令都使得他发抖。"④正是这种对死亡的恐惧,奴隶获得了自我意识和存在感。恐惧是智慧的开始。

奴隶逐渐强大的第二个原因是奴隶的劳动带来了强健的身体和精神。主人的不劳而获虽然是一种享受,但它是消费和消耗性的,它转瞬即逝,缺乏"持久的实质的一面"。相反,奴隶的劳动使奴隶找回了他的自我意识。劳动不仅"陶冶事物",而且给人带来独立性,"开始意识到他本身是自在自为地存在着的"。奴隶在对主人的恐惧中丢失了自己,而通过自己的劳动"再重新发现自己"。奴隶的劳动过程,就是一个改造外物、摧毁异己者并因此而成为一个否定者的过程。"在持久的状态下把自己建立为一个否定者,由此它自己本身便成为一个自为存在着的东西。"⑤在这个意义上,"劳动不再被看成圣经中对亚当的诅咒,而是被看作历史形成或进步的基础。"⑥

也就是说,在黑格尔那里,虽然每个人都为承认而斗争并在殊死搏斗的主奴之争中一决高下,但是,主人和奴隶之间的根本区别是暂时的。在接下来的交往过程中,主奴关系必发生改变,因为主人通过斗争而获得承认之后,他就闲下来,不劳而获;而奴隶在主人的命令下不得不劳动。表面看来,奴隶的劳动显示了奴隶的身份低微。实际上,正是在劳动

---

① 康德. 纯粹理性批判[M]. 邓晓芒,译. 北京:人民出版社,2004:第二版序:13—14.
② 黑格尔. 精神现象学(上卷)[M]. 贺麟,王玖兴,译. 北京:商务印书馆,1983:128.
③ 详见:科耶夫. 黑格尔导读[M]. 姜志辉,译. 南京:译林出版社,2005:591.
④ 黑格尔. 精神现象学(上卷)[M]. 贺麟,王玖兴,译. 北京:商务印书馆,1983:130.
⑤ 黑格尔. 精神现象学(上卷)[M]. 贺麟,王玖兴,译. 北京:商务印书馆,1983:131.
⑥ 斯密什. 阅读施特劳斯[M]. 高艳芳,高翔,译. 北京:华夏出版社,2012:218—219.

的过程中,奴隶迟早会成为新主人。不仅因为劳动具有"培养和教育"的力量,而且因为不劳动必导致身体的衰败和精神的萎缩。黑格尔的主奴辩证法已经预演了马克思的"无产阶级是资产阶级的掘墓人""教育与生产劳动相结合"(准确的说法是"生产劳动与教育相结合")的这两个观念。

3. 情理关系

人究竟是情感动物还是理性动物?这在哲学史上一直存在争议。与之相关的问题是:社会究竟应该以情感为本还是以理性为本?应该以情治国还是以理治国?情理关系的视角更看重在不同的情境中对情感与理性的取舍以及情感与理性之间的相互转换。

理性主义虽然一直是伦理学的主流,但是,当道德舆论与政治制度过于强调理性而忽视感情时,情感主义伦理学就会以各种形式浮出水面。情感主义不仅是伦理学的暗流和支流,而且是伦理学以及德育的起点和始基。在休谟看来,"理性是并且也应该是情感的奴隶,除了服务和服从情感之外,再不能有任何其他的职务"。① 从情理之争的视角来看教育学或伦理学,情感主义与理性主义各占教育学或伦理学的半壁江山。成功的教育就是培养通情达理的人。失败的教育就是要么培养出一个工于心计的有知识没教养的利己主义者,或者培养出一个没有节制的纵欲主义者。

情理关系既是教育学的研究话题,更是文学艺术的基本母题。几乎任何一部小说或电影、绘画、雕刻或舞蹈作品,都会涉及情感与理性的冲突及其和解的关系问题。情理关系是西方经典名著《包法利夫人》《查泰莱夫人的情人》《飘》《分歧者》的主题,也是中国四大名著《西游记》《水浒传》《三国演义》《红楼梦》的主题。

中国儒家哲学重视智仁勇(儒家尤其重视勇)。智、勇一起将情感欲望转化为仁义。孔子将智仁勇"三达德"视为中庸之道。与之类似,西方苏格拉底学派认为人的灵魂有三个成分(理性、激情和欲望),并由此派生出智慧、勇敢和节制三美德。在柏拉图看来,借助于智慧与勇敢的联盟,人的欲望就会转化为节制。智慧、勇敢和节制兼备则有正义之德。② 亚里士多德的美德伦理学,亦与之类似。

情理关系也包含了义利关系。理性主义伦理学其实是古典哲学的基本传统。古典哲学或伦理学普遍重视"自然法"或"自然正确"(natural right),强调公共福祉或公共之善(good)优先于个人权利(自然权利)。现代自由主义将 natural right 的内涵由"自然正确"转换为"自然权利"(也称为天赋人权),强调个人权利(自然权利)优先于公共之善(自然正确),并由此引发争议。

针对情感主义伦理学已经出现和可能出现的问题,理性主义伦理学主要呈现为三个思路:一是以"最大多数的最大幸福"的结果为道德行为的基本标准,这是功利主义伦理学(也称目的论伦理学)的思路。二是以绝对善良意志的动机为道德行为的基本标准,这

---

① 休谟. 人性论(下册)[M]. 关文运,译. 北京:商务印书馆,1980:453.
② 孔子与柏拉图的"三成四德"后来在弗洛伊德那里被转换为本我、自我与超我的解释框架。本我是情感欲望;自我是克制的激情;超我关乎理性。详见:弗洛伊德. 弗洛伊德后期著作选[M]. 林尘,张唤民,陈伟奇,译. 上海:上海译文出版社,1986:173—192.

是义务论伦理学(也称动机论伦理学)的思路。三是以经权智慧或实践智慧为道德行为的判断标准,这是美德伦理学(也可称中庸主义伦理学)的思路。

中国古典伦理学虽然以仁义论(接近西方伦理学之义务论、美德论)为主流,但墨家、法家以及李觏与王安石(荆公新学)、陈亮与叶适(与清代黄宗羲、万斯同等人同属浙东学派)、颜习斋与李塨(颜李学派)、康有为与梁启超(康梁学派)等人倡导的功利主义在历次变法中跃升为重要意识形态。儒家推崇"正其谊(义)不谋其利,明其道不计其功"的仁义论①,而功利主义者直接提出"正谊谋利,明道计功"的新观念:"仁人正谊不谋利,明道不计功,词语初看极好,细看权疏阔。古人以利与人,而不自居其功,故道不计功。后世儒者,行仲舒之论,既无功利,则道义乃无用之虚语耳。"②

实际上,冲突视角也是关系视角。源自康德范畴理论的关系视角其实是形式上的关系视角。而冲突视角是实质上的关系视角。

按照康德的范畴理论,整个世界处于三个形式上的关系之中:表里关系、因果关系和对立统一关系。三个形式上的关系囊括了整个世界的存在形态。除此之外,不存在别的形式上的关系。任何问题,都可以从三个形式关系之中的任何一个关系或两个、三个关系的视角得到解释和说明。

同样,整个世界也处于三个实质上的关系之中:主客关系、主奴关系和情理关系。三个实质上的关系囊括了整个世界的存在形态。除此之外,不存在别的实质上的关系。任何问题,都可以从三个实质关系之中的任何一个或两个、三个关系的视角得到解释和说明。

三、时空视角

研究者也可能将新观念、新材料或新工具作为研究的视角。这是比较弱的研究视角。

■ (一) 作为新观念或新概念的视角

新观念或新概念的视角接近学科或学派的理论视角,而且,某个新概念往往与某个学科或学派有关联。一个有实力的新观念或新概念能够给研究开启新的视野和方向,能够使某个主题突破原有的概念框架并由此而发生新的意义。比如,在"设计教学法"与"研究性学习"之间、在"活动课程"与"综合实践活动课程"之间、在"兴趣小组活动"与"校本课程"之间,后者作为新概念可能会拓展理论解释的新空间并推动相关教育实践活动的改进。当然,并非所有新概念都有学术的意义和价值。概念的好坏取决于这个概念是否具有理论解释的空间以及这个概念是否能够推动相关的教育实践变革。坏的新概念不仅不能推动已有的相关理论研究和实践改进,反而给该研究领域带来混乱和伤害。比如,在

---

① 详见:《汉书·董仲舒传》。董仲舒在《春秋繁露》中提出:"正其道不谋其利,修其理不急其功。"班固在《汉书·董仲舒传》调整为"正其谊不谋其利,明其道不计其功",朱熹以之作为白鹿洞书院学规之一。清初颜元另提出"正其义以谋其利,明其道而计其功",容易弄混。

② 详见:《习学记言》卷二十三。

"有效教学"和"高效教学"两者之间,"高效教学"似乎是一个新概念,但这个新概念似乎反而不如传统意义上的"有效教学"更有学术意义。

新观念或新观点的本意是新"观"点或新观察点(view point)。它是研究者观察事物时所采取的新的视点或立足点、切入点。新观念或新观点的引申意义是研究者所持的新立场或新看法。研究者的新"观"点相当于摄影(或绘画)中的取景角度。不同的角度将使观察者看到不同的景象。"横看成岭侧成峰,远近高低各不同"。[①]

新"观"念或新"观"点首先显示为某种空间视角。作为空间视角的新"观"点或新"视"点常常呈现为调查研究中的问卷、观察和访谈的提问或测量的角度。一份问卷或量表所提的每一个问题,都可以视为一个观点或视点。而不同的类型的问卷或量表则显示出观点或视点的不同取向。比如,有关人格问题的研究已经出现了多种问卷和量表。[②] 当有人采用"IPIP 人格量表"和"马基雅维利主义量表"来研究青少年的心理特征与人格影响因素时,"IPIP 人格量表"和"马基雅维利主义量表"就成为该研究所选择的空间视角。[③]此外,作为空间视角的新"观"点或新视点也可能显示为分析某个教育思想或教育制度的切入点。比如,研究者可以从"好人大卫"的角度来研究"休谟的女性化教育思想";从"警惕过度理性化"的角度来研究"穆勒的教育思想";从"精英教育"的角度来研究"洛克的教育思想",等等。另外,作为空间视角的新"观"点也可能意味着研究者在 A 和 B 两种对立的争议中提出与众不同的看法和立场;比如,研究者既不站在 A 这边,也不站在 B 那边,而选择 A 和 B 之间或之外的第三种道路 C。如果说新的空间侧面或时间阶段是新"观"点的本意,那么,新看法或新立场可以视为新"观"点的引申意义。如果以往的研究者主要只是对某个研究对象提供整体上的泛泛而论,那么,新"观"点就可能显示出从整体的泛泛而论研究转向某个空间侧面的深度关注。

除了空间视角之外,新"观"点也可能显示为某种时间视角。作为时间视角的新"观"点或新视点一般呈现为从某个时间段(时间角度)去关注研究对象。比如,研究者可以关注杜威的早期教育思想或者中期教育思想、晚期教育思想。研究者也可以从杜威早期、中期和晚期的教育思想的变化来考察其教育思想的发生过程。如果以往的研究者主要只是对某个研究对象提供长时段的概述,那么,新"观"点就可能显示出从长时段的概述转向某个特定的时间阶段的切片式的研究。反之,如果以往的研究只是关注了某个时间段的局部研究,那么,新"观"点就意味着由特定的时间段转向"长程"(或"长期")的整体研究。

■（二）作为新材料的视角

研究的材料本身不是"视角"。研究的材料只是研究对象,它尚待研究者从某个视角对该材料去作出分析和解释。如果研究者既没有理论视角也没有关系视角,而仅仅只是重复性地介绍或翻译域外的教育制度或教育思想,那么,这种介绍或翻译就可能没有太大的学术价值。所谓"重复性地介绍或翻译",意味着研究者仍然只局限于旧材料的视野之

---

① 详见:苏轼.题西林壁[C]//冯应榴.苏轼诗集合注(中).上海:上海古籍出版社,2001:1155.
② 详见:张晓楠.大五人格量表(IPIP NEO-PI-R)的初步修订[D].扬州:扬州大学,2012:8—15.
③ 详见:白琼英.青少年心理理论的发展及其马基雅维里主义信仰的影响[D].重庆:西南大学,2011:19.

内,他并没有超越前人的介绍或翻译。这种简单重复性的介绍或翻译不仅没有学术价值,而且属于"学术不规范"。

但是,如果研究者发现了某个新材料,那么,相对于旧材料而言,新材料本身就是新的研究视角。比如,从甲骨文的材料来研究殷商教育制度,就有新视角的效果。不过,教育教育研究领域的新材料较少来自某个出土文物或孤本秘籍,比较常见的新材料来自域外的某种教育理论或教育制度。相关的研究可能呈现为对域外某种教育理论或教育制度的介绍和解释。如果介绍或翻译能够提供域外教育思想或教育制度的新信息,这种介绍或翻译本身就有重要的学术价值。类似这样的研究既可能显示为对某个教育制度或教育改革的介绍,比如有关美国"八年研究"的研究。①

对于初学者而言,与其以哲学研究(或思辨研究)的方式制造一些自以为是的口水化的个人意见,还不如翻译、介绍一些有借鉴意义的域外教育思想或教育制度改革的经验。何况,翻译并非机械的语言转换,翻译的过程既是一个"创造性地理解"的过程,也是一个"创造性地表达"的过程。出色的翻译本身就是一种创造性的学术志业。

■ (三) 作为新工具的视角

与研究的材料类似,如果研究者采用了新的研究工具,这种新工具就会带来新的研究视野。

研究方法本身是比较成熟和稳定的。教育研究领域的"方法创新"主要是指研究者采用新的研究设计,尤其指研究者在收集资料和分析资料时采用了某种"新工具"。比如,研究者在问卷调查中采用了新问卷(或新量表)或采用了 AMOS、SPSS 或 SAS 等量的分析软件或 Nvivo、ATLAS. ti 和 MAXQDA 等质的分析软件②。以学业成绩评价研究为例,如果研究者仅仅采用一般的问卷或试卷去测试和比较各国儿童的学业成绩,那么,这种问卷或试卷的效度、信度就有可能受到质疑。如果采用某个比较权威的问卷或试卷,比如采用 PISA、TIMSS 或 NAEP 等测试题,就可能获得普遍的认同并带来新的研究视野。③

总体而言,研究视角将决定研究者看到什么和看不到什么。研究者一旦选择自己的研究视角,那么,他将对某些看似微不足道的东西兴致勃勃、心领神会,而对另外一些看起来似乎重要的东西却熟视无睹、视而不见。研究视角是研究的灵魂。出色的研究都是有视角的研究。就此而言,展开一场研究就是成为一个视角主义者。它是对研究对象的某个侧面或片面、片段的关注。"任凭弱水三千,我只取一瓢饮"。④ 或者说,以学术为志业的人就是成为一个视角主义者。而对于那些把自己的视角视为自己的生活信念或信仰的人来说,展开一场研究,就是展开一场信仰之旅。因为信,所以研究。

不过,研究者选择了自己的研究视角并不意味着研究者已经作出相应的价值判断。

① 有关"八年研究"的批评与误解,详见:杨捷. 重构中学与大学的关系[M]. 北京:中国社会科学出版社,2008:159—168. 杨捷. 重构中学与大学的关系[D]. 上海:华东师范大学,2006:8—9.
② 有关质的分析软件的具体解释,详见后文第 5 章有关扎根理论的讨论。
③ 有关 PISA、TIMSS 或 NAEP 的具体解释,详见后文第 5 章有关"问卷法与测量法"的讨论。
④ 曹雪芹,高鹗. 红楼梦[M]. 北京:人民文学出版社,2005:1270. 这里指某人只钟情于某个特定的对象。

相反,"研究视角"恰恰为学术研究带来了价值中立的可能(作为意识形态或党派政治的视角除外)。"研究视角"使研究报告大量地显示为类似"从这个视角来看"的价值中立的表述,而不必大量地呈现为类似"我认为"或"我们认为"以及其他"应该如何"或"不应该如何"的价值判断。

关键术语

选题标准　选题来源　研究视角　理论视角　关系视角　时空视角

讨论与探究

1. 在网上查找近三年来本校的教育学科学位论文,对其研究方法和研究视角进行统计分析。

2. 查阅教育社会学或教育哲学的相关文献,列举 3 个以上的教育社会学流派或教育哲学流派。从中选择一个流派,设想是否可以用来作为研究某个教育问题的视角。

3. 专栏 2-1、2-2 和 2-3 是三篇学位论文的简介。这三篇论文都已公开出版。请在相关网站下载并阅读这三篇论文或专著,分析其研究视角和写作思路。

4. 讨论:为什么要尽量避免采用"并列关系"思维? 阅读 3 篇本校学生发表的论文,考察其是否大量采用了并列关系的思维。

5. 讨论:如何理解康德的"范畴"?

6. 选择一篇你认为比较出色的学术论文,尝试模仿该论文的选题、研究思路和论证方法。

7. 讨论:除了康德提出的"实体性—偶性"关系(或"表里关系")、因果关系、协同性关系(或对立统一关系)之外,你认为还有哪些其他类型的关系? 其他各种关系如并列关系、递进关系、整体与部分的关系、主次关系(或称之为主从关系)、中心与边缘的关系(或称之为焦点与背景的关系)等在什么意义上可以纳入康德的三种关系之中?

进一步阅读的文献/网站

1. 石中英.教育学的文化性格[D],北京:北京师范大学,1997.石中英.教育学的文化性格[M].太原:山西教育出版社,1999.参阅:(1)金生鈜.理解与教育[D].北京师范大学,1993.金生鈜.理解与教育[M].北京:教育科学出版社,1997.(2)阎光才.识读大学:组织文化的视角[D].上海:华东师范大学,2001.阎光才.识读大学:组织文化的视角[M].北京:教育科学出版社,2002.(3)高慎英.论学习方式的转变及其知识假设[D].上海:华东师范大学,2002.高慎英.体验学习论[M].桂林:广西师范大学出版社,2008.(4)周勇.知识、教化与欲望——中国十一世纪的教育话语[D].上海:华东师范大学,2002.周勇.教育空间中的话语冲突与悲剧——中国十一世纪的经验[M].北京:教育科学出版社,2004.(5)柯政.中国大陆课程政策实施研究:以制度理论视角探讨"研究性学习"政策在 A 市的实施状况[D].香港：香港中文大学,2008.柯政.理解困境：课程改革实施行为的新制度主义分析[M].北京：教育科学出版社,2011.(6)余文森.个体知识与公共知识——课程变革的知识基础研究[D].重庆：西南大学,2007.余文森.个体知识与公共知识——课程变革的知识基础研究[M].北京：教育科学出版社,2010.

2. 杨捷.重构中学与大学的关系——美国进步主义教育之"八年研究"初探[D].上海：华东师范大学,2006.杨捷.重构中学与大学的关系——美国进步主义教育之"八年研究"初探[M].北京：中国社会科学出版社,2008.参阅：张斌贤.社会转型与教育变革——美国进步主义教育运动研究[D].北京：北京师范大学,1995.张斌贤.社会转型与教育变革——美国进步主义教育运动研究[M].长沙：湖南教育出版社,1998.

3. 赵汀阳.天下体系：世界制度哲学导论[M].北京：中国人民大学出版社,2011.参阅：赵汀阳.论可能生活：一种关于幸福和公正的理论[M].北京：中国人民大学出版社,2004.

4. 刘小枫.《爱弥儿》如何"论教育"[J].北京大学教育评论,2013(1).

5. 王国维.王国维文学论著三种[M].北京：商务印书馆,2001：1—30.

6. 网站1：中国知网(http://www.cnki.net)、JSTOR(http://www.jstor.org)或OALib(http://www.oalib.com)。重点搜索本章提示的相关论文。

7. 网站2：读秀(http://www.duxiu.com)、bookfi(http://en.bookfi.org)、ebooksread(http://www.ebooksread.com)等。重点搜索本章提示的相关论文。

8. 网站3：超星学术视频(http://ssvideo.chaoxing.com)等。重点观看邓晓芒的《纯粹理性批判》的讲演,重点理解"范畴"在康德哲学中的地位和作用。

第 3 章

文献检索与开题报告

　　研究者有了大致的选题意向之后，就需要通过文献研究（literature research）来进一步确认该选题是否值得研究。文献研究的主要目的是为了探察他人的研究成果，查看他人在这个研究领域已经做了哪些研究以及这些研究已经获得多大的进展，以便查明还有哪些地方值得进一步探索并由此引出自己打算研究的问题和假设。文献研究可以帮助研究者进一步确定选题或放弃选题。

通过本章的学习，你将能够

- 了解文献检索的基本途径；
- 了解文献的类型；
- 掌握文献检索的基本技巧；
- 掌握阅读文献尤其是经典名著的基本方法；
- 掌握以写带读的技巧；
- 学会撰写完整的文献综述；
- 理解撰写文献综述的技巧及容易出现的问题；
- 学会撰写完整的开题报告；
- 理解撰写开题报告的技巧及容易出现的问题；
- 理解开题报告和学位论文的答辩技巧及容易出现的问题。

本章内容导引

- **怎样做文献检索**

  一、文献检索的途径

  （一）中文数据库

  （二）外文数据库

  （三）数字图书馆和特色资源库

  二、文献检索的技巧

  （一）文献的类型

  （二）文献检索的步骤

  （二）何时可停止文献检索

  三、文献阅读与名著阅读

  （一）直接面向名著本身，但读不懂时不要硬读

  （二）先入为主，带着自己的观点与名著对话

  （三）以写带读：做阅读笔记并引用

- **如何撰写文献综述**

  一、文献综述的要素

  二、文献综述的类型

  三、撰写文献综述的技巧及容易出现的问题

- **如何撰写开题报告**

  一、开题报告的要素

  二、撰写开题报告的技巧及容易出现的问题

  三、答辩的技巧与风度及其问题

第 1 节　怎样做文献检索

　　文献研究包含文献检索(literature retrieval, literature search)、文献阅读(literature read)和文献综述(literature review)三个要素。

　　搜索文献既可能发生在确定选题之后，也可能发生在确定选题之前，甚至可能发生在整个研究过程之中。选题确定之前的文献检索是临时性的、尝试性的、预备性的检索。研究者通过宽泛的尝试性的检索和初步阅读，进一步缩小选题的范围或确定选题。选题确定之后的文献检索是正式的、系统的检索。研究者通过选题所隐含的关键词尽可能全面检索和阅读相关文献，以便从已有的研究中汲取进一步研究的经验和思路。写作过程中的文献检索是生发性的、动态生成性的、补充性的检索。总会有一些新观点和新问题在具体的研究和写作过程中涌现和生长出来。研究者需要围绕这些新观点或新问题搜索和阅读相关的文献。

一、文献检索的途径

　　传统的文献检索一般采用手工的方式。随着电脑和网络普及，文献检索主要借助网络数据库和网上图书馆。在进入数据库和网上图书馆之前，可借助搜索引擎了解大致的情报。常用的搜索引擎有谷歌(www. google. com)、百度(www. baidu. com)[①]和维基(http://www. wikipedia. org)。为了避免出现大量非学术的搜索结果，谷歌特别开发了"谷歌学术搜索"引擎(http://scholar. google. com)。

■ (一)中文数据库

　　常用的中文期刊全文数据库有三个：一是中国知网(CNKI)；二是维普(维普中文科技期刊数据库)；三是万方(万方数字化期刊)。此外，读秀、龙源等也可以提供相关文献的搜索。目前中国知网已建成的数据库有中国期刊全文数据库(CJFD)、中国优秀博硕士学位论文全文数据库(CDMD)、中国重要会议论文全文数据库(CPCD)、中国重要报纸全文数据库(CCND)，等等。其中，中国期刊全文数据库是目前世界上最大的大型中文期刊全文数据库之一。一般高校都购买了使用权限，校内上网可以免费查阅。不过，与知网相比，维普和万方也有自己的特色和优势。在知网中找不到或找不全所需文献时，可以尝试到维普和万方数据库中查找。[②]

■ (二)外文数据库

　　搜索外文期刊文献一般采用 JSTOR、OALib、SJO 和 Web of Knowledge。

---

　　① 鉴于百度与谷歌各有优势，后来出现了整合百度和谷歌的"百 Google 度"(http://www. baigoogledu. com)。此类网站由于多种原因会出现站点关闭，读者留意有此类技术即可。该类搜索引擎便于研究者对搜索结果进行比较和选择。

　　② 比如，如果查看《语篇跨文化对比的问题分析》，在"中国知网"那里可能找不到这两份文献，但在"万方""维普""读秀"或"龙源"那里可以找到这两篇文章的全文。

JSTOR 的全称是 Journal Storage(http：//www. jstor. org)，是数字化的期刊(一般译为"期刊存储")。该数据库以人文及社会科学方面的期刊为主，从创刊号到最近三至五年前的过刊可阅览全文，但最新一两年的期刊只能提供主题、摘要、参考文献等信息。有些过刊的回溯年代早至 1665 年。比如，研究者如果想查找 Stenhouse 的一篇文章 What Counts as Research，那么，可以在 JSTOR 的搜索框中直接搜索 What Counts as Research。JSTOR 除了用来检索论文之外，也可以用来研究某份或某几份具体的教育杂志，以此做相关的内容分析。研究者可以打开任何一份教育杂志展开相关的内容分析。可选择的教育杂志如《教育研究评论》(*Review of Educational Research*)、《美国教育研究杂志》(*American Educational Research Journal*)、《学习科学杂志》(*The Journal of the Learning Sciences*)，等等。不过，也有部分有影响的教育杂志尚未列入其中。

OALib(http：//www. oalib. com)是 Open Access Library 开放存取图书馆的简称。可提供免费下载的期刊论文。

SJO(http：//online. sagepub. com)的全称是 SAGE 期刊在线(SAGE Journals Online)。读者不仅可以在这里检索和下载相关期刊文献，而且还可以看到该文献的影响因子。

Web of Knowledge 平台包括 Web of Science、中国科学引文数据库(CSCD)等数据库以及 ISI Essential Science Indicators 和 Journal Citation Reports 等分析工具。研究者可以通过 ISI Essential Science Indicators 了解一些著名作者、研究机构(或大学)和学术期刊的影响。其中 Highly cited papers 基于最近十年的数据滚动统计，Hot papers 基于最近两年的数据滚动统计。Journal Citation Reports(JCR)期刊引文分析报告包括 Web Science Edition 和 Web Social Science Edition。教育研究一般选择后者。研究者可以通过 JCR 了解某期刊杂志的影响因子。

此外，研究者也可通过 Springerlink(http：//link. springer. com)、EBSCO 数据库、PQDD 硕士和博士学位论文数据库等途径检索或下载相关文献。EBSCO 数据库中的 ERIC(Educational Resource Information Center 的简称)提供与教育有关的期刊索引和摘要。PQDD 硕士和博士学位论文数据库(http：//pqdt. calis. edu. cn)由 ProQuest 公司开发。该公司的学位论文文摘数据库(ProQuest Digital Dissertation，简称 PQDD 文摘库)收集了比较完整的国外高校博硕士论文的文摘索引。

■（三）数字图书馆和特色资源库

在搜索文献时，研究者往往首选本校的图书馆，因为本校图书馆不仅可以提供图书借阅服务，而且还可能购买了相关数据库的使用权限。除了本校图书馆，教育研究者还可以在读秀、Google 图书、百度文库、超星数字图书馆等资源库中检索或下载相关的资料。

读秀(http：//www. duxiu. com)是比较有用的数据库。在数据库中可以找到大量的完整的电子版的图书，某些图书虽然只提供部分内容的在线阅读，但可以通过文献传递的方式获得需要的资料。

Google 图书也可以提供部分文献信息，但是，因其主要目的在于市场广告，一般只提供部分信息的免费阅读。

此外，研究者可以借助类似读秀等网站获得电子文献。

不少国家图书馆、地方图书馆、大学图书馆以及非官方的数字图书馆也向所有读者提供部分检索和下载服务。比如，读者可以在中国国家图书馆(http://www.nlc.gov.cn)、超星数字图书馆(http://www.chaoxing.com)等数字图书馆检索或下载某些图书、期刊论文或硕士博士学位论文。①

二、文献检索的技巧

从发表的载体来看，文献可分为期刊论文、专著(或教材)和学位论文。但是，一般依据文献的发表形式以及加工层次的不同，将文献分为三个等级：零次文献、一次文献、二次文献。

■ (一) 文献的类型

零次文献也称为"非正式出版文献"(zero literature, non-printed sources, zero document)。它主要包括两个方面的内容：一是形成一次文献以前的知识信息，即未经记录，未形成文字、口耳相传的材料；二是未公开发表的原始文献，或没正式出版的各种书刊资料，如书信、手稿、记录、笔记和一些仅供内部使用的书刊资料。②

一次文献也称为"一级文献"(primary literature, primary source, primary document)。一次文献主要指发表在期刊上的论文、学位论文和出版的专著或教材。

二次文献也称"二级文献"(secondary literature, secondary source, secondary document)。它是对已有研究的综述或述评。研究者可以借此了解某个或某些专题研究的进展和动态。这些述评既可能是一些发表在教育期刊上的论文，也可能是某种百科全书或研究手册。在教育研究领域，影响较大的百科全书有两本：一是《教育研究百科全书》(*Encyclopedia of Educational research*，美国教育研究协会主编，1992年第6版)；二是《国际教育百科全书》(*The International Encyclopedia of Education*，T. Husen 和 T. Postlethwaite 主编，1994年第2版)。③

从文献的学术价值来看，公开发表的一次文献最重要，零次文献次之，二次文献再次之。但是，从检索的顺序来看，二次文献居首，一次文献次之，零次文献再次之。

---

① 超星数字图书馆主要包括超星读书(http://book.chaoxing.com)、超星学术视频(http://video.chaoxing.com)和超星文献(http://wx.chaoxing.com)三个部分。

② 有关零次文献更多的讨论，详见：J. 高尔，M. 高尔，W. 博格. 教育研究方法：实用指南[M]. 曲书杰，郭书彩，胡秀国，译. 北京：北京大学出版社，2007：60—76.

③ 有人将"索引文献"(preliminary source)称为二次文献(secondary source)，而将综述、述评式的文献视为"三级文献"(tertiary document)。详见：马景娣. 实用信息检索教程[M]. 杭州：浙江教育出版社，2004：12. 也有人将综述、述评式的文献称为"二次文献"。而将《全国报刊索引》《教育资源》《教育期刊常用索引》等文献称为"索引文献"。详见：J. 高尔，M. 高尔，W. 博格. 教育研究方法：实用指南[M]. 曲书杰，郭书彩，胡秀国，译. 北京：北京大学出版社，2007：60—89. 该书中文版将 preliminary source 译为"零次文献"似乎不太准确，容易引起误解。

■ (二)文献检索的步骤

研究者有了大致的研究意向之后,就应该进一步明确和锁定 1 至 3 个相关的关键词(含中英文关键词)。如果没有提出自己的研究课题及其关键词,就无法进入文献检索。但这个次序也并不绝对。当研究者尚未确定自己的选题及其关键词时,也可以先翻阅某些文献,在文献中逐步形成自己的选题及其关键词。选题和关键词确定之后,再借助选题及其关键词进行更系统的文献检索。

1. 从二次文献开始

在文献检索的过程中,最好先关注综述性、述评性的二次文献并从中大致了解本专题研究的关键作者和核心文献。通过初步的阅读,了解这些关键作者和核心文献的基本信息。然后,根据这些关键作者和核心文献再去跟踪索引。

值得跟踪的文献一般出现在三个地方:一是综述或述评报告中提示的关键作者和核心文献,二是学位论文的"文献综述"中列举的关键作者和核心文献,三是某些一次文献的脚注或尾注中频繁出现的文献。

2. 当找不到相关文献时,可转换关键词

如果研究者已经知晓某一篇重要的论文标题或专著名,可能会直接搜索完整的主题或相关的作者。但是,文献检索主要是关键词(或主题词)的搜索。

在关键词检索的过程中,如果某个关键词(或主题词)尚处于不定型的状态,并不是稳定的、常用的词语,那么,就需要搜索它的相关概念,尤其需要搜索它的类属概念(包括上位概念和下位概念)。比如,在 2013 年前后,校本教学研究尚不是一个稳定的、常用的学术词语,如果在 2013 年搜索有关校本教学研究(school-based teaching research)的文献,搜索结果可能为零或很少。可考虑的办法是:搜索与之相关的概念,比如搜索同伴互助(peer coaching)、校本教师发展(school-based teacher development)、校本行动研究(school-based action research)、校本研究(school-based research)、教学研究(teaching research)、小学校本教学研究、中学校本教学研究,等等。其中,校本研究、教学研究是校本教学研究的上位词语;小学校本教学研究、中学校本教学研究则是校本教学研究的下位词语。

上位概念的检索将导致检索范围扩大,检索范围过大则会导致文献搜索的结果繁多而杂乱;下位概念的检索将导致检索范围缩小,检索范围过小会导致文献检索的结果太少或归零。若检索结果太少,则可以考虑去掉或减少检索词中的隐性或显性的"定语",采用上位概念的检索。若检索结果太杂乱,则可以考虑给检索词(关键词)加上某个"定语",采用下位概念的检索。

上位概念和下位概念不仅可以帮助研究者扩大或缩小文献检索的范围,而且可以提醒研究者淘汰或转换关键词。比如,如果研究者若以高效教学(high-efficiency-teaching)为关键词而很难找到相关文献,则说明高效教学这个词语可能不是一个严谨或"合法"的概念,研究者没有必要因此而断言前人很少做过相关研究,更不必因此而炫耀自己的研究有填补空白的知识贡献。相反,研究者最好将所要搜索的关键词由高效教学转换为有效

教学(effective teaching)或教学效能(teaching efficiency)。

在搜索英文关键词时,应注意中文关键词与英文关键词的匹配。比如,与研究性学习对应的英文似乎是 research-based learning 或 research-based study,但是,与之更接近的英文可能是 project-based learning。如果以 research-based learning 或 research-based study 去搜索有关研究性学习的文献,就会导致文献检索的失败。

3. 文献管理:建立一个专门的文件夹

建立文献搜索档案的传统方法是做卡片、复印资料、借阅或购买相关图书。电脑和网络普及之后,建档的方法转换为以电子文件夹为主,辅之以借阅或购买相关图书和少量的复印件。

可以采用印象笔记(evernote)或中国知网的 E-learning 等文献管理软件来管理文献。不过,也可以采用比较简易的手工操作的方法。

第一,建立一个新的文件夹,最好命名为"学位论文"或"……学位论文"。在总文件夹内可以再建立一个命名为"文献检索"的子文件夹。将搜索到的所有文献全部纳入一个"文献检索"的子文件夹之内。对关键文献进行编码:在保存这些关键文献时,在其文件名前面加上阿拉伯数字 1 或 2、3……。这个编码可以随时调整,若在后续的文献检索中发现了更重要的文献,则可重新编码。这样做的好处是:每次打开"文献检索"文件夹,就可以看到排在前面的关键文献,便于随时阅读。

第二,如果出现了一个或几个重要作者,则可以在"文献检索"的文件夹内再建立二级文件夹。以重要作者的姓名作为每一个二级文件夹的名称,比如"柏拉图文献""亚里士多德文献""朱熹文献""陆九渊文献",等等。

第三,一边检索,一边阅读,一边写作,三者同步进行。做阅读笔记时,随时将重要观点摘引到正在撰写的论文中。在摘引的地方加上引号,并以标准格式做脚注。不必做专门的阅读笔记的文件夹。最好直接将阅读笔记插入到正在撰写的论文正文的合宜的地方。这意味着从启动文献检索的那一刻甚至在文献检索之前,就应该有一个正式的名为"学位论文 1"的 Word 文件。随时将阅读笔记插入到这个"学位论文 1"的 Word 文档之中。也就是说,所谓学位论文,最初只是一个大致的框架和读书笔记。如果感觉论文写作需要做比较大的调整,则将"学位论文 1"的 Word 文档另存为"学位论文 2"。这样的结果是,"学位论文"总文件夹内有一个"文献检索"的子文件夹,而在这个"文献检索"子文件夹的身边,有"学位论文 1""学位论文 2""学位论文 3"……等一系列 Word 文档。

▇ (三)何时可停止文献检索

文献检索并非越多越好。只要研究者感觉文献搜索已经接近文献饱和状态,就可以停止文献搜索。而且,如果研究者在检索过程中遇到了比较重要的综述式的、述评式的文献,则可暂停文献搜索而临时阅读,阅读之后再继续搜索。

文献检索是否接近饱和,取决于以下几个任务是否实现:第一,是否已经找到本领域的频繁为其他研究者所引用的三份关键文献或三个重要作者("三"为虚数,下同)?这些关键文献或重要作者除了来自中文文献之外,最好有相关的外文文献。第二,所找到的文献是否已经显示出三个不同的意见和立场，是否已经找到正方和反方以及具有综述研究性质的关键文献？同样，这些不同观点除了来自中文文献之外，最好有相关的外文文献。第三，所找到的文献是否已经显示出三个不同的研究阶段，后面的阶段在哪些方面超过了前面的研究？

1. 已找到关键文献及其主要观点

关键文献意味着某个文献比较频繁地被其他研究者引用。"当你看到一篇论文或一个研究报告结尾的参考文献列表，并且发现你对列表中的参考文献都比较熟悉的时候，就可以终止文献综述工作，因为你几乎已经读了所有的相关文献。当这种情况发生了两三次的时候，你就可以感觉到，即使不能对所有的，也能够对绝大多数的相关文献做出解释。这是一个饱和点。"①

如果某一份或几份文献频繁为他人引用，那么，必有某些话语已经成为该研究领域被频繁引用的经典名言或经典口号。

关键文献包括两种：一是提出某个主流意见的文献，它代表文献中的正方；二是持不同意见的文献，它代表文献中的反方。文献解读的关键就在于研究者是否已经侦察出已有文献中的主流意见和持不同意见者。

文献研究实际上是对隐藏在文献中的正方和反方两种不同意见的侦察和窥探。比如，有关科尔曼的教育机会均等的文献检索至少需要检索到以下几类关键文献的全文：(1) 科尔曼报告的完整文本，如 Coleman, J. S., E. Campbell, C. Hobson, J. McPartland, A. Mood, F. Weinfeld, and R. York. Equality of educational opportunity [R]. Washington, D. C. : U. S. Government printing office, 1966. (2) 有关科尔曼报告的批评文献以及科尔曼本人的回应，如 James S. Coleman, Equality of Educational Opportunity: Reply to Bowles and Levin. The Journal of Human Resources, 1968(2). 此外，最好关注与之相关的文献，比如科尔曼就教育机会均等接受采访的报告：James S. Coleman . Coleman on the Coleman Report. Educational Researcher, 1972(3): 13—14.

若所找到的文献在研究者看来没有任何争执和异议，则说明研究者尚未进入文献的内部，尚未领会文献的意义。如果研究者所找到的文献大规模地显示出一团和气的状态，这种状态要么暗示研究者的文献不足，要么暗示研究者的理解尚停留在文献假相的表层。若属文献不足，则研究者不得不重新寻找文献。若属文献假相，则文献研究需要关注那些隐含在文献之中的差异和暗流。一旦找到文献的差异与暗流，一旦捕获意见的分歧与纷争，研究者就可以将这些不同意见整理为三类不同的意见：一是正方的立场，二是反方的立场，三是综合的立场或者超越前两者的第三方立场。

文献研究比较容易犯的错误是将所有观点并列，看不出这些观点之间的联系和差别。如果能够将所接触到的文献进行分类，那么，就说明研究者已经领会了文献的观点并为后续的文献综述提供了清晰的思路。

① 麦瑞尔姆. 质化方法在教育研究中的应用[M]. 于泽元, 译. 重庆：重庆大学出版社, 2008: 39.

2. 已经知晓重要作者

研究者一旦找到了关键文献及其主要观点,他就同时掌握了该研究领域的重要作者。也就是说,研究者一旦找到了关键文献和主要观点,文献搜索就达到了饱和状态,研究者就可以停止文献检索。这里将"已经知晓重要作者"作为停止文献检索的一个标准,实际上只是为"已找到关键文献及其主要观点"这个标准提供一个补充解释。

在一个由来已久的研究领域,往往有一个已经成为该研究领域的教父式的人物。这个教父式的人物会拥有一些追随者或护教者。但是,无论教父式的人物多么"位高权重",迟早会出现一个或几个持不同意见的"造反英雄"。而且,当"造反英雄"反叛成功之后,又有新的"造反英雄"突然发出声音并摇旗呐喊。学术研究领域总是一再上演"螳螂捕蝉黄雀在后"的悲剧或喜剧。这些教父式的人物与后来的"造反英雄"一起构成了该研究领域的重要作者。

这些重要作者的观点已经构成正方或反方的基本立场。除了关注正方和反方的重要作者之外,文献检索时最好留意另外三类重要作者:第一,他既非教父式的人物,也非"造反英雄",他是该研究领域的早期的开拓者或晚期的集大成者。第二,某位作者虽然没有在该研究领域被广泛谈论,也算不上早期的开拓者或集大成者,但他的观点具有某种原创性、批判性,他是一个被埋没的重要人物。第三,他既不代表正方的观点,也不代表反方的观点,他只是从他所信奉的某个学派或学科出发对相关的教育思想或教育制度提出特立独行的洞见。

文献研究表面上是寻找重要文献,实际上是寻找重要作者。每个研究者在文献检索的过程中以及文献检索之后,都可以询问自己:我是否已经找到三(此处的"三"是虚数)位重要作者? 如果研究者已经找到本领域的重要作者,那么,只需要尽量详细、完整地搜索这几位重要作者的相关论著而不必再去大量地搜索其他次要作者的论著,就基本可以展开自己的研究。这些标准并不绝对,不同的研究者可以用自己的标准去寻找自己的重要作者。但一般而言,如果某个研究者在做了大量的文献检索之后,仍然不熟悉本领域的"三"份关键文献或"三"个重要作者,则意味着该研究者还属门外汉,尚未入门。

3. 已经了解重要阶段

与已经知晓重要作者类似,已经了解重要阶段同样只是为"已找到关键文献及其主要观点"这个标准提供一个补充解释。因为,研究者一旦找到了关键文献和主要观点,他就同时掌握了该研究领域的重要阶段。

研究领域的某个新时代或重要阶段其实由重要作者及其主要观点所引发。当某个观点在某个时期内获得同行的普遍认可之后,就意味着它开创了某个时代或阶段。任何研究总会在某个阶段停留徘徊。人们在这个阶段大量地引用相同的文献、讨论相同的话题、使用相同的词语、发出大致相同的声音。在这个停留徘徊的阶段,研究者的专业背景甚至相似或趋同。在相关的年会或研讨会中,总是能够就某些问题达成共识,大家一致同意某些观点,几乎没有另类观点的冒险。那些研究者共同体一般也不允许另类观点公开发表。

但是,随着时间的推移,总会突然冒出一些不同的意见。这些不同意见最初只是显示出它的另类,甚至被视为哗众取宠。这些另类意见最初往往会招来主流观点的鄙视、不屑一顾或压制。叔本华曾经感叹:"学术界一如其他的领域,在这里,人们喜欢那些谦逊、木讷、不会刻意要显得比别人聪明的人。对那些古怪、偏执和构成某种威胁的人,人们是一致联合起来共同对付——在这方面,他们可真的是人多势众啊!"① 叔本华所不愿意看到的学术现象在不同的地方、不同的时代总会以不同的方式遗传下来。但是,任何研究领域总会有一个或几个持不同意见者(或称之为持不同政见者)诞生并加入到圈子内部。在某个平静的研究领域,持不同意见者总是忽然涌现出来。学术研究总是一代人有一代人的新话题和新词语。这些新话题和新词语将导致大量的不同意见。在这种传统的学术圈子里,所谓研究的重要阶段,往往发生在不同意见涌现的时代。

不过,当原有的主流意见越来越不能压制新观点,而新观点越来越显示出它在解释和理解上的优势时,那个曾经被视为另类的新观点提出的某年某月,就可以被追认为另一个时代或阶段的开始。以此类推,学术研究中的下一个时代或阶段也会以类似的方式出现。阶段和阶段之间的转换,既可能显示为新知识、新概念(新话语)的出现,也可能显示为研究方法的突破,或者两者兼而有之。不同的阶段显示学术史并非一往无前的连续,而是在某个时机忽然出现裂痕或断裂。这种裂痕或断裂表面上可能呈现为话语的转换,实际上却可能来自研究方法的更新。

在文献检索和文献阅读过程中,了解重要作者和重要阶段都是重要的。但是,这并不意味着在后续的文献综述中必须陈述重要作者和重要阶段。相反,文献综述只需要陈述关键文献和主要观点即可,使文献综述显得就事论事、对事不对人。主要观点之间的分歧与冲突就可以顺便暗示出重要作者和重要阶段。有关文献综述的撰写规范,后文将有更详细的讨论。

总之,研究者如果了解该研究领域的关键文献和重要作者并因此而发现某些文献以及某几个词语、句子、观点被频繁引用,那么,就说明研究者可以终止文献检索。而研究者是否能够发现这些关键文献和重要作者,取决于研究者在文献检索的同时是否已经展开必要的文献阅读。

也就是说,文献检索和文献阅读并没有严格的时间顺序。虽然文献检索大体上发生在文献阅读之前,但是,两者实际上是相互交叉、此起彼伏的关系。文献检索过程的阅读时刻意味着:第一,每检索到一份文献,都需要进行粗略的阅读并对该文献的重要性作出大致的评估。第二,如果初步感觉某一份文献是关键文献,那么,就需要暂停文献检索而通读该文献。但不必逐行精细阅读,只需要大致了解该文献的核心观点即可。因为,在后续的文献检索中可能会发现先前找到的关键文献其实并不关键。第三,如果后续的文献检索越来越显示某一份或几份文献是关键文献,那么,就可以暂时停止文献检索,对关键文献展开深入阅读。

文献检索和文献阅读的禁忌是:(1)只有文献检索,而没有为检索到的文献建档。这容易导致检索到的文献残缺不全或被丢失、被遗忘。(2)只有文献检索而没有基本的文献阅读,这样做的后果是,平均对待所有文献,找不到关键文献,或者,关键文献淹没在平庸的文献之中。(3)为检索而检索,染上了"检索癖"。一旦发现某份文献暂时无法找到,

---

① 叔本华. 叔本华美学随笔[M]. 韦启昌,译. 上海:上海人民出版社,2004:178.

就立刻兴奋,浑身是胆,愿意投入大量的时间和精力去追查这份文献,而不管这份文献本身是否重要。(4)根据检索的结果购买了大量的书或复印了大量的资料,后来发现这些书和复印资料都是无意义的废纸。(5)在纸张上做了大量的阅读笔记,而后来发现这些阅读笔记几乎派不上用场。(6)尽管在电脑上做了阅读笔记,但笔记不规范,要么引用不完整,要么没有及时做规范的注释。其后果是,在正式的写作中引用这些阅读笔记时,无法找到准确的出处。或者,费时费力地找到文献的准确出处后,写作的感觉和文脉已经被破坏。(7)只有文献检索和读书笔记,而迟迟未动笔开始论文写作。总感觉无从下手,甚至迟迟不能确定选题。(8)论文写作中不断修改和调整,没有采用"另存为"的方式保存原始文件。这样做的后果是,在后续的写作中发现原来被删除的部分是有价值的,但已经无法恢复被删除的写作。

三、文献阅读与名著阅读

文献阅读一般在检索文献之后,但是,在文献检索的过程中,如果与某一份特别重要的文献相遇,就可以暂时搁置检索,迅速进入阅读状态。通过检索促进阅读,反过来又通过阅读促进检索。如果在文献研究中发现自己所研究的问题与某一本经典名著相关,则需要掌握阅读经典名著的基本路径。

阅读名著时,可考虑三个步骤:一是直接面向名著本身,但读不懂时不要硬读,要借助权威解读;二是先入为主,带着自己的观点与名著对话;三是以写带读,做阅读笔记并引用。

■ (一)直接面向名著本身,但读不懂时不要硬读

阅读名著的第一步直接面向名著本身。通过阅读,跟名著建立关系,熟悉名著的基本信息,比如主题、目录、结构、封面、排版、字体、前言、后记以及整体设计感,等等。在短时间内迅速了解这本书的一般方法是关注这本书的目录、前言、后记。也可以尝试阅读第一章、最后一章或者自己感兴趣的任何一个部分。但最好不要一开始就从头至尾、逐行逐章、埋头苦干地阅读。

不过,直接面向名著本身往往也只能获得有关这本名著的基本信息,而无法在短时间内窥其堂奥。休闲阅读可以一目十行,随便翻翻,但是,经典名著需要品读和探究。更重要的是,真正的经典名著往往是一般人无法读懂的。

虽然理想的阅读方式是直接面对名著本身,但是,对于一般人而言,名著可能是读不懂的。虽然偶尔有浅显易懂的名著,但多数名著是晦涩的。或者,某些名著表面上看浅显易懂,实际上却隐含了作者的微言大义,甚至"暗藏杀机"。不少古典名著甚至刻意区分了写作对象,采用了隐微写作的艺术。比如,洛克(J. Locke,1632—1704)的《教育漫话》看似浅显易懂,实际上却隐含了类似马基雅维利(N. Machiavelli,1469—1527)哲学的微言教诲(见专栏 3-1)。[①]

---

① 详见:塔科夫.为了自由:洛克的教育思想[M].邓文正,译.北京:三联书店,2001:26(导论).

专栏 3-1

洛克的微言大义

在洛克那里,绅士须有四德:德行、智慧、教养和学问。"练达人情"或深知"世态人情"的智慧最重要,学问倒是次要的。洛克感兴趣的是管治人的艺术。洛克尤其强调导师(家庭教师)必须深知"世态人情"。洛克重视对导师的选择和对导师形象的要求,类似选民对统治者的选择和对统治者形象的要求。"请导师决不可凭借友谊。"①与重视导师相反,洛克特别警惕仆人,常以鄙夷不屑的口气谈论仆人。洛克心中的导师,如同马基雅维利所讨论的"帝王师";而洛克心中的仆人,类似马基雅维利和尼采的"杂众"或大众。洛克强调培养孩子"诚实"的品质,但洛克并不认为"诚实"也是家长和导师的美德。相反,洛克鼓励家长和导师对孩子使用马基雅维利式的欺诈或"权谋"。② 有人认为洛克属于马基雅维利派的哲人。他收藏马基雅维利的著作且在自己的著作中不露痕迹地取材于马基雅维利的著作。③

就此而言,如果一本书随便什么人都能够读懂,它就几乎不是名著,至少算不上古典名著。叔本华说,"没有什么比阅读古典名著更能使我们神清气爽的了。只要随便拿起任何一部这样的经典作品,读上哪怕是半个小时,整个人马上就会感觉耳目一新,身心放松、舒畅,精神也得到了纯净、升华和加强,感觉如饮山泉。"④但是,并非所有名著都会让读者"马上就感觉耳目一新",也并非所有人都有叔本华的灵气和才情。因此,阅读名著的可取姿态是:可以直接面对名著本身,但不要期望真的就能够读懂。读不懂时,不要硬读。最好为自己寻找一个有品位的遥远的精神导师,跟随这个遥远的精神导师去理解名著背后的隐微教诲。经典名著是矗立在你面前的一个巨人。初学者需要对经典名著式的巨人保持必要的敬畏感,不要轻易想象自己可以"站在巨人的肩膀上"⑤。巨人那么高大,你那么矮,你怎么爬上去?

导师的作用就是为你提供一架楼梯。他帮助你建立阅读的视角,帮助你形成阅读的前见或主见。但是,并非所有老师都是好的精神导师。好的精神导师可能并不在你的身边,而在远方。

阅读某个有影响、有品位的文本解读或注疏,相当于拜师学艺、寻求大师的指点。⑥

---

① 洛克. 教育漫话[M]. 徐诚,杨汉麟,译. 石家庄:河北人民出版社,1998:72—73.

② 详见:塔科夫. 为了自由:洛克的教育思想[M]. 邓文正,译. 北京:三联书店,2001:333—334.

③ 详见:塔科夫. 为了自由:洛克的教育思想[M]. 邓文正,译. 北京:三联书店,2001:26(导论).

④ 叔本华. 叔本华美学随笔[M]. 韦启昌,译. 上海:上海人民出版社,2004:24.

⑤ 对"站在巨人的肩膀上"这一观点的批判,参见:布鲁姆. 巨人与侏儒[M]. 秦露,林国荣,严蓓雯,等,译. 北京:华夏出版社,2003:3—4(编者的话).

⑥ 拜师是重要的,但不要轻易拜帅。轻易拜帅的后果是:你进了一扇门,同时你也关上了另外一扇门,甚至关闭了所有其他的门。导师往往有门户之见。如果遇上伊壁鸠鲁(Epicurus,公元前341—公元前270)那样的高人,门户之见对学生也许不算坏事。但是,如果某个导师是平庸之辈却又自以为是,这样的导师不仅不会给学生带来启蒙,反而会使学生的心智受到蒙蔽。也许,这正是孙悟空"下山"时,他的师傅要求他"不许说是我的徒弟"的原因。详见:吴承恩. 西游记[M]. 长沙:岳麓书社,1987:13.

事实上，几乎所有的古典名著都有与之相应的经典解读。经典名著的作者是大师，为经典名著提供经典解读的人也是大师。前者属于原创型大师，后者属于解释学大师。

问题在于，有关名著的解读多如牛毛。不仅出现了大量的解读经典名著的期刊论文，而且出现了大量的解读经典名著的教材或专著。这些解读经典名著的"二手文献"良莠不齐，初学者很难分辨和选择。

可以考虑的总体标准是：在权威和大众之间，优先选择权威的解读作品。这里的权威包括权威作者和权威出版社。至于哪些人算得上权威作者以及哪些出版社算得上权威出版社，这需要研究者具备一些基本的学术常识。

与之相关的辅助标准是：（1）在类似《中外教育史》《中外教育思想史》《中外教育名著选读》等教材和类似《杜威与美国民主》《理解杜威：自然与协作的智慧》[①]专著以及学位论文之间，优先选择学位论文，其次选择专著，教材只适合用来提供常识或科普知识。（2）在狐狸型作者和刺猬型作者之间，优先选择刺猬型作者。狐狸型作者尚博学而重考据、个案，而刺猬型作者观点尖锐、不落俗套，且更重视各种材料背后的义理和一以贯之的体系。[②] 比如，在众多有关马基雅维利的著作的解读中，施特劳斯（L. Strauss, 1899—1973）的《关于马基雅维里的思考》就显得比较锐利而卓尔不凡。[③]（3）如果本学科和其他学科都解读了某个教育哲人或教育名著，那么，优先选择其他学科的解读。其他学科的解读未必就一定胜过教育学的解读，但是，它至少可以带来陌生的视角。

总之，初学者虽然可以直接面对经典名著本身，但读不懂时，最好借助大师的解读。最好寻找一位解读这本经典名著的高人，让这个高人作为你的陪读者。可以想象，如果有一本很"牛"的经典名著，就迟早会有一个同样"牛"甚至更"牛"的人来解读这本经典名著。这个解读者相当于佛教中布道的大师。布道的大师在布道时，他会摆出一个以手指月的手势。以手指月的手势是想告诉身边的善男信女：我虽然在布道，但不要看我，要看月亮。月亮在哪里？皎洁的月亮悬挂在皎洁的空中。[④] 经典名著的解读高手就是一个以手指月的传道高僧。经由这个经读者、传道者，一般读者才有可能抵达经典名著本身。

阅读大师的解读虽然是重要的，但阅读了大师的解读之后，最好不要急于引用他人的解读。大师对经典名著的解读并不能代替对经典名著本身的阅读。

如果只满足于大师的解读并急于转引而不直接面对经典名著本身，这种投机取巧的后果是：虽有引用，但并没有对原著获得整体的理解。而且，若二手资料的引文原本就有错误，引用二手资料就会重复二手资料的错误，重复二手资料中的漏字、错字或页码混乱。

---

① 详见：威斯布鲁克. 杜威与美国民主［M］. 王红欣，译. 北京：北京大学出版社，2010. 坎贝尔. 理解杜威：自然与协作的智慧［M］. 杨柳新，译. 北京：北京大学出版社，2010.

② 详见：余英时. 论戴震与章学诚［M］. 北京：三联书店，2005：91—96. 也有人认为刺猬型哲人追求绝对主义价值观而狐狸型哲人坚持多元主义或相对主义价值观。也因此，刺猬型哲人虽然思想深刻但必须言辞温顺、节制，以免伤及大众。详见：刘小枫. 刺猬的温顺［M］. 上海：上海文艺出版社，2002：183—184. 另外，刺猬敬重"义理"（政见）上的分歧却不能容忍"学识"的浅薄。比如施特劳斯与科耶夫、施密特皆政见不合，但这并不影响他们三者的相互敬重。

③ 详见：施特劳斯. 关于马基雅维里的思考［M］. 申彤，译. 南京：译林出版社，2003. 这里的"马基雅维里"也译为"马基雅维利"。下同。

④ 禅宗所谓"以手指月，指并非月"，除了意味着不要只满足于解经而要直接面对原始经典之外，还意味着不要只满足于原始经典而要领悟原始经典所指示的"道法"本身。

比如,柏拉图在《斐德罗篇》中用灵魂马车的比喻来解释理性、激情和欲望三者之间的关系。[①] 但是,相关的引用却出现错误。不仅脚注中标注的页码是错误的,而且引文本身也是错误的。[②] 更遗憾的是,有关柏拉图的灵魂马车的这个引用错误出现连锁反应,相互抄袭,一起出错。

可取的路径是,获得了经典解读的帮助之后,立刻带着"偏见"(可称之为"前见"或"阅读假设")上路,直接阅读原著本身。带着"偏见"去阅读经典名著,是为了让后续的阅读成为对阅读假设的验证。寻找权威的解释或注释只是让自己找到阅读原著的线索和整体感。一旦获得了阅读原著的线索和整体感,就立即掉头,直接阅读原著。

■ (二) 先入为主,带着自己的观点与名著对话

第二步是先入为主并回到原著。不要认为先入为主是读书的大敌。相反,要把先入为主作为阅读经典名著的基本前提。中医诊脉讲"心中了了,指下难明"。这个说法大体也可以用来解释阅读名著效应:如果读者心中了了,就会对名著无处下手。或者说,如果读者心中了了,就会对名著无法上手。读书既要谦逊,不能以自己的偏见来同化名著,同时又必须先入为主,带着自己的前见或偏见,与经典名著展开一场谈话。有效的读书不是跟随作者,被书带走,而是因为有自己的主见和主张,让书跟随自己走。

一般而言,阅读时最好留意这本书的谋篇布局,要留意这本书的开篇和尾篇,尤其要留意中间部分,"中间即中坚"。如果一本书共七章,那么,中间章即第四章可能是承前启后的关键章。比如,《易传》共七篇,中间篇"系辞"最重要;《孟子》七篇,中间篇"离娄篇"最重要;《庄子》内七篇,中间篇"人间世"最重要。《老子》八十一章,中间篇的三章(由第四十至四十二章)可能最重要。《老子》的中间篇以"反者道之动"(类似黑格尔式的否定之否定)、"道生一,一生二,二生三,三生万物"的思路来解说文明与野蛮的中庸之道。

阅读时,也可以考虑三个关系视角:一是因果关系;二是表里关系;三是对立统一关系(含否定之否定)。尤其要读出经典名著的表面与里面,要绕到背后。要学会看到表面之外的背后的含义。经典哲人在写书时,为了不让自己像苏格拉底那样受到统治者和民众的攻击,他可能采用隐微教诲或隐微写作的方式写书。

除了这三个形式上的关系视角,也可以考虑三个内容上的关系视角:一是主仆之争或主奴辩证法;二是主客之争;三是情理之争或中外哲人普遍采用的三成四德。柏拉图的三成四德是由理性、激情和欲望转化为智慧、勇敢、节制和正义。孔子的三成四德是智、仁、勇、中庸。要学会用类似这样的范畴或前见、主见去解读经典名著。

直接面对经典本身,这是读书人所拥有的最浪漫、最骄傲的事。也因此,学界前辈往往会对学生提示:尽早养成阅读经典名著的习惯。但是,对于初学者来说,直接阅读原著可能显得比较顺利,也可能感觉力不从心。当阅读名著感觉困难时,可以通过一些阅读技

---

① 柏拉图.斐德罗篇[C]//王晓朝,译.柏拉图.柏拉图全集(第二卷).北京:人民出版社,2003:168.王晓朝的这段译文几乎复制了朱光潜先生的翻译。详见:柏拉图.柏拉图文艺对话集[M].朱光潜,译.北京:人民文学出版社,1963:131.

② 详见:金生鈜.规训与教化[M].北京:教育科学出版社,2004:34.

巧克服障碍。比如,可以反复阅读原著的目录、前言、后记、译后记(或译者前言),以此获得对原著的整体理解。也可以通过重点阅读经典名著中的任何一个章节来重点突破。然后,再由部分返回整体,使部分阅读与整体阅读保持流畅的循环。

除了保持部分与整体的循环之外,研究者在文献阅读之前最好先有自己的问题和假设,然后,带着自己的问题和假设去阅读相关文献。如果研究者事先没有自己的问题和假设,则需要在文献阅读的过程中处处留意,随时提出自己的问题和假设。一旦研究者带着问题和假设去阅读文献,研究者就不会陷入斤斤计较的文献阅读的琐碎与混乱之中。

带着自己的问题和假设去面对文献也许会因为先入为主而误解文本。但是,任何阅读都不可避免地带有读者自己的偏见(或前见)。而且,阅读中最值得警惕的倒不是先入为主,而恰恰是六神无主。如果研究者头脑空空、呆头呆脑、一贫如洗地面对文本,那么就可能出现两个问题:一是眼前的文献显得讳莫如深或索然无味;二是眼前的文献显得杂乱无章、一团乱麻。

解决第一个问题的办法是用自己强大的阅读假设或偏见去强迫眼前的文献跟着自己走。逼迫文本显露它的意义,而不是让研究者像个小学生那样怯生生地面对某个经典文本或像个没心没肺的莽汉那样贸然闯入文本的陌生地带。这是现象学式的阅读方法。传统的实证研究强调不带偏见地面对事实本身,但现象学的方法与之针锋相对,现象学方法却恰恰强调研究者要带着自己的偏见或前见上路。如果选择了现象学的方法,就意味着无论阅读一本书还是做一个实地调查,研究者都必须事先建立自己的研究假设或研究前见,为自己选择某个研究的视角。这条道路类似康德的哥白尼式的革命或尼采的视角主义。

解决第二个问题的办法是用分类的眼光将眼前的文献分为彼此对立的不同观点并确认某个核心的观点。让这个核心观点及其作者成为眼前所有文献的灵魂和领袖。人群若无领袖则成为杂众或乌合之众。领袖人物的出现将使杂乱的人群立刻变得井然有序、一呼百应;与之类似,如果没有核心观点及其灵魂作者,那么,文献就会成为一堆无意义的垃圾信息。经由分类而突显出来的核心观点及其作者将使那些看似无意义的信息立刻变得熠熠生辉、光彩照人。

传统的实证研究及其阅读方式导致研究者围绕研究对象转,而现象学方法则鼓励研究者"先立乎其大者",并由此而让对象围绕研究者转。如果研究者事先没有自己的研究假设,那么,研究对象就一团漆黑或一团乱麻。研究者没有自己的意向性,就意味着研究者没有研究的眼光。没有眼光的研究则类似"夜间观牛,其色皆黑",没有眼光的研究也类似没有光源的"柏拉图的洞穴"。①

不过,所谓让研究对象围着研究者转而不能让研究者围着研究对象转,这只是形象的说法,现象学方法强调研究者带着自己的主见、前见或偏见去解读一本书或展开实地调查,并不意味着研究者固执己见而完全不顾事实,更不意味着研究者歪曲或曲解研究对象甚至捏造数据。如果研究者经过艰苦的研究而发现自己的研究假设与事实不符,那么,研究者当然需要调整自己的假设而使自己顺应事实。让研究对象围着研究者转而不能让研

---

① 有关柏拉图洞穴的解释,详见:柏拉图.理想国[M].郭斌和、张竹明,译.北京:商务印书馆,1986:272—274.

究者围着研究对象转仅仅意味着：研究者一旦建立了自己的研究假设或研究视角，则尽可能用自己的主见、前见或偏见去同化研究对象，不可轻易放弃自己的假设或视角，尤其当自己的研究假设与研究对象暂时不合时，不可轻易跟着对象跑，不可随波逐流。

■（三）以写带读：做阅读笔记并引用

第三步是笔记与引用。最好在书的扉页空白处，重做目录与索引，将自己认为重要的观点或自己引申出来的观点，抄录到扉页，加上页码。以后拿起这本书，只需要看自己重做的目录与索引，就知道这本书的重要观点和重要概念、句子。

读书可以是休闲阅读，也可以是学术阅读。两者的区别是，休闲阅读既不必做笔记，也不必引用，而学术阅读最好做笔记，也最好有所引用。引用一本经典名著，就是对这本经典名著的敬畏与尊重。

摘录书中重要的观点或记录相关的阅读感想时，主要完整注明相应的页码，形成自己的摘要编码。摘要编码浓缩了该书的重要观点。它使任何一本厚书变成薄薄的几页，也使任何一本厚书有了新目录。原始目录是整本书的所有主题的目录，新目录是书中重要观点的目录。

编制新目录实际上是为了便于引用。文献阅读本身不是目的，文献阅读的目的是为了理解、借鉴和引用。文献阅读表面上是读者与作者的相遇，其实，它是一个作者（文献研究者）与另一个作者（文本的作者）的约见。当研究者从单纯的阅读转换为引用时，当研究者从被动阅读的读者角色转换为主动引用的作者身份时，他的文献阅读才实现其真实的价值和意义。

这样看来，有效的阅读乃是以写带读。有效的阅读不仅留意有争议的观点，而且引用文献中的某个或某些观点，通过写作来带动阅读。

以写带读与休闲阅读是两种不同的阅读状态。休闲阅读虽然有修身养性或学术积累的效果，但那样的阅读很难帮助初学者找到满意的选题。而且，如果过度陷入文献阅读而丢失了自己的研究目标（或写作目标），这种文献阅读就会使研究者失之迷惘。相反，以写带读意味着研究者遇到了某个困惑或问题，他带着自己的困惑或问题去阅读相关文献。正因为他带着自己的困惑或问题，他在阅读相关的书或文章时，就会满怀期望、集中注意。一旦遇到精彩的句子，就会怦然心动甚至满怀感激。

就此而言，阅读的最后一个步骤是引用而不是做阅读笔记。某一份文献的重要观点或重要句子一旦被引用，这份文献就被激活而显示出友好的对话状态。这样看来，出色的阅读并非面向文本本身，而是读者与文本及其作者的互动：既欣赏、理解文本，同时也对文本提问，并将文本中的重要观点、重要句子或词语引用到自己正在撰写的书稿或论文中。一旦研究者已经开启了相关主题的研究和写作，那么，阅读的过程就是引用的过程。引用反过来又会促进相关文献的阅读。文献阅读容易出现的问题是：只有阅读，没有引用。与之相关的另一个问题是：有引用，但没有注明出处；或者，注明了出处，但不完整不准确，导致后来不得不费时费力回头重新查找原文，甚至根本找不到原文。

第2节 如何撰写文献综述

在文献检索和文献阅读过程中,研究者需要全面了解关键文献及其主要观点,同时也需要了解重要作者和重要阶段。但是,这并不意味着在文献综述中必须陈述重要作者和重要阶段。文献综述只需陈述关键文献和主要观点即可,尽可能使文献综述显得就事论事、对事不对人。可以通过叙述主要观点之间的分歧与冲突来暗示重要作者和重要阶段。

一、文献综述的要素

文献综述一般包括三个部分。(1)关键文献及其主要观点。这是文献综述的核心部分。(2)对文献综述的小结。小结是对已有的研究及其观点进行更简洁明了的分类,并提醒读者,哪个或哪些研究是最有影响的研究。如果前面的文献综述已经对各种不同的观点做了分类,那么,文献综述的小结就只需要对前面陈述的各种不同类型的观点进行分类。文献综述的小结是为了让读者一目了然地把握国内外已有的相关研究。(3)由文献综述的小结引出本研究的假设或者有待进一步研究的具体问题、本研究重点关注的具体问题(参见专栏3-2)。

专栏 3-2

色诺芬的政治教育:文献综述[①]

1. 国外相关研究

国外有关色诺芬的研究主要分为两派:一派是对色诺芬哲学思想的怀疑与否认。罗素在其《西方哲学史》中对色诺芬表达了不屑。[②] 克尔凯郭尔在其博士学位论文《论反讽概念》中,对色诺芬极尽挖苦讽刺。[③] 另一派是施特劳斯和他的学生对色诺芬作为"政治教育家"的重新发现。

2. 国内相关研究

甘阳为《居鲁士的教育》中译本所写的序文《从色诺芬到马基雅维利》分析了色诺芬的居鲁士。[④] 刘小枫的《苏格拉底谈自由与辛劳——读〈回忆苏格拉底〉卷二第一章》细致入微地解读了《回忆苏格拉底》第二卷第一章。[⑤]

---

① 详见:梁君. 色诺芬的政治教育:在德性与权术之间[D]. 广州:华南师范大学,2013:5—12.引用时对原文略有调整。
② 罗素. 西方哲学史(上卷)[M].何兆武、李约瑟,译.北京:商务印书馆,1982:117.
③ 克尔凯郭尔.论反讽概念——以苏格拉底为主线[M].汤晨溪,译.北京:中国社会科学出版社,2005:135.
④ 甘阳.从色诺芬到马基雅维利[C]//色诺芬.居鲁士的教育.北京:华夏出版社,2007:4.
⑤ 刘小枫.苏格拉底谈自由与辛劳——读《回忆苏格拉底》卷二第一章[J].浙江学刊,2010(2):9.

3. 文献综述小结及有待进一步研究的问题

从以上对国内外文献的梳理可以看出,色诺芬的政治教育思想曾遭受忽视和轻视,但后来被重新发现并受到重视。虽然施特劳斯重新发现了色诺芬的写作艺术及其隐微教诲,但有关色诺芬的政治教育思想仍然有待发掘。本研究在施特劳斯的相关研究的基础上进一步谈论色诺芬的政治教育思想。

二、文献综述的类型

文献综述可能出现在三种不同的文本中:一是开题报告(或研究计划书)中的文献综述;二是正式学位论文中的文献综述;三是公开发表的论文或研究报告中的文献综述。在不同的文本中,文献综述往往占据不同的位置。

第一,文献综述的有无问题。开题报告必须有规范的文献综述。而学位论文和公开发表的论文有两种可能。一是调查研究或实验研究报告往往有简要的文献综述,而哲学研究论文既可能提供简要文献综述,也可能不呈现任何文献综述。

第二,文献综述的详略问题。开题报告中的文献综述需要对已有的相关研究展开详细、完整、系统的梳理和陈述。文献综述在开题报告或研究计划书中占据重要的位置。学位论文的文献综述则有两种可能:一是完整地复制开题报告中的文献综述,并以专门的章节呈现出来;二是在前言或引言中简要叙述已有的相关研究并由此引出研究的假设或立场而不呈现完整的文献综述。公开发表的论文的文献综述也有两种可能:实证研究报告往往只在前言或引言中提示已有的相关研究及其有待进一步研究的问题。哲学研究论文既可能简要陈述文献综述,也可能不呈现任何文献综述。

第三,文献综述的前后问题。在公开发表的论文或研究报告中,文献综述的陈述往往呈现在研究问题之后和研究假设之前,由文献综述带出研究假设。其顺序为:研究的问题——文献综述——研究假设。开题报告和学位论文虽然同样可以遵循"研究的问题——文献综述——研究假设"的陈述顺序,但是,开题报告(或研究计划书)和学位论文也可以由研究问题直接带出研究的假设,然后再呈现文献综述:"研究的问题——研究的假设——文献综述"。

三、撰写文献综述的技巧及容易出现的问题

在撰写文献综述时,可考虑以下几个技巧和相关的原则,避免出现遗漏或错误。
第一,呈现一定的顺序、层次和结构。
在顺序上,最好按照时间顺序呈现关键文献及其主要观点,使不同类型的文献及其观点呈现为某种递进关系。递进关系的好处是,让读者看到已有研究呈现出逐步拓展、逐步深入的进程。
在层次上,既呈现代表正面的、主流观点的文献,也呈现反面的、批判性意见的文献。

尽可能使不同的文献及其观点呈现为某种对立统一或否定之否定的关系。如果出现正反两种不同意见的关键文献,可打破时间顺序,先综述所有正方的观点,然后综述所有反方的观点。除了正方和反方之外,也可能有第三方(中间、中立或综合的观点)的观点。

文献综述虽然忌讳按照时间顺序罗列所有文献,但是,时间仍然是文献综述的一个重要维度。在分类时,可以适当考虑时间顺序。比如,一般先陈述本研究领域的开山人物(一般称之为某某之父,比如勒温被视为"行动研究之父")的相关研究,并由这个"得风气之先"的人物以及他的研究牵引出第一种类型。然后再陈述其他类型的相关研究。

如果某份文献既没有推进前面的相关研究也没有提出不同的观点,没有任何知识贡献,那么,研究者在文献综述时最好对该文献保持有意的遗忘或视而不见的态度。[①]

如果国内学者和国外学者都对某个研究主题发表了相关的论述,同样按照时间顺序(兼顾正反不同观点)叙述国内学者和国外学者发表的文献及其主要观点。如果国内的相关研究和国外的相关研究完全呈现为不同的话语和不同的时间,可分别叙述国外学者的相关研究和国内学者的相关研究。

容易出现的问题是:研究者按照时间顺序罗列所有文献及其观点,没有层次感和秩序感;没有区分正反两个方面观点;各种文献顺序混乱,既不按照时间先后顺序呈现各种观点,也没有呈现为倒叙;没有区分关键文献和次要文献,将所有重要和不重要的文献全部罗列出来。

第二,保持文献综述的结构完整。完整的文献综述至少包括三个部分:一是关键文献及其主要观点;二是对文献综述的小结;三是由文献综述的小结引出有待进一步研究的问题或本研究重点关注的问题。比较容易出现的问题在于:只提示了关键文献及其主要观点,却没有文献综述的小结或研究的假设。

第三,不遗漏关键文献。不遗漏的标准是:既考虑了该研究领域早期的关键文献,也触及了该研究领域最新的研究进展。容易出现的问题是:只反映了最新的研究进展而遗漏了早期的研究,或者,只陈述了早期研究而没有考虑最新的研究进展;只有中国学者的相关研究而没有外国学者的相关研究。一般而言,如果某份文献综述完全没有出现最近10年的文献,没有出现外文文献,或者,只涉及某些专著而较少呈现相关的期刊论文、学位论文,那么,则说明该文献综述可能遗漏了相关信息。

第四,只出现重要作者的姓名,不必呈现所有著者的姓名。判断某个文献及其作者是否属于重要文献或重要作者的标准是:该文献的作者是否较早地提出了自己的观点(开山人物或被称为"某某之父"的人物)。这样的文献往往频繁为后来的研究者所引用(包括赞成或反对)。如果某份文献属于重复性研究,并没有提出新的结论,则不必纳入文献综述。但是,如果某一份重复性验证的实证研究报告采用了相同的研究方法却更换了研究对象,则可以纳入文献综述。容易出现的问题是:没有选择和鉴别,事无巨细,将所有检索到的文献并列呈现。

---

① 如果研究者在文献综述中大张旗鼓地陈述某个或某些没有知识贡献的文献,则不仅说明研究者没有学术眼光,而且助长了学术研究中无意义地重复研究的坏风气。

第五，如果研究涉及多个变量或多个假设，则需要分别为之提供文献综述。容易出现的问题是：研究涉及多个变量或多个假设，却只提供了其中某个变量的文献综述。

第六，呈现关键文献及其主要观点时，为每一个观点提供完整而规范的出处（脚注或APA 格式）。[①] 为了保证出处的完整和准确，引用时需考察文献的版本，尽量采用公认的可信的版本而不引用非权威的版本。如果引用非权威的版本，最好说明引用该版本的理由（比如该版本有哪些优点）。在引用和注释中，尽量采用一次文献（或一级文献）及其主要观点。不到万不得已，不采用二次文献（或二级文献、二手资料）。若采用二次文献（或二级文献、二手资料）及其主要观点，必须注明二次文献的完整出处而不是撇开二次文献直接注明一次文献（造成研究者已经亲自阅读了该一次文献的假相）。同时，最好说明经过了哪些努力之后仍然找不到相关的一次文献的理由。容易出现的问题是：暗中转引了某个二手资料（二次文献）的文献却标明自己引用的是原始文献（一次文献）。或者，某个外文文献已经有了比较权威的中译本，暗中采用了该中译本却直接标引外文文献。当然，如果研究者认为该中译本的翻译质量有问题，可以说明不采用该中译本的理由，比如该中译本有哪些翻译的缺憾以致本人不得不放弃该译本而宁愿直接面对外文。这样做的目的是为了尽量避免表面上直接引用外文原著而暗中大量引用中译本（这种行为其实属于抄袭）。

第七，随时审查自己所做的文献综述与研究的问题是否有实质性的关联。容易出现的问题是：所做的文献综述与研究的问题没有实质性的关联。

第八，避免豪言壮语，不轻易使用类似"没有相关的研究"或称自己的研究"开了先河""填补了空白""有极其重要的意义"等说法。学术研究以知识创新为第一目标（或唯一目标），但知识创新并不意味着研究者完全不理会他人已有的研究成果而追求标新立异、横空出世、与众不同。[②] 学术研究更多地显示为在他人已有的研究成果的基础上提出有待进一步研究的问题。"言有易，言无难。"[③]若借用赵元任的说法，学术研究重要的是说"有"而不是说"无"。[④] 类似"开了先河""填补了空白"之类的说法应完全避免，而类似"有极其重要的意义"的说法也最好少说。因为，是否填补空白、是否有重要意义，应该由读者去判断而不必由研究者本人自夸。如果在文献检索中的确没有找到相关研究，也应避免类似"没有相关的研究"的说法，因为"没有相关的研究"可能暗示没有找到准确的关键词（检索词）。

---

①　有关脚注或 APA 格式的规范格式，后文在讨论写作的规范时将提供更详细的解释。

②　学术研究甚至不要问自己的研究有多么"新"，而要问自己的研究有多么"旧"。所谓"要问自己的研究有多么旧"，主要指研究者要让自己的研究建立在前人已有的研究基础之上。

③　陆有铨先生在讲座中多次强调这个说法。受他的启示，这里将"言有易，言无难"作为文献综述应该避免的一个重要提示。谨此致谢。

④　语言学家王力在回忆自己的导师赵元任时，提到"言有易，言无难"的说法。王力 1926 年考入国学研究院，专题研究题目为《中国古文法》，指导老师是梁启超和赵元任。王力曾回忆两位导师的不同的指导风格：梁启超先生对他的论文多加赞语，而赵元任先生正好相反，"他用铅笔小字作眉批，专找我的毛病，其中最严厉的一句批评的话，就是：'言有易，言无难。'这六个字后来成为我的座右铭"。王力在论文里讲到"反照句""纲目句"的时候，加上了一个"附言"说："反照句、纲目句，在西文罕见。"赵元任批注："未熟通某文，断不可定其无某文法。言有易，言无难！"详见：王力. 中国古文法[C]//王力文集(第三卷). 济南：山东教育出版社,1985：4.

第 3 节　如何撰写开题报告

开题报告也称为"研究计划"或"研究方案"。开题报告并没有完全固定的程式或结构，不同的学校、不同的导师对开题报告的格式和内容有不同的要求。

一、开题报告的要素

一般而言，完整的开题报告主要包括 8 个要素：(1) 研究的主题；(2) 研究的问题；(3) 文献综述；(4) 研究的假设；(5) 概念的界定；(6) 研究设计(含研究方法及其研究视角、研究工具与研究思路)；(7) 研究的时间计划；(8) 参考文献。在调查研究或实验研究的开题报告中，除了以上 8 个要素之外，最好提供有关研究的效度与信度、研究的伦理等方面的说明。在哲学研究论文或历史研究(尤其是历史的解释研究)论文中，除了以上 8 个要素之外，最好有类似论文目录的研究提纲。

实验研究或调查研究的开题报告(或研究计划)的核心内容有三个部分。一是研究的主题及其问题和假设；二是研究设计及其研究方法、研究视角和研究工具；三是文献综述。在调查研究或实验研究的开题报告中，研究提纲一般呈现为研究的问题与假设、研究的设计与过程、研究的结果与讨论等三个部分。这三个部分几乎成为固定的套路，没有太多创新的空间。

哲学研究的开题报告的核心内容是：(1) 研究的主题及其问题和视角；(2) 文献综述；(3) 研究提纲。在哲学研究的开题报告中，研究设计及其研究方法、研究思路并没有太多的解释空间，其研究方法和研究思路主要通过"研究视角"和"研究提纲"显示出来。

历史研究的开题报告既可能接近调查研究或实验研究的开题报告，也可能类似哲学研究的开题报告。当某项历史研究重点关注有关历史事实的考证或因果关系的说明时，其研究思路和开题报告与调查研究或实验研究的开题报告类似；当某项历史研究重点关注某个思想或观点的理解和解释时，其研究思路和开题报告与哲学研究的开题报告类似(参见专栏 3 - 3)。

专栏 3-3

开题报告评价标准[①]

1. 研究背景与价值
- 引言部分是否清晰概述了该研究指向的问题背景(含理论/现实/历史/文化等)？
- 引言部分是否清晰界定了问题域？

[①]　此处的研究生开题报告评价标准由华东师范大学课程与教学研究所提供，谨此致谢。

- 引言部分是否对核心概念做出了明确定义？
- 引言部分是否明确表述了该研究的理论/实践价值？

2. 文献述评

- 该研究是否建立在当前的、有代表性的已有研究基础之上？
- 文献述评部分是否对已有研究进行了综合性的梳理？
- 这些梳理是否批判性地指出了已有研究的边界及发展方向？
- 这些梳理是否为该研究的开展提供了明确的合理性？

3. 研究问题或假设

- 该研究是否表述了明确的研究问题或假设？
- 这些研究问题或假设是否足够具体、可操作？
- 这些研究问题或假设是否与引言部分的研究背景紧密联系？
- 这些研究问题或假设的潜在答案是否指向引言部分所表述的研究价值？

4. 研究设计与方法

- 该研究是否明确描述了资料范围与收集方式？
- 该研究是否明确描述了资料处理方法？
- 该研究所运用的设计与方法是否与研究问题或假设相匹配？
- 该研究是否提供了与研究方法相关的材料(如问卷初稿、访谈提纲初稿等)？

5. 规范与写作

- 该报告是否遵循了一致的引文规范(如国家标准、APA、芝加哥格式等)？
- 该报告是否遵循了基本的伦理规范(可参考 AERA、APA 规范)？
- 该报告是否行文流畅,各章节之间有明确的承接和联系？
- 该报告是否表述精练、语言(含标点符号用法)准确？

二、撰写开题报告的技巧及容易出现的问题

提交一份完整而规范的开题报告(研究计划书)是对一个研究者的学术素养的考验。开题报告的文本中常见的问题或错误有：

第一,开题报告残缺不全。开题报告也许可以没有"研究的时间计划""研究的效度与信度""研究的伦理"等方面的说明,但至少要具备"研究的主题"以及"研究的问题""文献综述""研究设计"(含研究方法及其研究视角、研究工具与研究思路)等核心内容。实证研究的开题报告也许可以不呈现"研究提纲",但历史研究和哲学研究的开题报告必须呈现"研究提纲"。

第二,研究的"标题"(或主题)的表述不完整或不规范。完整的标题包括中文标题和英文标题。实证研究和哲学研究的标题虽有差异,但依然存在一些共同的规范。标题的规范主要包括标题的要素及其结构。英文标题的规范则需要考虑字母的大写和小写问题。[①]

---

① 第 8 章"如何撰写哲学研究论文"将对如何撰写标题展开更详细的讨论。

第三,对容易引起歧义或含义模糊的关键概念没有界定或界定不清晰。一般而言,开题报告应该专门设置"概念的界定"。如果该研究涉及多个关键概念,则需要对多个关键概念一一界定。但是,开题报告只需要对核心概念或关键变量提供界定而并不需要对那些不那么重要的相关概念包括那些具有类属关系的相关概念提供繁琐的界定。比如,在"小学乡土教材及其校本课程开发的行动研究"中,只需要为"乡土教材""校本课程""校本课程开发"等概念提供界定,而并不需要为"小学""小学乡土教材""校本""校本教学研究""校本教师培训""小学校本课程开发"等概念提供事无巨细的界定。

第四,文献综述不完整。文献综述的不完整包括:仅仅综述了国内的相关研究,对国外的相关研究一带而过或者完全不理会;仅仅罗列文献而没有提供有关文献综述的小结,没有指出有待进一步研究的问题或本研究重点关注的问题;遗漏了本研究领域的关键文献或关键作者。

第五,没有"问题意识"("提出问题")或"研究假设"。哲学研究的开题报告需要明确表明自己赞成什么和反对什么。实验研究或调查研究的开题报告需要明确提出所要研究的各种变量及其相互关系,并以此形成自己的研究假设。历史研究的开题报告则要么标明该研究更正了哪些有关历史文本或历史事件的误解,或者,从文本的表面绕到文本的背后指证那些隐藏在文本背后的原作者的真实意图;要么采用类似"知识考古学"或"谱系学"的方式,从零散的文本或话语的背后找出一以贯之的线索;要么提供域外的视角或者被历史尘封的古典视角并提供相关的解释。

第六,没有"研究设计"的意识。仅仅提出某个"研究方法"的概念,或者,仅仅引用某些以"教育研究方法"为名的教材来界定自己所选择的哲学研究或历史研究、实验研究、调查研究、行动研究、叙事研究、人类学研究、个案研究等具体的概念。殊不知,开题报告中的"研究方法"属于"研究设计"的一个部分。研究者并不需要多此一举地为这些"专有名词"提供"名词解释",更不需要班门弄斧地为之提供"科普知识"。研究者需要解释的重点是如何采用某个具体的"研究方法"去形成自己的"研究思路"以及如何采用某个具体的研究方法去收集资料和分析资料。[1]

第七,没有适切的"研究视角"或"分析框架"。如果没有建立自己的研究视角或分析框架,哲学研究只是一些没有根据的自说自话(个人意见),而实证研究则只是类似实习记者所做的新闻观察。

第八,参考文献不规范。参考文献容易出现的主要问题包括:(1)排序混乱。比较合适的办法是按作者姓名的音序排序;(2)残缺不全。完整的参考文献包括主要责任者、文献题名、文献类型及载体类型标志、其他责任者(译者、校注、校点、校勘者等)、版本(初版省略)、出版项(出版地、出版者、出版年)、文献出处或电子文献的可获得地址,等等。(3)为了显得"博览群书"而大量列举与本研究无关的文献或既没有阅读也没有"参考"的文献。[2]

---

[1] 第7章"如何撰写实证研究报告"将对问题的提出和研究的假设、研究的方法和研究的视角提供更详细的讨论。
[2] 第9章"学术规范与学术失范"将对"注释与参考文献的规范"提供更详细的解释。

三、答辩的技巧与风度及其问题

提交开题报告之后,导师组一般会对开题报告进行审议并安排专门的答辩会。开题报告的答辩主要包括三项内容:一是研究者口头陈述自己的研究计划。二是答辩委员会对该研究计划提出质疑或修改意见。三是研究者对答辩委员提出的问题作出回应。

在开题报告的答辩中需要留意以下一些细节问题。开题报告的答辩与正式的学位论文答辩或课题立项答辩有一些相似或相同的要素。开题报告答辩中需要留意的问题也是正式的学位论文答辩或课题立项答辩中需要注意的问题。

第一,严格控制陈述的内容和时间。陈述时重点提示你所研究的问题、研究思路和主要观点。答辩人应在规定的时间内陈述完毕,以便给评委的质疑或质询留出足够的时间。陈述结束后,要告诉评委"我的陈述完毕"。否则,评委可能会继续等待你说下去。他们会误以为你只是暂时的停顿。陈述完毕时,不要出现类似"我的陈述完毕,请各位老师提出善意的批评"的口误。因为,这意味着你认为老师提出的意见可能属于恶意的批评,或者,这意味着你禁止评委对你的研究提出比较尖锐的批评意见。

第二,陈述时注意说话的语气和节奏。尽量保持从容平静的表情,清晰平和的语音语调,避免紧张、焦虑、气喘吁吁。尽量采用对话式的语气而不是社论式的宣传语气。表面看来,陈述的主要作用是让评委知道你所研究的问题、研究的思路和主要观点。实际上,答辩人的陈述还有另外一个重要的作用:让评委整体评估你的学术气质。评委可能会借此机会考察你在公众面前的言谈举止。评委可能会关注你说话的语音、语调、站立的身体姿势;也可能会关注你的衣着和你的长相,尤其会关注你的"精神长相"。这些因素连同你的选题、研究思路和论证方式一起构成你的学术气质。相比之下,评委可能并不关注你所陈述的具体内容,因为,他要么在此之前已经阅读了你提交的文本,要么利用你陈述的这段宝贵的时间赶紧浏览你的文本中的关键信息。总之,评委可能更关注你"怎样"陈述而不是你陈述了"什么"。表面上,评委在倾听你的陈述。实际上,评委可能会凭借你的语音、语调、身体姿势和精神气质来对你的学术气质做一次整体评估。

为了在规定的时间内完成你的陈述,也为了保持良好的言谈举止的形象,最好在正式的答辩之前先在私下进行一次或多次模拟的陈述。

第三,不要说大话,避免言过其实。在陈述过程中,尽量不要说"以前没有人研究这个问题",更不可以说"本研究填补了有关……的空白"。类似"填补空白"或"以往没有人……"的说法往往会激起评委的恶感。评委可能会在心里断言,原本已有大量的研究而不是没有相关的研究,只是因为你浅薄无知或文献搜索的视野太窄而导致你没有找到相关的研究。因此,在陈述过程中,你可以说有哪些人、有哪些观点,而断言"无"或"没有"什么时则需要慎之又慎。谨记"言有易,言无难"的原则。比较合适的说法是,"以往的研究主要关注……,这些研究为本研究提供了有意义的资源和基础。在此基础上,本研究重点关注……"。

如果你想提出自己的"创新之处",你可以说"本研究努力在以下几个方面提出自己的观点"或"本研究结果发现……"而不必一定采用类似"本研究有以下几个创新……"或"本论文的创新之处在于……"之类的说法。

第四，不要立刻回应评委的提问。一般而言，主持人会提示，先由评委提问，等所有评委提问结束之后，答辩人再来整体回应。在回应评委提出的问题时，即便你感觉某个评委提出的问题是特别容易回答的，或者，你感觉自己可以在此时此地用一句话或三言两语就可以立即回答这个问题，你也要忍住不说，不要立刻回应（除非提问者要求你立即作出回应）。立刻回应可能会出现两个后果。第一个后果是，如果评委的提问确实不那么恰当而你立刻回答了这个问题，提问者会感到尴尬、羞愧。每个人都会有失误的时候，评委偶尔会提出不那么恰当的问题，这虽然让人感到意外，但也可以理解。你要用宽容的心态去对待任何他人，你不必期望任何评委的任何提问都是恰到好处的。立刻回应的第二个后果是，你没有完整地倾听评委的意见，评委后面还有话要说。甚至，评委并不需要你回答这个问题，他在后面可能会自己帮你解决这个问题。或者，他并不是在提问或质疑，而是针对你的研究有感而发、自言自语。如果你急于作出回应，评委可能会感觉你没有理解他的提问。或者，他可能会感觉你在阻止、抢夺他的话语权。

类似这样的答辩主要不是自由的学术对话而是一种以质疑、批判为主的学术仪式。在这个时刻，你的主要责任是倾听评委的意见并对评委的提问作出友善的回应而不是立足于"独立之精神，自由之思想"而与评委展开一场针锋相对的对话。

第五，注意回应的顺序。如果评委提出的意见不多，你可以按照提问的顺序逐一作出回应。在回应评委的提问时，可以采用类似这样的说法："某某老师提出的问题是……"。如果评委提出的意见较多或不止一个评委提出了相同或相似的问题，则可以采用类似这样的说法："感谢老师们为我的研究提出了宝贵的意见。老师们主要提出了以下几个问题。第一个问题是……对这个问题，我是这样理解的……"。如果你感觉评委提出的有些问题比较复杂，你感觉自己很难作出清晰的解释，则可以考虑先回应那些你自己感觉有把握的、能够说清楚的问题。这样做的好处是，让自己的回应有一个比较好的开端，也让自己和评委有一个比较好的心情。

无论采用何种方式，不要让任何评委感觉你遗漏、忽视了他的提问。如果某个评委发现你没有回应他提出的问题，他可能会感到不愉快并由此而提出比较尖锐的追问。

第五，不要让评委感到尴尬。如果评委提出的质疑在你的文本中已经有所解释或论证，你可以直接说你是如何解释或论证这个问题的。但不要说，"这个问题我在第几页中有讨论"。这样的说法会让评委感到难堪或难看。它意味着这个提问的评委没有看或没有看懂你提交的文本。与之类似，不要有类似"我觉得您没有理解我的意思"或"您误解了我的意思"等等这样的说法。

如果评委提出的问题与你的研究没有太大的关系，你可以就事论事，直接针对评委的提问简要地作出解释。不要有类似这样的说法："这个问题与本研究的主题无关"，或者，"这个问题与本研究的主题无关，我申请不回答这个问题"。

第六，学会应对你无法回答的问题。如果遇到你无法回答的问题，你可以先肯定并感谢评委的提问，然后提出"将来的打算"作为弥补措施。可以考虑类似这样的说法："这个问题很重要,我对这个问题也有研究的兴趣。但我目前对这个问题缺乏深入的思考,我暂时还没有形成解决这个问题的思路,以后我会继续关注这个问题,争取对这个问题有更深入的理解。"在遇到无法回答的问题时你可以采用类似"这个提问很重要"的说法,但是,这样的说法只适合"一次性消费",不要重复两次以上。如果你遇到了两个以上无法回答的问题,你可以把这几个问题一并提出来,然后一次性地说出你对这些提问的肯定、感谢以及将来的打算。

不要在答辩过程中频繁地表扬评委,否则,评委可能会感觉你太俗气或油腔滑调、不真诚。不要把世俗市侩的元素带入学术。何况,你对这个评委的表扬意味着你对其他评委的不屑。这可能会让其他评委感到不被承认。因此,你最好直接针对评委的提问作出学理上的回应,而不要对评委本人以及他的提问作出价值判断。

第七,不要轻易动用导师的名义。如果评委的提问与你的导师的意见不一致,尽量避免说"根据我的导师的建议,……"或"我的导师让我……"。不要让评委感觉你在动用导师的力量来压制评委,那样对你的导师和评委双方都会构成伤害。

第八,保持不卑不亢的精神气质。在答辩过程中,尽量保持谦和、谦逊的语气和姿态,避免说大话,不要显得趾高气扬。但是,这并不意味着你要讨好评委。趾高气扬只是令人不快,低声下气则令人不齿。理想的状态是不卑不亢:谦虚而不谦卑,自信而不自负。也因此,你可以说"我的理解是……";"我的思路是……";"对于这个问题,我是这样看的……";"不知道我这样说是否准确",但尽量避免"我主张……""我特别赞成……""我极度相信……"等过于自我中心的说法;尽量避免采用"最重要""最著名""最清晰"等最高级(没有回旋余地)的形式说话。

关键术语

文献检索　文献阅读　名著阅读　数据库　文献综述　开题报告

讨论与探究

1. 讨论:文献检索有哪些基本途径,你认为还有哪些有用的文献检索的途径?

2. 讨论:如何做到一边检索,一边阅读,一边写作,三者同步进行? 如何阅读经典名著? 以及,如何做读书笔记?

3. 讨论:撰写文献综述时有哪些技巧以及容易出现哪些错误?

4. 讨论:撰写开题报告时容易出现哪些错误?

5. 你认为一份完整的开题报告应包含哪些要素? 你觉得开题报告是否应该陈述研究的效度与信度、研究的推论、研究的伦理问题?

6. 专栏 3-1 是塔科夫的《为了自由:洛克的教育思想》的简介,这本书是解读洛克的《教育漫话》的比较有影响的文献。请在相关网站下载并阅读这本书,体会其解读名著的视角以及相关的阅读技巧。

7. 专栏 3-2 是一篇学位论文的文献综述。请在网上搜索这篇论文的完整版本,分析这篇论文的文献综述的优点和缺憾。

8. 专栏 3-3 是一篇学位论文的导言。该导言由开题报告转化而来。该论文已公开出版。请阅读这篇论文的导言,关注其"问题的提出""文献综述"与"研究视角"。

9. 尝试确定一个选题的大致意向,并经过文献搜索和文献阅读,写一份完整的文献综述。在此基础上,提交一份完整的开题报告。

进一步阅读的文献/网站

1. J. 高尔,M. 高尔,W. 博格.教育研究方法:实用指南[M].曲书杰,郭书彩,胡秀国,译.北京:北京大学出版社,2007.重点阅读该书第二部分"教育研究文献"。

2. 马景娣.实用信息检索教程[M].杭州:浙江教育出版社,2004.重点阅读该书第 1 章"信息检索基础知识"。

3. 侯杰泰,邱炳武,常建芳.心理与教育论文写作[M].北京:中国人民大学出版社,2013.重点阅读该书第 7 章"文献综述"和第 8 章"研究方法"。

4. 塔科夫.为了自由:洛克的教育思想[M].邓文正,译.北京:三联书店,2001.

5. 施特劳斯.关于马基雅维里的思考[M].申彤,译.南京:译林出版社,2003.

6. 梁君.色诺芬的政治教育:在德性与权术之间[D].广州:华南师范大学,2013:5—12.

7. 涂诗万.杜威教育思想的形成[D].北京:北京师范大学,2012.涂诗万.杜威教育思想的形成[M].杭州:浙江教育出版社,2014.

8. 王力.中国古文法[C]//王力文集(第三卷).济南:山东教育出版社,1985:4.

9. 网站 1:中国知网(http://www.cnki.net)、JSTOR(http://www.jstor.org)或 OALib(http://www.oalib.com)。重点搜索本章提示的相关论文。

10. 网站 2:读秀(http://www.duxiu.com)、bookfi(http://en.bookfi.org)、ebooksread(http://www.ebooksread.com)、百度文库(http://wenku.baidu.com)或道客巴巴(http://www.doc88.com)。重点搜索本章提示的相关论文。

第 2 单元
怎样做实证研究

　　本单元主要讨论如何做教育实验研究,如何做教育调查研究,以及如何做教育历史研究? 三者之间,重点是教育调查研究和教育历史研究。

　　在教育实验研究、教育调查研究和教育历史研究之间,教育历史研究似乎最没有实证精神。但是,教育历史研究之所以重要,主要是因为教育研究的对象是"人"以及相关的"人文"现象。人的复杂性使教育研究很难像自然科学研究那样从事实验研究或调查研究。相比之下,人的问题可以经由"人文"的方法,比如文学、史学或哲学的方法而使研究者本人和读者获得比较整体的理解。也因此,历史研究即便不是教育研究的唯一方法,至少也是教育研究的首要方法。

第4章

怎样做实验研究

教育实验研究主要有三种类型。一是科学的实验研究,其关键要素是提出理论假设并通过严格的控制来检验假设;二是作为教育改革的准实验研究与行动研究;三是思想实验。

通过本章的学习,你将能够

- 了解科学的实验研究的三个关键要素;
- 理解行动研究的三个关键特征;
- 理解行动研究的三个类型及其差异;
- 掌握撰写行动研究报告的规范格式;
- 掌握规范的行动研究报告的变化形式;
- 掌握叙事的行动研究报告的撰写技巧;
- 理解思想实验的三个类型。

本章内容导引

- 科学的实验研究
  - 一、研究的问题与"假设"
  - 二、实验的"控制"与设计
  - 三、研究的结果与"验证"
- 准实验研究与行动研究
  - 一、行动研究的特征
    - (一)参与
    - (二)改进
    - (三)系统而公开
  - 二、行动研究的类型
    - (一)实践的行动研究
  - (二)科学的行动研究
  - (三)批判的行动研究
  - 三、行动研究的报告形式
    - (一)从规范格式开始
    - (二)规范格式的变化形式
    - (三)走向叙事的行动研究报告
- 思想实验
  - 一、教育哲学实验
  - 二、教育文学实验
  - 三、德育两难问题实验

第1节　科学的实验研究

一般意义上的实验研究其实就是科学的实验研究。实验研究一度被视为拯救"旧教育学"的唯一希望。按照德国"实验教育学"创始人拉伊（W. Lay，1862—1926）的说法，"实验教育学"中的"实验"这个词语显得多余，因为所有的教育学都是实验教育学。"实验教育学将成为唯一的教育学——普通教育学。"[①]

科学的实验研究有三个要素：一是研究的问题与假设；二是研究的设计，尤其是对无关变量的控制；三是检验并提出实验的结果。

一般而言，实验研究始于问题以及相关的"假设"，然后，经过具体的实验设计，并在有"控制"的教育实践中"验证"相关的假设。不过，实验研究也可能并不完全遵循"假设—控制—验证"的顺序。实验研究既可能始于"设计"，也可能始于"结果"。比如，研究者可能受他人的某个实验"设计"的启发，从中汲取实验"设计"的灵感，然后，模仿该实验"设计"去"验证"相似或相反的"假设"；或者，研究者可能从他人的研究"结果"中受到启示，由此提出相似或相反的"假设"，然后去"设计"相关的实验。

一、研究的问题与"假设"

教育实验的假设是一种因果关系的陈述。它假定某些自变量（比如教师的期望）会导致某些因变量（比如学生的成绩）的变化。在这一点上，教育实验研究与所有科学实验是一致的。

实验研究的"假设"主要有三个来源。一是来自对某个权威意见的怀疑或反驳；二是来自对日常生活中某些共识或模棱两可的意见的批判性考察；三是对已有的实验研究假设及其研究结论的模仿或改造。

第一，对某个权威意见的怀疑或反驳。比如，意大利物理学家伽利略所做的"两个铁球同时落地"的实验，就是对亚里士多德有关"重物下坠速度快于轻物"的说法的怀疑。

第二，对日常生活中某些共识或模棱两可的意见的确证。比如，"自我控制感对人的生活质量的影响"的实验就是对生活常识的验证。该实验的假设是：如果一个人在自己的生活中丧失了对自己负责的能力，往往会引起他的不快，并危害他的身体状况；提高人的控制力量就会有截然相反的结果。[②]

除了对生活常识的确证之外，实验研究的假设大量来自对模棱两可或彼此冲突的两种意见的选择和确认。比如，针对"榜样的宣传是否会促进亲社会行为"这一问题，可以设计一项实验：将学生分为 A、B 两组：A 组整天观看有关先进人物的电影、读有关先进人物的书、唱有关先进人物的歌；B 组整天看卡门的电影、读卡门的书、唱卡门的歌。然后，开始捐款。A 组和 B 组究竟哪一组捐款数量比较多？为什么？

---

① 拉伊. 实验教育学[M]. 沈剑平，瞿葆奎，译. 人民教育出版社，1996：17—18. 引用时将译文中的"普遍教育学"改为"普通教育学"。德国教育学研究领域有追求普遍规律、普遍适用性的"普通教育学"的传统。赫尔巴特如此，拉伊如此，后来的本纳（D. Benner，1941—）亦如此。详见：本纳. 普通教育学[M]. 彭正梅，等，译. 华东师范大学出版社，2006.

② Langer, E. & Rodin, J. The Effects of Choice and Enhanced Personal Responsibility for the Age: A Field Experiment in an Institutional Setting[J]. *Journal of Personality and Social Psychology*，1976(34)：191—198；Roger R. Hock. 改变心理学的 40 项研究[M]. 白学军，等，译. 北京：中国轻工业出版社，2004：200—208.

第三,来自对已有的实验研究假设及其研究结论的模仿和改造。这样的实验研究虽然没有太大的创造性,但是,这样的实验研究由于可以借鉴那些比较有影响的实验设计而容易快捷地开展可信和有效的实验研究。而且,如果研究者对某个研究领域的学术前沿有足够的敏感,就可以在借鉴和综合他人研究的基础上逐渐形成自己的特色和一系列成果。

二、实验的"控制"与设计

为了排除其他因素的影响,实验者必须采取一定的"控制"措施。比如,使所选定的实验组具有一定的代表性,并使之保持一定的稳定性和封闭性;或者,在实验组之外另设定一个控制组,以便排除某些干扰因素。在设置实验组和控制组时,实验组和控制组最好是随机选派,并尽可能使它们的所有特征和条件都相同。比如,在"期望效应的实验研究"(见案例 4-1 中),实验组和控制组的不同之处在于:实验组(如被老师认为有培养前途的20%的学生)接受实验刺激,而控制组(即其余 80%的学生)则不受实验刺激的影响。

案例 4-1

教室里的期望效应[①]

1968 年开学初,在橡树学校工作人员的配合下,研究者对 1—6 年级的所有学生进行了 IQ 测验。研究者告诉教师,学生们所接受的是"哈佛应变能力测验",该测验的成绩可以对一名学生未来在学术上是否会有成就作出预测。测验结果出来之后,每位班主任都得到了一份名单,上面记录着本班在测验上得分最高的前 20%的学生,以便教师们了解在本学年里哪些学生有发展潜力。但是,教师所得名单中的前十名学生是被完全随机地分配到这种实验条件下的。这些学生和其他学生(控制组)的唯一区别就是,教师以为他们(实验组学生)会有不同寻常的智力发展表现。

接近学年结束时,研究者对所有学生又进行了相同的 IQ 测验(即 TOGA),并且计算出每个学生 IQ 的变化程度。通过对实验组和控制组的 IQ 变化差异的检验就可以看出,在现实情境中是否也存在期望效应。

实验结果显示:那些被教师以为智力发展会有显著进步的学生,其 IQ 平均提高幅度显著高于控制组的学生(分别为 12.2 个百分点和 8.2 个百分点)。

在选择实验组和控制组时,往往采用"匹配"和"随机指派"两种方法。由于找出两个完全相同的实验对象几乎不可能,所以教育实验研究更多地采用"随机指派"的方式。比

---

① 详见:Rosenthal, R. & Jacobson L. *Pygmalion in the Classroom: Teacher Expectations and Pupils' Intellectual Development*[M]. New York: Holt, Rinehart and Winston, 1968;Roger R. Hock. 改变心理学的 40 项研究[M]. 白学军,等,译. 北京:中国轻工业出版社,2004:123—133.

如研究者若要将 50 名学生分到实验组和控制组，可以将这些学生随意地按顺序排列，然后将号码为奇数的学生分到实验组，将号码为偶数的学生分到控制组。

三、研究的结果与"验证"

教育实验研究是使用测量和统计的方式对假设进行"验证"。研究者在实验开始时往往需要对因变量进行测量（即前测）；在实验结束后再对因变量进行测量（即后测）。比较分析两个组前后两次测量结果之间的差别，得出实验刺激的影响。实验刺激的影响＝实验组前后测的差分－控制组前后测的差分。

上述经典的实验研究大体上能够消除实验干扰因素，因而也被称为"标准实验"或"真实验"。

如果某实验研究缺乏"标准实验"或"真实验"中的一个或多个"要素"，则该实验研究被称为"准实验"（quasi-experiment）或"前实验"（pre-experiment）。

广义上的"准实验"包括了"前实验"。"准实验"的基本形式是只有实验组而没有控制组，只有后测而没有前测，这种做法一般被称为"仅后测实验"。

表面看来，"仅后测实验"由于既没有前测也没有控制组，使后测的结果缺乏基本的参照而几乎无法比较，也使"仅后测实验"看起来几乎没有资格称为实验研究。不过，在真实的教育情景中，实验者总能从不同的渠道（比如学生入校前的考试成绩或者参与实验前的某次比较大型的考试成绩）考察实验组的原有状态，并以此作为后测的比较参照对象。例如，实施"自学辅导教学实验"的研究者可能由于条件所限或出于研究伦理的考虑而没有特别地实施前测，但前测实际上已经隐含在实施"自学辅导教学"前学生的各类考试、练习或行为表现中。这是一种"看不见"的、"隐性"的前测，因此这种做法也被称为隐性的"单组前后测实验"。

"仅后测实验"不仅是一种隐性的"单组前后测实验"，而且也是一种隐含了"控制组"的实验。比如，某校实验班以"自学辅导教学"作为实验刺激，并以实验班参加本地区统一命题考试成绩作为后测结果。虽然该实验研究事先未指定对比班，但以参加同题考试的本校同年级自然班学生的成绩作为比较的依据，以此来考察"自学辅导教学"与传统讲授法的教学效果之间有无显著性差异。

虽然"仅后测实验"因缺乏"前测"而不便于"前后测比较"，又因缺乏"控制组"而不便于"参照"，但也有其可取之处。比如，它因没有安排实际的"前测"，而避免了"前测"可能给实验带来的干扰；又因没有安排实际的"控制组"，而在某种程度上避免了实验研究中可能出现的"亨利效应"和"霍桑效应"。

可见，"仅后测实验"实际上隐含了"假设""验证"和"控制"等基本特征，也隐含了自变量与因变量、前测与后测、实验组与控制组等基本要素。从这个意义上说，此类"准实验"依然具有实验研究的基本精神。"准实验"是在保持一般实验研究的基本特质的前提下，根据教育实践的特殊性所做的变通与调整。

如此看来，"准实验"不应该被视为"退而求其次"的不严格的实验研究。相反，由于它既保持了"科学实验"的一般特性又关照了"教育实验"的特殊要求,应该被视为"真实的教育实验"。从研究方法与研究对象的适切性角度看,"准实验"与其说是与"真实验"相区别的一种不严格的实验,还不如说它是对实验研究在教育领域的一种改进与调整。"准实验是在实验研究方式规范允许的范围内,进行更贴近实验条件的变通实验操作,使实验法有更广泛的应用范围。从这个意义上看,准实验给实验法增添了活力,它是实验研究方式发展史上的又一重要进展,为实践向实验的转换提供了更大的可能与中介方式。"①

第 2 节　准实验研究与行动研究

在实验研究、调查研究和历史研究三者之中,实验研究虽然最有"实证精神",但是,教育研究很难获得实验研究的条件。教育实验研究不仅需要严谨而巧妙的实验设计,还需要有实验研究的对象(也称为"被试")、时间和场地。问题就在于,一般研究者往往在这三个方面都缺乏条件。一是研究者很难保证严谨而巧妙的实验设计。教育实验不同于物理实验、化学实验或生物实验,后者往往在实验室中进行,而教育实验一般只能发生在真实的自然状态的学校教室之中。若在实验室中进行教育实验,这样的实验往往属于心理学实验而一般不被视为教育实验。而真实的自然状态中的教育实验又很难排除无关变量的干扰。二是教育实验至少需要有半年或一年以上的时间。在这段时间内,研究者往往需要"亲临现场"。一般的研究者,尤其是需要提交学位论文的研究者往往没有这样的时间。三是教育实验研究容易出现和引发研究的伦理问题。甚至可以说,几乎所有的教育实验都不可避免地存在伦理问题。它会给实验的"被试"带来或多或少的身心上的干扰、困扰甚至"危害"。实验研究者只能尽量减少或降低而无法完全排除对"被试"造成的干扰、困扰或"危害"。即便是比较经典的"教室里的期望效应"实验研究,也存在伦理问题。

这正是一般学校或教师拒绝成为实验研究的被试的原因,也是后来教育行动研究兴起的原因。教育行动研究保留了实验研究的基本思路,但对于控制与检验则不那么严格。教育行动研究可视为准实验研究。

一、行动研究的特征

教育行动研究主要是指行动者为了改进自己的实践,而在自己的行动中亲自展开研究。行动研究至少有三个关键特征。一是"参与",二是"改进",三是"系统而公开"。

■（一）参与

"参与"(involvement)即行动者参与研究。由于教育行动研究大量地显示为教师参

---

① 叶澜.关于我国教育实验科学性问题的思考[J].教育研究,1992(12):41—47.

与研究，教育界也一度流行"教师成为研究者"，强调教师参与整个研究过程，让教师发出自己的声音。[①]

教师"参与"研究作为行动研究的首要特征，它凸显了行动研究对行动者（教师）的主体地位的重视。但这个特性也使行动研究从一开始就蕴藏了"校外研究者与教师之间"的"合作尴尬"的难题。当中小学教师打算以行动研究的方式解决问题时，往往需要"校外研究者"（outsiders）的合作和帮助。但是，校外研究者的介入，也给行动研究带来了困难。一旦大学研究人员介入行动研究，中小学教师在"合作的行动研究"中就容易丧失自己的独立性，越来越丢失自己的专业自主。走出"合作尴尬"是一个艰辛的过程。对大学研究者而言，这种"艰辛"意味着既为中小学教师小心地提供专业引导和专业支持，又不能越俎代庖；对于中小学教师而言，这种"艰辛"意味着既要从大学研究者那里汲取"专业智慧"，但同时又需要在合作中逐步提升自己的专业能力，逐渐成为"独当一面"的研究者。

■（二）改进

"改进"（improvement）主要有三个含义。一是改进实践。行动研究的主要目的在于改善行动者自己的教育实践而不只是成为验证理论研究者的理论假设的"被试"或工具。二是改进观念。行动者通过批判性的思考（批判的行动研究）来转变行动者的教育观念。虽然教育观念的转变并不一定会立刻引起教育行为的转变，但是，只有当行动者在教育观念上有了幡然悔悟的变化并由此建立稳定的教育信念之后，才有可能出现持久的教育行为的变革。三是改进制度。教育行动研究虽然强调教师成为研究者，但教师成为研究者并不限于教学方法的微调。真实的课程与教学的改革总是伴随着相关的教育制度的变革。教师日常地生活在种种"制度"条款中。教师虽然日常地享受"制度"给他们带来的报酬和便利，但也日常地受"制度"的规范和约束。

正因为强调实践、观念和制度的"改进"与改革，行动研究在具体的研究过程中往往显示为循环往复的过程。一般而言，一项行动研究至少有两轮以上"计划—行动—观察与反思—再计划—再行动—再观察与反思……"的过程。[②] 行动研究领域称之为"行动研究的循环"或"生成性行动研究"（generative action research）。[③]

■（三）系统而公开

行动研究与"正规的研究"（主要指科学的实验研究）确实存在不少差异。有人总结了"行动研究"与"正规的教育研究"的10条差异。[④] 这些差异并不意味着行动研究就等同于"随意性问题解决法"。与"正规的教育研究"相比，行动研究的确不那么重视"控制性"和

① 详见：Carr, W. & Kemmis, S. *Becoming Critical: Education, Knowledge and Action Research* [M]. Melbowrne: Deakin University Press, 1986: 165.

② 详见：Elliott, J. *Action Research for Educational Change* [M]. Berkshire: Open University Press, 1991: 70.

③ McNiff, J. *Action Research: Principles and Practice* [M]. Macmillan Education Ltd., 1988: 45.

④ 详见：Gall, J. & Gall, M. & Borg, W. *Applying Educational Research: A Practical Guide* [M]. 3rd ed. Longman, 1993: 390—410. 后来又调整为9条差异，详见：Gall, J. & Gall, M. & Borg, W. *Applying Educational Research: A Practical Guide* [M]. 4th ed. Longman, 1999: 478—480.

"精确性",但与"随意性问题解决法"相比,行动研究却又具有较强的"科学性"和"精确性"。

尽管行动研究领域对"科学方法"一直有不同的意见,甚至有人对"科学的行动研究"提出批判,但"科学方法"在行动研究中一直以不同的方式被传承下来。英国学者斯腾豪斯(L. Stenhouse, 1926—1982)特别提出了行动研究作为一种"研究"的前提性资格问题。在他看来,"研究是一种系统的、持续的、有计划的和自我批判的探究,这种探究应该进入公众的批判领域。"[①]或者说,"研究就是公开而系统的探究"。[②] 这里的"公开"(to be made open)意味着教师向公众公布自己的研究过程和研究成果,使自己的研究成为"公开的"探究而不是私下的琢磨。而"系统"(systematic)则强调行动研究必须使用必要的"科学方法",包括必要的文献综述和系统地收集资料和解释资料,而不是个人的随意性问题解决。

对"系统"的重视使行动研究区别于一般的"随意性问题解决"或经验总结,它使行动研究因遵守某种科学的研究规则而名副其实地具备"研究"的资格。就此而言,在中小学教师未做好理论准备时,需要有校外的研究人员作为促进者参与行动研究,作为教师的"批判的朋友",为教师提供基本理论假设和研究技术。这也正是行动研究中常常有校外研究者介入以及出现"合作尴尬"的原因。

除此之外,行动研究中的"公开"还隐含了"三角互证法"(triangulation)的意义。"三角互证法"虽然在一般意义上的调查研究中早已被讨论和使用,但行动研究强调"三角互证法"多角度的观察,并由此引起教师的反思性教学。[③]"三角互证法"的程序一般为:(1)观察者(一般由研究专家或教师同行充当)进入课堂做观察记录并将整个过程录制下来。(2)课后观察者访谈教师,录制访谈过程。(3)课后观察者访谈部分学生代表,并录制访谈的过程。(4)征得学生同意之后,将访谈学生的录像提供给教师,并让教师观看整个教学过程的录像资料。在教师有一定的准备之后,观察者引导教师反思自己的教学过程,讨论整个教学过程及其问题。(5)根据观察和访谈的结果,观察者初步提出自己的诊断性假设。在征得教师的同意之后,观察者将相关资料和观察者得出的诊断性假设提供给所有参与研究的教师,让所有教师参与讨论。[④]

二、行动研究的类型

有人把行动研究的源头追溯到勒温(K. Lewin, 1890—1947)那里,勒温被视为"行动研究之父"。也有人认为早在 20 世纪 30 年代,美国印第安人事务局局长科利尔(J. Collier, 1884—1968)在自己的研究中已经采用了"行动研究"的方法并先于勒温使用了

① 详见:Stenhouse, L. What Counts as Research? [J]. *British Journal of Educational Studies*, 1981(2): 103—114.

② Stenhouse, L. The Problems of Standards in Illuminative Research[J]. *Scottish Educational Review*, 1979(1): 5—10.

③ 详见:McKernan, J. *Curriculum Action Research: A Handbook of Methods and Resources for the Reflective Practitioner*[M]. Kogan Page, 1996: 58.

④ 详见:McKernan, J. *Curriculum Action Research: A Handbook of Methods and Resources for the Reflective Practitioner*[M]. Kogan Page, 1996: 185—186.

"行动研究"这一术语。① 这两个说法可以视为行动研究的两个源头，这两个源头预示了后来的行动研究的两个类型。前者发展为"科学的行动研究"（也称"技术的行动研究"），后者发展为"实践的行动研究"。在这两者之外，后来又出现了"批判的行动研究"。

■ （一）实践的行动研究

科学的行动研究与实践的行动研究的主要差异在于：前者更重视研究的技术与规范，比如文献综述，两轮以上的研究过程，对研究的结果的检验与对照，等等；后者更重视行动者在研究中的主体地位、对实践问题的改进以及在解决问题中的实践智慧。如果说第一代行动研究的倡导者勒温更重视"科学的行动研究"，那么，第二代教育行动研究的倡导者斯腾豪斯更重视"实践的行动研究"。斯腾豪斯提出的口号是"教师成为研究者"（teachers as researchers）和"研究成为教学的基础"（research as a basis for teaching）。② 但是，提倡"实践的行动研究"并不意味着不重视行动研究中的技术与规范，恰恰相反，斯腾豪斯本人倒是一再强调行动研究应该有必要的研究技术与研究规范，否则就不配称为"研究"。

实践的行动研究也可以称为教育改革。作为教育改革的实验研究的主要目的既不在于提出一个可信的实验设计，也不在于通过结果的检验而证实改革的有效性。其主要目的在于推行研究者（而且往往是教育管理者）所追求的新制度或新方法。即便提出实验的"假设"，作为教育改革的实验"假设"与科学的实验研究的"假设"也有差异：教育改革的"假设"其实是一种被认可的信念或理想。教育改革的"假设"在改革之前已经被研究者认定是"好"的或"有效"的。这种改革与其说是对假设的检验，不如说是推行和实现研究者的教育理想或教育信念。

从教育改革的主题来看，作为教育改革的实验研究主要有三种类型。一是课程与教学改革的实验研究；二是教育制度改革的实验研究；三是以"实验学校"为单位的综合性的实验研究。

课程与教学改革虽然大量地发生在中小学教师的日常教学实践之中，但是，比较有影响的课程与教学改革的实验研究者往往是某个教育研究专家或学校校长。比如美国学者克伯屈（W. Kilpatrick，1871—1965）主持了"设计教学法"实验③，帕克赫斯特（H. Parkhurst，1887—1973）主持了"道尔顿制"实验④，杜威支持了"芝加哥大学初等学校"（该校也称"杜威学校"）的教育实验，罗素主持了"比肯希尔学校"（也称"罗素学校"）的教

---

① 详见：McKernan, J. *Curriculum Action Research: A Handbook of Methods and Resources for the Reflective Practitioner*[M]. Kogan Page, 1996: 9. 科利尔的妻子劳拉（Laura Thompson, 1905—2000）是一位心理学家。20 世纪 40 年代，她与勒温共同参与了许多由科利尔发起的、关于印第安人的行动研究。详见：刘芳,李艳丽. 约翰·科利尔：改变美国印第安历史的人[J]. 中国民族,2009(04)：71—72.

② 详见：Rudduck, J. & Hopkins, D. *Research as a Basis for Teaching: Reading from the work of Lawrence Stenhouse*[M]. Heinemann Educational Books Ltd. , 1985: 113.

③ 详见：拉格曼. 一门捉摸不定的科学：困扰不断的教育研究的历史[M]. 花海燕,等,译. 北京：教育科学出版社,2006：107—110. 该书将"project program"统一翻译为"项目方法"，遵照惯例，这里调整为"设计教学法"。

④ 有关该实验的介绍,详见：帕克赫斯特. 道尔顿教育计划[M]. 陈金芳,赵钰琳,译. 北京：北京大学出版社,2005：10. 有关外国教育实验的更多讨论,详见：杨汉麟. 外国教育实验史[M]. 北京：人民教育出版社,2005.

育实验,苏霍姆林斯基主持了"帕夫雷实中学"的教育实验[①];中国学者俞子夷在南京高师附小主持了"设计教学法"实验[②],舒新城等人在东南大学附中试行"道尔顿制"实验[③],卢仲衡主持了"自学辅导教学"实验,顾泠沅主持了"尝试指导,效果回授"实验,段力佩主持了"读读、议议、练练、讲讲"八字教学法实验,黎世法主持了"异步教学法"实验,邱学华主持了"尝试教学法"实验,朱永新主持了"新教育"实验,郭思乐主持了"生本教育"实验,2000 年前后教育部发起"新课程"实验,等等。[④]

作为教育改革的实验研究虽然大量地显示为课程与教学改革,但是,当课程与教学改革推进到一定的程度时,就会遇到制度的障碍。就改革所影响的范围和深刻性而言,教育制度改革往往大于和优先于课程与教学改革。教育制度及其改革往往会引发教育内部的当事人以及整个社会的关注,这些改革可能牵涉教育制度的各个方面。比如,学校管理体制尤其是校长选拔与任用体制的改革,教师任职资格制度以及教师待遇制度的改革,高校招生考试制度的改革,中小学学生入学制度的改革,大学与中学衔接制度的改革,等等。并非所有的教育改革都显示为教育实验,不少教育制度改革只是自上而下地推行而不选择自下而上的实验路径。另外,有些教育制度改革虽然采用了实验的路径,但并没有形成正式的实验研究报告。

虽然有相对独立的课程与教学改革或教育制度改革的实验研究,但是,更多的教育改革显示为既有课程与教学改革又有教育制度改革的综合改革。

从公开发表的实验研究报告来看,影响较大的教育综合改革的实验研究是美国进步教育协会发起的"八年研究"(the Eight-Year Study)。[⑤] 在中国,影响较大的教育综合改革的实验研究则有:黄炎培主持的"中华职教社乡村改进实验",陶行知主持的南京晓庄师范学校和上海山海工学团的"生活教育"实验,晏阳初主持的"定县平民教育实验",梁漱溟主持的"邹平乡村建设实验",邰爽秋主持的"巴县民生教育"实验,1950 年代至 1970 年代所推行的"教育大革命"实验,等等。

实践的行动研究的特点在于关注实践,其弱点也正在于过于强调实践问题的解决而忽视了知识贡献或理论创新。对知识贡献和理论创新的忽略反过来又会影响实践的行动研究的有效性及其可持续性发展。

实践的行动研究的这个弱点可以通过科学的行动研究(重视采用科学实验的方法)与批判的行动研究(重视理论学习或理论批判)来得到缓解。

---

① 有关外国教育实验的更多介绍,详见:杨汉麟. 外国教育实验史[M]. 北京:人民教育出版社,2005.
② 有关该实验的具体过程,详见:俞子夷. 小学教学法上的新旧冲突[C]//董远骞,施毓英. 俞子夷教育论著选. 北京:人民教育出版社,1991:54—56;中央大学实验小学. 一个小学十年努力纪[M]. 上海:中华书局,1928.
③ 有关该实验的具体过程,详见:舒新城. 什么是道尔顿制[C]//吕达,刘立德. 舒新城教育论著选(上). 北京:人民教育出版社,2004:97—98;廖世承. 东大附中实施道尔顿制概况[C]//汤才伯. 廖世承教育论著选. 北京:人民教育出版社,1992:121—122.
④ 相关的实验研究的介绍,详见:熊明安,周洪宇. 中国近现代教育实验史[M]. 济南:山东教育出版社,2001;熊明安,喻本伐. 中国当代教育实验史[M]. 济南:山东教育出版社,2005.
⑤ 详见:杨捷. 中学与大学关系的重构——美国"八年研究"初探[D]. 上海:华东师范大学,2006. 就研究内容而言,读者可以从该论文中了解有关"八年研究"的详细内容;就研究方法而言,读者可以将这份论文视为一份出色的历史研究报告的范例。美国教育史上有两个著名的"八年研究",另一个"八年研究"是杜威于 1896—1904 年在芝加哥大学创办的实验学校。

■ （二）科学的行动研究

行动研究一般指实践的行动研究。而实践的行动研究做到一定的程度，就会因其自身的缺憾而出现高原期，很难持续地推进。为了推进实践的行动研究，需要做两件事：一是重视采用科学实验的方法，二是重视理论学习和理论批判。

科学的行动研究相当于实验研究或准实验研究。早期的行动研究倡导者，尤其是"行动研究之父"勒温特别重视"科学的方法"。早期的行动研究强调用"科学方法"来解决社会问题、改善人类关系。勒温本人也被称为"实验主义者"。[①] 勒温所描述的"计划—行动—观察—反思—再计划……"等行动研究的"步子"也显示出某种"实证精神"。

由勒温开始的早期行动研究既追求民主发展又重视科学方法，早期的行动研究也因此而被称为"科学的行动研究"。与一般意义上的实验研究一样，科学的行动研究也有研究的假设、控制以及对结果的检验。在研究报告的撰写上，科学的行动研究报告也接近实验研究报告。科学的行动研究与科学的实验研究的唯一差别在于：前者更重视行动者在研究中的主动参与，让行动者亲自解决问题；而后者往往仅将实验研究中的参与者视为研究的被试和工具。

这样看来，如果有人采用科学的行动研究作为学位论文的研究方法，那么，最好采用实验研究的路径去提高行动研究的科学性。就此而言，最好不要问行动研究与实验研究有什么不同，而要问行动研究与实验研究有什么相同。

■ （三）批判的行动研究

如果说实践的行动研究相当于实践研究，科学的行动研究相当于科学的实验研究，那么批判的行动研究则接近哲学研究。

科学的行动研究的主要问题是过于强调研究的技术规范，而忽视了真实的课堂教学中的真实问题的研究。实践的行动研究的主要问题则可能是过于关注课堂教学中细节的教学问题，而无法从整体的教育原理的高度或教育制度的批判的视角来解决问题。这正是批判的行动研究产生的原因。

当我们讨论行动研究时，一般就是指实践的行动研究。而实践的行动研究做到一定的程度，就会因其自身的缺憾而出现高原期，很难持续地推进。为了推进实践的行动研究，需要做两件事：一是重视采用科学实验的方法，二是重视理论学习和理论批判。

行动研究领域一度有实践的行动研究与科学的行动研究之间的争议。实践的行动研究认为科学的行动研究因过于强调研究的科学与技术，而忽视了实践问题的改进。科学的行动研究则认为实践的行动研究因缺乏必要的科学性，而使其丧失了基本的"研究"品质，简直就没有"研究"的资格。

在实践的行动研究与科学的行动研究之间，人们往往比较重视科学的行动研究。但

---

① 详见：Hogdkinson, H. *Action Research: A Critique*[J]. *The Journal of Educational Sociology*，1957 (4). According to Oja, S. & Smulyan, L. *Collaborative Action Research: A Developmental Approach*[M]. The Falmer Press，1989：5.

是,真正能够给行动研究带来解放和科学品质的恰恰不是科学的行动研究,而是批判的行动研究。批判的行动研究重视理论学习或理论批判。[①] 如果说,行动研究的过程就是"计划—行动—观察—反思—新计划—新行动……",那么,行动研究过程中的"计划"就来自理论学习或理论批判,"观察"与"反思"的视角也来自理论学习,没有理论学习或理论批判,行动研究就只是行动而不能称之为行动研究。

这样看来,行动研究虽然重视行动,但其核心精神是理论阅读或理论批判。或者说,行动研究虽然可划分为实践的、科学的和批判的行动研究三种模式,但这三者之间并非简单的并列关系。批判的行动研究是实践的行动研究和科学的行动研究的基本前提。如果没有理论阅读或理论学习、理论批判,就不会有真正有效的行动研究。表面上看,行动研究的重点在于行动,实际上,行动研究的重点在于理论阅读与深度思考。如果没有理论阅读与理论批判、深度思考,就不会有真正有效的行动研究。

三、行动研究的报告形式

与教育实验研究报告类似,教育行动研究(尤其是科学的行动研究)的典型标题为"……对……的影响的行动研究"。比如,"思维导图对学生语文学业成就的影响的行动研究"。类似这样的标题也可以浓缩为"……对……的影响"或"……的行动研究",比如,"思维导图对学生语文学业成就的影响""思维导图的行动研究"。

行动研究的成果展示以及相关的研究报告的撰写一直面临两种危险:一是满足于"小故事"而导致研究报告过于"随意",完全没有研究的规范;二是因过于追求研究的"规范"而丢失了行动研究的魅力。出色的行动研究报告往往在"规范"与"故事"之间权衡:它既显示行动研究的规范过程,又显示行动研究自身的个性和特点。

■（一）从规范格式开始

行动研究报告虽然有多种风格,但经典的行动研究报告主要包含三个部分:一是"问题与假设";二是"过程与方法";三是"结果与讨论"。这三个要素实际上是教育实验研究报告的基本形式。经典的行动研究报告之所以接近实验研究报告,原因就在于科学的行动研究原本就是"准实验研究"。

也就是说,当行动研究者不知道如何撰写行动研究报告时,最好先阅读和参考教育实验研究报告的规范格式,然后,通过对教育实验研究的规范格式的模仿,逐步掌握撰写教育行动研究的基本要求。

1. 研究的问题与假设

"问题与假设"这部分主要包括"问题的提出""简要的文献综述"和"研究的假设"等三个要素。（1）问题的提出。比如,研究者遇到一个问题:学生不喜欢学英语,英语成绩低

---

① 详见:叶澜. 回归突破:"生命·实践"教育学论纲[M]. 上海:华东师范大学出版社,2015;叶澜. "新基础教育"研究史[M]. 北京:教育科学出版社,2010.

下。(2)简短的文献综述。已有的研究对这个问题是如何解决的,已经解决到了什么程度,还有哪些有待进一步研究的问题。行动研究不需要复杂的、全面的文献综述,但仍然需要对相关研究有大致的描述,以便引出自己的研究假设或研究计划。(3)研究的假设或研究的计划。研究者借鉴他人的研究思路,形成自己的研究计划或研究假设。比如,将传统的"听说领先"英语教学变为"听领先"的英语教学,这样做的假设是:"听领先"有利于提高学生的学习成绩和学习兴趣。于是,行动研究的主题就显示为"听领先对学生英语成绩和英语学习兴趣的影响的行动研究"。

2. 研究的过程与方法

行动研究的过程与方法包括"过程""方法"和"研究的工具"等三个要素。(1)报告该研究的时间、地点、参与者,具体的改革措施或"方法"。比如,在开展"听领先教学对学生英语学习成绩和学习兴趣的影响的行动研究"这项行动研究时,详细介绍"听领先"的外语教学方法有哪些操作策略,以便读者可以按照这个方法重复验证。(2)说明收集资料或解释资料的工具。研究者一般采用"试卷"的工具来测量学生的学习成绩在研究之前和研究之后所发生的变化。除了"试卷"之外,研究者也可能采用"访谈"或"问卷"的工具来检测学生的学习兴趣在研究之前和研究之后所显示的差异。(3)报告两轮以上的行动研究的具体过程,解释上一轮行动研究和下一轮行动研究之间的关系。

3. 研究的结果与讨论

研究的结果主要包含"学习成绩的变化""学习兴趣的变化"或"学习的行为习惯的变化"等。学生学习成绩的变化可以通过研究之前的考试成绩(前测)和研究之后的考试成绩(后测)的对比显示出来。为了增加解释的说服力,研究者可以利用前测和后测的数据进行多视角的分析。学生的学习兴趣或行为习惯的变化虽然可以通过访谈或问卷显示出来,但最好借用已有的量表进行测量,以便增强说服力。

对结果的讨论主要包括:(1)是否验证了研究之前的假设。若出现了预料之外的结果,则进一步解释究竟是研究设计的问题还是意外的收获。(2)与其他同类研究的结果是否一致。若出现了不一致的结果,解释其原因。(3)是否出现了有待进一步研究的问题并展望未来(见案例 4-2)。

案例4-2

我的"学科作文"的行动研究①

一、困惑与思考

2000 年 10 月,深圳市福田区举办了大型的科技节活动。自然学科的老师向我寻求帮助,因为我是语文老师。为了完成这个任务,我开始查找资料,了解有关科技小论文的写作方法。那年指导学生写科技论文的经验,让我开始思考语文之外的其他学科与作文教学的关系。为

---

① 钟传祎. 我的"学科作文"的行动研究[J]. 小学语文教学,2012(04):13—14.

了推进我的"作文与学科整合"的作文教学改革,我开始阅读有关写作教学的文献,2007 年,我看到《中国教师报》(5 月 16 日)的一篇文章——《一位生物老师的诗意课堂》。这让我看到了学科作文教学的前景。2008 年,我申报的"小学学科作文教学研究"被纳入到深圳市教育科学十一五规划重点资助课题。

二、研究的过程与改革措施

最初进行学科作文教学实验时,课题组确定四年级选一个实验班,一个对照班。从四年级到六年级,三年一轮。整个研究目前经历两个阶段:第一阶段是"作文与某个学科的整合"。主要从语文教师的角度思考改革作文教学,立足作文内容的资源开发,帮助学生解决无米之炊。第二阶段是"作文与所有学科的整合",倡导所有教师参与作文教学,开始构建新的作文教学体系。

三、结果及对结果的讨论

课题组委托深圳馨泉心理咨询有限公司心理测评部对实验班、对照班分别于 2008 年 9 月、2010 年 10 月进行了学习习惯与应试技能检测。结果显示:实验班和对照班起步基础基本一样,经过两年的课题实验,实验班在学习态度低于对照班两个百分点的情况下,对作文的兴趣明显高于对照班;实验班在阅读习惯与技能方面,2010 年比 2008 年提高了 8%,在学习态度方面提高了 11%,在记笔记和写作文方面提高了 14%。实验班学生作文能力得到了整体提升。

■ (二) 规范格式的变化形式

科学的行动研究必须提交规范的行动研究报告,包括"问题与假设""过程与方法"和"结果与讨论"等三个部分。但是,实践的行动研究可以在此基础上发展出多种变化的形式。

第一种变化形式是省略研究的"问题与假设",只叙述研究的"过程与方法""结果与讨论"。没有"问题与假设"的行动研究报告虽然看起来不太完整,但依然呈现了行动研究的主要内容。

第二种变化形式是先叙述"研究的结果",然后叙述研究的"问题与假设""过程与方法"。可称之为"倒叙"。

第三种变化形式是既不呈现研究的"问题与假设",也不呈现研究的"结果与讨论",只重点叙述研究的"过程与方法"。就此而言,教育行动研究的关键要素是研究的"过程与方法"。

■ (三) 走向叙事的行动研究报告

无论是科学的行动研究报告还是实践的行动研究报告,二者都可以采用叙事的方式,使之呈现为叙事的行动研究。叙事的行动研究报告意味着研究者本人("我")叙述自己的研究过程中所发生的一系列教育事件。比如:"我"研究的问题是怎样提出来的;这个问题提出来之后,"我"是如何想方设法去解释问题的;设计好解决问题的方案之后,"我"在具体的解决问题的过程中又遇到了什么障碍;如果问题没有被解决或没有很好地被解决,"我"后来又采取了什么新的策略,或者"我"又遭遇了什么新的问题。研究者也可以将学生的访谈内容或学生日记的体验纳入行动研究报告,以便增强行动研究报告的"叙事"感。这种研究报告使以往的"议论文"式的研究报告转换为类似"记叙文""散文""手记"或"传记"式的叙事文本。

也就是说,行动研究报告虽然可以采用量的方式,收集必要的数据并做必要的统计分析。但一般而言,行动研究报告最好采用简单的"百分比"做简单的统计分析,然后大量采用"教育事件""教育故事"来描述行动研究之前和行动研究之后的变化。

总体而言,研究者可以采用行动研究的方式展开研究、提交学位论文,前提是,必须严格区分实践的行动研究与科学的行动研究。科学的行动研究报告可以作为学位论文,而实践的行动研究报告不可以作为学位论文。

实践的行动研究报告与科学的行动研究报告的主要差别在于:第一,解决问题所采用的方法是个人拍脑袋想出来的,还是参考了他人已有的研究。科学的行动研究应具备必要的文献综述。第二,解决问题的过程是一次性解决,还是反复调整和验证。科学的行动研究需要有两轮以上的行动研究。第三,是否有检验。科学的行动研究应呈现检验的结果并对结果进行必要的讨论。

第3节　思想实验

思想实验往往呈现为乌托邦哲学、情境模拟伦理学、科幻小说或科幻电影。[1] 思想实验也是一种实验,但它只是研究者头脑中进行的实验。马赫(E. Mach, 1838—1916)将计划者、空想家和小说家的作品统称为思想实验(与有形实验相对),不仅如此,精明的商人、严肃的发明家和研究者也会做种种思想实验。这样做的好处不仅在于花费较小,容易在头脑中自由想象,而且可以成为有形的科学实验的预先模拟。马赫认为:"正是这样的小小的奇迹,使得思想实验往往在有形实验之先,并为其作好准备。"[2]

部分思想实验可以展现为有形的实验,但是,由于伦理问题或实验条件的问题,部分思想实验暂时或永远无法展现为有形的实验。相反,如果将某些只适合自由想象的思想实验强行兑现为有形的实验,就可以酿成灾难性的社会改造运动。

一、教育哲学实验

教育哲学实验主要呈现为乌托邦哲学,比如莫尔(T. More)的《乌托邦》、康帕(T.

---

① 电影《楚门的世界》《黑客帝国》是典型的思想实验。
② 马赫. 认识与谬误[M]. 李醒民,译. 北京:商务印书馆,2010:204.

Campanella)内拉的《太阳城》、安德利亚(J. V. Andreae)的《基督城》等。古希腊哲人柏拉图的《理想国》可视为乌托邦哲学的源头。

柏拉图(Plato,公元前 427—前 347)的思想实验方案是:真正善好的、理想的社会必须由"至善"的"好人"(哲人)来统治一般的无知的公民。

在《理想国》中,柏拉图先将人的灵魂分为三个成分:理性(reason)、激情(spirit)和欲望(appetite)。在《斐德罗篇》中,柏拉图用"灵魂马车"的比喻来解释三者之间的关系。① 三者之中,理性的地位最高,激情其次,欲望最低。与灵魂的"三成"相应,人有智慧、勇敢与节制,三德具备了,就有了第四个德性:正义。② 在柏拉图那里,理性、激情与欲望都可统称为"爱欲",并在《普罗塔戈拉》《会饮》《斐德若》和《斐多》四本书中集中讨论爱智慧或爱真理之爱欲为何高于其他爱欲(比如身体欲望之爱欲、智者式的爱辩论之爱欲、民主的爱欲)。有人称之为"柏拉图四书"。③

正因为柏拉图相信大众只能追求欲望的满足而不能用理性节制欲望,所以,柏拉图设计了精英主义的理想政制,倾向于哲人王式的统治秩序。柏拉图对精英教育和大众教育的区分构成了古典政治哲学和古典教育哲学的标志性事件。

柏拉图的精英教育也称为护卫者教育。护卫者包含军人(普通护卫者)和哲人。精英教育的重点是用理性克制人的激情和欲望。为了训练人的理性,柏拉图设计了"七艺"课程理论和以"产婆术"与"反讽术"为核心的教学理论。对于护卫者教育,柏拉图特别看重音乐和体育。"这种教育就是用体操来训练身体,用音乐来陶冶心灵。"④音乐教育和体育教育从两个不同的方向"改造"人的灵魂。"专搞体育锻炼的人往往变得过度粗暴,那些专搞音乐文艺的人又不免变得过度软弱。"⑤接受了体育、音乐和相关的知识教育之后,他们不会过度追求私产。他们所得的报酬仅够维持简朴的生活。不过,对护卫者也要保持警惕。"尽管他们应该守卫羊群,但是他们也可能以其自肥。"⑥为了防止护卫者(战士、辅助者)由牧羊犬变成吃羊的豺狼,柏拉图设计了"共产制"。"辅助者同吃同住,没有私产,他们所共有的财产刚好满足需要。辅助者不会遭受财产私有者的欲望与热情的折磨。"⑦妇女儿童共有,由统治者决定哪个男人与哪个女人结合。孩子一出生就离开母亲,由公共机构抚养。"妻子儿女都应当是共同的,这样就不会有人知道谁是自己的孩子,而会想象所有人都属于一个大家庭,每个人都把与自己处于同一年龄的人当作自己的兄弟姐妹,把比

① 柏拉图. 斐德罗篇[M]//王晓朝,译. [古希腊]柏拉图. 柏拉图全集(第二卷). 北京:人民出版社,2003:168. 柏拉图之黑马貌似并非善良之辈,却极其重要。它给白马带来类似"狼来了"的生态效应。有关"狼来了"的讨论,详见:龙应台. 目送[M]. 桂林:广西师范大学出版社,2014.
② [古希腊]柏拉图. 理想国[M]. 郭斌和,张竹明,译. 北京:商务印书馆,1986:154.
③ 详见:刘小枫. 柏拉图四书[M]. 北京:生活·读书·新知三联书店,2015:1—34.
④ [古希腊]柏拉图. 理想国[M]. 郭斌和,张竹明,译. 北京:商务印书馆,1986:70.
⑤ [古希腊]柏拉图. 理想国[M]. 郭斌和,张竹明,译. 北京:商务印书馆,1986:121.类似的说法是"用体操来训练身体,用音乐来陶冶心灵"。详见:[古希腊]柏拉图. 理想国[M]. 郭斌和,张竹明,译. 北京:商务印书馆,1986:71.
⑥ 布鲁姆. 人应该如何生活——柏拉图《王制》释义[M]. 刘晨光,译. 北京:华夏出版社,2009:76.霍布斯也劝告统治者对"权臣"保持警惕。
⑦ 尼柯尔斯. 苏格拉底与政治共同体——《王制》义疏:一场古老的论争[M]. 王双洪,译. 北京:华夏出版社,2007:106.

自己年长的人当作自己的父母和祖父母,把比自己年轻的人当作自己的子女和孙儿。"①

显然,这也只是柏拉图的思想实验。这种思想实验如何才能变成现实?柏拉图本人并不乐于立即实现。否则会有危险:铜铁当道,国破家亡。

与柏拉图一样,孔子的理想大多也只是一些思想实验。一般将《论语》中的智、仁、勇称为"三达德"。"三达德"的说法最早见于《中庸》:"知、仁、勇三者,天下之达德也。"(朱熹《中庸章句》第二十章)若智、仁、勇、中庸四者并列,则可称为"三成四德"。《理想国》之"三成四德"显示为智慧、节制、勇敢、正义,而《论语》之"三成四德"则为智、仁、勇、中庸。

哲人的理想必须具有某种超越性和浪漫性。也因此,中外哲人对他们自己提出的理想保持了某种警惕。柏拉图把他的"理想国"称为"言辞中的城邦""在理论中建立起来的那个城邦""理想中的城邦""用词句创造一个善的国家"。柏拉图以苏格拉底之口提出,他所讨论的理想国"是为了我们可以有一个样板,我们看着这些样板,是为了我们可以按照它们所体现的标准,判断我们的幸福或不幸,以及我们的幸福或不幸的程度。我们的目的并不是要表明这些样板能成为在现实上存在的东西。"②

也正因为哲学实验的浪漫性与超越性,哲人对自己的思想实验往往比较谨慎,以免自己招来杀身之祸,同时也要避免因为时机不成熟而导致国破家亡。康有为虽然著《大同书》,但长时间秘示人,并不急于发表。他当年提出警告,大同虽美,但不可冒进,否则,"其害且足以死人"。③

二、教育文学实验

文学实验主要包括教育小说实验或教育电影实验。教育哲学实验或教育伦理学实验的重点在于义理,文字简短,惜墨如金;教育文学实验的重点在于将义理转化为逼真的故事,甚至为了还原为逼真的故事而不惜笔墨。

小说或电影其实就是某种人生实验。杨德昌导演的电影《一一》中有一个说法:没有读过小说或看过电影的人,他只能活一次,而读过小说或看过电影的人,他可以活多次。因为,看小说或电影时,读者或观众会将自己代入小说或电影中,成为其中的主角。小说或电影里的主角死了,但这个读者或观众还活着,他既将自己代入进去与主角一起死亡,同时又可以在小说或电影结束之后,重新开始自己的生活,并从小说与电影中汲取生活的教训,可以让自己活得更好。

文学或电影实验也会讨论伦理学的两难问题,比如,想象一个定时炸弹藏在某个城市,在羁押的嫌疑人中有一个恐怖分子知道炸弹的地点。问题是,当局者是否有权使用酷刑来获取情报?更复杂一些的问题是:如果这个恐怖分子不为酷刑所动,当局者是否有

---

① [古希腊]柏拉图.蒂迈欧篇[M]//王晓朝,译.[古希腊]柏拉图.柏拉图全集(第三卷).北京:人民出版社,2003:268—269.

② 柏拉图.理想国[M].郭斌和,张竹明,译.北京:商务印书馆,1986:213.

③ 详见:康有为.礼运注·叙[M]//康有为.康有为全集(第五集).姜义华,张荣华,编校.北京:中国人民大学出版社,2007:553.

权拷打他的妻子或儿女来迫使恐怖分子屈服?①

也有人将哲学实验以文学或电影的方式呈现出来。相关的案例可参考舒尔灵(P. Scheuring)的《死亡实验》(*The Experiment*)以及沙尔茨(E. Shults)导演的《浪潮》(*Waves*)。②

在所有的小说或电影实验中,比较深刻而又可爱的故事是法国作家圣·埃克絮佩里(Saint-Exupéry)的《小王子》(*Le Petit Prince*)。作者说,这是一部"给成人看的儿童书"。这部"给成人看的儿童书",也可以视为一部"哲学实验"。

《小王子》叙述的是一个飞行员的经历。他因飞机故障迫降在撒哈拉沙漠,在那里遇见了小王子。来自神秘星球的小王子因一朵玫瑰花而"离家出走",到宇宙旅行。他途经六个星球,看到了大人的空虚和盲目。最后在地球遇到蛇和狐狸,他才明白了"驯服"的秘密和"只有用心才能看到本质"的道理(见专栏4-1)。

专栏4-1

小王子③

小王子说:"驯养是什么意思?"

狐狸说:驯养就是建立感情联系。现在你对我来说,只不过是个小男孩,跟成千上万别的小男孩毫无两样。我不需要你。你也不需要我。我对你来说,也只不过是个狐狸,跟成千上万别的狐狸毫无两样。但是,你要是驯养了我,我俩就彼此都需要对方了。你对我来说是世界上独一无二的。我对你来说,也是世界上独一无二的。……要是你驯养我,我的生活就会变得充满阳光。我会辨认一种和其他所有人都不同的脚步声。听见别的脚步声,我会往地底下钻,而你的脚步声,会像音乐一样,把我召唤到洞外。还有,你看! 你看到那边的麦田了吗? 我是不吃面包的。麦子对我来说毫无用处。我对麦田无动于衷。可悲就可悲在这儿! 而你的头发是金黄色的。所以,一旦你驯养了我,事情就变得很美妙了! 金黄色的麦子,会让我想起你。我会喜爱风儿吹拂麦浪的声音……

狐狸停下来,久久地注视着小王子:"请你驯养我吧!"他说。

"我很愿意,"小王子回答说:"可是我时间不多了。我得去找朋友,还得去了解许多东西。"

"只有驯养过的东西,你才会了解它。"狐狸说,"人们也没有时间去了解任何东西。他们总到商店去购买现成的东西。但是不存在出售朋友的商店,所以人们也就不会有朋友。你如果想要有个朋友,就驯养我吧!"

小说实验或电影实验类似哲学实验或伦理学实验。几乎所有的哲学实验或伦理学实验都可以采用小说或电影的方式呈现出来。比如,电影《不可思议》(*Unthinkable*,也译为

---

① 详见:格雷格·乔丹(Gregor Jordan)导演的《战略特勤组》(*Unthinkable*)。
② 也可以观看德国人甘塞尔(Dennis Gansel)导演的《浪潮》(*Die Welle*)。
③ 圣埃克絮佩里. 小王子[M]. 周克希,译. 上海:上海译文出版社,2005:96—99.

《战略特勤组》）可在"炸弹难题"伦理学实验那里找到的原型，而奥威尔的《1984》、赫胥黎的《美丽新世界》、扎米亚京的《我们》等小说则以"反乌托邦三部曲"的思路延续了乌托邦哲学的主题。电影《分歧者》亦可视为反乌托邦系列的延续。

更多的小说实验或电影实验呈现为科幻小说或科幻电影。几乎所有的科幻小说或科幻电影都可视为思想实验。而且，科幻小说或科幻电影的基本主题及其所隐含的社会批判往往与哲学实验或伦理学实验有内在的关联。

笛卡尔（R. Descartes）曾经设想过一个哲学实验：人容易受感官的欺骗，很难说人的感官体验都是真实的而不是由某个"邪恶的魔鬼"操纵的。为此，笛卡尔提出"我思故我在"的解决方案。[①] 笛卡尔的这个哲学实验后来发展为一系列科幻小说或科幻电影，《楚门的世界》《1984》《黑客帝国》等电影均可视为艺术版本的笛卡尔哲学实验。《黑客帝国》里的经典台词是："什么是真相？真相是你是一个奴隶。你，和其他所有人一样，生来受奴役……你给关在一所监狱里，这监狱你无法闻及，无法品尝，无法触摸。这是你头脑的监狱。"

类似的说法同样可以作为《楚门的世界》和《1984》等电影或小说的潜台词。如果说《黑客帝国》《楚门的世界》和《1984》等小说或电影实验只是对精英如何操纵大众提出批判，《弗兰肯斯坦》以及《2012》等电影或小说实验则直接对科技理性给"自然法"造成的灾难表达了无休止的忧虑。

三、德育两难问题实验

德育的两难问题往往涉及两个或多个道德难题。德育研究领域主要有三个比较经典的道德两难问题：一是船上谁跳下海或谁被吃掉；二是海因兹该不该偷药；三是电车难题。

■（一）谁跳海或谁被吃掉

发生海难之后，救生船超载，必须有人跳下海才能保证其他人的安全。问题是，应该让谁跳下海？为什么？这个两难问题的另一个版本是：发生海难之后，没有了食物，必须有人成为别人的食物，以挽救他人的生命。问题是：应该让谁被杀死？抽签虽然是一个办法，但身体强壮的人不愿意抽签，他们想让弱者成为食物。该怎么办？

这种情境可能会在现实生活中发生。但作为讨论的话题，相关的追问和讨论只能在思想中进行。讨论时也会呈现出实验研究的基本思路，比如，会提出假设，并对自己的假设进行检验。这种思想实验虽然并没有在真实的实验室或生活场景中发生，但它依然有实验研究的效果。

---

① 详见：笛卡尔. 谈谈方法[M]. 王太庆，译. 北京：商务印书馆，2000：26—27. 引用时对译文略有调整，王太庆先生主张翻译为"我想，所以我是"。

■（二）海因兹该不该偷药

欧洲有个妇女身患一种特殊的癌症，生命垂危。医生认为，有一种药也许救得了她。这种药是本城一名药剂师最近发现的一种镭剂。该药造价昂贵，药剂师还以 10 倍于成本的价格出售。他花 200 美元买镭，而一小剂药却索价 2 000 美元。这位身患绝症的妇女的丈夫叫海因兹，他向每个相识的人借钱，但他只能筹到大约 1 000 美元，只是药价的一半。海因兹告诉药剂师他的妻子快要死了，并且请求药剂师便宜一点把药卖给他，或者允许他以后再付钱。可是，这位药剂师说："不行，我发明这种药，我要靠它来赚钱。"海因兹绝望了，想闯进那人的药店，为妻子偷药。

这里面可讨论的问题是：海因兹该偷药吗？为什么应该或者不该？如果海因兹不爱他的妻子，他应该为她偷药吗？为什么应该或者不应该？假定将要死的不是海因兹的妻子，而是一个陌生人，海因兹应该为陌生人偷药吗？为什么应该或者不应该？如果你赞同为陌生人偷药：假定快要死的是海因兹宠爱的一只动物，他应该为救这只宠物去偷药吗？为什么应该或者不应该？为什么人们应该尽其所能搭救别人的生命？不论用什么方式都行吗？海因兹偷药是犯法的，那样做在道德上错了吗？为什么错了或者没错？为什么人们一般都应该尽其所能避免犯法，不论什么情况下都应该如此？怎样把这一点同海因兹事件联系起来？药剂师的行为道德吗？为什么？[①]

■（三）电车难题

一个疯子把五个无辜的人绑在电车轨道上。一辆失控的电车朝他们驶来，很快就要碾压到他们。幸运的是，你可以控制一个拉杆，让电车开到另一条轨道上。但是，那个疯子在那另一条轨道上也绑了一个人。你是否会启动拉杆？[②]

可以将这个思想实验稍做调整，使这个思想实验变得比较复杂：你站在天桥上，看到有一列刹车损坏的电车正在行驶，前方有五个被绑在轨道上的无辜的人。你身边有个胖子，他的体形与重量正好可以挡住电车。你是否会动手将这个胖子从天桥上推下去？更加复杂一些的思想实验设计是：如果你身边的这个胖子是你的亲人，你是否会将这个胖子从天桥上推下去？

按照功利主义伦理学的"最多最大"（最大多数人的最大幸福）原则，必须启动拉杆，杀一救五。可是，按照义务论伦理学的思路，任何人都是目的而不是手段，没有人有权操纵他人的命运。

关键术语

实验研究　科学的实验研究　准实验研究　行动研究　思想实验

---

① 详见：黄向阳．德育原理［M］．上海：华东师范大学出版社，2000：214—215．
② 详见：桑德尔．公正：该如何做是好［M］．朱慧玲，译．北京：中信出版社，2011：22—24．

讨论与探究

1. 探究：案例 4-1 是一份实验研究报告的简介，请在网上搜索并下载完整的研究报告，讲述该研究报告的研究假设、研究设计和研究结果以及对结果的讨论。

2. 讨论：在网上寻找三份科学的教育实验研究报告，讲述其研究假设、研究设计和研究结果及其可能带来的研究伦理问题。

3. 讨论：案例 4-2 是一位小学老师撰写的教育行动研究报告。请在网上搜索并下载完整的有关"学科作文"的行动研究报告，分析该行动研究的合理性以及有待改进的地方。

4. 讨论：科学的行动研究、实践的行动研究与批判的行动研究有哪些重要的差异？它们有什么内在关联？

5. 讨论：结合自己目前的学习经验，试着做一次教育行动研究，并撰写一份格式规范的教育行动研究报告。

6. 探究：选择一项比较有影响的课程与教学改革，阅读相关资料，讲述这项课程与教学改革是属于实践的行动研究，还是科学的行动研究，或者是批判的行动研究？

7. 讨论：观看电影《监狱实验》《浪潮》或《一一》，讨论其中的思想实验。

进一步阅读的文献/网站

1. Roger R. Hock. 改变心理学的 40 项研究[M]. 白学军，等，译. 北京：中国轻工业出版社，2004.
2. 杨汉麟. 外国教育实验史[M]. 北京：人民教育出版社，2005.
3. 中央大学实验小学校. 一个小学十年努力纪[M]. 上海：中华书局，1928.
4. 熊明安，周洪宇. 中国近现代教育实验史[M]. 济南：山东教育出版社，2001.
5. 熊明安，喻本伐. 中国当代教育实验史[M]. 济南：山东教育出版社，2005.
6. 杨捷. 中学与大学关系的重构——美国"八年研究"初探[D]. 上海：华东师范大学，2006.
7. Carr, W. & Kemmis, S. *Becoming Critical: Education, Knowledge and Action Research*[M]. Melbourne：Deakin University Press，1986.
8. Elliott, J. *Action Research for Educational Change*[M]. Berkshire：Open University Press，1991.
9. 网站 1：中国知网(http://www.cnki.net)、JSTOR(http://www.jstor.org)或 OALib(http://www.oalib.com)。重点搜索本章提示的相关论文。
10. 网站 2：读秀(http://www.duxiu.com)、bookfi(http://en.bookfi.org)、ebooksread(http://www.ebooksread.com)。重点搜索本章提示的相关论文。
11. 视频 1：电影《死亡监狱》。可作为"实验研究"的案例。
12. 视频 2：电影《浪潮》。可作为"实验研究"的案例。
13. 视频 3：《长大不容易》，中国中央电视台《实话实说》栏目。可作为"行动研究"的案例。

第5章

怎样做调查研究

传统的调查研究一般包括问卷法、访谈法和观察法,它们也可被称之为调查研究的三个经典方法。后来,调查研究领域逐步出现测量法、体验研究法、传记法、内容分析法以及相关的话语分析法。此外,元分析似乎也可以视为调查研究。

从质的研究和量的研究的角度来看,量的调查研究主要包括问卷法、内容分析法和元分析;而质的调查研究主要包括人类学研究(主要包括观察法与访谈法)、现象学研究法和自传法。

在真实的调查研究中,研究者一般混合使用质的研究和量的研究,但常用的方法仍然是问卷法、访谈法和观察法三种经典的方法。

通过本章的学习,你将能够

- 掌握编制问卷的技巧;
- 熟悉学业测量、智力测量和人格测量的常用量表;
- 学会使用内容分析法及其文本分析、言语互动分析和话语分析;
- 学会使用元分析;
- 掌握访谈法和观察法的基本技巧;
- 掌握现象学的体验研究的基本技巧;
- 学会使用自传法;
- 掌握扎根理论的程序和技巧。

本章内容导引

- 量的调查研究
    - 一、问卷法与测量法
        - (一)问卷的结构
        - (二)测量法及其量表
        - (三)问卷和测量的技巧及容易出现的问题
    - 二、内容分析法
        - (一)文本分析
        - (二)言语互动分析和话语分析
        - (三)内容分析法的技巧及容易出现的问题

- 三、元分析
    - (一)量的元分析的程序与技巧
    - (二)质的元分析的程序与技巧
    - (三)元分析容易出现的问题与误解
- 质的调查研究
    - 一、人类学研究
        - (一)访谈法
        - (二)观察法
        - (三)访谈法与观察法的结合
    - 二、现象学研究
        - (一)主体主义现象学

第1节　量的调查研究

　　量的调查研究主要包括问卷法、内容分析法和元分析。与之相关的方法还包括测量法、话语分析法，等等。其中，测量法（measurement）与问卷法相关，测量法也属于宽泛意义上的问卷法；话语分析与内容分析相关，可以将话语分析视为内容分析的一个分支；元分析虽然也可以采用质的分析形式，但一般显示为量的研究方式。此外，也有不少研究者开始采用"社会网络分析法"（social network analysis）以及相关的软件来研究教育问题。但是，这里主要将"社会网络分析法"作为一种研究视角而不是具体的研究方法。[①]

一、问卷法与测量法

　　问卷法（questionnaire）和测量法都属于调查研究，但在实验研究、行动研究等其他研究类型中也可将问卷法或测量法作为辅助方法。[②] 问卷法和测量法一般用于大样本的调查研究，并辅之以观察法和访谈法。比如，"科尔曼报告"就综合采用了问卷法、测量法、观察法和访谈法等多种调查研究方法。

　　问卷法和测量法牵涉抽样和统计，尤其是关于 SPSS 统计软件或其他类似的统计软

---

　　① 有关社会网络分析的更多讨论，详见：（1）Scott J. Social Network Analysis：A Handbook［M］. London：Sage，2000.（2）Wasserman S. Faust K. Social Network Analysis：Methods and Applications［M］. Cambridge：Cambridge University Press，1994.

　　② 也有人将"访谈法"视为问卷法的一种，即认为问卷法有两种：自填式问卷（self-administered questionnaire）和访谈式问卷（interview questionnaire）。自填式问卷即由被调查者亲自在书面问卷上作答，访谈式问卷则由调查者以口头语言的方式向被调查者提问，并记录被调查者的口头回答。将访谈法视为问卷法的一种有一定的道理，因为它和自填式问卷一样，都是向被调查者提出预先设计好的问题以收集信息。但这种分类法容易模糊问卷与访谈的差异。为了避免混乱，这里将问卷法和访谈法视为两种独立的调查方法。参见：巴比. 社会研究方法·上册（第8版）［M］. 邱泽奇，译. 北京：华夏出版社，2000：202.

件的问题。抽样和统计属于"教育统计学"的主要议题。这里重点讨论问卷法和测量法的技巧及容易出现的问题。

■ (一) 问卷的结构

调查问卷在内容结构上一般包括三个部分：指导语或填表说明、个人基本情况、调查题。

1. 指导语。指导语是整个问卷内容的开头部分,它的作用是告诉调查对象为什么要填写问卷以及如何填写问卷。指导语应交代的事项一般包括以下方面：第一,简明扼要地说明调查的目的、意义,以引起调查对象的重视。第二,说明如何作答。例如：请在所选的答案号码上打勾；请选择其中一个答案,把代表该答案的字母填在括号内；请把答案的号码填在作答纸上相应的地方。这里所提出的说明针对的是所有调查题共同要求的部分。如果有的题目在作答上有不同的要求,这不同的要求则应在该题目后说明。第三,对于答卷不署名的说明。一般为了消除调查对象的顾虑,增加回答的客观性,指导语都会强调可以不署名,对于回答情况将绝对保密,回答的情况对调查对象个人或所在单位绝无不良影响。第四,如果是邮寄发出的问卷,还要写明应在何日期之前把填好的问卷寄回何处何人。

2. 个人基本情况。个人基本情况是在问卷上要求调查对象填写的。所填写的项目可能包括有：性别、出生年月、学校、年级,有些问卷还需要填写父母职业、父母文化程度、家庭收入,等等。个人基本情况中要求填写的项目一般都是在研究中所考虑到的变量。例如要比较男女生的兴趣差异,性别就是一个变量；要了解父母文化程度对子女学业成就是否有影响,父母的文化程度就是一个变量。

3. 调查题。问题和答案是问卷的主体,也是问卷设计的主要着力点。按照形式,问题可分为开放式问题、封闭式问题、半封闭式问题三大类(半封闭式问题其实是前两种问题的组合或折衷)。

开放式问题即只提问题,不提供答案,由被调查者自由作答的问题。封闭式问题是指那种在提出问题的同时给出若干备选答案,要求回答者从中作出选择(选一个或多个)的问题。半封闭式问题是指在封闭式问题"问题＋备选答案"中,将备选答案的最后一项设计成"其他＿＿＿(请注明)"。半封闭式问题的答案设计以封闭型为主,同时吸纳了开放型的优点,主要是为了实现答案的"穷尽性"。

开放式问题与封闭式问题各有优缺点。开放式问题的优点是允许回答者自由地发表自己的意见,可充分获取各种可能的信息。缺点是作答花费的时间和精力较多,对回答者的知识水平和文字表达能力也有一定的要求,因此容易使其产生畏难情绪；而对调查者而言,通过开放式问题收集的信息难以编码和统计分析。

封闭式问题的优点是内容明确、作答容易,较易进行统计分析。缺点是"资料失去了自发性和表现力,回答中的一些偏误也不易发现"。[①] 开放式问题和封闭式问题,因其不

---

① 风笑天.社会研究方法[M].北京：中国人民大学出版社,2013：147.

同特点,常常服务于不同的调查目的。一般而言,探索性调查或对专家的调查往往以开放式问题为主。

■（二）测量法及其量表

测量法(measurement)也是一种问卷法,但它与一般意义上的问卷法的不同之处在于:测量法是更加标准化的问卷形式,且测量既可以采用文字的形式,也可以采用图形、模型或实物的方式。而问卷一般采用文字的形式。

根据测量的对象和目的来看,测量法主要包括学业测量、智力测量和人格测量。

比较有影响的学业测量主要有 PISA、TIMSS 和 NAEP。PISA(Programme for International Student Assessment,简称 PISA)是经济合作与发展组织(OECD)的成员共同开发的项目,其目的是测试 15 岁学生是否掌握了参与未来知识社会所必需的基础知识和基本技能,为各国制定教育政策提供参考。通过测试题,就可能获得普遍的认同并带来新的研究视野。[①] TIMSS(The Trends in International Mathematics and Science Study,简称 TIMSS)是由国际教育成就评价协会(the International Association for the Evaluation of Educational Achievement)从 1995 年开始进行的数学和科学成就比较项目,每 4 年一轮,主要是测量各参加国的学生数学和科学成绩的状况。同时,通过问卷的方式,调查学生的数学和科学学习的情况以及对数学、科学学习的信念;调查教师对数学、科学的信念和关于教学实践的信念;调查校长对学校政策和实践问题的看法。NAEP 是"全国教育进展评价体系"(National Assessment of Educational Progress)的简称,它是美国全国范围内对学生的各个学科素养进行评估的项目。自 1969 年以来,该项目在阅读、数学和科学等领域进行周期性的评估。

常用的智力测量主要有"中国比内量表""韦克斯勒智力量表"和"瑞文量表",等等。

人格测量的量表主要有"艾森克人格问卷""卡特尔 16 项人格因素量表""明尼苏达多项人格量表"[②]、"大五人格量表"(the Big Five Aspect Scales)[③]、"马基雅维利主义量表"[④],等等。

与问卷法或访谈法不同,测量法一般不需要研究者亲自编制问卷。研究者可以根据需要选择标准化的量表或经过修订的量表。也正因为如此,研究者可以将测量所取得的数据直接与常模进行比较分析。

---

① 详见:国际学生评估项目中国上海项目组. 质量与公平[M]. 上海:上海教育出版社,2013:1—14. 另参见:塔克. 超越上海:美国应该如何建设世界顶尖的教育系统[M]. 柯政,等,译. 上海:华东师范大学出版社,2013:9;经济合作与发展组织. 教育系统中的成功者与变革者:美国从国际学生评估项目中学什么[M]. 徐瑾劼,等,译. 北京:北京大学出版社,2013:106. 陆璟. PISA 测评的理论和实践[M]. 上海:华东师范大学出版社,2013:48—69.

② 有关智力测量和人格测量的常用量表的介绍,详见:董奇. 媒介内容分析法[M]. 北京:中国人民大学出版社,2012:235—242.

③ 该量表来自"国际人格项目库"(International Personality Item Pool,简称 IPIP)。详见:张晓楠. 大五人格量表(IPIP NEO-PI-R)的初步修订[D]. 扬州:扬州大学,2012:8—15.

④ 详见:白琼英. 青少年心理理论的发展及其马基雅维里主义信仰的影响[D]. 重庆:西南大学,2011:19.

■（三）问卷和测量的技巧及容易出现的问题

（1）对问卷设计的难度要有足够的心理准备和专业训练，如果没有经历必要的专业训练，则最好不要采用问卷调查的方式完成学位论文。因此，对于那些打算以问卷调查的方式完成学位论文的研究者而言，最好先反问自己是否受过问卷设计的专业训练，如果没有专业训练的经历，要么放弃这个方法，要么借鉴相关问卷。借鉴已有的比较有影响的、比较权威的问卷或"量表"（scale）不失为一个可取的办法。比如，有人借用"IPIP 人格量表"或"马基雅维利主义量表"来研究青少年的心理特征与人格影响因素。[①] 又如，有人借用"学生学校适应量表"[②]、"Bem 性别角色量表"（Bem Sex Role Inventory，简称 BSRI）[③]、"家庭社会支持正式问卷"[④]来研究"中小学生性别角色、家庭支持与学校适应的关系"。[⑤] 借鉴他人的问卷不是一件难堪的事，相反，如果缺乏问卷设计的专业训练却竟然采用自己设计的问卷并由此完成学位论文，则是一件鲁莽甚至粗暴的行为。不过，在借用他人的问卷或量表时，有时需要根据调查的对象对已有的问卷或量表做一些微调。

（2）注意问卷设计的程序和步骤。第一步，先了解基本情况，做必要的文献检索与阅读；实地观察、访谈；向知情人士打听相关信息等。第二步，设计问卷初稿。根据第一步获得的信息列出问卷的各个部分。第三步，预调查（或试调查），向专家或同行请教，找出问卷的问题并修改问卷。第三步，定稿并印制。打印问卷之前要留意"问卷的物理特性"，包括纸张的规格、质量、字体、字号、问题之间的间隔，等等。问卷应保持整洁、美观，体现专业精神，使被调查者感到他们愿意在填写问卷上花时间。不必因担心问卷看起来太长而将很多题目密密麻麻地挤在一张纸上。每一页的题目数量应控制在一个适度的范围内。不必在卷面上玩太多的花样，比如将个别字词、句子的字体放大、加粗、斜体、下划线、着重号，等等；不必在同一份问卷中出现多种字体；尽量避免在卷面上出现各种分割线。尽量不要将一个问题分散在两页。如果问题在前一页，备选答案却跳到第二页，会给被调查者带来阅读上的不便。

（3）防备虚假的回答。在社会调查中，对一些问题的回答人们往往有意掩饰自己，特别是对一些具有社会道德评价意义的问题，人们有故意拔高自己（"装好"）的倾向。这就影响到问卷结果的客观性。为了解决这个问题，可以考虑"他我差率"。"他我差率"是指人们对行为进行评价的时候，往往对自己与对他人采用不同标准，从而造成评价差别。考虑到这种差别，在设计问卷时，对敏感的、社会规范性强的问题设置两问：第一问是"你认为大多数人在这种情况下会怎么样"，第二问是"如果是你自己，你会怎么样"，两问的数据结果之差，即是"他我差率"。也可以采用"研究者自我表露"的办法。研究者可以先说出有关现象，再表露自己的观点或情况，然后问被试的观点或情况。比如：当看到路边有人

---

① 详见：白琼英. 青少年心理理论的发展及其马基雅维里主义信仰的影响[D]. 重庆：西南大学，2011：19.

② 详见：牛爱洋. 学校适应量表的开发及其对学生人际关系的相关研究[D]. 广州：华南师范大学，2012.

③ 详见：Bem SL. Sex role adaptability：one consequence of psychological androgyny[J]. Journal of Personality and Social Psycholgoy，1975，31（4）：634—643.

④ 详见：朱卫红. 高、低两类社会支持家庭初中生应对方式的初步研究[D]. 重庆：西南师范大学，2002.

⑤ 冯嘉慧. 中小学生性别角色、家庭支持与学校适应的关系研究[D]. 广州：华南师范大学，2013.

抢劫时,往往有不少人,包括我自己也不敢上前抓拿,你呢?

(4)考虑问题的数量。问卷中问题的数量并没有统一的规定,这要根据"调查的内容,样本的性质,分析的方法,拥有的人力、财力、时间等各种因素"[①]来作决定。一般来说,问题数量不能太多,最好是回答者在 20 分钟内可以答完,最多也不要超过 30 分钟。问题太多,回答时间太长,会引起被试的厌烦情绪或畏难情绪,以至于胡乱作答,影响调查结果的客观性。当然,如果研究的经费和人员相当充足,能够付给每位被调查者一份报酬,问卷本身的质量比较高,调查的内容又是被调查者熟悉的、感兴趣的事物,可以适当增加问卷的长度。但对于大多数调查者,尤其是学生而言,不太可能拥有如此优越的研究条件,不可能给问卷填写者更多的回报。在这种情况下,必须控制问题的数量,问卷的篇幅绝对不能太长。

(5)按照一定的逻辑顺序排列问题。问题的排序一般遵循如下规则:(1)先易后难。把简单易懂的问题放在前面,把复杂的问题放在后面。(2)同类问题放在一起。(3)把回答者感兴趣的问题放在前面,把难以回答的问题以及敏感问题放在后面。尤其要注意敏感的问题。当被问及有关个人隐私或人们对自己上司的看法之类的问题时,人们往往会有一种本能的自我防卫心理。如果直接提问,则极可能造成拒答或虚假回答。除了把这些敏感的问题尽可能放在后面之外,还需要尽量采取容易接受的和委婉的方式提问。尽量不触及"社会禁忌",不提"困窘性"的问题以及估计被试不愿意回答的问题。问卷开头的一两个问题非常关键,如果开头的问题问得不恰当,可能直接导致调查对象放弃作答,即使没有放弃,也会影响他们的情绪状态,进而影响回答的质量。开头的问题必须紧扣主题,容易回答,最好有一定的趣味性。

(6)注意问题的表达方式。第一,文字通俗易懂,不使用生涩字眼,不超出被试的理解能力。第二,措辞应客观严谨、语气亲切。提问客观公正,不带主观倾向性、暗示性。比如不要问"你愿意……吗""你会干……吗",而可以问"你是否愿意……""你会不会干……",等等。第三,所给出的供选择的答案应意思明确,界线清楚。

(7)答案的设计、安排要有利于数据处理。答案可以按照情感的喜好程度排序,比如:(A)很喜欢;(B)喜欢;(C)一般;(D)不喜欢;(E)很讨厌。也可以按照行为频率排序,比如:(A)经常;(B)有时;(C)很少;(D)从不。

(8)警惕"其他"选项。如果选择"其他"的人数太多,则说明备选答案的分类是不恰当的,即可能有某些比较重要的类别没有单独列出。

二、内容分析法

内容分析法(content analysis)最早产生于传播学领域。它是对传播内容所隐含的相关趋势或倾向进行归纳分析。内容分析的研究对象可以是报纸[②]、杂志、广播、电影、电

---

① 风笑天.社会研究方法[M].北京:中国人民大学出版社,2013:156.
② 韦伯当年也极力倡导从社会学的视角对报纸的内容进行分析。详见:彭增军.媒介内容分析法[M].北京:中国人民大学出版社,2012:6.

视、歌曲、信函、演讲、日记、传记、访谈记录,也可以是博客、微博,等等。

内容分析法一般显示为量的研究,但有人对量化的内容分析提出批评,认为"量化导致琐碎",并由此提倡"质化的内容分析",建议同时使用量化和质化的方法以相互补充。①

从分析对象来看,内容分析法主要包括三种:文本分析(text analysis)、言语互动分析(interaction analysis)和话语分析(discourse analysis)。②

■ (一) 文本分析

文本分析既指有关文本自身内涵的解释和理解,也指对文本作为一种媒介所直接或间接传递的价值倾向的分析。前者主要是对经典名著的解读,属于历史研究的思路,可称之为"历史的解释研究"。③ 后者主要是对媒介信息的调查分析,可称之为"媒介内容分析"。

在教育研究领域,文本分析主要有三种形式:一是有关教材的内容分析;二是有关教育杂志论文的内容分析;三是有关学位论文的内容分析。

有关教材的内容分析一般集中在三个主题:一是统计分析中小学教材,尤其是语文教材中的"性别角色"。④ 二是统计分析教材中的"人物形象"。⑤ 三是统计分析教材中的"意识形态"或"价值取向"。⑥ 也有研究者从这些不同的研究主题或视角出发,对不同地域或不同国家的教材作比较研究。⑦

有关教育杂志论文的内容分析主要集中在三个方向:一是国内教育研究的主题或研究方法的变迁。比如,有人以《高等教育研究》刊发的论文为样本,分析"近10年我国高等教育研究的现状与未来走向"。⑧ 有研究者对2005至2007年教育技术学期刊进行统计分析,讨论"实证研究方法在教育技术学领域的应用情况"。⑨ 二是国外教育研究的主题或研究方法的变迁。比如,有人通过研究《哈佛教育评论》所显示出来的教育研究价值取向、

---

① 详见:Riffe D. Lacy S. Fico F. 内容分析法:媒介信息量化研究技巧[M]. 嵇美云,译. 北京:清华大学出版社,2010:36—37.

② 从内容分析的角度来讨论话语分析,详见:彭增军. 媒介内容分析法[M]. 北京:中国人民大学出版社,2012:3.

③ 后文第9章将详细讨论"历史的解释研究"的操作方法。

④ 详见:朱晓斌. 从我国三种小学语文课本看儿童社会性别角色的社会化[J]. 教育研究,1994(10). 曾天山. 论教材文化中的性别偏见[J]. 西北师范大学学报(社会科学版),1995(7). 俞海燕. 上海市小学 S 版、H 版语文教科书的性别倾向分析[D]. 上海:华东师范大学,2003. 武晓伟. 教科书中人物性别差异的课程社会学思考——以苏教版小学语文教科书为例[J]. 教育发展研究,2005(22).

⑤ 详见:姚本先,涂元玲. 小学语文教科书中人物的心理学研究[J]. 心理科学,2003(1). 董春亮. 从语文教科书中榜样人物看主流价值观的体现[D]. 上海:华东师范大学,2014. 李德显,韩凤仪. 小学五年级语文教科书人物形象的比较分析——以人教版和苏教版教材为例[J]. 教育理论与实践,2008(20).

⑥ 详见:傅建明. 我国小学语文教科书价值取向研究[M]. 上海:华东师范大学,2002. 陈华.《语文》教科书的"个人"形象:人教版小学 1—3 年级《语文》教科书的文本分析[D]. 上海:华东师范大学,2008.

⑦ 详见:朱志勇. 我国内地和台湾初中语文教科书中社会角色的呈现[J]. 比较教育研究,1998(5). 何晓文. 五国小学语文课程比较[J]. 外国中小学教育,1996(5). 刘云杉. 视域的分歧——大陆与台湾初中语文(国语)教科书比较[J]. 教育研究与实验,1997(4).

⑧ 别敦荣,彭阳红. 近10年我国高等教育研究的现状与未来走向——以《高等教育研究》刊发的论文为样本[J]. 高等教育研究,2008(4).

⑨ 朱书强,刘明祥. 实证研究方法在教育技术学领域的应用情况分析——基于 2005—2007 年教育技术学五刊的统计分析[J]. 电化教育研究,2008(8).

教育研究的范围以及教育研究的目标的变化,由此归纳出美国教育研究"重心转移"。[①]
三是对中外教育研究主题或方法进行比较。比如,有人通过比较中国的《教育研究》与美国的《哈佛教育评论》这两个杂志发表的文章所采用的研究方法,分析两者所显示出来的教育研究方法的差异。[②]

有关学位论文的内容分析与教育杂志的内容分析大体接近。但是,因受文献资料的限制,研究者往往以国内学位论文作为内容分析的对象,而较少对国外的学位论文展开研究。[③]

■ (二)言语互动分析和话语分析

言语互动分析主要关注人与人之间的言语互动。教育研究中的言语互动分析往往聚焦于教室里的师生之间的言语互动、学生与学生之间的言语互动及其隐含的教育机会均等或其他相关的问题。在教育研究领域,比较有影响的言语分析是"弗兰德斯互动分析系统"(Flanders interaction analysis system,简称 FIAS)。FIAS 主要研究课堂中的师生言语互动行为。它将课堂言语行为分为十类:七类教师言语行为、两类学生言语行为和一类沉默或混乱状态。该分析系统主要关注教师直接言语和间接言语行为对学生参与状态的影响,以便帮助教师改进教学行为。[④] 国内有不少研究者采用 FIAS 分析课堂教学中的师生言语行为[⑤],也有研究者采用 FIAS 分析专家型教师和新手教师的课堂教学行为的差异。[⑥]

言语互动分析也可以视为话语分析。但一般意义上的话语分析更重视从语言学而不是社会学的角度来对话语展开分析。话语分析从语言学迁移到社会学和教育学研究领域是后来的事情。[⑦]

1952 年,美国语言学家哈里斯(Z. Harris,1909—1992)发表"话语分析"。[⑧] 哈里斯的研究被视为话语分析的开端。话语分析最初限于语言学研究领域,且局限于语法分析。后来,话语分析逐渐扩展到整个社会科学研究领域,并成为一种重要的"研究方法"。[⑨] 在教育研究领域,"话语分析"已经形成大量的研究成果,比较有影响的研究是基于"语言资

---

① 杜晓利. 教育研究重心的转移[D]. 上海:华东师范大学,2003.

② 岳敏.《教育研究》与《哈佛教育评论》研究方法的比较[D]. 广州:华南师范大学,2010:24—25.

③ 详见:(1) 李世改. 近五年教育技术学优秀硕士学位论文内容分析[J]. 电化教育研究,2008(1).(2) 刘晶波等. 1996—2006 年我国学前教育领域研究方法的运用状况与分析——基于三所高校硕士、博士学位论文的研究[J]. 学前教育研究,2007(9).(3) 吕巾娇. 从美国博士学位论文的摘要看教育技术的研究[J]. 中国远程教育,2006(10).(4) 王珏. 对 2000 年以来我国教育管理学研究方式的考察——基于 805 篇博士硕士学位论文的内容分析[J]. 高等教育研究,2008(9).

④ 详见:Flanders N. Analyzing Teaching Behavior[M]. Wesley Publishing Company,1970.

⑤ 详见:高巍. 课堂教学师生言语行为互动分析——基于弗兰德斯教学言语行为互动分析系统的实证研究[D]. 武汉:华中师范大学,2007.

⑥ 详见:李婷婷. 基于 FIAS 的中学数学专家型与新手型教师课堂教学特征比较研究[D]. 西安:陕西师范大学,2013.

⑦ 课堂对话的话语分析的案例,详见:Mingming Qiu. Statistical Discourse Analysis of Classroom Conversation: Modeling Micro-Creativity Process[C]//杨向东,黄小瑞. 教育改革时代的学业测量与评价. 上海:华东师范大学出版社,2013:69—88.

⑧ Harris Z. Discourse Analysis[J]. Language,1952(28):1—30. 有关话语分析的进展,详见:朱永生. 话语分析五十年:回顾与展望[J]. 外国语,2003(3):43—50.

⑨ 肖思汉. 听说:探索课堂互动的研究谱系[M]. 上海:华东师范大学出版社,2017.

料库"(简称"语料库",corpus 或 corpora)的"语料库语言学"(corpus linguistics)研究。

基于"语料库"的语言学研究主要借助计算机的检索和统计功能,对"语料库"进行高速检索和统计,以此揭示语言使用的"频率"及其倾向性。[①] 比如,按照《朗文语法》的解释和有关语料库的统计,"big"常用于修饰物体的大小,而"large"则多用于测量;"big"常用于小说等虚构性的文章里,而"large"则多用在学术性的论文里。与"big"搭配的多数是抽象名词,而这些名词往往不能被"large"修饰。有人对"large"和"big"的使用频率做过比较研究,在"英语国家语料库"(BNC)中,"large"的频率远远高于"big"的频率,而香港中学生却经常使用"big"。[②] 也有研究者利用"语料库"展开教师话语分析或教材分析。[③]

■ (三) 内容分析法的技巧及容易出现的问题

内容分析法的关键特征是用事实说话,有"实证的精神"。在这点上,内容分析与问卷法、访谈法、观察法或元分析等其他调查研究法既分享了类似的技巧,也可能出现类似的问题与失误。内容分析法容易出现的问题与失误主要在于:

第一,内容有余而分析不足。只列举了教材或杂志论文、学位论文、教学话语等经验事实,而没有为内容提供分析和解释。出色的内容分析是建立自己的分析框架或研究视角,对所要分析的内容进行分类别、作比较、找关系。对于内容分析法而言,首要的任务是建立自己的研究视角或分析框架。

第二,虽然有分析框架,但所提供的分析框架不稳定,缺乏理论的说服力。出色的内容分析法所采用的分析框架或研究视角往往来自某个理论视角或已经公开发表的比较成熟的、比较有说服力的模型。

第三,只是罗列了某些事实或数据,而没有分析事实与事实之间的关系。出色的内容分析往往致力于变量关系的讨论。

第四,虽然有各种事实与事实之间的变量关系的讨论,却没有"理论的敏感性"。出色的内容分析往往从内容的表面追寻其背后可能隐含的理论。无论是量的内容分析还是质的内容分析,都需要验证"事先"提出的理论假设或从资料中形成自己的扎根理论。

第五,在提出自己的研究结果并对结果进行讨论时,只是自说自话,而对已有的相关研究缺乏回应。出色的内容分析在提出自己的研究结果时不会忘记对自己的研究结果与前人的研究结果的一致性作出解释。

第六,在对研究对象进行抽样时,所选择的对象不具有代表性。比如,在分析《哈佛教育评论》时,容易将《哈佛教育评论》所发表的文章的主题及其研究方法视为美国教育研究的主流状态。殊不知,《哈佛教育评论》主要发表"述评"或"评论"型论文,并不具有代表性。而美国的教育研究杂志的主流是发表原创性的实证研究报告。

---

① 何安平. 语料库辅助英语教学入门[M]. 北京: 外语教学与研究出版社,2010: 1.
② 华南师范大学外国语言文化学院编委会. 语料库语言学的研究与应用[M]. 长春: 东北师范大学出版社,2005: 28.
③ 何安平. 基于语料库的教师话语分析[J]. 现代外语,2003(4): 162—170. 何安平. 语料库辅助的基础英语教材分析[J]. 课程·教材·教法,2007(3): 44—49. 何安平. 语料库在外英语教育中的应用[M]. 广州: 广东高等教育出版社,2004: 393—496.

第七，混淆了内容分析与文献综述。内容分析的重点在于分析教材、杂志、报纸、电视等传播媒介所隐含的话语特征与趋势。而文献综述只是考察某个主题的研究进展，以便提出有待进一步研究的问题或提出研究的假设。

第八，混淆了内容分析法与元分析。元分析是对某个或某些"研究主题"所依据的资料进行再分析，并由此得到新的结论。这使元分析既不同于内容分析，也不同于文献综述。

三、元分析[①]

元分析(meta-analysis)这个概念最早由美国教育心理学家格拉斯(G. Glass，1940—)于1976年出任美国教育研究协会(AERA)主席的演讲中提出。他将"元分析"定义为："为了整合已有结论，而对大量的分析结果进行的统计分析"[②]。尽管不少研究者强调元分析的量化特征及其统计技术[③]，但是，元分析既可显示为量的分析，也可以呈现为质的分析。[④]

■（一）量的元分析的程序与技巧

量的元分析主要是收集并整合已有的某个主题的研究数据，并以统计的方式从已有的资料中归纳出新的结论。量的元分析的操作程序主要有三个步骤：

第一，确定研究的问题。元分析可以分析大多数的自然研究、准实验研究和实验研究的成果。但在界定研究问题时，应对研究主题作出明确的操作性定义，方便文献的筛选和分析。

第二，数据的搜集、统计分析和解释。收集数据时，尽可能全面检索该主题或领域的已经正式发表的研究成果，包括研究论文、专著、书籍。也可与权威作者联系，获取未经发表的研究手稿，保证资料的完整性。[⑤] 在数据分析和解释时，须对原始研究进行异质性检验。[⑥] 若原始研究是同质的，可以直接通过"合并"的方式计算总体和平均的效果量；若原始研究是异质(heterogeneity)的，通过"比较"的方式计算单个研究效果量之间的联系和各研究本身的特殊性。

第三，研究结果的呈现。有人将元分析成果划分成导入、方法、结果及讨论四个部分。[⑦] 元分析的结果呈现的结构与一般意义上的实证研究报告（比如调查研究报告或实

---

① 方光宝参与了有关元分析的讨论和撰写。谨此致谢！

② Glass G V. Primary, Secondary and Meta-analysis of Research[J]. Education Research，1976(5)：3.

③ Petitti D. Meta-Analysis Decision Analysis and Cost-Effectiveness Analysis：Methods for Quantitative Synthesis in Medicine[M]. New York：Oxford University Press. 2000：2.

④ 有人将质的元分析称为"质的元综合"(qualitative meta-synthesis)。详见：(1) Walsh D. Downe S. Meta-synthesis Method for Qualitative Research：a Literature Review[J]. Journal of Advanced Nursing Research，2005(2)：204—211. (2) Zimmer L. Qualitative meta-synthesis：a question of dialoguing with texts[J]. Journal of Advanced Nursing. 2006(3)：311—318.

⑤ 有人专门讨论了收集资料的过程，详见：Noel A Card. Applied Meta-Analysis for Social Science Research[M]. New York：The Guilford Press. 2012：35.

⑥ 与相关的更多讨论，详见：谢进昌. 国内教育学门系统性文献评阅策略及后设分析发展现况与建议[J]. 教育研究学报，2010(2)：133—156.

⑦ 库伯. 如何做综述性研究[M]. 刘洋，译. 重庆：重庆大学出版社，2010：161—182.

验研究报告)并没有多少差异。其重点在于"研究方法"部分的讨论。元分析的介绍与一般意义上的实证研究报告的不同之处在于:(1)元分析要详细描述文献检索细节,包括每条文献的来源和它的关键词、年份;(2)说明文献选用的标准,如对被排除的文献说明理由,对它们作总体性的定性概括;(3)介绍原始研究所使用的研究方法,可重点介绍几种有代表性的方法,并作详细说明;(4)说明如何确定独立调查结果;(5)说明研究编码的细节;(6)说明研究者对原始研究实行定量分析所采用的程序和惯例。元分析的结果与讨论部分与一般意义上的实证研究报告大体相同,比如研究的结论(不同于原始研究的"新结论");与假设的契合度;与已有研究结论的对话;评估所获得的新结论的可靠性和条件;展望研究趋势。其重点在于提出元分析所获得的"新结论"(见案例 5 - 1)。

案例 5-1

社经地位与学业成就的元分析[①]

1966 年发表的《科尔曼报告》显示,影响学生学业成就的主要因素是学生的家庭教育背景及学生对他们自身的教育期望,而学校的设施和课程、教师质量对学生的学业成就影响较小。学校教育对白人孩子的学业成就的影响更小(因为他们有优质的家庭教育及其他教育资源)。[②] 此后,人们普遍相信,家庭社经地位(Socioeconomic Status,简称 SES)与学业成就之间存在高度相关。1982 年,White K. 采用元分析的方式发表"社经地位与学业成就的关系",结果显示,家庭社经地位与学业成就之间的关系受各种因素(比如社经地位和学业测量的类型)的影响。[③] 2005 年,Sirin, S. 再次采用元分析的方法对已有研究进行统计分析,结果显示:社经地位与学业成就两者之间只存在中度相关,且相关性越来越低。

■ (二) 质的元分析的程序与技巧

与量的元分析类似,质的元分析也是收集并整合已有的某个主题的研究资料,并以统计的方式从已有的资料中归纳出新的结论。质的元分析与量的元分析的不同之处在于:(1)量的元分析用来分析的"资料"是已有研究的"数据",而质的元分析用来分析的"资料"是已有研究的非数据的各种"质性"的事实;(2)量的元分析采用数据统计的方式归纳

---

① Sirin S. Socioeconomic Status and Academic Achievement: A Meta-Analytic Review of Research[J]. Review of Educational Research, 2005(3): 417—453.

② 详见: Coleman, J. Campbell E. Hobson C. McPartland J. Mood A. etc. Equality of educational opportunity [R]. Washington, D. C.: U. S. Government printing office, 1966: 22. 科尔曼有关社会资本与学业成就的关系的研究报告,详见: Coleman J. Social Capital in the Creation of Human Capital[J]. American Journal of Sociology, 1988 (Vol. 94): 95—120.

③ White K. The Relation between Socioeconomic status and academic achievement[J]. Psychological Bulletin, 1982 (3), 417—453.

新结论,而质的元分析采用非数据的事实描述的方式来归纳出新结论。①

质的元分析的程序与量的元分析的程序大体接近。其差异在于:量的元分析一般选择已有的量的研究报告作为统计分析的对象,而质的元分析一般选择已有的质的研究报告作为归纳分析的对象。

■ (三) 元分析容易出现的问题与误解

与自然科学相比,社会科学研究一直存在两大不足:一是研究成果难以累积,不能像物理学、化学等那样有稳定的进步与发展;二是很难看出研究结论有什么实际效果。② 元分析为弥补这两个方面的不足提供了可能。有学者甚至认为:在社会科学研究中,重新组织和审视已有研究比所谓的创新研究更重要。③ 元分析的特殊价值就在于:它不仅帮助研究者更加清晰地认识现有研究的程度,突破社会科学研究成果较难累积的不足,而且,它以对已有研究的评述为基础,生成关于某一主题更高层次的结论或理论。

但是,比较容易出现的误解和错误在于:

第一,将元分析与元研究混同。元分析的重点在于根据已有研究的数据或相关材料重新进行分析并由此得出新的结论。它是立足于具体文献的资料收集与统计的"基于证据"(evidence-based)的分析,而一般意义上的元研究是对已有的研究方法或研究主题进行反思或批评。也因此,元分析属于实证研究(调查研究)的范围,而一般意义上的元研究属于哲学研究(价值研究或评价研究)或实践研究(经验总结式的反思或教育理想式的展望),而不属于实证研究。

第二,将元分析等同于文献综述(literature review)。二者的共同之处在于:它们都是对已有研究的研究。但是,其差异在于:文献综述主要是考察某个主题的研究进展,其目的在于提出该主题的有待进一步研究的问题或假设,而并不利用已有的研究材料归纳出新的知识。即便后来有人将文献综述发展为"系统述评"(systematic review)④,这种系统述评也仍然只是总结已有的研究,而并不提出新知识。与文献综述不同,元分析不只是叙述已有研究的进展,其重点在于对已有研究的数据或观点进行再分析,并在此基础上归纳出新的或更高位的结论或理论。就此而言,元分析类似一般意义上的调查研究。它与其他调查研究的差异只在于:它利用已有研究中的数据或其他材料作为自己所要分析的资料,而并不直接采用问卷或观察、访谈的方式收集资料。

---

① 有关质的元分析的讨论,详见:Paterson B. Thorne S. Canam C. Jillings C. 卫生领域质性 Meta 研究——Meta 分析和 Meta 综合实践指南[M]. 周宇彤,译. 北京:北京大学医学出版社,2013:42—94.

② 罗森塔尔. 社会研究的后设分析程序[M]. 齐力,译. 台北:弘智文化,1999:15—17. 这里的"后设分析"一般译为"元分析"。

③ 详见:Noel A. Applied Meta-Analysis for Social Science Research[M]. New York:The Guilford Press. 2012:4.

④ 相关讨论详见:(1) Feldman K. Using the Work of Others:Some Observations on Reviewing and Integrating[J]. Sociology of Education. 1971(4):86—102. (2) Taveggia T. Resolving Research Controversy Through Empirical Cumulation:Toward Reliable Sociological Knowledge[J]. Sociological Methods and Research. 1972(2):395—407. (3) Barnett-Page E. Thomas J. Methods for the Synthesis of Qualitative Research:a Critical Review[J]. BMC Medical Research Methodology,2009(9):59—70.

第三，将元分析与内容分析混同。内容分析主要是对文本作为一种媒介所直接或间接传递的价值倾向的分析，比如分析教育杂志或教材所传递的有关"研究方法"或"性别角色"等的倾向或趋势。而元分析是对已有研究所呈现的资料的再次统计分析，并据此而得出新的结论。

第四，在对已有研究进行统计分析时，没有考察已有研究所提供的资料或数据的可靠性。

第五，质量差异问题。进行元分析时，不同的研究报告的质量是参差不齐的。若对高质量和低质量的研究赋予相同的权重，会导致研究结论的偏倚甚至出现错误。另外，如果纳入分析的原始研究原本就是低质量的研究，那么，就容易出现"垃圾进，垃圾出"的问题。

第六，抽样不合理。在对已有研究进行抽样时，所分析的对象不具有代表性尤其是"重要的研究被忽视"。也正因为重要的研究没有被纳入分析而只关注了平庸的研究，才导致"垃圾进，垃圾出"的问题。①

第七，过于强调穷尽所有的原始研究而排斥抽样甚至个案分析。元分析虽然最好将相关主题的全部文献作为统计分析的对象，但是，元分析依然可以进行抽样分析甚至个案分析。比如，如果研究者将《王小刚为什么不上学了》②作为元分析的唯一对象，只要研究者能够根据这份质的研究报告所提供的事实或数据得出新的结论，就可以视为元分析。

第八，苹果和橙子问题(apple and orange problem)。这是元分析被质疑最多的问题。在将已有的事实或数据进行合并与统计时，没有考虑各种事实或数据之间的异质性。不同研究的对象、方法及测量指标都是不同的，将不同设计的诸多研究放到一起综合，难以得出正确结论。③ 不过，也有人认为：若是研究的各个方面都相同，也就没有整合的必要了。正是不同的，才需要放在一起进行比较。④

第 2 节　质的调查研究

如果说量的调查研究主要包括问卷法、测量法、内容分析法(含"话语分析")与元分析，那么，质的调查研究主要包括人类学研究(主要包括访谈法、观察法和档案法)、现象学研究(主要是体验研究)和自传法。

---

① 有关异质性问题、偏见问题、数据缺失问题和质量差异问题的讨论，详见：(1) Borenstein M. etc. Meta 分析导论[M]. 李国春，吴勉华，余小金，译. 北京：科学出版社，2013：280—287. (2) Hedges L. Issues in Meta-analysis[J]. Review of Research in Education，1986(13)：360—365.

② 陈向明. 王小刚为什么不上学了——一位辍学生的个案调查[J]. 教育研究与实验，1996(1)：35—45. 陈向明. 在行动中学作质的研究[M]. 北京：教育科学出版社，2003：322—339. 这份质的研究报告显示了研究者的访谈技巧以及叙事技巧，不过，该研究报告似乎尚未形成扎根理论。

③ 利普西. 实用数据再分析法[M]. 刘军，吴春莺，译. 重庆：重庆大学出版社，2008：6—8.

④ Glass G. Primary, Secondary and Meta-analysis of research[J]. Education Research，1976，6(5)：6.

一、人类学研究

人类学研究的研究对象一般为某种特别的"异文化",比如原始部落、少数民族、学校中的"弱势群体"或"亚文化群体"、特别发达的"异国他乡"或天才学生汇集的"少年大学生班"或"特殊学校"、特别不发达的某个"乡村学校"或"工人子弟学校",等等。人类学研究往往要求研究者与研究对象长时间生活在一起,学习研究对象的"本土语言"或"行话",收集研究对象的实物、照片、日记,关注研究对象的节日和婚丧嫁娶等文化风俗,等等。[①]

人类学研究所采用的方法主要是访谈法(以及口述史)、观察法以及相关的档案法。

■ (一)访谈法

访谈其实是某种"对话"的方法。或者说,访谈既是一种研究方法,也是一种生活态度。依据对话的方式,访谈可以分为"面谈""笔谈"和"电话访谈"。面对面的访谈虽然可以是小组会谈或座谈,但多数形式呈现为两个人之间的深度会谈。无论是两个人之间的会谈还是小组座谈,访谈的质量取决于访谈者的访谈技艺,具体地说,取决于访谈者的提问、倾听和追问的水平。

1. 如何有效地"提问"?

有效提问的第一个要素是区分自己的主要问题(或核心问题)和次要问题,不在细节上过度提问。采访者既要把主要问题提出来并获得期待的资料,又不能因急于进入主要问题而"直奔主题"。"通常,我们不可能直接向谈话伙伴提出研究问题,因为它过于抽象,无法引出有意义的回答。"[②]也就是说,采访者必须将"研究问题"转化为一系列适合访谈对象的小问题,不能将"研究问题"直接作为提问的主要问题。

有效提问的第二个要素是掌控提问的节奏与情绪。提问应让受访者感到轻松、愉快、有意义。访谈氛围往往与提问者的语气、神态和提问的方式相关。如果访谈的氛围比较沉闷,访谈者有责任改变提问的语气,或者转换一个新的比较轻松的话题。访谈者应显得神采愉悦、诚恳而具有亲和力。

有效提问的第三个要素是注意提问的结构和顺序。尽可能使用简单的句子,但不要连续问许多"是"或"不是"的封闭型问题。不同问题之间应自然地过渡,保持提问的连续性。受访者如对某一话题感到不适或不愉快,应该开启新的话题,等待时机再回到原来的话题。如果问题比较复杂或有争议,应该先有所克制,要学会等待,等到访谈的后阶段再提出来询问或讨论。

---

① 人类学研究法的这些研究策略和研究原则后来成为质的研究的典范。有关人类学研究法的更多讨论,详见:陈向明. 质的研究方法与社会科学研究[M]. 北京:教育科学出版社,2000:25—27.

② 鲁宾 J,鲁宾 I. 质性访谈方法:聆听与提问的艺术[M]. 卢晖临,连佳佳,李丁,译. 重庆:重庆大学出版社,2010:135.

2. 何谓真诚地"倾听"？

访谈者应该始终保持学习者的角色，真诚地倾听受访者的言说，避免反驳和盘问对象。反驳与盘问最容易使受访者感到"败兴"，甚至会"激怒"受访者。严重的情境会导致访谈中断或引起抗议。

访谈者最好不要轻易打断对方的谈话，不要突然更换话题。访谈者总是心怀"研究"的抱负，但受访者有时候接受访谈只是为了有所"发泄"。访谈者应该尊重受访者的心理期待。即使受访者偶尔"跑题"，访谈者也应该认真地倾听，对受访者所谈的话题表达理解和关注，尊重受访者的心理需要。

访谈者应比受访者谈得少，一般而言，访谈者说得越少，所获信息就越多。

有时候，倾听是对沉默的容忍，而不是简单地打破沉默。当受访者忽然沉默不语时，访谈者要学会容忍沉默，学会倾听无声的倾诉。

3. 如何有效地"追问"？

"追问"实际上也是一种"倾听"，是倾听之后的回应。"追问"在访谈中是一个重要的技巧，良好的"追问"总是显示出访谈者的智慧和人格魅力。

访谈者可以引导谈话的主题，但应该尽量减少控制局势的强制性。当受访者正在兴致勃勃地谈论某一个话题时，访谈者最好不要因为时间限制或者认为对方"跑题"而强硬地扭转话题。

如果实在需要转换话题，访谈者可以使用一个过渡型问题，以免引起受访者的抵制或不安。"在一个进行得比较流畅的访谈中，我们所提的问题相互之间在内容上应该有比较一致的联系。在一个完整的访谈记录中应该可以看到一条贯穿访谈全过程的内容线，而将这条线连起来的是一个一个的提问。问题与问题之间的衔接应该自然、流畅，与前面受访者的回答在内容上有内在的联系。访谈问题应该以受访者的思想作为起承转合的主线，问句的构成应该使用受访者自己使用过的词汇和造句方式。如果我们顽固地坚守自己事先设计好的访谈提纲，不管对方说什么都定期地将自己的问题一个一个地抛出去，那么这个访谈不仅在形式上会显得十分地生硬、僵化，而且在内容上也没有自己内在的生命。反之，如果我们将自己放到与对方情感和思想的共振之中，用对方的语言和概念将访谈的问题像一串珍珠似地串起来，那么这个访谈便不仅会如行云流水，而且会展现出自己生动活泼的生命。"[①]

在访谈过程中，教师最好有所记录。除了钢笔记录之外，可以借助"录音笔"或"录音机"等工具来保存访谈的原始材料。录音之前需要征求受访者的同意。

除了面对面的对话之外，访谈还可以转换为"笔谈"和"电话访谈"的形态。有些话题可能不便于直接交谈，或者，有些话题需要受访者比较长时间地、冷静地思考。这时，"电话访谈"或"笔谈"就可能成为比较合适的谈话方式。

笔谈可以是"纸笔"的交谈，也可以是"无纸化"的"电子网络交谈"，比如个人之间的QQ、微信或微博，或者群体范围内的交谈，比如 QQ 群、微信群、微博群，等等。

---

① 陈向明.教师如何作质的研究[M].北京：教育科学出版社，2001：87.

笔谈也可以显示为"通信"。也有研究者将教师的"写信"作为"教师成为研究者"的一个重要方法。[①]

笔谈往往是两三个人围绕某个主题展开一场书面的对话,但对话的人数不宜太多。有些笔谈的材料聚拢到一起,本身就已经构成一份具有公开发表价值的研究报告。这种研究报告在教育文献中虽不常见,却也不在少数。

笔谈最大的优点是可以让参与谈话的人安静地、系统地自我思考。笔谈的另一个优点是,它本身就已经呈现为"书面意见",不必像面对面的访谈那样,常常需要把声音加工成文字。

至于"电话访谈",它最直接的优点是不受交通的限制,显得方便而节省。它的另一个好处是不受现场情境的干扰。但电话访谈并不能完全消除访谈者的影响,因为声音总是很微妙地传递交谈者的信息。这意味着即使是电话访谈,访谈者也仍然需要留意自己的态度、语气,甚至身体语言。据说有公司规定该公司的接线员面前放一面镜子,接电话时,接线员必须面对镜子微笑。也有人建议,在打电话时,最好先调整自己的心情,让自己变得开心,然后再拨通电话。这些策略对"电话访谈"大体是有意义的。

■ (二)观察法

访谈法是"听其言",观察法是"观其行"。完整的调查研究既需要"听其言",也还需要"观其行"。

一般将观察法划分为"自然观察"与"结构观察"。前者是一种开放的、事先并无明确的观察目标的自然观察。后者意味着研究者事先是有准备的,并从总体上设计了相关的观察要点。也可以将观察法分为"参与式观察"与"非参与式观察"。后者是不介入观察对象的生活的"旁观"。前者意味着研究者介入观察对象的生活,融入当地人的日常生活与职业生活中。还可以将观察法分为"直接观察"与"间接观察"。前者是研究者与研究对象的直接接触;后者意味着研究者通过录像、录音等方式来获得研究资料。教育界一度流行的"微格教学"也可以视为某种"间接观察"(它已经不是一种教学方法,而是有关教学的研究方法)。而从研究的对象来看,观察法可分为"行为观察法""实物观察法"和"符号观察法"。

1. 行为观察法

行为观察法是指对当事人的生活行为或职业行为的直接观察。观察的对象可以是某个学生、某个教师,也可以观察教师的课堂教学或校长的日常管理活动。

"观察笔记"可称之为"用钢笔录像"。除了"用钢笔录像",教师还可以借助于录音笔、照相机、摄像机等机械工具。其中,比较常用的工具是照相机和录像机。照片的好处是能够在观察研究的报告中插入相关的照片图像,使研究报告显得真实而具体。录音笔一般用于访谈法,比如录制对话的整个过程。观察有时也需要有大量的录音,比如录制教师、学生或校长的演讲,或录制教师一堂课的讲授过程。录音的好处是研究者可以根据原始

---

① Connelly F. Clandinin D. Teachers as Curriculum Planers: Narrative of Experience[M]. Teachers College Press,1988:48.

的演讲、讲授录音整理成文字材料,使文字的研究报告更加准确而有说服力。录像也包括了录音,但它能够比录音更真实、完整地呈现所观察的活动,具有恢复现场的效果。

在观察过程中需要撰写观察日志,最好像记录航海日志那样坚持做"研究日志"或"备忘录"。比如,1935 年,费孝通和王同惠一起到广西大瑶山做实地考察时,他们写了相关的"备忘录",连载于《北平晨报》、天津《益世报》。后来这些备忘录成为正式的研究报告的重要内容。① 1936 年,费孝通在开弦弓做实地研究时,也记录了大量的"备忘录"——《江村通讯》。②

在教育观察研究中,课堂互动以及课堂话语研究是一个重要的研究方向。③ 由于这样的观察最好有录像录制成课回放和转录成文字的视频,所以,也被称为"视频图像分析"。④

2. 实物观察法

实物观察法是指对"物质痕迹"的考察与追究。从档案所呈现的文化形态来看,学校档案可以分为实物文化和精神文化。学校实物文化包括校徽、学校地图、学校历届毕业生和教师的照片、学校建筑,以及相关的照片或录像、书信及各种手稿、年鉴、证书、奖品、学校期刊、学校通知或规定等学校文件,还包括学校预算、学校出勤记录,等等。学校精神文化包括学校办学理念、校训、校风、教风、学风、校服、学校师生的精神长相,等等。通过对学校实物文化和精神文化的观察,可以形成对整个学校文化的理解。

3. 符号观察法

真正有意义的信息可能隐含在那些"悄无声息"的、"深藏不露"的、"归隐躲藏"的某些"符号"或"物质痕迹"之中。"这种痕迹的例子包括:穿过草地的脚印,显示了一种被研究者喜爱的交通途径;外语标志,显示了与邻邦的关系;书的新旧条件,显示了它的使用程度;被丢弃的酒瓶的数量,显示了一个住户的酗酒程度;烟灰缸中的雪茄烟头,显示了主人的紧张程度;堆砌在垃圾桶里的文件数量,显示了工作量;个人藏书的数量,显示了文化涵养;教室黑板报的出现,显示了教师对学生创造力的关心,等等。"⑤

对"符号"或"物质痕迹"的关注,其实是一种对研究情境中的"蛛丝马迹"的"侦察"。调查研究者需要对研究情境中的"蛛丝马迹"比较敏感。出色的调查研究者需要有猎狗的鼻子、猫的眼睛、鹰的爪子。

"符号"或"物质痕迹"其实也是某种语言,可称之为"物语"。出色的调查研究报告往往接近"侦探小说"。这样的调查研究报告总能够从一个不起眼的"事件"或平淡无奇的"痕迹"或"事件"开始。而正是这个不起眼的"痕迹"或"事件"把那些旁人看起来完全不相干的事件、道理串起来。那个最初似乎不怎么起眼的"痕迹"或"事件"也许隐藏了一个"惊天的秘密"。

---

① 费孝通.桂行通讯[C]//费孝通文集(第一卷).北京:群言出版社,1999:304—359.

② 费孝通.江村通讯[C]//费孝通文集(第一卷).北京:群言出版社,1999:369—394.

③ 详见:Cazden, C, Classroom Discource[M]. Portsmouth, NH: Heinimann, 2001.

④ 详见:肖思汉.听说:探索课堂互动的研究谱系[M].上海:华东师范大学出版社,2017:97—101.肖思汉,[美] 德利马.基于视频的学习过程分析:为什么? 如何做?[J].华东师范大学学报(教育科学版),2017(5):55—71.

⑤ 林肯,古巴.自然主义研究[M].杨晓波、林捷,译.北京:科学技术文献出版社,2004:202.

■（三）访谈法与观察法的结合

　　为了从多角度收集资料并验证资料的可靠性，调查研究后来出现"三角互证法"。"三角互证法"既指运用同一种方法（比如访谈法）去调查不同的对象，也指采用多种渠道、多种方法比如访谈法与观察法、问卷法等去获得不同类型的信息，以便相互印证。"三角互证法"尽管有可能出现电影《罗生门》所提示的"各执一词"的现象，但是，一般而言，多角度的调查可以提高证据的可靠性。

　　在人类学研究中，研究者可能以访谈法为主，也可能以观察法为主。但是，在真实的研究中，很少有研究者单纯采用访谈法或观察法，而更可能采用访谈法和观察法结合的方式，辅之以其他形式的研究方法（见案例 5-2）。①

案例 5-2

旅居者和外国人②

　　该研究明示采用了"质的研究方法"。从 1992 年 9 月到 1993 年 5 月，对最后选定的 9 名学生进行了深入的访谈和观察。1994 年 2 月还主持了两次由研究对象参加的集体访谈（focus group interview），向他们介绍并检验了研究结果。收集资料的大致顺序是：记录杂乱的本土故事——分类：在杂乱的故事中寻找几个大的本土概念和相应的本土故事（论文共计 7 个大的"本土概念"，其中"交往"尤其以"跨文化人际交往"为核心概念，这个核心概念成为论文总报告的关键词）——每个大的本土概念分为几个小的本土概念以及相应的本土故事——对各个本土故事进行分析并撰写研究报告。

　　撰写研究报告时"结合了分类法和情境法这两种不同的叙事方式。"论文的写作顺序为：

---

　　① 相关的研究案例，详见：(1) 梁鸿. 中国在梁庄[M]. 南京：江苏人民出版社，2010. (2) 李书磊. 村落中的"国家"[M]. 杭州：浙江人民出版社，1999. (3) 沃尔科特. 校长办公室里的那个人：一种民族志[M]. 杨海燕，译. 重庆：重庆大学出版社，2009. (4) 许美德. 思想肖像[M]. 周勇，等，译. 北京：教育科学出版社，2008. (5) 巴战龙. 人类学视野中的学校教育与地方知识[D]. 中央民族大学，2008. 巴战龙. 学校教育·地方知识·现代性——一项家乡人类学研究[M]. 北京：民族出版社，2010. (6) 耿涓涓. 教育信念：一位初中女教师的叙事研究[C]//丁钢. 中国教育：研究与评论（第 2 辑）. 北京：教育科学出版社，2002. 唐芬芬. 教师言语行为的课堂透视：一项质的研究[C]//丁钢. 中国教育：研究与评论（第 3 辑）. 北京：教育科学出版社，2002. (7) 胡惠闵. 指向教师专业发展的学校管理改革——上海市打虎山路第一小学个案研究[M]. 上海：华东师范大学，2003. (8) 李建东. 政府、地方社区与乡村教师——靖远县及 23 县比较研究[D]. 北京：北京大学，1996. (9) 刘云杉. 我是一个受教育者[D]. 南京：南京师范大学，1999. 刘云杉. 学校生活社会学[M]. 南京：南京师范大学出版社，2000. (10) 2. 胡惠闵. 指向教师专业发展的学校管理改革——上海市打虎山路第一小学个案研究[M]. 上海：华东师范大学，2003. 胡惠闵. 校本管理[D]. 成都：四川教育出版社，2005. (11) 吴晓蓉. 仪式中的教育——摩梭人成年礼的教育人类学分析[D]. 重庆：西南师范大学. 2003. 吴晓蓉. 教育，在仪式中进行：摩梭人成年礼的教育人类学分析[M]. 重庆：西南师范大学出版社，2003. (12) 柯政. 中国大陆课程政策实施研究：以制度理论视角探讨"研究性学习"政策在 A 市的实施状况[D]. 香港：香港中文大学，2008. 柯政. 理解困境：课程改革实施行为的新制度主义分析[M]. 北京：教育科学出版社，2011. (13) 休姆斯. 美国最好的中学是怎样的：惠尼中学成长纪实[M]. 王正林，王权，译. 北京：中国青年出版社，2009.

　　② 该博士论文用英文撰写，详见：Chen, Xiangming. Sojourners and Foreigners: Chinese Students' Relationship-building with Americans in U. S. Universities, Harvard Graduate School of Education, 1994. 后来，作者将论文翻译为中文书稿（中文版的英文标题改写为：Sojourners and "Foreigners": A Study on Chinese Students' Intercultural Interpersonal Relationships in the United States）. 详见：陈向明. 旅居者与"外国人"——留美中国学生跨文化人际交往研究[M]. 北京：教育科学出版社，2004.

（1）确定几个大的本土概念。一个大的本土概念构成一大"章"；每个大的本土概念包含几个小的本土概念，每个小的本土概念构成一小"节"。（2）在每个小的本土概念的主题之下叙述一个或几个小的本土故事（采访中记录的话语和情境）。（3）分析每一个本土故事中所隐含的因素（该论文分析的视角是"文化研究"，尤其是"跨文化"的"文化心理学"研究）。①

在收集资料、分析资料的基础上归纳出"扎根理论"。论文归纳出两个扎根理论："（1）文化对个体的'自我'和'人我关系'的概念以及人际交往行为具有定向作用；（2）跨文化人际交往具有对个体文化身份进行重新建构的功能。这两个理论可以进一步统摄于'文化对自我和人我关系的建构'这样一个主题之下。"②

二、现象学研究

胡塞尔（E. Husserl，1859—1938）将自己的哲学称为超越论现象学。超越论的现象学意味着它貌似对现象（经验事实）的描述或研究，其实直指事物的内在本质。西方人之所以把这种事关本质之思冠以现象学之名，乃因为希腊语和德语的"现象"意味着"显现""显示自身"。"现象实际上叫做显现者。"③就此而言，现象学就是探寻事物本质的显现学。胡塞尔本人的说法是："现象学并不是作为'事实'科学而是作为本质科学而建立起来。"④现象学让事物的本质显现自身的方式有三种：一是唯我论或唯意志论的主体主义现象学；二是整体论或同情论的非主体主义现象学（或主体间性、非对象性现象学）；三是由前两者派生出来的作为理解方法的解释学现象学或描述现象学。

■（一）主体主义现象学：唯我论或唯意志论现象学

主体主义现象学的基本思路是"唯我论"或"唯意志论"。胡塞尔本人承认："作为现象学家，我必然是唯我论者。"⑤或者说："全部现象学不过是对先验主体性（意向性）进行的科学的自我深思。"⑥

现象学也正因其唯我论、唯意志论、先验论的精神而与实证研究或实证主义分道扬镳。现象学对实证哲学持批判的态度。"无论如何首先需要对经验明证性的有效性和范围进行批判。"⑦批判的方式是停止对客观世界进行经验研究，对之加括弧，实行"现象学悬隔"。

现象学反对科学中的实证主义方法，但并不反对科学本身。现象学甚至自称"真正的科学"。这种真正的科学的基本精神是"面向事情本身"，追求事物的"自身被给予性"或

① 陈向明. 旅居者与"外国人"——留美中国学生跨文化人际交往研究［M］. 北京：教育科学出版社，2004：180—222.
② 陈向明. 旅居者与"外国人"——留美中国学生跨文化人际交往研究［M］. 北京：教育科学出版社，2004．314
③ 胡塞尔. 现象学的观念［M］. 倪梁康，译. 北京：人民出版社，2007：15.
④ 胡塞尔. 文章与讲演（1911—1921 年）［M］. 倪梁康，译. 北京：人民出版社，2009：115.
⑤ 胡塞尔. 第一哲学（下卷）［M］. 王炳文，译. 北京：商务印书馆，2010：244.
⑥ 胡塞尔. 形式逻辑与先验逻辑［M］. 李幼蒸，译. 北京：中国人民大学出版社，2012：231.
⑦ 胡塞尔. 笛卡尔沉思与巴黎讲演［M］. 张宪，译. 北京：人民出版社，2008：5—6.

"本质被给予性"。① 通过对经验事实的悬隔，现象学获得的是有关事物的整体观念和整体意向。这种整体观念和整体意向始于经验观察却又凭借其整体观念超越经验的细节。

现象学原本是一种认识世界的先验哲学。这种认识论哲学所隐含的主体主义精神可以顺势发展为生活交往中的意志哲学或唯意志论哲学。

也就是说，现象学所隐含的"唯我论"既显示为以自我为中心的认识论（让世界围着我的观念、意向转而不是相反），也使一种"受纯粹理性规范支配"的唯意志论的伦理生活和宗教生活成为可能。② 胡塞尔不仅在认识论领域坚持了康德的"哥白尼式的革命"，而且由此引发了后来的存在论领域的"唯我论"及其"自由意志"（可称之为意志现象学）。③

正因为如此，现象学在 1960 年代一度成为捷克的显学。④ 捷克民众从这种主体主义式的意向现象学这里获得了存在的勇气和抵抗的决心。现象学为他们提供了宗教般的信念和信仰。在捷克民众那里，现象学几乎成为"唯意志论"哲学。这种唯意志论哲学为他们提供了几条可选择的坚守自由意志的道路：宁死不屈，士可杀，不可辱，而且不到万不得已，绝不自杀。保持永不放弃的希望和梦想。要么沉默不语，以沉默表达对压迫者的蔑视；要么以卵击石，知其不可为而为之，抗争到底。此种意向，接近海明威所言："人可以被消灭，但不可以被打败。"⑤

■（二）非主体主义现象学：生活世界现象学或同情论现象学

作为主体主义的现象学推崇唯我论和意志主义，而这种唯我论和意志主义一旦遭遇"他者"，就成为问题。也因此，不少学者对主体提出批判，指证主体的无能与无用。⑥

现象学如何考虑自我与他人、自我与世界的关系？这正是现象学从主体主义走向非主体主义的原因，现象学一度将这种非主体主义称为"主体间性"（也可译为"共主体性"）。"从顺序上看，各个哲学学科中自在第一的学科是在唯我论上有限的自我学，在扩展之后才是交互主体性的现象学。"⑦胡塞尔本人多次讨论了有关主体间性的问题，努力让自己"走出我的意识之岛"，承认超越论现象学只是最底层的。"也就是说，它还不是完善的。一门完善的超越论现象学还包含着由先验唯我论通向先验交互主体性的进一步途径。"⑧

但是，胡塞尔对自己的交互主体性或主体间性的研究"并不感到十分满意"。⑨ 他多次意识到"阐明主体间的关系时会遇到巨大困难"。⑩ 后来，梅洛·庞蒂（M. Merleau-

---

① 胡塞尔. 现象学的观念[M]. 倪梁康，译. 北京：人民出版社，2007：52—56.
② 详见：胡塞尔. 哲学作为严格的科学[M]. 倪梁康，译. 北京：商务印书馆，1999：1.
③ 有关"意志现象学"或"教育现象学的观念"更多讨论，详见：刘良华. 教育现象学的观念[J]. 教育研究，2011(5)：19—24.
④ 详见：徐贲. 人以什么理由来记忆[M]. 长春：吉林出版集团有限责任公司，2008：203.
⑤ 海明威. 老人与海[M]. 吴劳，译. 上海：上海译文出版社，2004：122. 引用时对译文有调整.
⑥ 详见：阿多诺. 否定的辩证法[M]. 张峰，译. 重庆：重庆出版社，1993：177—179.
⑦ 胡塞尔. 笛卡尔沉思与巴黎讲演[M]. 张宪，译. 北京：人民出版社，2008：36.
⑧ 胡塞尔. 笛卡尔沉思与巴黎讲演[M]. 张宪，译. 北京：人民出版社，2008：1. 引用时对译文略有调整.
⑨ 胡塞尔. 笛卡尔沉思与巴黎讲演[M]. 张宪，译. 北京：人民出版社，2008：238.
⑩ 胡塞尔. 形式逻辑与先验逻辑[M]. 李幼蒸，译. 北京：中国人民大学出版社，2012：202. 这使胡塞尔在"得意洋洋的优越感"和"阵发性的意气沮丧"两种相反的情绪中起伏不定. 详见：施皮格伯格. 现象学运动[M]. 王炳文，张金言，译. 北京：商务印书馆，1995：140.

Ponty，1908—1961)等人正是从这个难题出发,使胡塞尔式的主体主义现象学转向非主体主义的的身体现象学。

也就是说,胡塞尔现象学原本就蕴含了两个相反的方向:一是主体主义现象学。这是胡塞尔早期现象学的倾向;二是非主体主义现象学,这是胡塞尔后期现象学的方向。[①]如果说主体主义现象学的核心精神是认识论上的唯我论和伦理学上的意志主义,那么,非主体主义现象学的核心精神是认识论上的符合论(接近谢林和黑格尔的同一哲学)和伦理学上的同情论哲学(也可称为情感主义现象学、体验现象学或爱的哲学)。

推崇主体主义的意志现象学其实是一种内心强大的意志主义。在面对仇敌时,这种意志主义显示为永不妥协、不可屈服的"恨的现象学",或对抗、抵抗的现象学,包括暴力的不合作的抵抗与"非暴力不合作"的抵抗。而在面对亲人、友人和爱人以及可能发生交往关系的种种陌生人时,唯我论或唯意志论现象学就不若"生活世界现象学"或"同情现象学"显得风景宜人。

比较有趣的是,在教育学研究领域,现象学几乎一致地被理解为非主体主义式的"生活世界现象学"或"同情现象学",荷兰学者兰格威尔德(M. Langeveld,1905—1989)所持的教育现象学如此[②],受之影响的加拿大学者范梅南(M. van Manen,1942—)所理解的现象学教育学亦如是。[③] 此类教育现象学皆强调以爱的方式去展开师生的交往关系以及人与世界的交往关系。此类教育现象学的基本精神就是在人与人之间、人与世界之间建立亲密关系。一言以蔽之,曰:"不要有恨,要爱。"[④]

持有"不要有恨,要爱"的信念当然美好,可是,人生偶尔也会遭遇爱或同情的方法解决不了的困境,比如大敌压境,比如自然灾害。在爱或同情的方法无法化解苦难的时刻,意志甚至恨意就成为必要。在面临暴力的情境中,即便不走以暴制暴或以暴易暴的方法,至少可以考虑"非暴力不合作"的方向。

由此看来,非主体主义现象学虽然拥有温情脉脉的爱意,但它仅仅适用于其乐融融的日常生活世界,而在大敌压境或自然灾害的"非常时期",唯我论或唯意志论倾向的主体主义现象学就会被召唤入场。爱与意志,两者一起构成现象学的核心精神。

或者说,唯我论或唯意志论的主体主义现象学原本就是合理的,它只需要内部调整而不需要整体转换。内部调整的思路大体有三种可能:一是内方外圆,像马基雅维利哲学那样,让精英保持主体主义状态并在必要的时刻在大众面前显示出(佯装)非主体主义的亲民精神。二是主体之间的较量,像黑格尔哲学那样,将主体精神及其被承认的欲望视为人的本性,由主奴之争而决出胜负,各安其位。三是因人而异,像尼采哲学或海德格尔哲学那样,区分精英与大众。在精英与大众之间,前者坚持主体主义哲学而后者选择非主体

---

① 非主体主义现象学与杜威的"参与者知识观"以及波兰尼的"个人知识"是类似的思路。

② 兰格威尔德曾师从胡塞尔。在荷兰,现象学首先是由胡塞尔本人通过他 1928 年的阿姆斯特丹演讲介绍进来的。兰格威尔德发表《儿童生活的隐秘世界》《儿童世界的事物》和《学习现象学》等著作,通过关注儿童和成人生活中具体的和共同的境遇及事件来分析儿童的体验。详见:[美]施皮格伯格. 现象学运动[M]. 北京:商务印书馆,1995:888.

③ 详见范梅南的《教学机智——教育智慧的意蕴》《生活体验研究——人文科学视野中的教育学》《儿童的秘密——秘密、隐私和自我的重新认识》等相关著作。

④ "不要有恨,要爱"是我个人 2017 年在华东师范大学做教育现象学专题讲座时提出的论题。

的服从与信奉状态。

■ （三）作为方法的现象学：解释学现象学或描述现象学

教育现象学既是一种哲学，也是一种方法。作为哲学的现象学分裂为主体主义与非主体主义现象学，作为方法的现象学亦如是。作为方法的主体主义现象学常以解释学现象学的名义，强调阅读中的"前见"甚至"偏见"的价值。作为方法的非主体主义现象学主要显示为主体间性（或非对象性现象学）与"描述现象学"。

主体间性现象学（或发生现象学）意味着在认识过程或调查研究过程中，认识者不是以主体的姿态拷问、凝视、审查、征服某个认识的对象，而是把认识的对象当作自己的交往者，使自己与他者（对象）相互关联或融为一体。主体间性现象学所强调的构成性或互主体性意味着认识者由对象性思维转向非对象性思维，把某个对象还原为有背景的主题或有边缘的焦点。让对象在背景中；让焦点在边缘中。有学者甚至认为这种主体间性现象学（或发生现象学）及其"构成性"是胡塞尔现象学的精华，"现象学的精华在于其构成思想，特别是彻底的存在论意义上的构成洞见。"①其重要意义不仅显示为非对象性的认识论，更重要的意义在于非对象性的生存方式（存在论）。比如，不把他人当作一个命令、追求或占有的对象，而是通过友善的交往、仪式的烘托或荣誉的光环而使他人被感染、被感动或被吸引。

除了作为主体间性或非对象性，作为方法的非主体主义现象学也可能采用整体描述的方法。传统的方法是通过讲逻辑并进而讲道理，而"现象学描述"或"描述现象学"是通过整体描述事件或讲述故事的方式呈现道理，以此揭示事物的整体形象并由此而凸显事物的本质。现象学描述与小说家或画家的"叙事"或"叙事学"方法比较接近。② 就此而言，现象学研究方法既不是实证的，也不是哲学思辨的，它更接近艺术创作。

现象学描述倾向于以艺术化的语言和"象"思维，而不是以习俗的概念化的语言和"抽象"思维去描述当事人的体验。为了让当事人说出自己的体验或描述当事人的体验，体验现象学的研究需要依靠当事人的个性化的语言和艺术化的语言。也因此，现象学式的体验研究需要研究者在制作"研究报告"时具有某种"艺术家"的气质和技艺。艺术家是那些有关人生体验的卓越的倾听者。小说家小心谨慎地用同情的心态讲述自己或他人的体验；诗人用简单的词语让"人"或"物"自己说话。让事物自己说话或让事情自己显露自身，原本是胡塞尔现象学的核心追求。艺术的描写是一种非对象性的思与言。现象学的方法甚至就是"艺术的方法"。就此而言，现象学的发明者并非胡塞尔，而是所有"艺术家"。而在种种艺术之中，小说的叙事比论文的抽象概括更容易接近当事人的体验。③ 也正因为如此，捷克小说家昆德拉（M. Kundera，1929—）断言："小说在弗洛伊德之前就知道了无

---

① 有关发生现象学的更多讨论，详见：张祥龙. 从现象学到孔夫子[M]. 北京：商务印书馆，2001：191.
② 有关教育研究领域的"现象学的方法"的更多讨论，详见：刘良华. 何为"现象学的方法"[J]. 全球教育展望，2013(8)：43—50.
③ 因此，现象学式的体验研究在表述方式上往往呈现为叙事研究。有关现象学与叙事研究的关系的更多的讨论，详见：刘良华. 从"现象学"到"叙事研究"[J]. 全球教育展望，2006(7)：40—43.

意识。在马克思之前就知道了阶级斗争。它在现象学家之前就实践了现象学(对人类处境本质的探寻)。在不认识任何现象学家的普鲁斯特那里,有着多么美妙的'现象学描写'。"①

三、自传法:重写自传或自传研究

如果说现象学研究的核心精神是体验研究,那么,自传法则是实现这种体验研究的一种有效途径。自传最初显示为文学传记和历史传记,它介于文学与历史之间。在后来的发展过程中,自传逐步越出文学与历史领域,它作为一种研究方法而广泛应用于历史研究、社会学、心理学、教育学等研究领域。传记分为自传与他传。他传常用于历史研究,而自传可以作为调查研究的一种方式,主要用于现象学式的"体验研究"。"自传法"正式作为社会科学研究的一种方法始于 20 世纪 20 年代。当时美国芝加哥大学社会学研究者开始将"传记法"作为社会学史的一个部分。至 20 世纪 70 年代,随着解释学方法越来越受到重视,"传记法"再度引起人们的兴趣。国际上出现了"传记研究"的专门组织和专门的学术刊物。不少社会学专业杂志和人类学专业杂志也频繁地发表传记体的研究文章。②这些文章展示了传记法或自传法作为一种教育研究方法和促进教师专业发展的特色与多种可能。

作为教育研究方法的自传主要有三个步骤:一是收集和整理传记事实;二是撰写自传;三是重写自传或研究自传。

■ (一) 收集和整理传记事实

从收集传记事实的可能途径来看,作者可以采用的方式包括自由回忆、查阅日志、信件、档案、旧报纸、旧杂志,等等。

如果传主一直保持了记录日志的习惯,那么,收集传记事实的最便利的办法就是翻阅传主过去的日志。对于那些打算在未来的某个时间撰写自传的人来说,最好的办法也是养成记录日志的习惯。传主的日志若比较完整而丰富,那么,日志本身就有可能构成自传。

电话、手机、电子邮件以及微信等交流工具流行之后,"亲笔信"几乎消失。现在,自传的作者在收集传记事实时,已不太可能获得传主的大量的书信,只能退而求其次,去查找那些"交往过剩"而"思念不足"的手机短信、电子邮件、微信或网站留言。

除了日志和书信之外,自传的作者也可以查找传主出生以来的档案、旧报纸或旧杂志。报纸和杂志虽然可能充满了信息垃圾或花边新闻,但是,那些旧报纸和旧杂志毕竟可

① 昆德拉. 小说的艺术[M]. 董强,译. 上海:上海译文出版社,2004:41.
② 详见:(1) Denzin, N. Biographical Research Methods. In Husen, T. & Postlethwaite, T. (eds) *The International Encyclopedia of Education*, Elsevier Science Ltd. 1994. (2) Bertaux, D. (ed.) Biography and Society: The Life-history Approach in the Social Sciences, Beverly Hills, CA: Sage. 1981. (3) Denzin, N. Interpretive Biography, Newbury Park, CA: Sage, 1987. (4) Erben, M. Biography and Education: A Reader, Falmer Press, 1998.

以提示：传主自出生以来，周围的世界发生过哪些大事？真实的历史并不一定写在历史教科书中，真实的历史倒可能写在那些市民每天都在阅读和谈论的报纸和杂志之中。旧报纸和旧杂志里的新闻并不能直接构成自传事实，但旧报纸和旧杂志里的新闻可以刺激传主去回忆自己在某年某月某日所经历的某些重要事件及其"时代背景""时代精神"。

自传的作者通过传主回忆、查阅日志、信件或档案以及相关的旧报纸、旧杂志的方式获得了足够的经验事实之后，可以采用"年谱"的形式整理传记事实。"年谱"是传记的早期形式。随着现代意义上的自传文学的兴起和流行，自编"年谱"的人越来越少。"年谱"虽然在自传领域逐渐淡出，但它仍然可以作为收集和整理传记事实的一个有效的工具。自传的作者通过自我回忆或查阅日志、信件、档案以及相关的报纸杂志之后，就可以按照时间顺序，为自己建立一个"自编年谱"。这个"自编年谱"可以视为自己的"个人成长大事记"。

"自编年谱"或"个人成长大事记"的完成，意味着第一个阶段（"收集传记事实"）的暂时结束和第二个阶段（"选择传记事实"）的开始。

■（二）撰写自传

通过传主的回忆或查阅日志、档案、信件、旧报纸和旧杂志的方式来收集传记事实，这只是为传记的撰写提供了"真实"的经验材料。即便这种真实的经验材料已经被编制为"年谱"或"个人成长大事记"，它们也还是无法构成完整的"自传"。完整的自传除了收集"经验事实"之外，还需要对经验事实进行选择和取舍，以便建立传主的"个性"和故事的"情节"。

为了建立传主的"个性"和故事的"情节"，作者需要考虑传记的三个关键要素：一是寻找"成长线索"和"个性身份"；二是叙述"个人生活史"，由个人生活史带出影响自己成长的"重要他人"和"时代精神"（或称之为"时代变迁"）；三是"自我反思"，通过对"当时的心理感受"和"事后的忏悔"，使"自传"与一般意义上的"回忆录"拉开距离。

1. 寻找"成长线索"

自传写作的最大困难就在于：既需要努力回想自己的生活中所经历的人和事，又不能将所能回忆的所有事实都排列出来。自传的写作是否成功，取决于自传是否隐含了内在的"情节"。自传是否隐含了内在的"情节"，又取决于作者是否留意了"成长的线索"和"个性身份"。

陶渊明的《五柳先生传》虽然算是自传中的经典名篇，但这份中国式的自传有一个弱点：它只是列举了静态的"读书""醉酒""家贫"三个传记事实。三者之间缺乏动态的发展，没有"时间性"，没有"成长线索"。[①] 真正的"成长线索"要么显示成长的"冲突"，要么隐含在某个"影射"自己个性身份的"标志"或"形象"之中。

除了留意"成长冲突"之外，建立"成长的线索"和故事"情节"的另一个技巧是确立"个性身份"：在大量的传记事实中寻找最能够"影射"自己个性的某个"标志"和"形象"。比

---

① 详见：赵白生.传记文学理论[M].北京：北京大学出版社，2003：21.

如,外人赋予富兰克林(B. Franklin,1706—1790)多种"身份":印刷人、邮政局长、历书作者、随笔家、化学家、演说家、勤杂工、政治家、幽默家、哲人、沙龙人、政治经济学家、家政教授、大使、公益人、箴言家、草药医生、才子、电学家、战士、代理人、议长、和平缔造者、宾州总统,等等。但是,富兰克林本人在他的自传中不断地提示他的"印刷人"形象。他在遗嘱中劈头就写:"我,费城的本杰明·富兰克林,印刷人⋯⋯。"①与富兰克林不同,萨特(J. Sartre,1905—1980)对自己的"身份"似乎并不满意。他以《词语》命名他的自传时,他本人也因"词语"而建立他的个性和身份。这个"身份"意味着:萨特一生都在"与词语打交道",他因"词语"而著名,"我生来就是写作的";可是,萨特本人也因词语而苦恼,一度陷入"文学神经症"。于是,他总在寻找另外的"存在"方式,包括他的奇特的"爱的存在"方式。无论萨特对自己的"词语"形象和"词语"身份是否满意,"词语"确实显示了他的"个性"。

2. 寻找"重要他人""时代精神"及其"社会网络分析"

自传是当事人讲述自己的"个人生活史",可以称之为"一个人的教育史"。可是,"一个人的教育史"并不意味着只叙述"一个人"的故事。恰恰相反,出色的自传总是由"个人生活史"带出影响他的成长的"重要他人"和"时代精神"。

寻找影响自己的"重要他人",这既是自传的一个任务,也是自传的内在的精神。正因为如此,有研究者认为古罗马奥勒留(M. Aurelius,121—180)的《沉思录》是比较典型的"自传"形式。奥勒留在《沉思录》里不断地提出影响自己的"重要他人"。《沉思录》的开篇就提出自己的曾祖父、父亲、母亲、老师、朋友、名人的言行对自己的影响。比如:"从我的祖父维勒斯,我学习到弘德和制怒。从我父亲的名声及对他的追忆,我懂得了谦虚和果敢⋯⋯"②

教育自传的核心内容是回忆自己的亲人、老师和朋友对自己成长的影响。这样看来,钱穆的《八十忆双亲·师友杂忆》最适合做教育自传的主题。在这部自传中,钱穆坦言他写自传的目的并不在于记录"一人之事":"余所追忆亦可使前世风范犹有存留。读此杂忆者,苟以研寻中国现代社会史之目光视之,亦未尝不足添一客观之旁证。有心世道之君子,其或有所考镜。是则凡余之所杂忆,固不仅有关余一人之事而已。"③以这个标准来考量,胡适的学生罗尔纲的《师门五年记》只能算是教育自传的一个"切片"。在这部自传中,罗尔纲"只字不提日常琐事,专讲五年间师生的切磋学问"。④

除了叙述那些曾经影响自己的重要他人之外,完整的自传往往由"个人"的成长史牵引出他所处的"世界"("时代背景"或"时代精神")。也因此,有人将自己的自传称为《我与我的世界》。⑤ 有人甚至在"自传"中叙述自己的出生年月时,自信地列举当时的"世界大事"。⑥ 有人则直接向读者交代:"我所写下的可就有点像自传,有点像回忆录,也有点像

① 详见:赵白生.传记文学理论[M].北京:北京大学出版社,2003:85—91.
② 奥勒留.沉思录[M].何怀宏,译.海口:海南出版社,2002:3.
③ 钱穆.八十忆双亲·师友杂忆[M].北京:三联书店,2005:44.
④ 陈平原.中国现代学术之建立——以章太炎、胡适之为中心[M].北京:北京大学出版社,1998:325.
⑤ 详见:曹聚仁.我与我的世界[M].北京:人民文学出版社,1983.
⑥ 详见:陈平原.中国现代学术之建立——以章太炎、胡适之为中心[M].北京:北京大学出版社,1998:322.

近代史。"①

正因为自传法包含了有关"重要他人"和"时代精神"的考虑,它可用于"社会网络分析"。通过教育自传所提示的社会网络,从中可以发现一个人在其成长过程中所可能遇到的各种重要他人及其关系。②

3. 小故事与大道理

好的故事总是显示或暗示了某种冲突。冲突越宏大、深刻、不可调和,与这种冲突相关的故事就越可读、动听、迷人、感人。冲突越微小、容易解决或缓解,与这种冲突相关的故事就越不值得阅读。凡有"成长冲突"发生的地方,这个地方就隐含了相关的成长的故事。凡是没有"成长冲突"的地方,这个地方就没有教育故事。好的教育故事总是拉着读者或听众进入某种教育事件及其冲突中。

教育自传不能直接讲教育道理、教育理论,否则就不是教育自传,而是教育论文。但是,教育自传又需要讲故事的人有自己的"个人化的教育理论";教育自传的撰写需要传主本人已经建立了自己的"教育道理",以其"个人化的教育理论""个人化的教育道理"去照亮、公布那些沉默不语的"教育冲突"。比如,人们一直居住在自己的日常生活中,但是只有鲁迅那样的人才识别了"狂人""阿Q""孔乙己"这些隐藏在中国人的日常生活中的"国民性"及其冲突。鲁迅之所以能够识别这些"国民性"及其冲突,是因为鲁迅的头脑里积累了关于中国的"国民性"的理解和理论。鲁迅的小说过于"主题先行",过于模式化,但几乎所有的小说家在写小说、讲故事的时候都有"主题先行"的痕迹。写小说表面上看是"讲故事",实质上是宣布自己的道理、理论。

■ (三)重写自传与自传研究

重写自传就是研究者将他人的自传作为研究的文本,从他人的自传中寻找本土概念或建立扎根理论。

教育自传使当事人的"个人知识"(或称为"个人化实践知识")在其"个人生活史"的叙说中不知不觉地显现出来。自传的魅力就在于:它暂时放弃逻辑推理,它将自己带入"个人生活史"的思考和搜索,让自己在个人生活史中领会自己的"个人知识"。③ 而对研究者而言,当事人所讲述的"个人生活史"将成为他本人的"个人知识"的背景和边缘。当研究者将当事人的"个人知识"作为研究的焦点时,他的"个人知识"是闭锁的。这种"个人知识"不会轻易对研究者开放。当研究者将研究的目光转移到当事人的"个人知识"的背景和边缘时,当研究者直接进入他的生活世界时,当事人的"个人知识"就会在其"个人生活

---

① 蒋梦麟. 西潮·新潮[M]. 长沙:岳麓书社,2000:15.

② 有人认为,人的社会网络的平均规模是150人,而且呈现金字塔的形态分布,其顶端大约为7人。也就是说,最强的关系是我们的直系亲属和最好的朋友,我们每天与他们打交道,并认为他们是最亲密可信的人。这个亲密群体的数字平均为7人。详见:茨韦特瓦. 社会网络分析:方法与实践[M]. 王薇,等,译. 北京:机械工业出版社,2013. 122.

③ 范梅南. 研究并理解学生的体验[C]//朱光明,译. 陈向明. 质性研究:反思与评论(第壹卷). 重庆:重庆大学出版社,2008:12—21. 刘良华. 研究教师个人知识的困难与路径选择[C]//陈向明. 质性研究:反思与评论(第壹卷). 重庆:重庆大学出版社,2008:143—150.

史"的某些事件中弹跳出来。研究者可以借助当事人的个人生活史中的"本土概念"以及相关的蛛丝马迹，使那些隐匿的内心深处的"个人知识"间接地、曲折地"折射"出来。

正因为如此，有人将个人自传作为探察"个人化实践知识"的一个重要途径："我们中的大多数人没有尝试用传记来重新讲述我们的生活。我们相信，对于探索我们的个人化实践知识来说，它是一个非常有用的起点。在我们的教学中，在上课初我们通常让学员分享简短的自传片段。在口头朗读简单的材料之后再提供篇幅较长的书面材料。我们发现这个办法很有用。我们也要求我们的研究生开始写他们的自传，并根据自传写毕业论文。"[1]传统的教育研究充斥了种种有关教育制度改革的政策研究或有关教学方法改革的对策研究，即便福柯（M. Foucault，1926—1984）的知识考古学研究，也主要只是关于知识权力（比如对疯癫概念的命名和建构）对疯人、犯人、学生、士兵的压迫现象的发生史的分析，而几乎看不到疯人、犯人、学生、士兵等承受者的行动以及他们的内心体验（有学者称之为福柯方法的"失灵"[2]）。与之相反，自传法则更重视制度改革或知识权力中的教师、学生、家长等承受者（当事人）的内心体验。[3]

也就是说，撰写教育自传对传主本人来说是一种自我反思和自我唤醒的过程，而对于研究者而言，教育自传所讲述的"个人生活史"可以让研究者获得有关人的成长和受教育的密码。重写自传就是对人的成长密码或受教育密码的破译（见案例 5 - 3）。

案例 5 - 3

教育自传中的个人知识[4]

该研究主要通过四种途径收集和整理中小学教师的"教育自传"：(1) 在给本科生开设"教育研究方法""课程与教学改革"课程时，要求他们撰写自己的"教育自传"，通过反思他们自己的生活历史来研究教师行为对学生的影响，以此作为课程作业的一个部分；(2) 在参与中小学教师行动研究的过程中，建议教师撰写"教育自传"，以此作为"自我反思"的一个重要途径；(3) 为了鼓励中小学教师撰写"教育自传"，研究者本人也回顾和思考自己曾经作为一个受教育者和现在作为一个教育者的经历；(4) 除中小学教师和研究者本人撰写的"教育自传"之外，也收集了某些已经公开出版的各类"传记"文学和具有"传记"意义的电影作品。大量的教育自传隐含了"好教师"两个基本要点：一是"对我好"；二是"有激情"。

(一)"对我好"

就研究者所收集的"教育传记"来看，不同的教师在与学生交往的过程中总是显现为不同的行为。教师通过自己的行为来影响他的学生。当教师的行为普遍受学生认可、赞赏时，这个

---

① Connelly，F. Clandinin，D. *Teachers as Curriculum Planers: Narrative of Experience*［M］，Teachers College Press，1988：37.

② 详见：周勇. 教育场域中的知识权力与精英学子［M］. 北京：北京师范大学出版社，2010：22—23.

③ 有关自传中的教育体验，详见：何兆武. 上学记［M］. 北京：三联书店，2008. 罗尔纲. 师门五年记·胡适琐记［M］. 北京：三联书店，2006. 钱穆. 八十忆双亲·师友杂忆［M］. 北京：三联书店，2005.

④ 刘良华. 教育自传中的个人知识：关于"好教师"的调查研究［J］. 北京大学教育评论，2008(1)：125—131.

教师就被认为是"好老师"。当教师的行为普遍引起学生的反感、憎恨时,这个教师就被认为是"坏老师"。老师"对我好"显示为两个基本要素:一是"赏识",二是"帮助"。

（二）"有激情"

教师的激情直接地显示为生活的"热情"态度,但更多地显示为教师思想的深度。凡是对生活怀有热情的教师,这个教师总会通过他的热情感染他的学生。相反,如果教师的生活状态呈现为鲁迅所不齿的那样"两眼下视黄泉""满脸装出死相",这样的教师必不能引起学生的好感。

重写自传的主要目的是让传主在其"成长线索"及其"重要他人"或"时代精神"中加入心理分析、自我反思和"忏悔"。

西方的自传从奥古斯丁开始,就延续了心理分析和忏悔的传统。奥古斯丁的《忏悔录》、卢梭的《忏悔录》和托尔斯泰的《忏悔录》,一起被称为"世界三大忏悔录"。

一般意义上的传记（"他传"）也许无法提供过多的心理分析,因为传主的心理感受很难为外人知道。自传的优势就在于:作者就是传主本人,自己可以回忆当时的心理感受或表达"事后的忏悔"。

出色的自传几乎没有例外地显示为大量的心理分析和忏悔意识。社会科学研究领域之所以重视自传,正因为自传及其"体验"为读者提供了理解当事人的个人化实践知识的材料,也为传主本人的"自我反思"和"专业成长"提供了启动装置。在西方行动研究中,不少研究者采用"自传法"来讲述行动研究的故事。[①] 在课程研究领域,自传一度被作为"存在体验课程"（currere）、"概念重建运动"和教师教育研究的一个重要途径,在美国一度掀起"传记运动"。[②] 自传被用来重新发现"课程中的个体"。"许多大学和研究生教育中的教师教育者,为了把'讲述他们的故事'作为考察和建构教学假设和实践的一种方法,鼓励学生以自传的形式来写作或讨论。"[③]

也有研究者利用"合作自传"的方式促进教师专业成长。该研究选择了四位教师作为"传主"（也称为"案主"）,研究者根据四位教师（传主）提供的个人材料分别撰写教师个人自传。然后将撰写的自传返回给传主本人。如果传主本人感觉自传文本不够真实,则由传主提供后续的补充资料,研究者根据后续的补充资料进一步调整自传。[④] "合作自传"比一般意义上的自传的好处在于:第一,它避免了传主本人撰写自传时的随意性,它使自传的资料收集与资料分析以及写作过程更接近科学研究。第二,它避免了传主因工作忙或不善于写作等因素的限制而拒绝撰写个人自传。

---

① 详见:McNiff,J. Teaching as Learning:An Action Research Approach,Routledge,1993. 另详见:Elliott,J. *The Curriculum Experiment: Meeting the Challenge of Social Change*,Open University Press,1998:1—16.
② 派纳,等. 理解课程:历史与当代课程话语研究导论[M]. 张华,等,译. 北京:教育科学出版社,2003:542. 派纳,等. 自传、政治与性别[M]. 陈雨亭,王红宇,译. 北京:教育科学出版社,2007:Ⅲ（前言）.
③ 米勒. 打破沉默之声:女性、自传与课程[M]. 王红宇,吴梅,译. 北京:教育科学出版社,2008:216.
④ 卢明,张红. "合作自传"促进教师专业成长的个案研究[J]. 全球教育展望,2008(8):86—89.

第3节 扎根理论的程序和技巧

扎根理论(grounded theory)作为一个概念在 1960 年代才被正式提出来[①],但是,扎根理论并非一种新方法或新理论。扎根理论伴随质的研究的兴起而诞生,扎根理论也将伴随质的研究的被拒绝而隐退。扎根理论是所有质的研究必须完成的一个程序和目标。质的研究与量的研究的不同之处就在于:量的研究是理论假设先行,在提出了理论假设之后,再去寻找经验事实以便证明这个理论假设;而质的研究是先有经验事实然后从经验事实中归纳、觉察出相关的理论。前者可称为"先于经验的理论",后者可称为"后于经验的理论"或"扎根理论"。

所有出色的质的研究报告都会形成自己的扎根理论。质的调查研究报告需要形成扎根理论,质的历史研究报告也需要建立自己的扎根理论。[②] 质的研究如果仅仅只是叙述了一个故事而没有建立扎根理论,那么,这种研究报告就会面临"只有叙事没有研究"的批评。没有扎根理论的叙事类似新闻记者所报道的故事或历史故事。

一、分析资料:分类并编码

表面上看,收集资料在先,分析资料在后。研究者以访谈或者观察、问卷的方式收集资料之后,接下来需要对资料进行整理和分析。分析资料的过程就是从"一团乱麻"中"理出头绪"。但是,在实际的研究过程,分析资料与收集资料是一个相互推动的过程。将调查研究绝对地分为收集资料和分析资料两个阶段的后果是:由于没有分析资料的意识,研究不知道从哪里开始"收集资料"。或者,收集了大量的资料之后,等到分析资料时,发现所收集到的资料只是一堆没有意义的"废料"。另一种可能的结果是,等到研究者在分析资料的过程中发现某个概念或假设而需要更多的资料来证实这些概念和假设时,研究者已经失去了收集资料的条件。

■ (一)收集资料与分析资料的互动

有效的调查研究是先收集资料,进展到一半或三分之一的状态之后,就开始分析资料。甚至,在收集资料的一开始,就伴随着分析资料。收集资料一旦开始,分析资料也就同时启动。分析资料与收集资料同步进行的好处是:在分析资料的过程中生成相关的概念和假设,并围绕这些概念和假设去进一步收集资料。用"分析资料"推动"收集资料"的另一个好处是:研究者不仅能够不断收集到有意义的资料,而且不至于所收集到的资料

---

① 最初由美国学者格拉塞(B. Glaser, 1930—)和斯特劳斯(A. Strauss, 1916—1996)在 1967 年《扎根理论的发现》中提出来。在他们看来,扎根理论就是从资料中发现理论。详见:Glaser B. Strauss A. The Discovery of Grounded Theory: Strategies for Qualitative Research[M]. Chicago: Aldine, 1967: 1.

② 详见:黄仁宇. 万历十五年[M]. 北京:中华书局,2007.

显示为"一团乱麻"。严格地说,如果研究者在收集资料的过程中只是漫无头绪地收集并且所收集到的资料呈现为"一团乱麻",那么,等到分析资料时,研究者很难从这种"一团乱麻"中"理出头绪"。

■ (二) 分类及其编码

"编码"(Coding)就是对收集到的资料进行登录、分析和分类,以便突出某些概念并由这些概念形成"扎根理论"。编码是形成扎根理论的关键步骤。

斯特劳斯和考宾概括了"编码"的三种方法:随意编码(Open Coding)、分类编码(Axial Coding)和核心编码(Selective Coding)。① 也有人称之为一级编码(开放式登录)、二级编码(关联式登录或轴心式登录)和三级编码(核心式登录或选择式登录)。②

不过,从编码的内涵来看,最好称之为一次编码、二次编码和三次编码。而且,所谓一次、二次或三次,也只是大致的说法。因为,有些研究者只需要一次或两次编码就能够成功地形成自己的扎根理论,而有些研究者在形成其扎根理论的过程中可能需要四次或更多次编码。

给资料编码就是给资料分类,类似给零散的资料编写目录和索引。编码的方式主要有三种:一是用某个关键词来概括资料中的每一句话的意义。这是逐行编码。这个关键词既可以自由创造也可以借用资料中的某个词语。二是用资料中的某个句子来概括某份资料的段落大意。③ 研究者可以最初大致编码,形成一次编码,然后回头再来重新调整编码,形成二次编码。一次编码实际上是比较开放、零散、随意、粗略的归纳和分类。编码并非一定用数字符号,恰恰相反,比较方便的编码是通过寻找、挑选关键词或本土概念的方式"逐行编码"或"逐段编码"。这样的方式类似于在阅读过程中在页边或页眉做批注,把看到的某句话或某段话中的某个关键词挑拣出来,抄写在页边或页眉上,以便起到归类和概括的作用。研究者也可以用自己的词语或概念来概括某句话或某段话的含义。④

尽管研究者在为自己所收集到的资料进行第一次登记时就希望形成良好的顺序和结构,而事实上,研究者很难"一眼望去"就能够对资料进行"一锤定音"的分类。但是,这并不意味着一次编码不重要。一次编码的重要意义在于:它是对资料以及相关信息所做的第一次归纳、整理和分类。资料分类的前提是将资料"打散"和"重新洗牌"。打散和重新洗牌之后,再使资料按照一定的顺序和结构重新编码。

---

① 详见:Strauss A. Corbin J. Basics of Qualitative Research: Grounded Theory Procedures and Techniques [M]. California: Sage Publications, 1990: 58. 也译为"开放性译码""主轴译码"和"选择性译码"。详见:Strauss A. Corbin J. 质性研究概论[M]. 徐宗国,译. 台北: 巨流图书有限公司,1997: 64. 另可参见:Strauss A. Corbin J. 质性研究入门:扎根理论研究方法[M]. 吴芝仪,廖梅花,译. 嘉义:涛石文化事业有限公司,2001.

② 详见:陈向明. 质的研究方法与社会科学研究[M]. 北京:教育科学出版社,2000: 332.

③ 实际上,这也是一般学者在做阅读笔记时时常常用的方法。笔者的导师叶澜先生在批改笔者的博士学位论文时,在论文的打印稿做了大量的旁批。而旁批的形式主要有三种:一是抄录正文中的某个句子。二是抄录正文中的某个关键词。三是偶尔用自己的话语归纳正文中段落大意。

④ 逐行编码以及做笔记的方法,详见:查马兹. 扎根理论:客观主义与建构主义方法[C]//邓津,林肯. 质性研究:策略与艺术[M]. 重庆:重庆大学出版社,2007: 551—552.

■（三）一次编码与二次编码的差异

二次编码或三次编码与一次编码只在结构上或分类上有差异，而在形式上并没有差别。经过第一次编码之后，研究者回头审查自己所做的编码时，往往会感觉美中不足甚至比较失败或失望。这种失败或失望往往因为研究者感觉一次编码没有使资料信息中的关键事件、蛛丝马迹和本土概念凸现出来。如何通过编码、分类和重新"概念化"的方式使"一团乱麻"的资料显示出"一以贯之"的脉络，这就是二次编码或三次编码的任务。

为了形成有效的编码或分类，研究者最好将所收集到的资料摆放在桌子上，然后，反复地对这些资料保持整体阅读或考察。如果这些已经转化成电脑文字，那么，最好反复浏览这些材料，以便从中发现更多的本土词语或更多的有效的归纳、分类。

编码和分类的传统办法是"剪刀加浆糊"：先用有色笔将资料中的某类信息涂上颜色，然后，将同类信息剪贴到一起。后来，越来越多的研究者开始采用 NVivo、ATLAS. ti 和 MAXQDA 等"电脑辅助质性研究软件"（Computer-Assisted Qualitative Data Analysis Software，简称 CAQDAS）。①

质性分析软件的确能够带来某些编码或分类、关键词搜索和统计的便利，但是，质性分析软件仍然需要研究者亲自对资料进行编码甚至逐行编码。而在编码的过程中，研究者需要发挥自己的直觉来寻找合适的词语以便概括每一行资料的意义。研究者输入的编码直接决定质性分析软件的结果。这样看来，在质性分析软件的编码过程中，研究者个人化的直觉、理论触觉以及相关的手工操作依然是建立扎根理论的关键要素。

二、寻找"关键事件"与"本土概念"

在调查研究中，调查的热情需要有"关键事件"的激发。如果没有找到所要调查的关键事件，只是在所调查的当地"无聊地转悠"或"休闲地聊天"，调查研究终究无法获得"正果"。

■（一）发现"关键事件"

调查研究表面上看是从"进入现场"开始。可是，调查研究实际上从研究者发现了值得调查的"关键事件"开始。一旦在调查的过程中发现了某个值得关注的"关键事件"，那么，研究者就可能因此而进入正式的调查研究。而对那些尚未发现值得关注的"关键事件"的研究者来说，所谓的调查研究不过是一种漫无头绪的焦虑、烦躁、郁闷、愁苦。

费孝通在撰写《江村经济》以及相关的《江村通讯》时，一再提到他进入现场之后，找不到关键事件之前的苦恼以及找到关键事件之后所开拓出来的研究激情："我到达开弦弓时茫无头绪，所以拖了一个当地的朋友做向导，把全村走一圈看这有没有特别可以注意的地

---

①　有关 MAXQDA 的解释，详见：张奕华，许正妹. 质化资料分析：MAXQDA 软件的应用[M]. 台北：心理出版社，2011. 有关 NVivo 的解释，详见：Richards L. Using NVivo in Qualitative Research[M]. Sage Publications Ltd. 1999. 另参见：Lewins, A. Silver, C. Using Software in Qualitative Research[M]. Sage Publications Ltd. , 2007.

方。一圈一走，我就发生了一个问题。就是这拥有 400 户人家的村落，怎么只有四五家的小店，而且小得一看就明白决不能应付全村日常用品的卖买（后来一般说'买卖'）。我断定在这背后一定还有一个我没看到的卖买制度，而且这卖买制度和这一带地方的区位组织一定有密切的关系。于是我只用了一句问题："你们日常用品除了向这些小店去买之外，还有什么地方可以去买？"就发现了他们航船的重要性。从他们航船制度我一步一步地明了了他们生产运销的方法、他们的信用制度、他们和邻村经济绝缘的原因，这就是我所谓研究的关键。"①

按照费孝通的说法："在实地观察中去捉住关键，一半是靠研究者理论的训练，一半是靠研究者的悟性。"经由理论训练和研究的悟性，费孝通在这里找到的关键事件是："400户人家与四五家小店的矛盾，航船制度在化解矛盾中的作用。"后来，这个经历和发现构成了费孝通的《江村经济》研究报告的重要部分。②

■ （二）倾听"本土概念"

一般而言，找到某个"关键事件"，就会找到相应的"关键词"或"本土概念"。反过来说，一旦找到了某个或某些"本土概念"，也就发现了相应的"关键事件"。不过，"本土概念"除了与"关键事件"牵连之外，它本身还有"语言学"意义上的独立意义。

所谓"本土概念"，主要是指本地人（或称之为当地人）所使用的某些特别有影响力的词语。某个或某些"本土概念"既可能很强烈、很扎眼、很刺耳地呈现出来，也可能隐藏在当地人的生活方式的内部。无论直接呈现还是安静地隐匿在本地人的生活中，"本土概念"就在那里，它需要研究者去倾听和侦察。

某个词语是否够格成为"本土概念"，可以考察这个词语是否频繁出现或被本地人"重复使用"。而且，这些频繁出现的、被重复使用的词语隐含了本地人的生活信念、思维习惯与文化特色。这个或这些词语隐藏了当地人的"文化密码"，能够牵引出当地人的真实生活。

判断一个词语是否够格成为"本土概念"的另一个标准是：该词语是否隐含了当地人的某种生活"冲突"以及相关的"关键事件"。正因为"本土概念"常常隐含了本地人特有的生活信念、思维习惯与文化特色，这种"本土概念"对研究者来说往往具有"意外"的、"陌生化"的、"别具一格"的效应。它直接刺激研究者的感官。

任何一个有意义的"本土概念"都隐含了当地人的生活事件。本土概念和本土概念之间，就构成了当地人的完整的生活。韩少功在《马桥词典》中曾谈到这个问题："词是有生命的东西。它们密密繁殖，频频蜕变，聚散无常，沉浮不定，有迁移和婚合，有疾病和遗传，有性格和情感，有兴旺有衰竭还有死亡。它们在特定的事实情境里度过或长或短的生命，一段时间以来，我的笔记本里就捕捉和囚禁了这样一些词。我反复端详揣度，审讯和调查，力图像一个侦探，发现隐藏在这些词后面的故事，于是就有了这一本书。"③

---

① 费孝通.社会调查的关键[C]//费孝通文集（第一卷）.北京：群言出版社，1999：395—396.另参见费孝通.江村通讯：航船和江村的区位组织[C]//费孝通文集》（第一卷）.北京：群言出版社，1999：372—373.
② 详见：费孝通.江村经济——中国农民的生活[M].北京：商务印书馆，2001：210—215.
③ 韩少功.马桥词典[M].北京：作家出版社，1996：401.

寻找"本土概念"的目的是为了为当地人的生活故事找到一个或几个主题。或者说，每一个本土概念都是当地人生活故事的某个主题。在编码的过程中，研究者需要不断感受和比较各种经验事实，并从中发现本土概念。它与一般意义上的经验事实的差别在于：本土概念是经验事实的关键事件，它是经验事实的"节点"，它可以将相关的经验事实连接、贯穿起来。"本土概念"类似一个成语辞典中的"成语"，任何一个本土概念的背后都有一个意义悠远的当地人的故事。比如，韩少功在《马桥词典》中选择了"神"这个"本土概念"，然后，由这个本土概念牵引出一个宣布当地人生活习惯与文化信念的"本土故事"：有一个叫铁香的女人，她的男人叫本义。她不大乐意跟马桥的女人打交道，出工也要往男人堆里挤。在本义和其他人看来，这个女人很"神"。①

■（三）寻找故事背后的问题、冲突与疑惑

"本土概念"虽然名为概念，其实它仍然只是调查研究中的经验事实。或者说，本土概念不仅出身于经验事实，而且，本土概念本身就属于经验事实的一个成员。它不过是经验事实中的核心成员。

也就是说，"本土概念"并不能直接导向扎根理论。产生扎根理论的关键是本土概念及其故事中所隐含的问题、冲突或某种令人疑惑的现象。比如，在韩少功所讲述的"神"的故事中，相关的问题或令人疑惑的现象是：（1）这个女人给丈夫带来了不安全感，但她的丈夫也无可奈何。（2）这个女人征服了村里所有的男人，所有男人都愿意为她做事。（3）她的身体的魅力胜过了其他所有女人，引起其他女人的憎恨。

有了问题、冲突或令人疑惑的现象之后，才开始接近扎根理论。扎根理论最后是否能够建立起来，取决于研究者是否能够由"本土概念"上升为"理论概念"。

三、形成扎根理论：本土概念与理论概念的互动

编码、分类以及寻找"本土概念"只是为形成扎根理论提供了准备，但是，仅仅只有编码、分类和本土概念依然无法形成扎根理论。研究者能否通过编码（分类）的方式发现某种规律或理论，取决于研究者是否能够在"本土概念"与研究者头脑中的"理论概念"之间建立连接。

■（一）输入学理

扎根理论意味着先向下"扎根"于经验事实的土壤之中，然后再向上"生长"出相关的理论。也就是说，扎根理论表面上是一个"向下扎根"的过程，实际上，扎根理论更重要的步骤是"向上生长"出理论。而研究者是否立足于经验事实而向上生长出相关的理论，取决于研究者本人是否有比较发达的"理论触觉"（theoretical sensitivity）。②

---

①　韩少功. 马桥词典[M]. 北京：作家出版社，1996：217—231.

②　详见：Glaser, B. Theoretical Sensitivity. Mill Vallye, CA: Sociology Press. 另参见：Strauss A. & Corbin J. 质性研究概论[M]. 徐宗国，译. 台北：巨流图书有限公司，1997：45—51.

也就是说，形成扎根理论的关键是研究者发挥自己的"理论触觉"为经验事实"输入学理"。但是，研究者并非在任何时候任意地"输入学理"。只有当研究者发现了故事背后的问题、冲突或疑惑之后，才需要尝试性地"输入学理"，以便破解研究者所遭遇的问题、冲突或疑惑。所输入的"学理"越能够化解或解释相关的问题、冲突或疑惑，则说明该"学理"越接近、亲近最后所要选择或建立的扎根理论。

输入学理就是用理论化的概念（可称之为"理论概念"）去照亮眼前的经验事实。在这点上，扎根理论式的调查研究与历史研究是一致的。"历史学必定有其哲学，根本不存在没有哲学的历史。历史学家写史必定要运用某些思想和概念。"①同样，调查研究也必定有其理论以及相关的概念，根本不存在没有理论或概念的调查研究。

扎根理论究竟应该在资料中归纳出理论还是直接输入学理？这正是格拉塞与斯特劳斯发生严重冲突的关键所在。② 1990 年，斯特劳斯与他人合作发表《质的研究基础：扎根理论的技术与程序》，就扎根理论提出不同于格拉塞的解释，并引发格拉塞的不满和批评。格拉塞坚持从资料中归纳理论的"客观主义"立场，而斯特劳斯倾向于鼓励研究者用自己的理论假设或主观构想去"建构"理论。为了反击斯特劳斯，格拉塞发表"扎根理论分析基础：浮现对强制"。他把自己的扎根理论的思路称为"浮现"的方法，让理论从资料中"浮现"出来，而将斯特劳斯的方法称为"强制"。③

虽然斯特劳斯的"建构主义"思路是有争议的，但是，如果没有必要的"建构""强制"，理论是不可能从资料中自动"浮现"出来的。表面看来，扎根理论就是从事实中归纳、抽象出某个具有一定的普遍性的理论（或假设）。事实上，扎根理论并非完全由经验事实"归纳"出理论。相反，扎根理论最后的形成仍然依赖并借助于相关的理论假设。扎根理论并不反对理论假设，它只是强调在研究的过程中围绕眼前的经验事实去尝试各种理论假设。扎根理论与一般意义上的实证研究比如实验研究的不同之处只在于：在实验研究中，研究者在收集资料之前就已经建立了某个理论假设，然后用后续的经验证据去验证或推翻这个理论假设。而扎根理论鼓励研究者既带着自己的理论假设（或输入学理）去解释相关的经验事实，又随时准备让理论假设向经验事实"投降"。"投降"意味着已有的理论无法解释眼前的经验事实，或者，发现有另外更适切的理论来解释眼前的经验事实。

输入学理也可以理解为输入相关的"概念"或"理论"。一旦某个"概念""理论"（或"理论概念"）能够比较圆满地解释或解决这个问题、冲突或疑惑，那么，这个概念或理论就是研究者所建立的扎根理论。

扎根理论并不是简单的自下而上的过程，也不是由经验事实上升为理论的单向度的过程。相反，扎根理论的形成需要研究者从已有的理论中选择相关的理论去迎接和照亮

---

① 何兆武，陈启能. 当代西方史学理论[M]. 上海：上海社会科学院出版社，2003：137.

② 有关格拉塞和施特劳斯的分歧及其争议，详见：Urquhart C. Grounded Theory for Qualitative Research[M]. Sage Publitons Ltd, 2013：18—21. 另参见：查马兹. 扎根理论：客观主义与建构主义方法[C]//邓津，林肯. 质性研究：策略与艺术. 重庆：重庆大学出版社，2007：544—569. 在众多有关扎根理论的解释中，查马兹的这篇短文对扎根理论的解释显得比较生动而清晰。

③ 详见：查马兹. 扎根理论：客观主义与建构主义方法[C]//邓津，林肯. 质性研究：策略与艺术. 重庆：重庆大学出版社，2007：548—549. 在众多有关扎根理论的解释中，查马兹的这篇短文对扎根理论的解释显得比较生动而清晰。

眼前的经验事实,格拉塞和斯特劳斯称之"理论的敏感性"①。如果研究者头脑里没有与之相关的概念或理论,经验事实永远无法自动形成所谓的扎根理论。② 按照康德的说法,"知性无内容则空,直观无概念则盲"。③

■（二）成为连接主义者

研究者发挥自己的"理论触觉"主要有两个情境:一是当研究者发生经验事实出现了某种问题、冲突或疑惑时,直接为经验事实输入学理;二是在观看经验事实的当下,意识到眼前的经验事实与相关的现象或理论具有某种类似的关系。

也就是说,形成扎根理论的途径除了直接"输入学理"之外,还有另一个途径,即成为连接主义者:研究者以类比或直觉的方式使眼前的经验事实与相关的现象或理论建立连接。这两个途径并没有决然不同的分别,差异仅仅在于:输入学理显得比较"强制"一些,其心理机制是强迫经验事实接受相关理论的解释;而成为连接主义者显得比较自由一些,其心理机制是直觉或类比。④ 出色的连接者总是善于在表面不相干的现象与现象之间、现象与理论之间建立某种连接或链条。连接或链条一旦形成,研究者眼前杂乱的经验事实就会"生长"出相关的理论。比如,有人在我国台湾地区研究了台南的"童养媳"婚姻习俗。1895 年日本占领台湾地区,1900 年开始日本人对台湾地区的人口作了详细的记载,有完整的户口记录。户口里不但记载了诸如是什么民族,讲什么方言,还记载妇女有没有缠脚,是不是童养媳。从那个时候开始一直到 1960 年代,这些资料都非常完整。在台湾地区有一些地方童养媳比例高达 40％以上。研究者有一个重要的发现,"凡是童养媳的婚姻,她的子女一定少"。童养媳的子女少并不是偶然的,而是一种普遍现象。研究者认为这是一个问题:为什么童养媳的子女少? 研究者不仅翻阅户口的材料,而且直接访问当事人。通过这些材料,研究者的脑子里突然冒出童养媳的子女少的现象与"乱伦禁忌"有关。从"乱伦禁忌"的视角来看,一个家庭中抚育成长的同胞兄妹、姐弟,长期生活在一起,彼此都已很熟悉,他们就不会产生性的兴趣。兄弟姐妹不是有意不结婚,而是因为从小在一个家庭里,性的吸引力非常淡薄。童养媳的子女少,也正是因为童养媳的婚姻导致夫妻双方缺乏性的吸引力。⑤

扎根理论及其"输入学理"或"成为连接主义者"的方法也不限于质的调查研究,历史的调查研究尤其是历史人类学研究也需要以"输入学理"或"成为连接主义者"的方式形成

---

① 详见:Glaser B. Strauss A. The Discovery of Grounded Theory:Strategies for Qualitative Research[M]. Chicago:Aldine,1967:46.

② 如果研究者头脑里没有先于经验事实的理念假设,就无法看到事物与事物的联系,也无法形成因果关系。这是"休谟问题"所提出的警示,也是康德的"先天综合判断"所要解决的难题。

③ 这里取蓝公武先生的译法。详见康德.纯粹理性批判[M].蓝公武,译.北京:商务印书馆,1960:71,也有人译为"思维无内容是空的,直观无概念是盲的"。详见:康德.纯粹理性批判[M].邓晓芒,译.北京:人民出版社,2004:52.

④ 有关"成为连接主义者"的更多讨论,详见:Bereiter C. Education and Mind in the Knowledge Age[M]. Mahwah , NJ:Lawrence Erlbaum Associates,2002:197—199.

⑤ 详见:李亦园.二十一世纪中国人类学的关怀与祝愿[J].贵州民族学院学报(社会科学版),2000(4):4—8.

扎根理论。^①

总之,形成扎根理论的第一步是分析资料(分类并编码)。第二步从事实和资料中寻找"关键事件"与"本土概念"。第三步是尝试"输入学理",使本土概念及其背后的问题、冲突或疑惑与相关的理论形成连接。扎根理论所归纳、抽象出来的理论虽有可能是研究者的"独创"理论,但更可能是研究者对他人相关理论的"顿悟"与"印证"。

■ (三) 如何撰写扎根理论的研究报告

扎根理论的形成以及相应的研究报告的"写法"有两种方式:一是叙事研究报告;二是分类与比较研究报告。

1. 叙事研究报告

叙事的写法是将调查研究中所获得的材料整理成为一份有情节的、有内在线索的故事,将相关的教育理论隐藏在故事的深处。当然,研究者偶尔也可以在叙述故事的过程中跳出来发出有节制的议论。可以将这种"扎根理论"的写法称为"情境式"研究报告,也可以称为"叙事研究"式的研究报告。

这种方式的优点是将教育道理比较巧妙地隐含在有情节的故事中,让读者在阅读故事的过程中发生某种"隐性学习"的效应。它的缺憾在于:教育道理一旦隐藏在故事中,道理就可能被故事淹没而化为无形。教育道理是否能够被领会,不只是取决于故事本身的质量,还取决于读者的阅读理解水平。

就那些有"叙事研究"精神的研究者或读者来说,"将教育道理隐藏在教育故事中"是最理想的形式。它追求价值中立式的"描述",不要过多地议论和解释,尽量克制自己的价值判断。有学者建议:如果遇到不能解释的现象,则应遵照维特根斯坦的教导,对其"保持沉默"。^②

2. 聚类分析

聚类分析就是将调查研究中所获得的材料分门别类,每一个类别实际上就是一个相关的教育主题或教育道理。分类之后,再用相应的材料或故事来为这些教育主题或教育道理提供"证词"。

这种方式的优点是"主题"清晰,直接将相关的教育道理告诉读者,不用读者自己去猜想和琢磨。不过,它的优点也正是它的缺憾:它可能过于直接地将相关的教育道理强硬地公布出来,没有给读者留出足够的想象的空间。而且,这类报告很可能因缺乏内在的情节与线索而降低读者的阅读兴趣。

3. 对理论的"佯装不知"

无论是叙事研究报告还是分类与比较研究报告,扎根理论的写作的关键是对理论的"佯装不知"。

按照扎根理论的思路,研究者在调查研究之前必须放下、悬置已有的理论假设,以便

---

① 详见后文第 6 章有关历史人类学研究的讨论。
② 邓金. 解释互动论[M]. 周勇,译. 重庆:重庆大学出版社,2009:52.

在研究过程中采用归纳的方式形成自己的假设或理论。但是,在真实的研究过程中,研究者不可避免地带着某种理论假设去收集资料和分析资料。

无论研究者事前是否将自己的理论假设带入调查研究的现场,研究者在其写作过程中必须显得自己事先并没有任何理论假设。至于某个研究的发现以及相关的理论究竟来自事先的确定还是事后的归纳,这很难判定。唯一可以确认的是:即便调查研究在"事前"已经确立了某个理论假设,他在写作中必须告诉读者:本人在进入研究现场之前,头脑里"茫然无绪"。[①]

研究者在"事前"对某个理论的"不知"或"佯装不知",这正是扎根理论写作的关键思路。

关键术语

调查研究 问卷法 内容分析法 元分析 人类学研究 现象学研究 自传法 扎根理论

讨论与探究

1. 讨论:社会网络分析的技巧及其发展趋势?

2. 讨论:怎样做内容分析法?

3. 讨论:元分析有哪些技巧?元分析与元研究和文献综述有哪些差异?

4. 讨论:访谈法和观察法有哪些技巧?

5. 讨论:何谓现象学研究法?

6. 探究:围绕某个主题做一次问卷调查,提交一份以问卷法为主的调查研究报告(注意问卷的设计或借鉴相关问卷)。

7. 探究:案例 5-1 是一份有关社经地位与学业成就的关系的比较有影响的元分析研究报告,请模仿这份报告的研究方法和论文结构,尝试围绕某个主题,与他人合作展开一次元分析研究。

8. 探究:案例 5-2 是一篇博士学位论文的简介,该论文已经公开出版,请完整阅读这篇论文或专著,借鉴该研究报告所显示出来的研究方法和论文结构,围绕某个主题,提交一份以访谈法和观察法为主的调查研究报告。

9. 探究:案例 5-3 是一份自传研究报告,请撰写一份教育自传,内容至少包括三个要素:(1) 童年记忆尤其是与亲人交往过程中发生的愉快的和不愉快的故事;(2) 从小学到大学的求学期间师生交往过程中发生的愉快的和不愉快的故事;(3) 朋友之间的交往及相互影响的故事。

---

① 费孝通在撰写《江村经济》以及相关的"江村通讯"时,他一再强调"我到达开弦弓时茫无头绪"。详见:费孝通. 社会调查的关键[C]//费孝通文集(第一卷). 北京:群言出版社,1999:395—396.

10. 探究：理解扎根理论的程序和技巧，并采用质的调查研究的方式收集资料和分析资料，提交一份质的研究报告，呈现扎根理论的形成过程。

进一步阅读的文献/网站

1. 陈向明. 质的研究方法与社会科学研究[M]. 北京：教育科学出版社，2000. 参阅：(1)陈向明. 教师如何作质的研究[M]. 北京：教育科学出版社，2001.(2)陈向明. 旅居者与"外国人"——留美中国学生跨文化人际交往研究[M]. 北京：教育科学出版社，2004.(3)刘云杉. 我是一个受教育者[D]. 南京：南京师范大学，1999.刘云杉. 学校生活社会学[M]. 南京：南京师范大学出版社，2000.(4)徐碧美. 追求卓越——教师专业发展案例研究[M]. 陈静，等，译. 北京：人民教育出版社，2003.

2. 张奕华，许正妹. 质化资料分析：MAXQDA软件的应用[M]. 台北：心理出版社，2011.

3. 彭增军. 媒介内容分析法[M]. 北京：中国人民大学出版社，2012. 参阅：(1)利普西. 实用数据再分析法[M]. 刘军，吴春莺，译. 重庆：重庆大学出版社，2008. 这里的"再分析"也译为"元分析"。(2)Borenstein M. etc. Meta分析导论[M]. 李国春，吴勉华，余小金，译. 北京：科学出版社，2013.(3)杜晓利. 教育研究重心的转移[D]. 上海：华东师范大学，2003.(4)岳敏.《教育研究》与《哈佛教育评论》研究方法的比较[D]. 广州：华南师范大学，2010.

4. 何安平. 语料库辅助英语教学入门[M]. 北京：外语教学与研究出版社，2010. 参阅：何安平. 语料库在外语教育中的应用[M]. 广州：广东高等教育出版社，2004.

5. 鲁宾J. 鲁宾I. 质性访谈方法：聆听与提问的艺术[M]. 卢晖临，连佳佳，李丁，译. 重庆：重庆大学出版社，2010. 参阅：(1)王铭铭. 教育空间的现代性与民间观念——闽台三村初等教育的历史轨迹[J]. 社会学研究，1999(6).(2)巴战龙. 人类学视野中的学校教育与地方知识[D]. 中央民族大学，2008.巴战龙. 学校教育·地方知识·现代性——一项家乡人类学研究[M]. 北京：民族出版社，2010.(3)胡惠闵. 指向教师专业发展的学校管理改革——上海市打虎山路第一小学个案研究[M]. 上海：华东师范大学，2003.胡惠闵. 校本管理[D]. 成都：四川教育出版社，2005.(4)沃尔科特. 校长办公室里的那个人：一种民族志[M]. 杨海燕，译. 重庆：重庆大学出版社，2009.(5)休姆斯. 美国最好的中学是怎样的：惠尼中学成长纪实[M]. 王正林，王权，译. 北京：中国青年出版社，2009.(6)许美德. 思想肖像[M]. 周勇，等，译. 北京：教育科学出版社，2008.

6. 梁鸿. 中国在梁庄[M]. 南京：江苏人民出版社，2010. 参阅：(1)李书磊. 村落中的"国家"[M]. 杭州：浙江人民出版社，1999.(2)耿涓涓. 教育信念：一位初中女教师的叙事研究[C]//丁钢. 中国教育：研究与评论(第2辑). 北京：教育科学出版社，2002.(3)唐芬芬. 教师言语行为的课堂透视：一项质的研究[C]//丁钢. 中国教育：研究与评论(第3辑)，北京：教育科学出版社，2002.(4)柯政. 中国大陆课程政策实施研究：以制度理论视角探讨"研究性学习"政策在A市的实施状况[D]. 香港：香港中文大学，2008.柯政. 理解困境：课程改革实施行为的新制度主义分析[M]. 北京：教育科学出版社，2011.

7. 范梅南. 教学机智[M]. 李树英，译. 北京：教育科学出版社，2001. 参阅：(1)范梅南. 生活体验研究[M]. 宋广文，等，译. 北京：教育科学出版社，2003.(2)范梅南，莱维林. 儿童的秘密[M]. 陈慧，曹赛先，译. 北京：教育科学出版社，2004.(3)范梅南. 研究并理解学生的体验[C]//朱光明，译. 陈向明. 质性研究：反思与评论(第壹卷). 重庆：重庆大学出版社，2008：12—21.

8. 周勇. 教育场域中的知识权力与精英学子[M]. 北京：北京师范大学出版社，2010. 参阅：(1)刘良华. 现象学的三个路向[J]. 山西大学学报(哲学社会科学)，2014(1)：6—14.(2)刘良华. 何为"现象学的方法"[J].全球教育展望,2013(8):43—50.(3)刘良华.教育自传中的个人知识:关于"好教师"的调查研究[J].北京大学教育评论,2008(1):125—131.

9. Cazden, C, Classroom Discource. Portsmouth, NH:Heinimann 2001.肖思汉.听说:探索课堂互动的研究谱系[M].上海:华东师范大学出版社,2017:97—101.肖思汉,[美]德利马.基于视频的学习过程分析:为什么? 如何做? [J].华东师范大学学报(教育科学版),2017(5):55—71.

10. Connelly, F. Clandinin, D. Teachers as Curriculum Planers:Narrative of Experience[M]. Teachers College Press, 1988.参阅:康纳利,克兰迪宁.教师成为课程研究者[M].刘良华,等,译.杭州:浙江教育出版社,2004.

11. Glass G. Primary, Secondary and Meta-analysis of Research[J]. Education Research, 1976(5). Scott J. Social Network Analysis:A Handbook[M]. London:Sage, 2000.参阅:(1) Wasserman S. Faust K. Social Network Analysis:Methods and Applications[M]. Cambridge:Cambridge University Press, 1994. (2) Noel A Card. Applied Meta-Analysis for Social Science Research[M]. New York:The Guilford Press, 2012. (3) Paterson B. Thorne S. Canam C. Jillings C. 卫生领域质性 Meta 研究——Meta 分析和 Meta 综合实践指南[M].周宇彤,译.北京:北京大学医学出版社,2013.(4)罗森塔尔.社会研究的后设分析程序[M].齐力,译.台北:弘智文化,1999.

12. Glaser B. Strauss A. The Discovery of Grounded Theory:Strategies for Qualitative Research[M]. Chicago:Aldine, 1967.参阅:(1) Strauss A. Corbin J. Basics of Qualitative Research:Grounded Theory Procedures and Techniques[M]. California:Sage Publications, 1990:58. (2) Strauss A. Corbin J. 质性研究概论[M].徐宗国,译.台北:巨流图书有限公司,1997.(3) Strauss, A. Corbin, J. 质性研究入门:扎根理论研究方法[M].吴芝仪、廖梅花,译.嘉义:涛石文化事业有限公司,2001.

13. Coleman, J. Campbell E. Hobson C. McPartland J. Mood A. etc. Equality of educational opportunity[R]. Washington, D. C. :U. S. Government printing office, 1966.参阅:(1) Coleman J. Social Capital in the Creation of Human Capital[J]. American Journal of Sociology,1988 (Vol. 94). (2) Sirin S. Socioeconomic Status and Academic Achievement:A Meta-Analytic Review of Research [J]. Review of Educational Research, 2005 (3):417—453. (3) White K. The Relation between Socioeconomic status and academic achievement[J]. Psychological Bulletin, 1982 (3), 417 - 453.

14. 网站 1:中国知网(http://www. cnki. net)、JSTOR(http://www. jstor. org)或 OALib(http://www. oalib. com)。重点搜索本章提示的相关论文。

15. 网站 2:读秀(http://www. duxiu. com)、bookfi(http://en. bookfi. org)、ebooksread(http://www. ebooksread. com)、百度文库(http://wenku. baidu. com)或道客巴巴(http://www. doc88. com)。重点搜索本章提示的相关论文。

16. 视频 1:《神童的成长》。中国中央电视台"新闻调查"节目。可作为"调查研究"的案例。

17. 视频 2:《你是人才吗》《韩寒》。中国中央电视台"对话"节目。可作为"调查研究"的案例。

第6章

怎样做历史研究

　　表面看来,调查研究、实验研究或哲学研究比历史研究更能显示其现实意义。不过,历史研究依然有其独特的魅力。与哲学研究相比,历史研究的魅力在于:哲学研究止于思辨和教训,容易"徒托空言",而历史研究因其叙述历史事实而更容易显示出"深切著明"的效应。① 与调查研究或实验研究相比,历史研究的魅力在于:历史研究所面对的研究对象是比较稳定的文本。它既不像实验研究那样容易受无关因素的干扰,也不像调查研究那样因缺乏资料而无话可说。而且,从历史研究的视角来看,"现实"是一个相对的概念,并不见得调查研究的对象就是现实的而历史研究的对象就一定是"过去"的。相反,一切"现代"都正在成为过去,而一切历史都可以理解为当代史。

　　历史研究主要包括历史的考证研究、历史的叙事研究以及历史的解释学研究。虽然历史研究也可以采用量化的统计,走计量史学的路径,但是一般而言,历史研究往往采用叙事的方式。历史的考证研究、历史的叙事研究与历史的解释学研究只是相对独立的分类,事实上,几乎所有的历史研究都是历史的叙事研究。尽管叙事研究不限于历史的叙事研究,比如,叙事研究也可以呈现为调查的叙事研究、行动的叙事研究,但是,叙事研究的主体是历史的叙事研究。

　　从研究的对象或话题来看,历史研究可分为思想史研究、制度史研究(或改革实践史)和学术史研究三种。与之相应,历史的叙事研究主要分化为思想史的叙事研究、制度史的叙事研究和学术史的叙事研究。

通过本章的学习,你将能够

- 了解历史的考证研究的三个主要途径;
- 掌握历史的发生学研究的三个主要途径;
- 学会使用历史的话语分析法,掌握历史的话语分析的三个主要方法;
- 学会使用历史人类学研究法;
- 理解传统的解释学研究与隐微解释学研究的主要差异;
- 理解历史的述评研究的技巧及容易出现的问题;
- 掌握必要的翻译技巧;
- 掌握隐微解释学研究的三个技巧并理解"解释学的三个自信";
- 学会历史的比较研究。

---

　　① 孔子说,"我欲载之空言,不若见之于行事之深切著明也。"详见:司马迁.史记[M].北京:中华书局,2013:3975.

本章内容导引

● 历史的考证研究
　一、校勘法
　　（一）校勘与校勘学
　　（二）校勘学与版本学、目录学
　　（三）校勘的时机
　二、多重证据法
　　（一）两重证据法
　　（二）三重证据法
　三、乾嘉学派与兰克学派
　　（一）乾嘉学派
　　（二）兰克学派
　　（三）古史辨派
● 历史的叙事研究
　一、历史发生学研究
　　（一）谱系学或源流关系的历史叙事
　　（二）因果关系或相关关系的历史叙事
　　（三）对立统一关系或否定之否定关系的历史叙事
　二、历史的话语分析
　　（一）基于主客关系的话语分析
　　（二）基于主奴关系的话语分析
　　（三）基于情理关系的话语分析
　三、历史的人类学研究
　　（一）档案法
　　（二）口述史研究
　　（三）历史人类学的访谈与观察
● 历史的解释学研究
　一、传统解释学研究
　　（一）简述
　　（二）述评
　　（三）翻译
　二、隐微解释学研究
　　（一）区分写作的对象：精英教育与大众教育
　　（二）留意文本表面的"矛盾""谋篇布局"与"特殊词语"
　　（三）借他人之口说话
　三、历史的比较研究
　　（一）求同的比较
　　（二）实力均等的求异比较
　　（三）实力不均等的求异比较

第1节　历史的考证研究

历史的考证研究和历史的叙事研究其实就是历史的调查研究，可统称为历史的实证研究。一般意义上的调查是对"当下的事件"的调查，而历史的考证研究和历史的叙事研究是对"过去的事件"的调查。

史料考证的主要方法是比较。根据比较所采用的材料来看，考证研究可分为校勘法和三重证据法。考据是历史研究的必要工具，但是，在义理和考据之间，义理优先于考据。

一、校勘法

校勘是寻找适合阅读的文献、做注释或参考文献以及撰写文献综述的前提条件。与之相关的研究包括版本学研究和目录学研究。

■ （一）校勘与校勘学

有关校勘的系统研究，称为"校勘学"。狭义的校勘就是"用本子互勘"[①]，以便发现同一部书的错误、错漏，然后订正。也有人认为，校勘学的主要工作有三："一是发现错误，二是改正，三是证明所改不误。"[②]

校勘既可以作为历史研究中的辅助方法，也可以作为独立的研究方法。在教育研究领域，独立的校勘研究似乎并不多见，但在编辑教育著作或引用他人的文献时，需要基本的校勘而且需要有一定的校勘技巧。比如，在编辑和整理杜威的早期、中期和晚期著作时，编者特别强调了"文本的校勘原则和程序"。[③] 又如，有研究者对有关拉伊（W. Lay，1862—1926）的"实验教育学"的相关简述及其版本做了校勘，发现大量以讹传讹的错误（见案例 6-1）[④]。

案例 6-1

拉伊和他的实验教育学

拉伊在 1903 年出版了他的《实验教学论》。这本书 1905 年推出第 2 版，1910 年推出第 3 版。迄今未见中译本。他在 1908 年出版了他的《实验教育学》，1912 年和 1918 年分别推出第 2 版和第 3 版。1938 年由商务印书馆出版中译本；1996 年由人民教育出版社再次出版中译本。

在新中国成立以前，比如，钱歌川的《现代教育学说》正确地指出了拉伊在 1903 年出版了《实验教授学》，1908 年出版了《实验教育学》。雷通群在其《西洋教育通史》中说，拉伊于 1903 年著《实验教授学》，但未提及《实验教育学》。

然而，如商务印书馆 1930 年出版的《教育大辞书》中的"拉伊"目说，"1903 年，发表《实验教育学》一书"；其"实验教授学"目，说"实验教授学之名词，始于拉伊所著 *Experimentelle Didaktik*（1903）一书"。又如商务印书馆 1935 年出版的《现代西洋教育史》说，在 1903 年，始才公布他的《实验教育学》（*Experimentelle Didaktik*）；又提到"《实验教育学》（*Experimentelle didaktik*）1912"。把拉伊的两本书搞成一瓶浆糊了！新中国成立以后，我国一些教育类工具书、教育理论和教育历史的书籍，搞错了的确实不少，比如：河南大学出版社 1992 年出版的《教育实验学》第 2 页，说"另一位德国教育家拉伊 1903 年写出了《实验教育学》一书"。广东教育出版社 1996 年出版的《近代西方教育理论在中国的传播》第 259 页，说"拉伊于 1903 年写成《实验教育学》一书"。……之所以如此缕述拉伊的《实验教学论》和《实验教育学》两本著作及其出版年份，是因为感到"以讹传讹"实在太多了！

[①] 胡适. 校勘学方法论[C]//胡适. 胡适文存[M]. 合肥：黄山书社，1996：101.
[②] 胡适. 校勘学方法论[C]//胡适. 胡适文存[M]. 合肥：黄山书社，1996：96.
[③] 详见：Boydston, J. 文本的校勘原则和程序[C]//杜威全集·早期著作（1882—1898）第 1 卷. 张国清，朱进东，王大林，译. 上海：华东师范大学出版社，2010：362—370.
[④] 瞿葆奎. 拉伊和他的《实验教育学》[J]. 华东师范大学学报（教育科学版），1999（4）：1—13.

■ （二）校勘学与版本学、目录学

传统的校勘学主要是指对古籍的校勘，它与版本学、目录学相关，三者一起构成"古典文献学"。① 版本学侧重研究各种版本的源流（发生和传播）、差异、优劣及其演变规律，并以此为校勘提供基础；目录学侧重书名、卷数、页码、作者、版刻以及索引和提要。② 而在实际的操作中，校勘学、版本学、目录学三者往往相互支持、彼此呼应。广义的校勘学包括了版本学和目录学。③ 也因此有人统称之为"目录版本校勘学"④或"版本目录学"。⑤ 在版本学、目录学、校勘学领域卓有成就者，被称为"版本目录学家"或"校雠学家"。⑥ 这样看来，校勘包括了史料辨伪。⑦ 中国近代兴起的"古史辨伪"，也可以视为广义的校勘和校勘学的一个部分。⑧

在现代学术研究领域，很少有学者被称为版本学家、目录学家或校勘学家，也很少有学者被称为"版本目录学家"或"古典文献学家"。但是，版本学、目录学和校勘学的相关知识及技术一起浓缩为"现代文献学"或"历史文献学"。⑨ 与之相关的"文献研究"以及"文献综述"成为现代学术研究的一个重要环节。

■ （三）校勘的时机

并非所有的研究都需要校勘，但是，当研究者遇到以下情境时，则需要做必要的校勘，以免出现学术研究中的"低级错误"。

第一，在阅读文献时，需要在不同版本之间做出选择。如张之洞在《书目答问》的开篇所提示："诸生好学者来问应读何书，书以何本为善……读书不知道要领，劳而无功。知某书宜读而不得精校精注本，事倍功半。"⑩一般而言，可以通过考察文献的目录、导言、注释以及参考文献来对文献的质量做一个整体的评估。然后，在比较不同版本的基础上进行选择。

第二，在引用文献时，如果同一著作或论文有多种版本，则需要通过校勘的方式选择高质量的版本。

第三，在引用文献时，如果发现所引用的文字不顺畅，则需要通过校勘的方式确认原

---

① 详见：倪其心. 校勘学大纲［M］. 北京：北京大学出版社，1987：4.

② 这里主要参考了姚名达的定义. 详见：姚名达. 中国目录学史［M］. 上海：上海古籍出版社，2002：7. 遗憾的是，中国现代学术界几乎都重视每一本书的目录编排而忽视该书的索引.

③ 戴南海. 校勘学概论［M］. 西安：陕西人民出版社，1986：9.

④ 详见：王绍曾. 目录版本校勘学论集［M］. 上海：上海古籍出版社，2005.

⑤ 有关目录学、版本学、校勘学三者关系的更多讨论，详见：来新夏. 版本、校勘考证与目录学［J］. 图书馆工作与研究，1980(4).

⑥ 也有人将校勘学、版本学、目录学和典藏学一起合称为"校雠学". 详见：程千帆，徐有富. 校雠广义：版本编［M］. 济南：齐鲁书社，1998：9(叙录).

⑦ 赵仲邑. 校勘学史略［M］. 长沙：岳麓书社，1983：1.

⑧ 有关"古史辨派"的旨趣以及相关的争议，详见：吴少珉，赵金昭. 二十世纪疑古思潮［M］. 北京：学苑出版社，2003：263—463.

⑨ 有关"文献学"的更多介绍，详见：见张舜徽. 中国文献学［M］. 上海：上海古籍出版社，2005；有关历代文献学的论著，详见：张舜徽. 文献学论著辑要［M］. 西安：陕西人民出版社，1985.

⑩ 详见：姚伯岳. 版本学［M］. 北京：北京大学出版社，1993：12.

文是否准确。

第四,在转引他人的文献时,需要确认所转引的文献是否准确。比如,在讨论柏拉图的"灵魂马车"比喻时,不少研究者的引文与注释出现错误①:一是引文与原来的译文不符;二是注释错误,标示的页码与原来的译文不符。② 应该引用原始文献而不得转引他人文献或"文摘"式的文献,除非研究者经过努力之后实在无法获得原始文献才可以采用转引。如果发现某份文献与原始文献摆放在一起可以起到"互文阅读"的效果,则可以在注释中同时列出原始文献和转引的文献。这样做的前提是,需要对转引的文献与原始文献做一些校勘,以便确认转引的文献是否准确。

第五,如果同一著作出现多个版本,则需要以校勘的方式确认版本的质量,一般而言,专业出版社的版本比较可信,而商业出版机构出版的作品需要警惕。本领域的学术期刊所发表的文献比较可信,而没有影响力的学术期刊所发表的文献则可能难登"大雅之堂"。若同一文献出现多种资料集,应尽量使用最早的版本或选编校勘精良的版本。

第六,如果同一著作出现了多种译本,则需要通过校勘的方式比较译本的质量以便选择优质的译本。

第七,如果同一著作出现了多次修订版,则尽可能采用最新的版本,不过,也可以通过校勘的方式确认不同版本之间的差异,以便选用合适的版本。

第八,如果引用译本,则需要对原文与译文做必要的校勘,以便确认译文的质量。如果发现译文的语义不顺畅,则立刻进入校勘状态。

二、多重证据法

如果把校勘理解为"用本子互勘",那么,这种考据的方法仍然是以文本为单一的证据,有人称之为"以文献考证文献""以古书论古书"。③ 除了"用本子互勘"这种"单一"证据之外,还有两重证据法和三重证据法。

■（一）两重证据法

两重证据法主要指王国维所使用的地下的考古材料与地上的古书材料互勘的方法。在王国维看来:"吾辈生于今日,幸于纸上之材料外,更得地下之新材料。……此二重证据法,惟在今日始得为之。"④有人称之为"物质与经籍证成一片"或"地下纸上打成一

---

① 详见:金生鈜.规训与教化[M].北京:教育科学出版社,2004:34.

② 这段话的准确的引文和出处,详见:柏拉图.柏拉图文艺对话集[M].朱光潜,译.北京:人民文学出版社,1963:131;也可参见:柏拉图.斐德罗篇[C]//王晓朝,译.柏拉图.柏拉图全集(第二卷).北京:人民出版社,2003:168.王晓朝的这段译文几乎复制了朱光潜先生的翻译.

③ 详见:吴少珉,赵金昭.二十世纪疑古思潮[M].北京:学苑出版社,2003:161.

④ 王国维.古史新证[C]//姚淦铭,王燕.王国维文集(第4卷).北京:中国文史出版社,1997:2.此外,王国维所关注的证据还包括敦煌学和金石学.详见:王国维.最近二三十年中国新发见之学问[C]//姚淦铭,王燕.王国维文集(第4卷)[M].北京:中国文史出版社,1997:33.袁英光.王国维评传[M].上海:上海人民出版社,1999:78—127.

片"法。①

其实，王国维的考证并不止于"两重证据"，陈寅恪将王国维的治史方法归纳为"三目法"：一是"取地下之实物与纸上之遗文互相释证"，相当于王国维本人所说的"两重证据法"；二是"取异族之故书与吾国之旧籍互相补正"；三是"取外来之观念，与固有之材料互相参证"。②

不过，有关王国维的"三目法"更适合用来概括陈寅恪本人的治史方法。王国维在史学方法上的突破主要限于两个方面：一是地下的考古资料与地上的文本资料相互印证，比如《殷卜辞中所见先公先王考》；二是哲学视角尤其是西方哲学的视角与历史文本的相互印证，比如用叔本华哲学视角研究《红楼梦》。但是，王国维本人外语水平有限（仅通晓日语和英语），很难做到"取异族之故书与吾国之旧籍互相补正"。

真正能够熟练使用"三目法"的正是陈寅恪本人。据说，陈寅恪能熟练使用的外文有十六七种③，尤其精研"梵语"，这为陈寅恪采用"异族之书"与本国之书相互印证提供了重要的工具。陈寅恪后来也利用自己的外语优势更正了王国维书中的某些错误。④

除了采用"异族之书"与本国之书相互印证之外，陈寅恪还采用了以诗证史的"诗史互证法"。采用此种方法的典型作品是《柳如是别传》。

如果说王国维的史学方法的两个特色是考古学与文献学的互证以及哲学视角与史料的互证，那么，陈寅恪的史学方法的两个特色则是"异族之书"与本国之书的互证以及"诗史互证"。

■（二）三重证据法

史学界很少将陈寅恪的方法称为"三重证据法"。尽管王国维、陈寅恪等人已经采用了"三重证据"甚至更多种类的证据，但是，"三重证据法"这个说法主要用来指顾颉刚所采用的文献学、考古学和民俗学相结合的方法。顾颉刚与王国维、陈寅恪等人的不同之处只在于他增加了"民俗学"的证据，因而他的方法被认为"比王国维又多了一重"。⑤ 顾颉刚所重视的民俗学研究接近后来兴起的"历史人类学"。

除了重视民俗学证据之外，顾颉刚的史学方法的另一个特色是"古史辨伪"。古史辨伪的目的并非完全拒绝使用"作伪的史料"。因为，伪材料仍然可以用来说明伪史料的作者及其所处时代的思想状况。顾颉刚称之为"移置法"："我们破坏它，并不是要把它销毁，只是把它的时代移后。"⑥胡适的说法是"把古史缩短二三千年"。⑦

————————————

① 详见：袁英光. 王国维评传［M］. 上海：上海人民出版社，1999：208.
② 详见：陈寅恪. 金明馆丛稿二编［M］. 上海：上海古籍出版社，1980：219.
③ 详见：季羡林. 从学习笔记看陈寅恪先生的治学范围和途径［C］//钱文忠. 陈寅恪印象［M］. 上海：学林出版社，1997：24—38. 也有人认为陈寅恪知晓 30 多种语言. 详见：陈晓楠，等. 水木清华九十年［Z］. 凤凰卫视，2001.
④ 详见：陈寅恪. 陈寅恪集·金明馆丛稿二编［M］. 北京：三联书店，2001：120—127.
⑤ 详见：吴少珉，赵金昭. 二十世纪疑古思潮［M］. 北京：学苑出版社，2003：124—125.
⑥ 详见：吴少珉，赵金昭. 二十世纪疑古思潮［M］. 北京：学苑出版社，2003：122.
⑦ 详见：吴少珉，赵金昭. 二十世纪疑古思潮［M］. 北京：学苑出版社，2003：11.

三、乾嘉学派与兰克学派

考据是历史研究的基本功夫。如果没有必要的考据，就随时可能出现引用或注释的"学术失范"。有学术精神的研究者在选择文献以及引用的过程中往往有敏锐的考据意识。甚至可以认为，判断一个人是否有学术精神，就看他是否具有必要的考据意识。

中外历史研究几乎都有重视史料考证的传统。中国有"乾嘉学派"，西方有"兰克学派"。

■（一）乾嘉学派

中国史学界在 18 世纪已经兴起"考证"之风。乾隆、嘉庆两朝，迄于道光中叶的百余年间，朴实的经史考证成为学术主流，时人"皆以考博为事，无复有潜心理学者"，形成"乾嘉学派"（也称为"考据学派"）。①

史学界认为，"清代是校勘硕果累累，校勘学独立形成的时期。"②当时出现一大批从事校勘、版本、目录研究学者。发展至戴震（1724—1777）、章学诚（1738—1801）等人那里，"乾嘉学派遂臻于鼎盛"。戴震、章学诚被称为"乾嘉最高两大师"。③

■（二）兰克学派

西方史学界重视史料考证的传统并非始于德国史学家兰克（L. Ranke，1795—1886），但兰克为这个传统制定了严格的考订与批判的方法，并发展成一个学派。

"兰克学派"的主要贡献并不在于它倡导"史学即史料学"的实证主义史学，因为，"兰克本人既没有说过此话，他的著作也绝非史料的编排"。相反，兰克本人一直相信"历史背后的精神力量"，他甚至会在其著作中作出自己的价值判断和评论。他的著作隐含了他的价值观念和思想倾向。

"兰克学派"也并非人们想象的那样只追求"如是直言"而不重视写作的艺术。相反，"他的史笔，从容流畅，且有音乐节奏，……他从不讳言史家需要艺术天才和造诣，他一直认为大气磅礴的叙事，仍是史家的重要任务。他的书不仅仅为专家而写，也可供非专业者阅读。"④兰克学派的真正贡献在于：它不仅收集和利用档案资料，而且辨别档案文献的真伪，强调在引用史料之前，必须进行严格的史料辨伪或史料批判。

1886 年兰克去世，3 年后德国史学家伯伦汉（E. Bernheim，1850—1942，兰克的再传弟子）总结兰克的史料辨伪方法，出版《史学方法论》。兰克学派所强调的史料辨伪对后来的史学发生了持久的影响。即便后来出现的以法国"年鉴学派"为代表的"新史学"对兰克

---

① 详见：陈祖武，朱彤窗. 乾嘉学派研究［M］. 石家庄：河北人民出版社，2007：1、258.
② 倪其心. 校勘学大纲［M］. 北京：北京大学出版社，1987：47.
③ 详见：陈祖武，朱彤窗. 乾嘉学派研究［M］. 石家庄：河北人民出版社，2007：635.也有认为他们两人不仅重视"考据"，而且有"义理"的贡献，是"清代中叶儒学的理论代言人"。详见：余英时. 论戴震与章学诚［M］. 北京：三联书店，2005：3—5.
④ 有关"兰克学派"的误解及对误解的澄清，详见：汪荣祖. 史学九章［M］. 北京：三联书店，2006：27—29.

学派提出批判①,但是,年鉴学派或新史学也依然重视考据。其差异只在于,年鉴学派或新史学更重视社会经济史、文化史而不赞成兰克学派只强调政治史以及相关的宗教史和外交史的研究。②

■（三）古史辨派

至民国初年,胡适、傅斯年、顾颉刚等人结合中国"乾嘉学派"的传统和西方兰克学派的精神而倡导史料的考证与辨伪,一度兴起"古史辨派"(也可称为"古史辨伪")。③ 考证研究看似与现实无关或没有太大的现实意义,但是,它往往为相关的思想史研究或制度史研究以及哲学研究提供重要的史料证据。学术研究可以因此而避免以讹传讹。

但是,无论考据批判多么重要,但考据本身并非研究的目的,它只是为"义理"提供材料的工具。除了以"古典文献学"为专业的少数研究者之外,一般研究者既需要掌握必要的考据技巧,又不能痴迷于考据而成为"考据癖""文献癖"。没有考据的人容易显得"不学无术",出现学术不严谨的错误,而考据癖、文献癖则容易显得学术格局狭隘、拘谨。

考据癖、文献癖对于那些以古典文献学为志业的人来说是一个难得的闪闪发亮的学术品格,但对于一般研究者而言却是一个灾难。这样的人往往热衷于挑剔和抱怨他人学术上的细节问题,而自己却无法形成系统的学术思考和系列化的研究成果。按照梁启超的说法,考据或考证的目的在于形成对历史思想或制度的理解,"给我们自己和社会为人处事作资治的通鉴"。如果"专在琐碎的地方努力",就失去了考据或考证本身的目的。④

第 2 节　历史的叙事研究

与宏大的实证研究报告或哲学研究论文相比,叙事研究有三个特点：一是关注个人生活史以及相关的日记、书信、实物、档案等日常生活资料;二是重视个人心理体验和心理分析;⑤三是在写作中重视讲故事的技巧,尤其重视故事的情节。不过,叙事研究并非独立的研究方法,它主要借助历史研究、调查研究和行动研究等方式收集资料。从收集资料的途径来看,叙事研究主要包括三种：一是历史的叙事研究;二是调查的叙事研究;三是

---

① "年鉴学派"其实对年鉴一类的研究不屑一顾,因此也有人将这个学派的名称译为"安娜学派"。详见：汪荣祖. 史学九章[M]. 北京：三联书店,2006：66. 总体而言,法国年鉴学派与那些重视考据和史料的传统史学之间存在比较大的分歧。"年鉴学派反对实证主义者从外部观察历史往事,反对像观察矿石一样的冷漠态度";他们重视历史与现实之间的相互关照,"反对历史学家屈从于文献";他们强调历史研究者的主动性,"从而能够恰当地提出问题并有效地确立假说"。详见：科利. 法国史学对史学理论的贡献[M]. 王建华,译. 上海：上海社会科学院出版社,1992：37—38.

② 年鉴学派的代表人物布洛赫在他的《历史学家的技艺》中一再强调"考据"以及"辨伪"的重要性。详见：布洛赫. 历史学家的技艺[M]. 张和声,程郁,译. 上海：上海社会科学院出版社,1992：61—99.

③ 傅斯年自称"我们是中国的兰克学派"。详见：侯云灏. 20 世纪中国史学思潮与变革[M]. 北京：北京师范大学出版社,2007：301.

④ 详见：梁启超. 中国历史研究法[M]. 上海：上海古籍出版社,1998：313—314.

⑤ 有关心理体验和心理分析的案例,详见：余英时. 论戴震与章学诚[M]. 北京：三联书店,2005. 周勇. 中国教育社会学的学术文化与精神遗产——以陶孟和为例[J]. 华东师范大学学报(教育科学版),2007(3)：76—91.

实验或行动的叙事研究。① 就历史的叙事研究而言,叙事的形式主要包括纪传体(含"年谱")、编年体和纲目体三种。②

从叙事的主题来看,历史的叙事研究主要有思想史叙事、制度史叙事和学术史叙事。它是对教育思想、教育制度和学术传播的"叙述"或"述评""评介"。思想史的叙事研究主要叙述教育哲人的思想或教育学派的思想。教育制度史的叙事研究主要叙述教育改革及其制度设计的具体内容。学术史的叙事研究主要是叙述教育思想或教育制度的发生、发展及其谱系和传播的历史。而从叙事所采用的研究方法来看,历史的叙事研究主要包括历史发生学研究、历史的话语分析和历史的人类学研究。

一、历史发生学研究

发生学既可能显示为调查的发生学研究,也可能呈现为历史的发生学研究。调查的发生学研究主要通过调查的方式查明某个现象的源流、原因以及各种现象之间的关系。这里的历史的发生学研究主要指考察某个历史现象的由来、发生、原因及其各种现象之间的关系。

历史的发生学研究的重点是考察某个教育思想或教育制度的前期、中期和后期的关系。因此,历史的发生学研究也可以理解为历史的谱系学研究或知识考古学研究。

按照这个思路,历史的发生学研究主要有三种:一是叙述历史事件的源流关系或先后关系;二是叙述历史事件之间的因果关系或相关关系;三是叙述历史事件的对立统一关系或否定之否定关系。③ 也有人提出,历史研究主要有三个任务:一是"明变";二是"求因";三是"评判"。④ "明变"是对事件发展的源流关系或递进关系、主次关系(或本末关系)的研究。"求因"是对事件发展的因果关系或相关关系的研究。"评判"是将历史的"叙述"转换为"述评"。这三个任务在教育研究中也同样适用。比如,有研究者叙述了浪漫自然主义课程理论、经验自然主义课程理论和当代人本主义课程理论等各类"经验课程论"的核心主张并进行比较研究。⑤ 有研究者从复杂性思维的视角叙述了 20 世纪中国和西方

---

① 也可将叙事研究分为调查的叙事研究(含历史的叙事)、行动的叙事研究(或实验的叙事研究)和解释的叙事研究(主要是对虚构艺术作品的解释)。详见:刘良华. 叙事教育学[M].上海:华东师范大学出版社,2011;9(前言).虽然实验研究一般显示为量的研究,但实验研究报告也并非只能呈现为宏大的"量的研究"报告。即便像"教室里的期望效应"那样经典的实验研究,也可以转换为"质的研究"(叙事研究)的形式提交研究报告。有关叙事的分类,参见前文第 1 章有关"研究方法的类型及其选择"的讨论。事实上,一般教育学和心理学教材在介绍"期望效应"的实验研究时,几乎都采用叙事的方式而不是宏大的量的研究报告的形式。

② 纪传体由司马迁开创,编年体由司马光开创,中国史学界称为"两司马"。详见:梁启超. 中国历史研究法[M].上海:上海古籍出版社,1998;20.朱熹根据司马光的《资治通鉴》编成《通鉴纲目》。前者为编年体,后者为纲目体。梁启超认为朱熹的纲目体"虽没有做好,自不失为小小的创作"。详见:梁启超. 中国历史研究法[M].上海:上海古籍出版社,1998;20、305.后来,有人将孔子的《论语》改编为纲目体的《新论语》,其思路与朱熹编写的《通鉴纲目》类似。详见:钱宁. 新论语[M].北京:三联书店,2012.

③ 有关"关系视角"的讨论,详见第 2 章第 2 节有关"关系视角"的解释。

④ 详见:胡适. 中国哲学史大纲[M].石家庄:河北教育出版社,2001;8—9.后来舒新城称之为"知变""明因"。详见:舒新城. 近代中国教育思想史[M].福州:福建教育出版社,2007;5.

⑤ 详见:张华. 经验课程研究[D].上海:华东师范大学,1998.张华. 经验课程论[M].上海:上海教育出版社,2000.

学校变革的典型范例,并由此归纳出有关"社会转型时期学校变革的方法论"的基本特征。[①]

■ (一)谱系学或源流关系的历史叙事

历史发生学研究一般关注某个人的早期思想、中期思想和晚期思想的延续或断裂关系。但是,历史发生学研究也可能关注某个人的思想与他的前辈的关系以及这个人与他的晚辈的关系。后者也可称为谱系学研究或源流关系研究。

谱系学或源流关系的历史研究一般呈现为"学术传承"或"师承关系"研究。表面看来,考察源流关系的分阶段研究的目的是为了揭示某个历史事件发展的来龙去脉、前仆后继、此起彼伏的过程,以便获得"正本清源"的效应,实际上,源流关系的研究依然是为了揭示历史事件发展的因果关系。"源"既是事件发展的源头、渊源、本源,也可以理解为事件发展的本原、原因。谱系学或源流关系中的因果关系与自然科学研究中的因果关系的差异只在于:前者所呈现的因果关系"微弱"。因此,谱系关系或源流关系也可视为"弱因果关系"研究。谱系学或源流关系研究的目的是为了"正本清源",即为了查明某个教育思想或教育制度的根本和源头,并使现存的某个教育思想或教育制度向源头(原因)"返回"或从流向、分支那里汲取改革的灵感,以便实现更好的效果(结果)。

谱系学或源流关系研究尤其适用于"学术史"的叙事研究。学术史研究与思想史研究(及哲学史研究[②])虽然有诸多牵连,但学术史研究专注于某个教育思想、教育学派或某次教育改革制度的发生、谱系及其传播的分析,而并不关注某个教育思想、教育学派或教育改革的内涵本身。比如,某个思想或学派是如何发生的? 它与某个另外的思想或学派有没有"传承"关系(这种传承关系也可以称为"谱系"关系)? 如果某个思想或学派是外来的、引进的,那么,这种引进是如何发生的? 某次教育改革是如何发起的以及它是如何结束的?[③] 至于某个教育思想、教育学派或教育改革制度有什么基本主张、有哪些核心精神,这是"思想史"研究或"制度史"研究而不是学术史研究的主题。[④] 比如,梁启超与钱穆两人都著有《中国近三百年学术史》,但钱穆的《中国近三百年学术史》侧重"思想史"(甚至

[①] 详见:杨小微.社会转型时期学校变革的方法论[D].上海:华东师范大学,2002.杨小微.转型与变革——中小学改革与发展的方法论[M].武汉:湖北教育出版社,2004.参阅:(1)袁桂林.当代西方主要道德教育理论派别研究[D].长春:东北师范大学,1993.(2)张文军.后现代教育思想述评[D].上海:华东师范大学,1997.(3)夏惠贤.多元智力理论与个性化教育[D].上海:华东师范大学,2002.(4)汪霞.课程研究:从现代到后现代[D].上海:华东师范大学,2002.(5)杨林.杜威教育思想的三次转变[D].广州:华南师范大学,2011.(6)施特劳斯.现代性的三次浪潮[C]//刘小枫.苏格拉底问题与现代性.彭磊,丁耘,等,译.北京:华夏出版社,2008:32—46.

[②] 思想史与哲学的差别在于,后者更强调知识的"体系化"。但一般将思想史与哲学史统称为"思想史"。

[③] 有关"教育制度史"叙事或"教育改革史"叙事的范例,详见:张斌贤.社会转型与教育变革——美国进步主义教育运动研究[D].北京:北京师范大学,1995.张斌贤.社会转型与教育变革——美国进步主义教育运动研究[M].长沙:湖南教育出版社,1998.杨捷.重构中学与大学的关系——美国进步主义教育之"八年研究"初探[D].上海:华东师范大学,2006.杨捷.重构中学与大学的关系——美国进步主义教育之"八年研究"初探[M].北京:中国社会科学出版社,2008.

[④] 在学术史、思想史和制度史三者之间,学术史似乎最有"学术感",不过,若过于强调学术史而忽视思想史、制度史的研究,会出现"买椟还珠"的遗憾。

可称之为"哲学史"），而梁启超的《中国近三百年学术史》偏重"学术史"。[①] 另外，学术史虽然也重视校勘、注疏和训诂等考证的方法，但是，学术史的叙事更重视在考证的基础上形成有情节的叙述。比如，有人考证《近思录》的各种版本并叙述其传播过程。[②]

源流关系或谱系关系的研究一般由两个以上的发展阶段或谱系关系构成。相关的标题一般直接呈现或隐含"……的演进""……的起源""……的几个阶段""从……到……""……的兴衰""……的源与流""……的形成与发展""……的传承""……的引进与传播""……的谱系"，等等。比如，"姚鼐与戴震的初晤及其拜师见拒时间考"[③]、"从蔡元培到胡适：中研院那些人和事"[④]、"毛泽东教育学知识的形成、发展及其表征"[⑤]、"王国维与赫尔巴特教育学说的导入"[⑥]、"近代中国学术的地缘与流派"[⑦]，等等。

■（二）因果关系或相关关系的历史叙事

源流关系或先后关系只是将历史事件分为几个阶段，以此显示历史事件的变化（知变）。但是，出色的历史研究者总是在"变化"的背后寻找变化的"原因"（"明因"）。比如，有人在讨论"晚清的六种使西记"时，不仅按"时间顺序"列举六种使西记（"知变"），而且解释了各种使西记作者的命运背后的政治势力的冲突、较量。[⑧]

历史研究与调查研究一样需要追查事物（或事件）之间的因果关系，但是，历史研究很难获得严格的因果关系的证据，以致于梁启超在《中国历史研究方法》中宣布历史研究以"求得其因果关系"为目的，后来又不得不在"补编"中补充说，历史现象只有"互缘"关系而没有因果关系。[⑨]

其实，历史研究中的"因果研究"主要显示为"相关"关系或一个因素对另一个因素的"影响"，而并不限于自然科学意义上的因果关系。比如，在课程史研究领域，有研究者强调各种利益群体的冲突与学校科目之间的因果关系，以此研究课程或科目的产生和发展。[⑩]

与因果关系（或相关关系）比较接近的是主次关系。主次关系的研究是为了查明某个历史事件发展中的"主要因素"及其与之相对的"次要因素"。因此，主次关系也可称为主从关系的研究。[⑪]

---

① 钱穆. 中国近三百年学术史（上、下）[M]. 北京：商务印书馆，1997. 梁启超. 中国近三百年学术史[M]. 北京：商务印书馆，2011. 与之类似，同样以"学案"为主题，黄宗羲的《宋元学案》偏重学术史，而《明儒学案》偏重思想史。

② 详见：程水龙.《近思录》版本与传播研究[M]. 上海：上海古籍出版社，2008.

③ 详见：王达敏. 从辞章到考据[J]. 清华大学学报（哲学社会科学版），2007（1）：80—90.

④ 相关案例详见：岳南. 从蔡元培到胡适：中研院那些人和事[M]. 北京：中华书局，2010.

⑤ 详见：董标. 走向自由教育学——毛泽东教育学知识的形成、发展及其表征[D]. 杭州：浙江大学，2005. 董标. 毛泽东教育学[M]. 香港：时代国际出版有限公司，2011.

⑥ 详见：肖朗. 王国维与赫尔巴特教育学说的导入[J]. 华东师范大学学报（教育科学版），2004（4）：76—82. 相关研究可参见肖朗发表的"中国近代教育学术史研究"系列"学术史"论文。

⑦ 桑兵. 近代中国学术的地缘与流派[J]. 历史研究，1997（7）：24—41.

⑧ 朱维铮. 晚清的六种使西记[J]. 复旦大学学报（社会科学版），1996（1）：74—85.

⑨ 详见：梁启超. 中国历史研究法[M]. 上海：上海古籍出版社，1998：138—140.

⑩ 详见：古德森. 环境教育的诞生：英国学校课程社会史的个案研究[M]. 贺晓星，仲鑫，译. 上海：华东师范大学出版社，2001：5. 陈华. 中国公民教育的诞生：课程史的研究[D]. 上海：华东师范大学，2012.

⑪ 主次关系除了可能显示为主从关系之外，还可能呈现为本末关系、体用关系（或道器关系）。

主次关系研究与源流关系研究比较接近,但研究的目的略有不同。源流关系的研究是为了正本清源,以便提醒教育改革者返回源头或从源头那里汲取改革的灵感;而主次关系的研究则是为了考察某个教育思想或教育制度的核心因素和次要因素,以便提醒教育改革者增加抓大放小的意识或轻重缓急的意识。

与调查研究、实验研究的标题类似,历史的因果关系或相关关系研究的标题往往直接显示或隐含"……对……的影响"或"……与……""影响……的几个因素""……的兴起及其原因""……的形成",等等。比如,"新教伦理与资本主义精神"①、"五四新文化运动与中小学国文教育改革"②、"杜威教育思想的形成"③,等等。前者分析新教伦理与资本主义精神的因果关系或相关关系,后者考察"五四新文化运动"倡导的文学革命给教育带来的影响。

■ (三) 对立统一关系或否定之否定关系的历史叙事

源流关系可以显示为比较简单的并列关系或排列关系,但更可能显示出历史事件发展的对立统一关系或否定之否定关系。将某个历史事件的发展过程分为几个并列的阶段,这是历史研究中最简单的做法。这种并列或排列式的分阶段一般分为起始阶段(或称为缘起、兴起、萌芽)、发展阶段、兴盛阶段、衰退阶段。这种并列关系或排列关系式的历史研究并非完全没有意义,只是,这样的历史研究显得比较单调、贫乏。出色的历史研究往往超越简单的并列关系或排列关系而显示出递进关系、对立统一关系或否定之否定的关系。

历史研究中的对立统一关系或否定之否定关系不同于递进关系。递进关系的研究是将研究的重点放在对"流"的辨析上,以此提示历史事件发展的后来居上的效应。"流"既可能显示为流变、流向、分流(相当于原因引起的结果、效果或后果),也可能显示为事件发展的风云突变、节外生枝或后来居上、别立新宗、变化多端、反主流的超越,等等。

否定之否定关系的历史研究往往用于"正本清源""返璞归真""回到原点"的叙事。如果说传统的并列关系式的历史研究的标题往往显示为起始阶段、发展阶段和兴盛阶段及衰退阶段,那么,对立统一关系或否定之否定关系的历史研究的标题往往直接显示或隐含"从……到……""……的三次浪潮""……的三次转变""……的衰落与复兴""……的诞生",等等。比如,"现代性的三次浪潮"④、"杜威教育思想的三次转变"⑤、"身体教育学的沦陷与复兴"⑥、"中国公民教育的诞生"⑦,等等。

出色的历史研究往往能够从表面上的"并列关系"的事件之间寻找到某种隐秘的对立

---

① 韦伯. 新教伦理与资本主义精神[M]. 于晓,陈维纲,等,译. 北京:三联书店,1987.
② 钱理群. 五四新文化运动与中小学国文教育改革[J]. 中国现代文学研究丛刊,2003(3).
③ 涂诗万. 杜威教育思想的形成[M]. 杭州:浙江教育出版社,2014:1—33. 另参见:涂诗万. 杜威教育思想的形成[D]. 北京:北京师范大学,2012.
④ 详见:施特劳斯. 现代性的三次浪潮[C]//刘小枫. 苏格拉底问题与现代性. 彭磊,丁耘,等,译. 北京:华夏出版社,2008:32—46.
⑤ 详见:杨林. 杜威教育思想的三次转变[D]. 广州:华南师范大学,2011.
⑥ 刘良华. "身体教育学"的沦陷与复兴[J]. 西北师大学报(社会科学版),2006(3):43—47.
⑦ 详见:陈华. 中国公民教育的诞生:课程史的研究[D]. 上海:华东师范大学,2012.

统一关系或否定之否定关系。比如,有人将课程探究范式按照时间的顺序分为三个阶段:课程探究的经典范式(目标模式)、课程探究的实践范式、课程探究的批判范式。课程探究的实践范式是对"经典范式"的批判和反驳,而"实践范式"后来又成为"批判范式"的批判对象。各种课程探究范式之间显示出"前仆后继""螳螂捕蝉,黄雀在后"的历史戏剧化效果。① 而在《现代性的三次浪潮》中,施特劳斯将"现代性"分为由马基雅维利、霍布斯(T. Hobbes,1588—1679)、卢梭、尼采等人构成的一以贯之的三个阶段。② 在施特劳斯看来,古典政治哲学已经达到了政治哲学的顶峰。现代性是对古典政治哲学的反叛,而施特劳斯本人所追求的政治哲学,则是"古典政治理性主义的重生"。③

对立统一关系或否定之否定关系的视角适用于"学术史"的叙事以及"历史的解释研究"④,尤其适用于某个教育流派的内部之争或某个教育哲人的思想变化。在同一个教育学家个人的身上,往往分化出早期教育思想和晚期教育思想的不同。几乎任何一位教育家或任何一个教育流派的思想都是不稳定的,其早期和晚期思想往往会出现否定之否定的波折。⑤

二、历史的话语分析

话语分析有多种形式,它既可能显示为调查研究,也可能呈现为历史研究。调查研究中的话语分析主要用来分析教材、教育杂志、教育影视以及课堂教学中的师生话语,等等。历史的话语分析主要指从话语与权力的关系视角分析某个教育思想或教育制度的发生与发展的历史。任何时代的思想冲突的背后其实就是话语冲突。话语冲突的结果往往导致强势话语(主流意识形态)与弱势话语(非主流意识形态或边缘意识形态)的分化与对立。如何揭示主流意识形态对非主流意识形态的压抑和压迫⑥,这正是尼采、马克思(K. Marx,1818—1883)、弗洛伊德、福柯(M. Foucault,1926—1984)等人所关注的主题和研究方法。

历史的话语分析也可以视为历史的发生学研究的一个分支。但是,历史的发生学研究的重点在于考察某个教育思想或教育制度的前期、中期和后期的关系及其演变,而历史的话语分析的重点在于考察各个教育思想或教育制度之间的横向的互动关系,尤其关注不同类型的话语之间的相互冲突与较量。

传统的教育史研究往往呈现为风平浪静或循序渐进的教育思想或教育制度的演进。

---

① 详见:施良方.西方课程探究范式探析[J].华东师范大学学报(教育科学版),1994(3):27—33.
② 详见:施特劳斯.现代性的三次浪潮[C]//刘小枫.苏格拉底问题与现代性.彭磊,等,译.北京:华夏出版社,2008:32—46.
③ 详见:施特劳斯.古典政治理性主义的重生——施特劳斯思想入门[M].郭振华,等,译.北京:华夏出版社,2011.
④ 历史的谱系学研究也适合后文所讨论的历史解释研究。
⑤ 详见:焦旭伟.规训教育的重申——福柯规训权力思想的另类解读[D].广州:华南师范大学,2009.李珍璐.论道德教育与人生幸福的关涉——基于康德"德福观"的视角[D].广州:华南师范大学,2010.
⑥ 主流意识形态并非一定是强者的意识形态,非主流意识形态也并非一定是弱者的意识形态。比如,在尼采看来,主流意识形态很可能是弱者道德、奴隶道德。而受压制的反而是强者道德、主人道德。尼采的这个思路后来在福柯那里获得延续。

各种教育史教材的常规套路是逐一介绍各个教育家的教育思想或教育制度的主要内容。但是,真实的教育思想史或教育制度史并不是一个平静的、连续的过程。相反,这个教育思想与那个教育思想之间、这个教育制度与那个教育制度之间总是充满了密密麻麻的、不可和解的话语冲突。话语冲突既可能源自理性与非理性、精英道德与大众道德之间的话语霸权,也可能来自某种学科偏见或研究方法的偏见。

■（一）基于主客关系的话语分析

主客关系包括课堂教学中的教师中心与学生中心的"主客冲突"、学生学习中的"学思冲突"。而在教育研究内部,主客之争一度也显示为心理学研究(或教育心理学研究)与教育研究(或教育学研究)的学科冲突或系科冲突以及相关的话语之争。反过来说,学科或系科的话语之争的背后,也隐含了谁是主体谁是客体的主客之争。

美国早期的心理学研究者在以实验研究的方式研究教育问题时,他们更愿意将自己的研究视为"心理学实验"而不是"教育实验"。即便某些心理学研究者开设教育学讲座,他们也普遍瞧不起教育学,拒绝承认自己与"教育学"有关,不承认自己是"教育研究者"。

美国早期的儿童研究运动的倡导者霍尔(G. Hall, 1844—1924)虽然后来成为正式的教育学教授,但他在自传中一再说,他头衔中的"教育学"是"违背我自己意志"的。[①] 詹姆斯(W. James, 1842—1910)的《心理学原理》出版之后迅速成为"名著",在当时被认为是美国最好的心理学教材。詹姆斯也为教师开办讲座,这些讲座后来以《与教师们谈心理学》的主题公开出版。但是,"他本人却从未热衷于教育"。虽然心理学在哈佛大学不断发展,心理学和教育学的关系却冲突不断。詹姆斯对教师们说:"如果你们认为心理学是作为一门关于心理法则的科学,能帮你们推理出课堂教学的具体规律和方法,那是一个极大的错误。心理学是科学,而教学是门艺术。科学本身是不能直接产生艺术的。"[②]

哲学和心理学界普遍贬低教育研究或教育学研究,但杜威是一个例外。杜威于1904年从芝加哥大学辞职后,他的继任者很快就抛弃了杜威的教育研究方法。不仅如此,当时桑代克在哥伦比亚教师学院建立了不同的教育研究方法,其影响也远远超过了杜威。桑代克比杜威年轻15岁。在哥伦比亚大学,杜威"遭遇"桑代克。桑代克曾说"我实在不能理解杜威"。他们两人隔阂很深。杜威常常批评桑代克所作的那些研究,而桑代克则一直认为杜威的教育文章充其量不过是粗糙原始的。桑代克强调把教育研究建立在进行控制性实验和精确的测量的基础之上。在美国,一度流行"桑代克胜,杜威败"的说法。[③] 但是,杜威强调的教师参与研究及其质的研究方法逐渐在美国教育界以及世界范围内获得承认。现在看来,究竟"桑代克胜,杜威败"还是"杜威胜,桑代克败"仍然是一个问题。

---

① 拉格曼.一门捉摸不定的科学:困扰不断的教育研究的历史[M].花海燕,等,译.北京:教育科学出版社,2006:29.

② 拉格曼.一门捉摸不定的科学:困扰不断的教育研究的历史[M].花海燕,等,译.北京:教育科学出版社,2006:38.

③ 拉格曼.一门捉摸不定的科学:困扰不断的教育研究的历史[M].花海燕,等,译.北京:教育科学出版社,2006:7(英文版序).

■ （二）基于主奴关系的话语分析

福柯的话语分析主要受尼采的影响。如果说福柯的话语分析主要在于为疯癫、同性恋、犯人等"非理性的英雄"或"不正常的人"平反，那么，尼采则直接为"主人"以及"主人道德"撑腰。①

尼采认为世界原本由精英领导，后来发生大众革命，导致大众道德流行并使精英受到压制。大众革命发端于苏格拉底，经过柏拉图、基督教和启蒙运动的三次浪潮，大众成功地战胜了精英。经过启蒙的大众早已不把精英放在眼里，他们需要的是平等，把所有人都拉平、扯平。"奴隶道德、柏拉图主义和基督教的相遇并达成惊人一致。"②奴隶道德的核心是耻感（内疚）、罪感（罪孽）和同情。卢梭式的同情以及建立在同情基础之上的道德否定生命，敌视主人。③

尼采认为大众的胜利推动了"上帝之死"，导致了"消极的虚无主义"的流行。针对这种消极的虚无主义的流行，尼采发动了一场"积极的虚无主义"——重新评估一切价值，推行精英教育，重建主人道德。在尼采看来，生命的本性就是"追求权力，追求权力的增加"。④ 所谓快乐或幸福，只是权力意志得到满足之后的副产品。"一切推动力都是权力意志"，此外没有任何别的推动力。⑤ 主人道德的核心就是追求权力意志。权力意志强大的人成为社会的精英，权力意志弱小的人成为社会的大众。大众耗其一生追求如何更好地自我保存，而精英的权力意志则显示为生命本能的勃发。狂野的生命需要与其相配的主人，而惟有精英才与这生命相得益彰。精英的生机勃勃，活力十足，为了权力，精英甚至不惜将生命孤注一掷，让生命沿着上升路线不断上扬。这种人本身将拥有一种使人变得强壮的道德，尼采称之为"主人道德"。⑥ 精英的"主人道德"始于对习俗道德的挑战。打破习俗道德意味着致命的危险。但是，总有某种人不愿服从习俗，在与习俗的较量中，他们宁愿选择"疯狂"和"自愿受苦"。而随着他们在寻找和确定自我道德的道路上越走越远，离经叛道者也会接受到越来越多习俗道德所给予的精神和肉体上的折磨和痛苦，但为了换取自我信仰和自我立法，他们选择了"自愿受苦"作为代价，力图成为自己的"主人"。⑦ 主人道德意味着"强壮有力的体魄，情感豪放的健康"，以保持体魄健康为条件的战争、冒险、狩猎、舞蹈、竞赛和所有包括强壮、自由、快乐的行为。⑧ 也正是在这点上，尼采与卢梭分道扬镳。卢梭宣扬平等，尼采宣讲贵族；卢梭讲同情，尼采强调残忍。尼采呼吁精英拿出足够强大的权力意志以肯定生命中随时发生的悲剧。

这样看来，尼采的精英与大众之争（或主人道德与奴隶道德之争），预演了后来福柯所发掘的基于理性与非理性之争的话语分析。二者分享了相同的研究方法和思路。

---

① 在尼采之前，黑格尔已经详细地讨论了"主奴之争"及其辩证关系。
② 汪民安. 尼采与身体[M]. 北京：北京大学出版社，2008：5.
③ 即便卢梭重视立法家式的天才教育，卢梭对天才的理解与尼采对天才的理解也完全不同。
④ 尼采. 权力意志（下卷）[M]. 孙周兴，译. 北京：商务印书馆，2007：1032.
⑤ 详见：尼采. 权力意志（下卷）[M]. 孙周兴，译. 北京：商务印书馆，2007：1032.
⑥ 尼采. 权力意志（上卷）[M]. 孙周兴，译. 北京：商务印书馆，2007：567.
⑦ 在黑格尔看来，成为主人的前提条件是"不畏死"。
⑧ 尼采. 论道德的谱系·善恶的彼岸[M]. 谢地坤，等，译. 桂林：漓江出版社，2007：18.

■（三）基于情理关系的话语分析

哲学研究领域历来重视情理冲突，但是，在福柯之前，较少有人从话语与权力的关系这个视角去研究情理冲突问题。福柯对种种"不正常的人"进行知识考古学研究。结果发现，人类的发展史就是一部情理冲突而且情感或非理性长期受迫害的历史。"理性与非理性的相互疏离的断裂，理性对非理性的征服。"①现代社会对情感和非理性的压制、迫害被柏拉图提示的"灵魂马车"隐喻（用"理性"规范"激情"与"欲望"）②不幸而言中，后来成为"批判教育学"常用的分析框架。

而在种种情感以及非理性状态中，疯癫以及相关的身体、欲望一直扮演了重要角色。③疯癫由此而成为福柯知识考古学的重要主题。"中世纪和文艺复兴时期，疯癫是后来各种非理性形态的总称，而在理性时代，非理性则成为原来被纳入疯癫的各种形态的总称。"④福柯的知识考古学的结果显示，"疯癫不是一种自然现象，而是一种文明产物。"⑤正如弗洛伊德发现文明导致了对"性欲"的压制，福柯发现文明构成了对"疯癫"以及相关的具有非社会、反社会倾向的"身体""非理性"（激情）、"天才""病人""同性恋""犯人"的压制。⑥

文明或知识之所以能够对"疯癫""同性恋""犯人"等"非理性"施压，是因为文明或知识的背后其实是一种权力。"在《疯狂史》或《临床医学的诞生》中，除了权力，我们又能讲什么呢？"⑦那些自以为文明的人或已经获得了话语权的人可以从法学和医学的角度惩罚（隔离、禁闭）他人。他们要么以法律的名义"合法"地惩罚他人，要么以道德的名义（站在道德制高点）"规训"他人，甚至以"科学"（尤其是医学和心理学）的名义使惩罚成为一种"治病救人"的善举。其实，所谓法律、道德、医学或所谓的科学，都不过是一种自我建构起来的话语权力。

在福柯那里，话语分析既是一种方法（分析框架），也是一种哲学（价值立场）。福柯的话语分析所隐含的哲学立场是：非理性（身体及其激情和欲望）和理性原本是辩证关系，但是，理性话语后来逐渐获得话语霸权并压制了非理性话语，并由此引发各种话语冲突。

福柯的话语与权力的关系视角以及相关的知识考古学、知识谱系学，后来被逐渐引入社会学研究以及教育学研究领域。社会学研究以及教育学尤其是批判教育学研究之所以引入福柯的话语分析，原因就在于福柯所提示的话语霸权与话语冲突无处不在。它存在于所有日常交往的言谈之中，自然也存在于日常的教育生活之中。从话语分析尤其是话

---

① 福柯.癫疯与文明[M].刘北成、杨远婴译.北京：三联书店，2003：2.
② 柏拉图.斐德罗篇[C]//王晓朝，译.柏拉图.柏拉图全集（第二卷）.北京：人民出版社，2003：168.参见：柏拉图.柏拉图文艺对话集[M].朱光潜，译.北京：人民文学出版社，1963：131.
③ "疯癫"最初只是一种非理性的"狂狷"状态，包括常人的身体激情以及天才的放纵不羁。因此，将这里的"疯癫"翻译为"狂狷"或"疯狂""放纵"等也许更合适。从"狂狷"到"疯癫"是一个社会建构的过程。
④ 刘北成.福柯思想肖像[M].上海：上海人民出版社，2001：91.
⑤ 刘北成.福柯思想肖像[M].上海：上海人民出版社，2001：78.
⑥ 不过，福柯认为，权力既可能对性进行压制，也可能激发人们谈论性，出现与"性压抑假说"相反的现象。"关于性的各种话语在形式和对象方面各不相同，它们不停地增长着：18世纪以来，性话语加速泛滥。"详见：福柯.性经验史[M].佘碧平，译.上海：上海人民出版社，2002：12—13.
⑦ 杜小真.福柯集[M].上海：上海远东出版社，2003：433.

语冲突的角度来研究教育思想史或教育制度史的意义就在于：它使"教育史研究"从平面化的、静态的简述或述评走向立体的、动态的"惊心动魄"的比较研究。话语分析之所以能够带来"惊心动魄"的阅读效应，主要因为它关注话语背后的权力，以及话语霸权可能带来的冲突与悲剧性的结果与结局。比如，有研究者采用福柯式的话语分析的框架，透视中国11世纪的文教话语冲突及其悲剧后果。① 论文开篇就以"教育空间中的知识、权力和欲望"（书稿调整为"教育空间中的知识、欲望和冲突"）为主题，长篇（占全文的18.6%）介绍福柯的知识考古学的具体思路及其方法论意义。② 同时，该研究也采用"谱系学分析"的方法。尽管作者一再申明不打算大量使用谱系学分析，"只是在不得不涉及的时候才会展开谱系分析"，但是，论文毕竟在很多地方显示了"不得不涉及的时候"。比如，由宋代范仲淹、欧阳修的"古典道德主义"文教政策往前追溯到唐代韩愈的古文教育运动，把苏轼的情感本体往前追溯到晋代陶渊明，又往后延伸到清代曹雪芹。又如，把张载、程颐等人的理学式的"终日危坐一室""既不用眼睛也不用耳朵的求知方式"和道家式的身体内部的"阴阳气流"连接起来，等等。立足于话语分析和谱系学分析，作者采用了叙事的写作方式，试图"实验一种新的教育史的'写作风格'"。③ 在叙事的过程中，不仅显示了有情节的故事，而且偶尔有微妙的心理分析。比如，分析王安石的悲愤："发动改革之前，王安石一直孤独地在地方政教领域辛勤耕耘，一番作为之后，他再次回到了孤独。但是，这次回来，竟是一路悲愤"。比如，分析苏轼对司马光的顾忌："如此担心司马光的威慑力，居然近十年间断绝与王安石往来。"④（见案例6-2）。

案例6-2

中国十一世纪的教育话语

重点分析以杨亿为代表的"西昆派"、以范仲淹（及欧阳修）为代表的"道德派"、以王安石为代表"财政派"、以苏轼为代表的"情感派"、以程颐（论文暂不涉及程颢，顺便提及朱熹）为代表的"天理派"等五个派系之间的典型话语。

上述五个派系的话语的背后隐含了各自的"成圣意志"（或"教化欲望"），而且总体上显示为以"天理"压制"人欲"并由此引发话语冲突的悲剧。以杨亿为代表的"西昆派"文人以形式主义的诗学压制真实的身体欲望。以苏轼为代表的"情感派"文人则以高雅（佳人）、壮美的艺术贬低柳永式的民间身体的欲望。及至以程颐（论文暂不涉及程颢，顺便提及朱熹）为代表的"天

① 周勇.知识、教化与欲望——中国十一世纪的教育话语[D].上海：华东师范大学，2002.书稿略有变化。另参见：周勇.教育空间中的话语冲突与悲剧——中国十一世纪的经验[M].北京：教育科学出版社，2004.下面只注明博士学位论文的页码。相关主题的研究，详见：张晓华.规训与自由——审视中小学的课堂常规[D].兰州：西北师范大学硕士论文，2005.闫旭蕾.教育中的"肉"与"灵"[M].南京：南京师范大学出版社，2007.
② "中国十一世纪的教育话语"虽然也认为"天理派"霸道地压制了柳永式的民间身体，但是，却该研究在叙述苏轼那样的"情感派"文人以高雅（佳人）、壮美的艺术贬低柳永式的民间身体的欲望时，似乎并不认为苏轼的话语也是一种霸权。
③ 周勇.知识、教化与欲望——中国十一世纪的教育话语[D].上海：华东师范大学，2002：25.
④ 周勇.知识、教化与欲望——中国十一世纪的教育话语[D].上海：华东师范大学，2002：67.

理派"文人,"人欲"彻底成为"天理"征服、鄙视的对象。

以福柯的知识考古学的话语分析的结果是,理学式的存天理、灭人欲的"圣人教育学"使身体欲望严重受挫。"无论是经济性的欲望、情感性的欲望,还是因为这些欲望而产生的言语、声音与行为,都将从人身上消失""只剩下一个理学化的身体"。①

话语之间之所以存在冲突并导致悲剧性的结果,原因就在于:这种悲剧性的冲突源自人性本身不可克服的矛盾。福柯的话语分析所揭示的理性对非理性压制以及非理性对理性的反抗,这种冲突正来自人性深处内在的矛盾。人有非理性的原始冲动(柏拉图称之为激情和欲望②),但人也有理性的渴望:无休止无边界的非理性及其激情和欲望,将导致霍布斯所提示的"一切人反对一切人的战争"③,并最终导致社会的崩溃。福柯的话语分析与其说是为非理性的平反昭雪,不如说是对理性与非理性的古典的辩证关系的回望。

三、历史的人类学研究

教育研究领域的历史人类学研究意味着研究者需要进入教育现场。它与一般意义上的调查研究的不同之处在于:调查研究只以访谈和观察的方式收集资料,而历史人类学既进入教育现场进行访谈和观察,同时也需要以"档案法"或"口述史"的方式收集与教育现场相关的历史资料。

■ (一) 档案法

历史人类学研究的首要方法是"档案法"。研究者通过查阅档案以便获得原始资料。档案法也可以理解为"档案调查法":通过考察某些特定的档案来推断当事人的生活状态,让过去的生活"起死回生"。④

在史学研究领域,以利用档案资料著称的是德国史学家兰克(L. Ranke, 1795—1886)。"利用档案治史"虽不自兰克始,但是,兰克遍访欧洲各大档案库,大量引用,以档案资料作为写作史书的根本。有人因此而认为"兰克是最善用档案之人"。⑤ 兰克培养了大批弟子,后来发展出著名的"兰克学派"。该学派的核心精神就是利用原始档案资料并

---

① 周勇. 知识、教化与欲望——中国十一世纪的教育话语[D]. 上海:华东师范大学,2002:127. 也许有另一种可能:如果某个时代起劲地提倡"圣人教育学",则说明该时代的民众很可能正以身体的纵欲为时尚。此外,似乎也不能仅仅凭借学者的文本来断定当时的"圣人教育学"使人们"只剩下一个理学化的身体",即便兴起乡约、书院、乡学、社学,也依然无法彻底压制民间的身体欲望。何况,从理学家所提出的内外有别的"家庭"模式来看,"圣人教育学"依然没有也不可能管理"家庭"内部的纵欲。就此而言,"圣人教育学"不同于西方"圣经"式的禁欲教义。

② 柏拉图. 斐德罗篇[C]//王晓朝,译. 柏拉图. 柏拉图全集(第二卷). 北京:人民出版社,2003:168. 参见:柏拉图. 柏拉图文艺对话集[M]. 朱光潜,译. 北京:人民文学出版社,1963:131.

③ 霍布斯. 利维坦[M]. 黎思复,黎廷弼,译. 北京:商务印书馆,1985:94. 引用时对译文略有调整,原译文为"每一个人对每一个人的战争"。

④ 有关历史叙事让过去"起死回生"的讨论,详见:伯克. 法国史学革命:年鉴学派,1929—1989[M]. 刘永华,译. 北京:北京大学出版社,2006:77.

⑤ 详见:汪荣祖. 史学九章[M]. 北京:三联书店,2006:29.

在使用史料之前谨慎地辨别史料的真伪。

但是，兰克仅仅将档案法局限于历史研究。而历史人类学更重视将人类学的田野研究和档案研究结合起来，让档案资料与现场访谈或观察所获得的资料保持相互印证的互动关系。在人类学研究领域，利用档案资料的比较著名的案例是托克维尔（A. Tocqueville，1805—1859）的《论美国的民主》①和本尼迪克特（R. Benedict，1887—1948）的《菊与刀》。②

档案总是沉默无语，即便影像档案，如果研究者没有自己的眼光或视角，它也依然晦暗不明。研究者的眼光或视角的关键是"问题意识"或"事件意识"。研究者一旦围绕某个"问题"或"事件"去查阅相关档案，那些沉默不语的档案就会立刻"起死回生"。但是，这些死寂的档案是否能够获得起死回生的活力，还取决于研究者的叙事技巧。就此而言，勒华拉杜里的《蒙塔尤：1294—1324 年奥克西坦尼的一个山村》③、孔飞力的《叫魂：1768 年中国妖术大恐慌》④、黄仁宇的《万历十五年》⑤等研究可以作为档案法的范例。

■ （二）口述史研究

除了档案法，历史人类学往往采用"口述史"（Oral History）的方式获得相关的历史资料。"口述史"与"档案法"一起构成历史人类学的首要方法。

口述史就是口头叙述的历史。它是当事人口头叙述他本人亲身经历的历史事件并由他人记录和整理。记录方式可以是文字记录，也可以是录音或录像。

口述史研究虽然也可理解为调查研究，但它更接近历史研究。它是通过对当事人（往往是经历丰富的老人）的采访来获得当事人所经历的过去的事件。当事人就是"活的档案"。

口述史原本是史学或历史研究的传统方法甚至是首要方法（不过那时没有"口述史"这个概念）。⑥ 在文字被发明之前，口述史是史学或历史研究的唯一方法。即便文字发明和流行之后，口述史也一直延续下来。⑦ 后来，史学（比如"兰克学派"）越来越重视文字史

---

① 参见"拉斯基为《托克维尔全集》中之《论美国的民主》所作的导言"，载托克维尔著，董果良译：《论美国的民主》（下卷），商务出版社 1988 年版，第 942 页。

② 本尼迪克特是人类学博厄斯（F. Boas，1858—1942）的弟子。博厄斯学派有四个著名的弟子：本尼迪克特、玛格丽特·米德（M. Mead，1901—1978）、克虏伯（A. Kroeber，1876—1960）和林顿（R. Linton，1893—1953）。法国人类学家列维-斯特劳斯（C. Lévi-Strauss，1908—2009）与其中的好几个人建立起友谊，他跟本尼迪克特和林顿交往较多。列维-斯特劳斯曾调侃本尼迪克特和林顿两人的关系："两人分别邀我用过晚餐，为的是说另一个人的坏话，这成了哥伦比亚大学的笑料。他们俩互相仇视。"详见：贝莱多. 列维-斯特劳斯传[M]. 于秀英，译. 北京：中国人民大学，2008：171.

③ 勒华拉杜里. 蒙塔尤：1294—1324 年奥克西坦尼的一个山村[M]. 许明龙，马胜利，译. 北京：商务印书馆，1997.

④ 孔飞力. 叫魂：1768 年中国妖术大恐慌[M]. 陈兼，刘昶，译. 上海：上海三联书店 1999.

⑤ 该书以张居正始、以李贽终，而以马基雅维利的政治哲学解释李贽的追求并以此暗示张居正的政治理想实际上是一种马基雅维利主义。这是该书的扎根理论之一。详见：黄仁宇. 万历十五年[M]. 北京：中华书局，2007：208—219.该书后来特别叙述了"海瑞"罢官的故事，后来又以"《万历十五年》和我的大历史观"作为附录，提出"数目字管理"或法律技术管理的问题，这是该研究的扎根理论之二。详见：黄仁宇. 万历十五年[M]. 北京：中华书局，2007：239—250.

⑥ 《论语》以及色诺芬的《苏格拉底的回忆》，都有口述史的痕迹。

⑦ 比较著名的口述历史是《马可·波罗游记》，尤其该书的成书过程，详见：杨祥银. 与历史对话：口述史学的理论与实践[M]. 北京：中国社会科学出版社，2004：8.

料而对口述史料的可靠性发生怀疑。随着"新史学"的兴起,口述史再度受到重视。1940年代正式提出"口述历史"的概念,出现"口述历史档案馆""口述历史研究协会"等机构,甚至发展为"一门学科"。①

口述史与访谈、自传或回忆录有大量交叉重叠的内容。但是,口述史与一般意义上的访谈(或自传、回忆录)的不同之处以及容易出现的问题在于:

第一,口述史所叙述的内容必须是受访者本人亲身经历的历史事件。口述史的这个特点使它与一般意义上的访谈区分开来。访谈中的当事人所讨论的内容不限于自己的亲身经历,比如,他可以就某个现象发表自己的意见。

第二,口述史所叙述的内容不仅是受访者本人亲身经历的事件,而且是比较久远的事件。而访谈中的当事人往往偏重叙述他经历的某个新近发生的事件。

第三,口述史中的当事人只负责口述而并不负责记录。这个特点使口述史与自传或回忆录区分开来,后者一般由当事人自己记录自己的经历和故事。当然,也有人采用口述的方式叙述自己的自传。这种口头叙述的自传属于口述史,一般称之为"口述自传"。

第四,一般意义上的访谈者只需要记录并引用当事人的话语即可,而口述史的整理者则需要对当事人所叙述的内容进行校对和核查甚至批注、翻译,以便更正当事人在口述中有意或无意出现的错误。在这方面,唐德刚在整理《胡适口述自传》时堪称范例。唐德刚的说法是:"我替胡适之先生写口述历史,胡先生的口述只占50%,另外的50%要我自己找材料加以印证补充。"②其批注之精细与精彩,竟至于有读者阅读这份口述自传时"先看德刚,后看胡适"。③

第五,由于涉及署名权以及作品的所有权、使用权、稿费、是否可以公开发表等问题,除了简单或简短的口述史之外,正式的口述史必须签订"受访者授权书"。④

第六,一般意义上的访谈也许可以不使用录音或录像,但是,如果口述史涉及到比较敏感的话题和内容,必须录音或录像,以便在出现争议时核对原始声音。

第七,公开发表口述材料时,如果该材料涉及受访者所在单位的隐私或利益,则需要获得相关的授权。同样,如果采访者不是独立研究者而是受雇于某个机构或他人,公开发表时采访者本人就不能作为唯一作者(除非获得受雇机构或他人的授权)。

第八,根据访谈内容整理成文之后,如果以"新闻题材"公开发表,其署名可以只署新闻记者的姓名,但是,如果以学术作品公开发表,则署名就需要谨慎。(1)如果采访者仅仅引用少量的口述材料而公开发表作品,则可以由采访者本人单独署名。(2)如果采访者所发表的作品绝大部分来自口述材料,则受访者是作品的唯一作者,采访者不作为作者而只能以"整理者"或"采访者"的身份出现在作品中。(3)如果公开发表的作品部分来自

① 详见:杨祥银. 与历史对话:口述史学的理论与实践[M]. 北京:中国社会科学出版社,2004:8. 参阅:里奇. 大家都来做口述历史[M]. 王芝芝,姚力,译. 北京:中国社会科学出版社,2005:4—6.

② 唐德刚在写《李宗仁口述历史》时,补充的材料更多。"大概只有15%是他口述,85%是我从图书馆、报纸等各方面资料补充与考证而成的。"详见:杨祥银. 与历史对话:口述史学的理论与实践[M]. 北京:中国社会科学出版社,2004:218—219.

③ 胡适. 胡适口述自传[M]. 唐德刚,译注. 桂林:广西师范大学出版社,2005:2(写在书前的译后感).

④ 受访者授权书的样本,详见:里奇. 大家都来做口述历史[M]. 王芝芝,姚力,译. 北京:中国社会科学出版社,2005:268.

口述材料而部分来自采访者本人的话语或收集到的其他材料,则可以联合署名(或由受访者主动授权采访者单独署名)。在联合署名时,需要谨慎考虑作者姓名的排名顺序。一般而言,公开发表口述史的作品时,受访者的姓名排在前面,采访者的姓名排在后面。也可根据各自所贡献的字数或观点的重要程度考虑作者的排序。

■ (三)历史人类学的访谈与观察

与一般意义上的人类学研究一样,历史人类学研究也采用观察法和访谈法。不同之处在于:历史人类学研究中的观察与访谈更重视与口述史所获得的信息或档案资料信息之间的互动与呼应。或者说,在历史人类学研究中,研究者往往先通过口述史或档案法的方式建立某种历史的视野,然后再以观察或访谈的方式对口述史研究与查阅档案资料所获得的信息进行对照和补充。

历史人类学的关键是形成扎根理论。格拉塞和斯特劳斯等人所讨论的调查研究中的扎根理论的程序和技巧,大体也适合历史人类学研究。调查研究中的扎根理论的形成需要"输入学理"或"成为连接主义者",历史人类学研究也需要以"输入学理"或"成为连接主义者"的方式形成扎根理论。

比如,黄仁宇在《万历十五年》中提示了两个经验事实:第一,在明代,所有皇室的支系,包括皇帝的叔父、兄弟以至除皇太子以外的儿子,一到成年就应当离开京城到自己的封地,谓之"之国"。他们散居于各省,有富丽的王府和丰厚的赡养,但不得干预地方政事,而且非经皇帝同意,不得离开他的封地。这种类似放逐的制度目的在于避免皇室受到支系的牵制和干涉。[①] 第二,有不少宦官出自贫家,因生活困难而自宫。但是,如果把所有的宦官统统看成无能之辈,以阿谀见宠,因宠弄权,则不符事实。相反,那些作为皇帝"私人秘书"的太监或"秉笔太监"都受过良好的教育,接受宦官学校的严格训练。[②]

如果研究者只是叙事这两个事实,那么,该研究报告就类似一份历史小说或历史故事。如果研究者采用"输入学理"或"成为连接主义者"的方式形成扎根理论,那么,该研究报告就会显示出不同于历史小说或历史故事的学术精神。

比如,在自然界,雄狮子是不允许雄性的小狮子长期跟自己生活在一起的。雄性的小狮子长大之后,就被赶走。如果研究者将这个现象与第一个经验事实建立连接,就会形成相关的扎根理论。

又如,柏拉图在他的《理想国》中设计了"护卫者"形象及其教育。为了防止护卫者(战士、辅助者)由牧羊犬变成吃羊的豺狼,为了保证"护卫者"对统治者的绝对忠诚,柏拉图设计了"共产制"。"辅助者同吃同住,没有私产,他们所共有的财产刚好满足需要。辅助者不会遭受财产私有者的欲望与热情的折磨。"[③]妇女儿童共有,由统治者决定哪个男人与哪个女人结合。孩子一出生就离开母亲,由公共机构抚养。"妻子儿女都应当是共同的,

---

① 黄仁宇.万历十五年[M].北京:中华书局,2007:14.
② 黄仁宇.万历十五年[M].北京:中华书局,2007:17.
③ 尼柯尔斯.苏格拉底与政治共同体[M].王双洪,译.北京:华夏出版社,2007:106.

这样就不会有人知道谁是自己的孩子。"①柏拉图有关护卫者的理想在中国似乎以太监制度的方式实现出来。如果研究者在柏拉图的"护卫者"形象与明代的宦官制度之间建立连接，则可望形成相关的扎根理论。在形成扎根理论的过程中，研究者需要输入学理或成为连接主义者。而输入学理或成为连接主义者的心理机制就是直觉或类比。

总之，历史人类学研究既采用人类学的实地调查方法，又重视通过"口述史""档案法"的方式获得原始的历史文献，它是史学与人类学方法的结合。与之相关的学科称为"历史人类学"。比如，有研究者采用历史人类学的方式研究某个村庄的学校，该研究开篇讨论"研究方法"（以及已有的相关研究），花了 41 个页码，占全书（425 个页码）约 10％的篇幅。接下来介绍有关仁村的地理、气候、历史、灾害、人口、经济、姓氏、家族、居住格局等历史与社会情况，花了 69 个页码，占全书 16.2％的篇幅。两项共占用将近 30％的篇幅。详细介绍研究的方法和村落的背景也许是必要的，似乎也是同类研究的通则。然后，以口述史研究和查阅档案（县志）以及相关历史资料的方式长篇叙述了"晚清和民国"的新旧教育的更替。②

第 3 节　历史的解释学研究

历史的解释学研究在面对历史事实（主要是历史文献）时，它更多地依赖于研究者个人的判断及其所选择的视角。不同的研究者总是能够从不同的视角提出不同的解释，这使历史的解释学研究不可能像其他实证研究如调查研究、实验研究那样显示出"实事求是""用证据说话"的客观性。但是，历史的解释学研究在提出解释时仍然重视解释的理由和证据，以便使自己的解释令人信服。就此而言，历史的解释研究也有某种实证研究的含量而并非任意、任性地随意发挥。

历史的解释研究主要显示为传统解释学研究、隐微解释学研究以及一般意义上的比较研究。其中，传统解释学研究包括简述、述评和翻译。这是编写"中外教育史"教材常用的方法或传统方法。而现代意义上的解释学研究更重视隐微解释学研究和比较研究。

一、传统解释学研究

传统解释学主要显示为评介研究，具体包括简述、述评研究和翻译（含注疏与训诂）。

---

① 柏拉图.蒂迈欧篇[C]//王晓朝,译.柏拉图.柏拉图全集(第三卷).北京：人民出版社,2003：268—269.
② 有关历史人类学的相关案例及其有关"研究方法"的解释，详见：托克维尔.论美国的民主(上、下)[M].董果良,译.北京：商务出版社,1988.本尼迪克特.菊与刀[M].吕万和,等,译.北京：商务印书馆,1990：59.巴战龙.人类学视野中的学校教育与地方知识[D].中央民族大学,2008：8—11.巴战龙.学校教育·地方知识·现代性——一项家乡人类学研究[M].北京：民族出版社,2010：14—19.司洪昌.嵌入村庄的学校——仁村教育的历史人类学探究[D].上海：华东师范大学,2006.王铭铭.教育空间的现代性与民间观念——闽台三村初等教育的历史轨迹[J].社会学研究,1999(6)：103—116.

三者之中，述评研究最常见，但也最容易出现问题。

■（一）简述

简述也可称为简介，它是对某个复杂的原著或多个文本的简要介绍。表面上看，简介或简述不构成"研究"，但是，出色的简介或简述往往建基于对某个原著或多个文本的整体理解和解释。①

简述历史事实确实很难显示出作者自己的观点，但是，研究者可以通过转换研究的视角来凸显其学术价值。不同的研究视角将让历史事实显示出不同的意义并因此而带来独特的学术创见。以杜威（J. Dewey，1859—1952）的教育思想研究为例，与其满足于"杜威教育思想述评"或"杜威教育思想及其启示"，不如转换研究视角，转向"杜威教育思想发生的三个阶段"或"杜威教育思想：儿童中心还是社会中心""杜威教育思想的三次转变""平民主义还是精英主义：杜威教育思想的内在张力""杜威与波兰尼学习观的比较"，等等。

如果某个历史研究报告既没有"述评"，也没有"视角"，仅仅显示为介绍或翻译，比如，以"杜威及其《民主主义与教育》"为主题，介绍杜威的教育思想②，这样的研究也许是有学术价值的。其前提是：以往没有人介绍或翻译相关的主题，或者，以往的介绍或译介并不准确。否则，纯粹的介绍或译介就没有学术贡献。

■（二）述评

述评研究意味着不仅"叙述"历史中的教育思想或教育制度并作出"评价"（或提出"启示"）。而在"叙述"历史中的教育思想或教育制度改革时，研究者往往采用"历史发生学研究"或"历史比较研究"的方式。

历史述评中的"评价"相当于调查研究中的"对结果的讨论"。历史述评研究中的评价必须就事论事而不能过度地借题发挥；需要对历史思想或历史制度保持必要的敬畏感而不能轻率地对历史指手画脚；最好客观地描述历史事实所造成的影响而不能过度地提出价值判断。而且，从篇幅来看，评价必须远远小于叙述。

历史的叙事研究容易出现的问题和错误在于，初学者往往将历史研究转换为"述评"（或"评介"），并不恰当地轻"叙述"而重"评价"，或在简单地"叙述"之后大谈"启示"，以至于喧宾夺主。历史研究与其过度评论，不如只叙述而不评论。初学者误以为不提出"评价"或"启示"就没有呈现自己的观点或者没有凸显该历史研究的"洋为中用""古为今用"的现实意义。殊不知，规范的历史研究只是陈述事实而并不需要在陈述事实之后提出"对……评价"或"……的启示"。并非研究者不能作出"评价"或提出相关的"启示"，而是

---

① 有关述评研究的案例，详见：彭正梅. 解放的教育[D]. 上海：华东师范大学，1999. 彭正梅. 解放的教育：德国批判教育学研究[M]. 上海：华东师范大学出版社，2008. 吴刚平. 论校本课程开发[D]. 上海：华东师范大学，2000. 吴刚平. 校本课程开发[M]. 成都：四川教育出版社，2002.

② 详见：腾大春. 杜威和他的《民主主义与教育》[C]//杜威. 民主主义与教育[M]. 王承绪，译. 北京：人民教育出版社，2001：1—39.

说,如果研究者没有评价的客观标准而只是主观议论,那么,这种"评价"或"启示"就显得浅薄或多余。这种多余的"评价"或"启示"非但不能增加历史研究的学术价值,反而使文章在最后出现败笔(可视之为"画蛇添足"或"晚节不保")。

■（三）翻译

翻译一般显示为将外语转换为本国语或将本国语转换为外语。但是,广义的翻译包括古典文献学意义上的注疏和训诂。

注疏包括"注"和"疏"两个部分。所谓"注",起源于汉儒注经、释经,也称传、笺、解、学,通称为"注"。其主要任务是分析和解释古书的章句和文意,因此也称为"章句"。而集合各家注释为一书,则称为"集解"或"集注"。所谓"疏",是指对古人的注释的再注释,使古人的注释被疏导、疏通或疏解,又称义疏、正义或疏义。

也就是说,"注疏"是对古典文献的注释以及对他人的注释的再注释,比如朱熹的《四书集注》、郦道元的《水经注》以及各种版本的《十三经注疏》,刘小枫、甘阳等人主编的"柏拉图注疏集""色诺芬注疏集""亚里士多德注疏集",等等。教育研究领域的"注疏"往往散见于类似"中国古代教育文选"[①]的文本之中。

"注疏"的主要目的在于"整理""订正"原文(一般为经典名著),使原文的结构或意义显得更清晰,而不是对原文进行长篇的评介或批判。

注疏可能采用"训诂"的方式对某些古文字进行翻译或解释,但是,训诂侧重对古文字的意义提供解释和考证。有关训诂的技艺逐渐发展为训诂学,也称为"文献语义学"或"语文文字学"。[②] 训诂学也称为"小学"[③],但一般将训诂学连同音韵学、文字学一起统称为"小学"。[④]

注疏与训诂在现代教育研究领域并不常用,除了从事古籍研究以及古代教育史研究的专业研究者之外,很少有教育研究者独立使用训诂的方法来展开学术研究。但是,这并不意味着注疏和训诂在现代教育研究领域失去了方法论的价值。研究者一旦阅读、引用古典文献,注疏和训诂就成为必要的方法。[⑤] 训诂对于现代学术研究的意义在于,教育研究者最好以注疏和训诂的精神对待教育专业文献的翻译。或者说,教育研究者除了需要以注疏和训诂的方式考证和注释古汉语文献的语义,尚需要以注疏和训诂的态度对待外文文献的翻译。

注疏和训诂多少具有翻译的含义,但是,训诂的主要对象是词语或句子而不是整个篇章。翻译虽然也需要斟酌某个词语或句子的译法,但是,翻译的重点是整个篇章而不在于个别词语或句子。

现代学术界虽然很少有人做专门的注疏或训诂研究,但是,注疏和训诂依然是解释学

① 详见:孟宪承. 中国古代教育文选[M]. 北京:人民教育出版社,1979.
② 陆宗达,王宁. 训诂与训诂学[M]. 太原:山西教育出版社,1994:453.
③ 详见:陆宗达,王宁. 训诂与训诂学[M]. 太原:山西教育出版社,1994:314.
④ 陆宗达,王宁. 训诂与训诂学[M]. 太原:山西教育出版社,1994:5—6.陈独秀晚年曾专门研究"小学"。
⑤ 具体的训诂的方法,可重点参考陆宗达和王宁的《训诂与训诂学》。

研究的前提和基础。而且,注疏与训诂已经接近现代意义上的翻译以及相关的研究。

翻译历来是重要的学术研究方法。翻译既可以让译者亲自体验"国外学者的相关研究"甚至是"学术前沿",也可以为读者提供"国外学者的相关研究"的文献视野。翻译是一种再创作。出色的翻译既可以采用"直译"或鲁迅所提倡的"硬译"的方法,也可以采用"意译"或"转译"的办法。

直译或硬译的追求是"可信"。直译或硬译的好处是:它维护了原文的字面意义和语言风格,让读者自己去理解那些看似特别的词语和语法。对于有一定的外语修养的人来说,面对直译的文本可能会心领神会。① 但直译或硬译的坏处是:虽然比较"可信"却不那么"可爱"。译文往往显得艰涩、不顺畅,它容易让一般读者发生阅读障碍,对译文感到莫名其妙。

意译或转译的追求是"达"和"雅"。意译或转译的好处是:它能够帮助读者了解外文的大意。出色的意译或转译往往能够在母语中尽量找寻那些能够传神地、"一语中的"地指示外文的内在意义的词语。它使外语和母语之间保持某种微妙的互动,比如,有人将Support for families 意译为"养家糊口"②而不直译为"支持家庭";将 Gone with the wind 翻译为《飘》或《乱世佳人》而不直译为《随风而逝》或硬译为《跟风》;将 Family Album U. S. A. 译为"走遍美国"而不译为"美国家庭相册",等等。意译或转译的缺点是:它往往显得比较"可爱"却可能不那么"可信",或者,它可能显得比较雅致却可能过于追求风雅而显得俗气。

出色的译者总是在直译和意译之间自由转换,有时甚至需要采用增译法、减译法、词类转换法(将英语中的介词、名词翻译为动词或动名词)、句式转换(长句短译)、语态的转换(主要是将被动语态转换为主动语态)、肯定句与否定句的转换、保持语言的节奏和音响效果等多种技巧。比如,英国学者培根(F. Bacon,1561—1626)的 On Studies 有多个中译本,但兼具"信、达、雅"的、"传神"的翻译是王佐良的译本(标题译为"谈读书"而不是"关于学习")。其开篇就显示出非凡的气势:"书足以怡情,足以博彩,足以长才。其怡情也,最见于独处幽居之时;其博彩也,最见于高谈阔论之中;其长才也,最见于处世判事之际。"③又如,卢梭的《爱弥儿》的开篇一般翻译为,"出自造物主之手的东西,都是好的,而一到了人的手里,就全变坏了。"④但是,用文言文的方式来翻译这个开篇也许更适合一些:上帝造人,一切皆善,一经人手,便成为恶。

出色的翻译是一种再创作。它使熟悉的本土语言变得陌生、有个性,又使陌生的词语变得熟悉、安稳。比如,在陈嘉映、王庆节等人翻译的海德格尔(M. Heidegger,1889—1976)的《存在与时间》的译本中,处处显示为新概念、新词语的聚集,显示出译者既用心从汉语中寻找合适的词语传达原文的意义,又借助外来语对本土语言进行适度的改造。胡适、陈独秀等人当年发起"白话文运动"和"文学改良运动",中国话语为之一变,陈嘉映、王

① 但"直译"或"硬译"的前提是尊重常识或传统。比如,Confucius 最好译为孔子而不是"孔修斯";Mencius 最好译成"孟子"而不是"孟修斯";Chiang Kai-shekz 只能译为"蒋介石"而不能直译或硬译为"常凯申";John King Fairbank 不能译成"费尔班德"而最好译为"费正清"。

② 详见:伯克. 历史学与社会理论[M]. 姚朋,等,译. 上海:上海人民出版社,2000(中译本前言):6.

③ 王佐良. 谈读书[C]//王佐良文集. 北京:外语教学与研究出版社,1997:536.

④ 详见:卢梭. 爱弥儿——论教育[M]. 李平沤,译. 北京:商务印书馆,1996:5.

庆节等人借助对海德格尔的《存在与时间》的翻译，也使"海德格尔话语"以及"海德格尔语法"成为学界的新风尚。它使中国汉语的某些日常词语立刻陌生化，使中国学术界的"文风"在某些地方悄然发生改变。

总之，传统解释学研究主要是用更简洁或更通俗易懂的话语介绍某个教育思想或教育制度的核心内容。此类研究一般显示为简述、述评或翻译。其前提是，所介绍或翻译的对象必须是新异的或陌生的。或者，他人已有的简述、述评或翻译出现了误解。如果他人已经做了比较清晰、准确的简述、述评或翻译，那么，该课题就失去了进一步研究的价值。

与传统解释学研究不同，现代解释学研究更重视从"隐微写作""比较研究"或"解释学现象学"[①]的视角为历史文本或历史制度提供解释。

二、隐微解释学研究

隐微解释学研究往往有三个视角。一是"内外有别"的视角，关注作者的"难言之隐"或"隐微教诲"，指证文本的字面意义与隐含意义的差异。此类研究之所以具有普遍的意义，原因在于某个教育思想或教育制度总是有意或无意地隐含了内外有别、表里不一的差异。有人如施特劳斯看重作者或当事人有意设置的内外有别、表里不一的差异；也有人如弗洛伊德更看重无意发生的内外有别、表里不一的差异。此类研究可称为狭义的隐微解释学研究。二是"整体与部分"的视角，从整体与部分的"解释学循环"的思路更正已有研究的误解。三是"早期和晚期"的视角，指证某个教育思想或教育制度改革的早期、中期和晚期思想是否出现断裂（甚至呈现否定之否定的关系），或者貌似出现了断裂实际上却隐含了某种内在的统一性（连续性）。教育哲人自身在其成长过程中也常常会发生自我批判或立场转移的思想变迁。教育史上不乏某个教育家个人早期思想和晚期思想发生重大变化或出现"晚年定论"的现象。此类研究可称为"历史发生学研究"。"历史发生学研究"除了关注某个教育思想或教育制度改革的早期、中期和晚期的差异之外，还可以用来研究某个教育学派内部的分歧与争议。某个教育学派虽然总体上存在一些"共同纲领"，但其内部往往存在"师徒之争"。这种师徒之争可能显示为柏拉图与亚里士多德教育哲学的差异[②]、康德与黑格尔教育哲学的差异（虽然二者并无"面授"的师生关系）、胡塞尔与海德格尔教育哲学的差异，等等。

有关"历史发生学研究"前文对此已有讨论。下面重点讨论有关整体与部分、表面与背面的隐微解释学研究。隐微解释学研究延续了现象学以及古典解释学的传统。施特劳斯等人重新发现了古典哲人惯常采用的"隐微写作"（esoteric writing）的古典传统，并从"隐微写作"的视角重新解释了一系列经典文本。与传统的解释学相比，施特劳斯的隐微解释学更重视文本的言外之意和微言大义。如果传统解释学显示为"翻译"，那么，施特劳斯解释学则显示为"破译"。

---

① 有关"解释学现象学"的解释，详见前文第 3 章有关"文献阅读与名著解读"和第 5 章有关"现象学研究"的讨论。

② 详见：刘良华. 柏拉图与亚里士多德教育哲学的差异[J]. 教育研究，2012(12)：114—119.

■ （一）区分写作的对象：精英教育与大众教育

隐微写作（或"隐微教诲""写作艺术"）并非由施特劳斯首创，相反，这种写作方式是典型的古典哲人的惯用技艺。从隐微写作的视角来解读古典哲学的解释学（可称之为"隐微解释学"）也不是施特劳斯首创，但是，现代意义上的"隐微解释学"却由施特劳斯率先提出来。① 施特劳斯本人亲自采用这个视角和相应的解释学方法重新解释了系列古典作品。施特劳斯的解释学作品重新"解构"了古典作品。如果把"解构主义"理解为对文本的分解和重构，那么，施特劳斯解释学也可视为解构主义解释学。

古典哲人之所以采用隐微教诲，是因为他们坚信社会由精英和大众两类人群组成并由此而坚持精英教育与大众教育的区分。古典哲人的写作对象往往是精英，他们原本为精英写作。但是，作品一旦公开发表，大众也会成为读者。于是，作者不得不采用"曲笔""隐喻""隐微教诲"等"写作的艺术"。在施特劳斯看来，哲学与社会总是存在冲突，哲人因"思想癫狂"触犯政治统治而遭迫害，因此，哲人不得不采用"隐微教诲"的办法。哲人所采用的"写作的技艺"使同一个文本存在两种教诲：哲学教诲（隐微教诲，esoteric teachings）和大众教诲（显白教诲，exoteric teachings）。通过这种写作技艺，真理只向其中一小部分力所能及的人敞开，而对大多数人隐身。"这种写作方式使他们能够把自己视为真理的东西透露给少数人，而又不危及多数人对社会所依赖的诸意见所承担的绝对义务。这些哲人或科学家将区分作为真实教诲的隐微教诲与有益于社会的显白教诲，显白教诲意味着每个读者均能轻松地理解，而隐微教诲只透露给那些小心谨慎且训练有素的读者，——他们要经过长期且专注的学习后才能领会。"②

也就是说，哲人之所以将真实的意图隐没在文字的背后，既可能因为哲学与神学的冲突而不得不隐藏自己的宗教观，也可能因为哲学与统治者、哲人与大众的冲突而不得不采用写作的艺术而使自己避免苏格拉底式的杀身之祸。于是，古典哲人不得不采取"隐微写作"的方式，使自己的真实意图隐而不彰，只让圈内的少数人心领神会而不让大众或统治者知晓自己的真实意图，以免遭受类似"文字狱"的迫害。③ 也正因为大多数古典哲人都采用了隐微写作的艺术，正因为他们的写作隐含了不同的对象，这使经典名著不可避免地被误解。如果作者的某句话是说给特殊读者看（听）的，而一般读者看到这句话之后就一定会发生误解。当然，一般读者误解了作者的某句话，这恰恰又是作者所乐意看到的效果。这样看来，经典名著本身就是用来被误解的，被误解是经典名著的宿命。而且，某些名著似乎显得晦涩难懂，这也许是作者有意为之。因为作者就是只愿意让部分人心领神

---

① 施特劳斯曾"师从"胡塞尔和海德格尔。23 岁那年（1922 年）他参与胡塞尔的研讨课，听过海德格尔的讲座课程。施特劳斯认为海德格尔胜过胡塞尔。海德格尔在讲座中对亚里士多德的《形而上学》的解释令施特劳斯大开眼界。后来他回忆说，"如此细致、透彻地剖解一份哲学文本，对我来说真是闻所未闻、见所未见"，并由此认为韦伯虽然有科学和学术精神，但是，"若与海德格尔相比，韦伯只不过是一名孤儿"。详见：施特劳斯. 剖白[C]//何子健，译. 刘小枫. 苏格拉底问题与现代性. 北京：华夏出版社，2008：271. 他之所以认为韦伯只不过是一名孤儿，主要是指韦伯不如海德格尔重视哲学史的解释。

② 施特劳斯. 注意一种被遗忘的写作艺术[C]//林志猛译. 刘小枫. 苏格拉底问题与现代性. 北京：华夏出版社，2008：157.

③ 详见：施特劳斯. 迫害与写作艺术[M]. 刘锋，译. 北京：华夏出版社，2012：11,19,28—29.

会而让另一些人读不懂他的作品。

正因为被误解是经典名著的宿命，哲学解释学（区别于传统解释学）的任务就是重新区分作者的写作对象。比如，卢梭（J. Rousseau, 1712—1778）的哲学一直困扰着后来的解释者。卢梭的不同著作尤其是《论科学与艺术》《论人类不平等的起源和基础》与《社会契约论》①之间似乎存在某种自我矛盾和紧张关系。卢梭的《论科学与艺术》和《论人类不平等的起源和基础》是对平等而自由的"自然状态"及"自然人"的甜美想象，而《社会契约论》否定了人的"自然状态"。《爱弥儿》则是前两者的混合。这导致后来出现"一个卢梭，还是两个卢梭"的争论。② 与之相关的问题是：卢梭本人在他的《忏悔录》中一再强调有一个"大原则"贯穿于他的所有著作③，这个一以贯之的"大原则"究竟是什么？ 卢梭为何如此看重《爱弥儿》？ 在什么意义上，《爱弥儿》的重要性高于《社会契约论》？ 为此，有研究者从区分精英教育与大众教育的隐微教诲的视角重新解释了卢梭的《爱弥儿》如何论教育（见案例 6 - 3）。④

案例 6-3

《爱弥儿》如何"论教育"⑤

一般人认为，卢梭的《爱弥儿》所讨论的教育是面向所有人的教育。事实上，《爱弥儿》只讨论"精英教育"（尤其是立法家的教育）而并非面向大众教育。

柏拉图著《理想国》和《法义》，后者讨论立法和立法家的问题，前者讨论立法家的教育（精英教育）问题。卢梭的《爱弥儿》与《社会契约论》这两个文本的关系类似柏拉图的《理想国》和《法义》的关系。与柏拉图的《理想国》一样，卢梭的《爱弥儿》所谈论的教育并非面向一般民众的大众教育，而是事关立法家的培养问题的精英教育。

■ （二）留意文本表面的"矛盾""谋篇布局"与"特殊词语"

在施特劳斯看来，古典哲人的写作的艺术主要包括沉默（缺位）、布局谋篇以及特殊词语（比如使用"似乎""显得""看起来"等不确定性的词语）或文不对题、故意啰嗦、突然转换话题、一词多义、前后矛盾或不同文本之间的冲突。此外，施特劳斯还提醒读者或解释者留意作者看似不经意的括弧、脚注、神秘的数字，等等。

第一，矛盾或沉默。在施特劳斯看来，凡是文本表面明显暴露出矛盾的地方，就值得

---

① 学术界一般把《论科学与艺术》称为卢梭的"一论"，把《论人类不平等的起源和基础》称为卢梭的"二论"，把《社会契约论》称为卢梭的"三论"。1762 年（卢梭 50 岁）同时发表两部重要著作《社会契约论》（学术界一般称之为卢梭的"三论"）和《爱弥儿》。前一年（1761 年）发表《新爱洛伊丝》。

② 详见：卡西勒. 卢梭问题[M]. 王春华，译. 南京：译林出版社，2009：47.

③ 卡西勒. 卢梭问题[M]. 王春华，译. 南京：译林出版社，2009：1—2.

④ 详见：刘小枫.《爱弥儿》如何论教育[J]. 北京大学教育评论，2013（1）：126—146.

⑤ 详见：刘小枫.《爱弥儿》如何"论教育"[J]. 北京大学教育评论，2013（1）：126—146. 另参见：曾世萍. 卢梭的立法者教育与民众教育[D]. 广州：华南师范大学，2014.

关注。因为，这里的矛盾很可能是作者故意为之，其中隐含了作者的"言外之意"或"微言大义"。与之类似，如果作者对某些主要人物或重要事件故意保持"沉默"或"一笔带过"，则说明作者对那些人物或事件持否定、批判或不屑一顾的态度。"如果一位智者，对人们普遍认为于他所讨论的问题很重要的一个事实保持沉默的话，那么他就是在告诉我们，那个事实并不重要。智者的沉默总是意味深长的。这不能用遗忘来解释。"①

第二，特殊词语。在讨论德性时，马基雅维利故意利用了 virtue 的一词多义，他赋予 virtue 这个词语新的内涵，使之更接近"才干"（或能干）。而兽性、不择手段、审慎和男性气概等等都被视为突出的政治"才干"。他鼓励君主应该像"狐狸一样狡诈"以认识陷阱，同时又必须像"狮子一样凶狠"以使豺狼惊骇。② 与之相关的写作的艺术还包括"一词多义""文不对题""故意啰嗦"（表面反对实际赞成）甚至故意"出错"，等等。比如，色诺芬的《回忆苏格拉底》《居鲁士的教育》《远征记》三部作品的标题都是"文不对题"。书名为"居鲁士的教育"，内容却不是居鲁士如何接受教育，而是居鲁士的政治生涯。色诺芬取名"居鲁士的教育"，其实是在呼吁真正的教育，呼唤意味着缺乏。又如，马基雅维利在书中表面上劝阻阴谋活动，然而，对阴谋展开如此详尽的讨论，他实际上是暗中对阴谋给予了鼓励。洛克在《教育漫话》中表面上谈论"诚实"的美德，却暗中鼓励必要的"欺骗"和"权谋"。

第三，谋篇布局尤其是"中间位置"或脚注、括弧以及神秘数字。按照施特劳斯的说法，"蕴含在事物表面的问题，而且只有蕴含在事物表面的问题，才是事物的核心"。③ 按照施特劳斯的提示，卢梭究竟是否完全反对科学和艺术？卢梭为何在《爱弥儿》第四卷的中间突然插入"萨瓦牧师的信仰告白"？在《论科学与艺术》中，"卢梭的意图"究竟是什么？等等，皆为值得关注的问题。除了作者的几个文本之间的谋篇及其关系之外，施特劳斯提醒读者留意文本的中间位置。在他看来，古典哲人经常将最重要的观点放置在文本的中间，因为中间这个地方最不引人注目。此外，施特劳斯在解读文本时特别关注某些神秘数字。据说，看一个人是不是真正的施特劳斯主义者，最简单的办法就是看他是否在阅读文本的过程中扳着手指头数数。在《马基雅维利的思考》中，施特劳斯关注的神秘数字是142。马基雅维利的《李维史论》有 142 章，而李维的《罗马史》有 142 卷，他由此推断，马基雅维利的副标题虽然提示只讨论《罗马史》的前十卷，实际上他想要讨论的是李维的整部《罗马史》。而解读《君主论》时，施特劳斯注意到书中有关 26 这个数字的特别意义。④

■ （三）借他人之口说话

借他人之口说话的典型办法是采用对话的形式，或者采用"据说""他/她说""传说"

---

① 施特劳斯. 关于马基雅维里的思考[M]. 申彤，译. 南京：译林出版社，2003：31. 施特劳斯解读了大量的哲学文本，但对康德、黑格尔长期保持沉默，而且，他在自己的写作中也几乎对海德格尔只字不提，这里面似乎也隐含了施特劳斯的隐微教诲。

② 马基雅维利. 君主论[M]. 潘汉典，译. 北京：商务印书馆，1985：84.

③ 施特劳斯. 关于马基雅维里的思考[M]. 申彤，译. 南京：译林出版社，2003：6. 另参见：甘阳. 施特劳斯与美国保守主义[J]. 书城. 2003(9).

④ 详见：刘玮. 马基雅维利与现代性[M]. 上海：华东师范大学出版社，2012：26—27.

"听说""人们认为"等引导语。比如,色诺芬在自己的作品中频繁地使用"据说"。通过这个办法,色诺芬可以限制自己的陈述,避免过于武断和偏激,降低犯错的几率,同时,也使得陈述更加灵活,给读者留下更多思考和想象的空间。

在施特劳斯看来,除了色诺芬,柏拉图也是"借他人之口"实施隐微教诲的大师。柏拉图的古典政治哲学以对话体的形式出现,作者并不直接说出自己的惊世骇俗的可怕的观点,而让这个惊世骇俗的可怕的观点通过某个角色说出来。比如,在《理想国》的对话中,柏拉图通过苏格拉底作为自己的代言人提出直接教诲,又通过色拉叙马霍斯这个代言人说出"不正义比正义更有益"的惊世骇俗的可怕的观点。① 与柏拉图类似,色诺芬在《僭主论》中通过希耶罗来表达自己的政治哲学观。施特劳斯本人找到的角色则是色诺芬、马基雅维利以及科耶夫。施特劳斯通过"色诺芬的苏格拉底"来提出古典政治理性主义以及"写作的艺术",又通过马基雅维利说出自己对道德与政治的关系的理解,而通过科耶夫(他是现代僭主制的赞赏者)说出自己对"僭政""僭主"的看法(也以此影射海德格尔式的现代僭主制)。②

这样看来,从柏拉图到色诺芬一直到施特劳斯,都走在"隐微教诲"的道路上。他们共同的"爱好"(政治哲学立场)是:人和人是有自然差别的,应该顺应自然的差别,让高贵者统治低贱者。高贵者为了成功地统治低贱者,必须学会以不正义的手段或"高贵的谎言"去实现自己的目的。③ 政治与道德无关,高贵者必须超道德、超善恶,为了达到统治者的高贵的目的,可以不择手段。但是,这些话只能以隐微教诲的方式限于圈子内的少数人知晓,对大众则讳莫如深。

可是,施特劳斯解释学与传统解释学的区别并不在于解释学的小技巧,其关键差异在于:施特劳斯解释学改变了传统解释学的解释对象。他不仅将"政治哲学"作为解释的唯一对象,而且将"古典理性主义"政治哲学作为解释学的唯一视角或框架并由此挑起"古今之争"及其对"现代性"的批判。

三、历史的比较研究

现代解释学研究往往采用两个研究视角:一是上面所讨论的隐微解释学研究的视角;二是比较研究的视角。

比较研究意味着被比较的双方相互成为对方的视角。也因此,常见的比较研究的主题"……与……的比较"也可以转换为"从……的视角看……"。

从比较双方的差异程度以及势力强弱的角度来看,比较研究主要显示为两种比较:一是"求同取向",在看似"差异"的背后寻找"相同";二是"求异取向",在看似"相同"的背

---

① 柏拉图.理想国[M].郭斌和,张竹明,译.北京:商务印书馆,1986:26—27.
② 在这个意义上,"隐秘教诲"不仅意味着"解读表面文字背后的微言大义",而且意味着真正的哲人是小说家、戏剧家、电影导演。施特劳斯对此心知肚明,他和他的弟子由此而亲自解读《云》《爱弥尔》《格列佛游记》等戏剧和小说。
③ 相当于孔子所说的"民可使由之,不可使知之"。

后寻找"不同"。可分别称之为求同比较和求异比较。如果将求异的比较再划分为实力均等的求异比较和实力不均等的求异比较,则比较研究包括三种形式的比较。

（一）求同的比较

同类比较也可称之为"异中求同",从表面不同或"不相干"的背后寻找"相同""相关"的元素。比如,佛教禅林的"寺院制度"与书院制度看似不同,然而,"无论从组织形式、学规制度还是从教学活动来分析,书院教育都与中国佛教的禅林讲学制度有着千丝万缕的联系。"①

又如,杜威与波兰尼的教育哲学似乎并不相关,但二者在"整体学习""个人知识""热情求知"等观念上分享了相同的意见。②

一般而言,实证研究往往倾向于"求异取向"。而哲学研究更关注永恒不变的因素,一般倾向于"求同取向"。"在同一性中有一种'与'的关系,也就是说有一种中介、一种关联、一种综合:进入一种同一性之中的统一过程。"③

比较研究的两种取向将引导两种不同的写作方式。如果研究者选择了"求同取向",那么,写作结构往往显示为:(1)关于 A;(2)关于 B;(3) B 与 A 的不同与相同。不过,为了强化二者的"相同",写作结构也可能呈现为:(1)关于 A;(2)关于 B 以及 B 与 A 的不同;(3) B 与 A 的相同。

（二）实力均等的求异比较

"实力均等的同中求异"是从表面相同的背后寻找差异。此类研究往往只陈述差异的事实而并不显示孰优孰劣的价值倾向。均等的比较意味着"各有特色"而"不分胜负"。此类比较研究的价值倾向是:最好尊重各自的传统,保持各自的特色,不必强求一律。

如果研究者选择了"实力均等的求异取向"的比较研究,那么,其写作结构往往显示为:(1)关于 A;(2)关于 B;(3) B 与 A 的相同与不同。

"实力均等的求异取向"的比较研究也可能有另一种写作结构:(1)在 X 方面,A 和 B 的差异以及各自的特色;(2)在 Y 方面,A 与 B 的差异以及各自的特色;(3)在 Z 方面,A 与 B 的差异以及各自的特色。比如,有人从均等的同中求异的视角对孔子的"启发"艺术与苏格拉底"产婆术"进行了比较研究。④

（三）实力不均等的求异比较

"实力不均等的同中求异"是从表面相同的背后寻找差异,而且,直接显示孰优孰劣的价值倾向。比如,有人从不均等的"同中求异"的视角对苏格拉底与孔子的言说方式进行

---

① 丁钢.中国佛教教育:儒佛道教育比较研究[M].成都:四川教育出版社,1989:114.丁钢.中国佛教教育:儒佛道教育比较研究[M].成都:四川教育出版社,2010:124—125.

② 详见:胡三清.杜威与波兰尼的学习观的比较[D].广州:华南师范大学,2009.

③ 海德格尔.同一与差异[M].孙周兴,陈小文,余明峰,译.北京:商务印书馆,2011:29.

④ 详见:陈桂生.孔子"启发"艺术与苏格拉底"产婆术"比较[J].华东师范大学学报(教育科学版),2001(3):7—13.

了比较研究。① 不均等的比较意味着"实力悬殊"而"判定输赢"。此类比较研究的价值倾向是：最好开放心态，见贤思齐，弃暗投明。

如果研究者选择了"实力不均等的求异取向"的比较研究，那么，其写作结构往往显示为：(1) 关于 A；(2) 关于 B 以及 B 与 A 的相同；(3) A 与 B 的不同以及 A 的优势。

"实力不均等的求异取向"的比较研究也可能有另一种写作结构：(1) 在 X 方面，A 和 B 的差异以及 A 的优势；(2) 在 Y 方面，A 与 B 的差异以及 A 的优势；(3) 在 Z 方面，A 与 B 的差异以及 A 的优势。

表面上看，比较研究是将两个教育思想或教育制度摆放在一起，分析二者的异同。实际上，比较研究是让两个教育思想或教育制度互为对方的研究视角。有关 A 和 B 比较研究意味着研究者从 A 的角度来观看 B，同时也意味着研究者从 B 的角度来观看 A。就此而言，如果研究者实在找不到满意的研究视角，则可以考虑类似"……与……的比较"的选题。如果研究者从比较的视角在两个或多个看似不相关的教育思想(或教育制度)之间指证其相同，或者，在两个或多个看似相同的教育思想(或教育制度)之间辨析其差异，那么，这就是有价值的学术研究。

关键术语

历史的考证研究　历史的叙事研究　历史的解释研究　历史的谱系学研究　历史的话语分析　历史的人类学研究　隐微解释学研究　历史的比较研究

讨论与探究

1. 探究：案例 6-1 是一份有关校勘研究的论文，请阅读相关的研究报告，指出其以讹传讹的文献不规范现象。

2. 探究：案例 6-2 是一篇博士学位论文的简介，这篇论文已公开出版。请在相关网站下载并阅读这篇论文或这本书。分析这篇论文所采用的研究方法和研究思路。

3. 探究：案例 6-3 是一篇硕士学位论文的简介。请在相关网站下载并阅读这篇论文。分析这篇论文所采用的研究方法和研究思路。

4. 围绕某个主题，尝试采用历史的谱系学研究、历史的话语分析或者历史人类学研究的方法展开一项研究，提交完整的研究报告。

5. 探究：围绕某个历史中的教育思想或教育制度，尝试采用述评研究的方法展开研究并提交一份完整的研究报告。

6. 讨论：隐微解释学研究有哪些具体的方法？

7. 讨论：历史解释学研究应该有哪三个自信？

---

① 详见：邓晓芒.苏格拉底与孔子的言说方式比较[J].开放时代,2000(3)：39—45.

进一步阅读的文献/网站

1. 梁启超.中国近三百年学术史[M].北京:商务印书馆,2011.参阅:(1)梁启超.清代学术概论[M].北京:中华书局,2010.(2)钱穆.中国近三百年学术史(上、下)[M].北京:商务印书馆,1997.(3)余英时.论戴震与章学诚[M].北京:三联书店,2005.(4)吴少珉,赵金昭.二十世纪疑古思潮[M].北京:学苑出版社,2003.(5)汪荣祖.史学九章[M].北京:三联书店,2006.

2. 丁钢.先秦儒道教育思想比较研究[D].上海:华东师范大学,1988.参阅:(1)丁钢.中国佛教教育:儒佛道教育比较研究[M].成都:四川教育出版社,1989:114.丁钢.中国佛教教育:儒佛道教育比较研究[M].成都:四川教育出版社,2010:124—125.(2)周勇.知识、教化与欲望——中国十一世纪的教育话语[D].上海:华东师范大学,2002.周勇.教育空间中的话语冲突与悲剧——中国十一世纪的经验[M].北京:教育科学出版社,2004.(3)周勇.中国教育社会学的学术文化与精神遗产——以陶孟和为例[J].华东师范大学学报(教育科学版),2007(3):76—91.

3. 瞿葆奎.拉伊和他的《实验教育学》[J].华东师范大学学报(教育科学版),1999(4):1—13.参阅:(1)肖朗.王国维与赫尔巴特教育学说的导入[J].华东师范大学学报(教育科学版),2004(4):76—82.(2)董标.毛泽东教育学在西方[J].湖南科技大学学报:社会科学版,2004(6):15—22.董标.走向自由教育学——毛泽东教育学知识的形成、发展及其表征[D].杭州:浙江大学,2005.(3)董标.毛泽东教育学[M].香港:时代国际出版有限公司,2011.

4. 杨小微.社会转型时期学校变革的方法论[D].上海:华东师范大学,2002.杨小微.转型与变革——中小学改革与发展的方法论[M].武汉:湖北教育出版社,2004.参阅:(1)张斌贤.社会转型与教育变革——美国进步主义教育运动研究[D].北京:北京师范大学,1995.张斌贤.社会转型与教育变革——美国进步主义教育运动研究[M].长沙:湖南教育出版社,1998.(2)杨捷.重构中学与大学的关系——美国进步主义教育之"八年研究"初探[D].上海:华东师范大学,2006.杨捷.重构中学与大学的关系——美国进步主义教育之"八年研究"初探[M].北京:中国社会科学出版社,2008.(3)丁永为.杜威关于民主与教育关系思想的演变[D].北京:北京师范大学,2009.

5. 古德森.环境教育的诞生:英国学校课程社会史的个案研究[M].贺晓星,仲鑫,译.上海:华东师范大学出版社,2001.参阅:陈华.中国公民教育的诞生:课程史的研究[D].上海:华东师范大学,2012.

6. 福柯.疯癫与文明[M].刘北成、杨远婴译.北京:三联书店,2003.参阅:(1)焦旭伟.规训教育的重申——福柯规训权力思想的另类解读[D].广州:华南师范大学,2009.(2)李珍璐.论道德教育与人生幸福的关涉——基于康德"德福观"的视角[D].广州:华南师范大学,2010.(3)王铭铭.教育空间的现代性与民间观念——闽台三村初等教育的历史轨迹[J].社会学研究,1999(6):103—116.(4)张晓华.规训与自由——审视中小学的课堂常规[D].兰州:西北师范大学硕士论文,2005.(5)闫旭蕾.教育中的"肉"与"灵"[M].南京:南京师范大学出版社,2007.

7. 张华.经验课程研究[D].上海:华东师范大学,1998.张华.经验课程论[M].上海:上海教育出版社,2000.参阅:(1)袁桂林.当代西方主要道德教育理论派别研究[D].长春:东北师范大学,1993.(2)施良方.西方课程探究范式探析[J].华东师范大学学报(教育科学版),1994(3):27—33.(3)施特劳斯.现代性的三次浪潮[C]//刘小枫.苏格拉底问题与现代性.彭磊,等,译.北京:华夏出版社,2008:32—46.(4)刘小枫.《爱弥儿》如何论教育[J].北京大学教育评论,2013(1):126—146.(5)杨林.杜威教育思想的三次转变[D].广州:华南师范大学,2011.(6)曾世萍.卢梭的立法者教育与民众教育[D].广州:华南师范大学,2014.

8. 巴战龙.人类学视野中的学校教育与地方知识[D].中央民族大学,2008.巴战龙.学校教育·地方知识·现代性——一项家乡人类学研究[M].北京:民族出版社,2010.参阅:(1)司洪昌.嵌入村庄的学校——仁村教育的历史人类学探究[D].上海:华东师范大学,2006.司洪昌.嵌入村庄的学校:仁村教育的历史人类学探究[M].北京:教育科学出版社,2009.(2)王铭铭.教育空间的现代性与民间观念——闽台三村初等教育的历史轨迹[J].社会学研究,1999(6):103—116.

9. 彭正梅.解放的教育[D].上海:华东师范大学,1999.彭正梅.解放的教育:德国批判教育学研究[M].上海:华东师范大学出版社,2008.

10. 施特劳斯.注意一种被遗忘的写作艺术[C]//林志猛译.刘小枫.苏格拉底问题与现代性.北京:华夏出版社,2008:157.参阅:刘小枫.《爱弥儿》如何论教育[J].北京大学教育评论,2013(1):126—146.

11. 邓晓芒.苏格拉底与孔子的言说方式比较[J].开放时代,2000(3).参阅:(1)陈桂生.孔子"启发"艺术与苏格拉底"产婆术"比较[J].华东师范大学学报(教育科学版),2001(3):7—13.(2)梁漱溟.东西文化及其哲学[M].北京:商务印书馆,1999.

12. 网站1:中国知网(http://www.cnki.net)、JSTOR(http://www.jstor.org)或OALib(http://www.oalib.com)。重点搜索本章提示的相关论文。

13. 网站2:读秀(http://www.duxiu.com)、bookfi(http://en.bookfi.org)、ebooksread(http://www.ebooksread.com)、百度文库(http://wenku.baidu.com)或道客巴巴(http://www.doc88.com)。重点搜索本章提示的相关论文。

14. 视频1:《大国崛起》,中国中央电视台首播的12集电视纪录片,可作为历史研究的案例。

15. 视频2:《水木清华九十年》《周氏三兄弟》,凤凰卫视专题片,可作为历史研究的案例。

第3单元
如何分析与写作

    本单元主要讨论如何撰写实证研究报告和哲学研究论文以及相关的学术规范。具体包括三个方面：一是如何撰写实证研究报告，以及，一种既价值关怀又价值中立的教育研究何以是可能的；二是如何撰写哲学研究论文；三是学术规范与学术失范。

    实证研究报告已经形成比较稳定的格式，一般包含"问题与假设""过程与方法""结果与讨论"三个部分。

    哲学研究论文虽然形态各异，但往往超不出"为什么""是什么""怎么办"三个要点。

第7章

教育统计与测量①

　　教育统计与测量就是通过收集和分析数据,用数据揭示教育中的规律,即"让数据说话"。统计与测量主要应用于量的研究,但有时也应用于质的研究。在信息技术和大数据时代,统计与测量往往与信息技术结伴而行。借助统计软件,研究者只需要按照程序要求输入原始数据,根据研究者需求进行命令操作,统计结果就清晰明了地显现出来。

通过本章的学习,你将能够

- 掌握抽样的策略和技巧;
- 理解信度、效度、描述性统计、推断性统计等术语;
- 理解并掌握测量及相关统计的分析技巧;
- 学会对量的研究数据进行描述性统计和推断性统计分析;
- 理解统计分析中常见的问题以及解决途径。

本章内容导引

- 抽样与测量
  - 一、如何抽样
    - (一)概率抽样
    - (二)非概率抽样
    - (三)样本容量
  - 二、信度与效度
    - (一)信度
    - (二)效度
  - 三、变量的测量类型
    - (一)定类变量与定序变量
    - (二)定距变量
    - (三)定比变量
- 描述统计
  - 一.集中量数:样本集中量的描述
    - (一)平均数

  - (二)中位数与众数
  - (三)三个集中量数的关系
  - 二、差异量数:样本差异量的描述
    - (一)全距和四分位距
    - (二)方差和标准差
    - (三)自由度
  - 三、地位量数:样本相对位置的描述
    - (一)百分位分数
    - (二)百分等级分数
    - (三)标准分数
- 推断统计
  - 一、参数估计与假设检验
    - (一)抽样分布:样本代表总体的统计学依据
    - (二)参数估计:点估计和区间估计

---

① 本章由高慎英博士和黄小瑞博士合作撰写。肖洋博士做了校对与调整。谨此致谢。

第1节 抽样与测量

哲学研究也许可以面对研究对象的总体，但科学研究只能面对研究对象的部分。如何通过部分对象来推断出总体特征，这就需要有比较规范的抽样。抽样总是有风险的，不规范的抽样会带来"管中窥豹"或"盲人摸象"的后果。随着抽样技术的成熟，考察研究总体中的某些样本，通过样本特征来推断总体特征，逐渐获得认可并成为量的研究的基本思路。

一、如何抽样

抽样是从研究目标总体中选择参加研究个体的过程，与总体、样本、个体等概念相关。总体是研究目标群体的全体；样本是由总体中的部分个体组成的；个体是组成总体的基本单元。样本从总体中抽取，要"谨慎地抽取"，只需要抽取"一小部分"。可是，问题在于：如何从个体中选取样本才能保证样本具有代表性？所谓样本的代表性，就是抽取出来的样本特征接近总体特征。也就是说，抽样就是按照一定的规则，从总体中抽取足够适量的、有代表性的样本。

抽样的代表性需要总体应是"搅拌均匀"的，这样才能保证任一个体被抽取的机会是均等的。任意抽取的个体不存在特指或特殊性，能够代表总体。即便如此，随机抽取的样本特征与总体特征也还是有差异的。这种由抽样造成的误差称为抽样误差。

抽样误差无法避免，但可以采用适当的抽样方法减少抽样误差。选用抽样方法时，需要综合考虑不同的抽样方法，使样本具有代表性，能够比较精准有效地从样本推断出总体。

■（一）概率抽样

概率抽样（probability sampling）就是指总体中每一个个体被抽中的可能性相等。最经典的概率抽样方法就是随机抽样。调查研究和实验研究应尽可能使用随机抽样，遵循随机化原则。按照随机化原则抽取样本的方法就是概率抽样。

随机抽样可以减少很多无关因素的影响。例如，随机选取实验组和对照组，就可以理想地认为，除自变量之外，所有的无关变量都是大致均衡同一的。这种控制无关变量的实验设计,有助于验证自变量和因变量之间的关系(实验假设)。

概率抽样与非概率抽样的最大差别在于:概率抽样可以提高样本接近总体的代表性且便于估计样本的抽样误差。概率抽样时,研究者能够对总体中的每一个个体进行抽样,每一个个体被抽到的可能性(概率)也是确定的,可以准确地推断样本统计值在多大程度上适合于总体。绝大多数抽样调查都采用概率抽样方法来抽取样本。概率抽样包括:简单随机抽样、系统抽样、分层抽样、整群抽样,等等。

1. 简单随机抽样

简单随机抽样(simple random sampling)是指总体中每一个个体被抽到的机会都相等,且任何元素(或个体)之间彼此被抽取的机会是独立的。简单随机抽样完全遵循"随机化原则"。简单随机抽样的方法主要有两种:一是抽签法;二是随机数法。

抽签法是比较简便而通用的办法。例如,如果从一个班 45 名学生中随机抽取 10 个学生,可以把所有学生的名字或编号写在小纸片上,揉成小球,放在一个不透明袋子中,充分混合后从中随机抽出所需的样本数。

随机数法有两个思路:一是利用随机数表进行抽样,随机数表是由统计学家根据随机化原则编制而成。使用时要对所有个体进行编号,如从 001—500 编号,然后随机确定第一个数的纵横位置,从第一个数开始按照事先设定好的规则顺序选取数字。二是利用 SPSS 或 Excel 软件中的伪随机数发生器,可以生成类似均匀分布的随机数序列,具有类似于随机数的统计特征。

简单随机抽样要求对总体中的每一个个体进行编号,按一定规则抽样。如果总体中的个体太多,编号工作量太大,抽签法和随机数法操作都无法方便快捷。因此,除了简单随机抽样,还可以考虑其他抽样方法。

2. 等距抽样

等距抽样(systematic sampling)也称为系统抽样。首先要对每一个个体进行编号,并确定分段间隔。分段间隔等于总体除以样本量,要使总体的个体数能被样本容量整除。如果不能整除,可以剔除若干个体。在第 1 分段间隔,随机抽取第一个个体编号。然后,依次按照分段间隔抽取样本,直到获取整个样本为止。

例如:从包含 400 个体的总体中抽取 50 个样本,先从 1 开始编号,400/50=8,从 1—8 中随机抽样,确定第一个个体编号,如随机选取 3 号,接下来就要依次按 3+8=11, 11+8=19, 19+8=27……选取 50 个相应编号的样本。

这种抽样方法强调:事先确定好样本量,随机抽取第一个个体编号,当第一个个体编号确定后,整个样本就已经确定,其他个体就不可能再被抽取。

与简单随机抽样相比,等距抽样更方便易行,而且样本均匀分布。其缺陷是:"若总体包含一定的周期性,则等距抽样的可靠性会有所降低。"[①]就是说,如果编号排序存在周期性,等距抽样会出现较大的误差。

---

① 张敏强. 教育与心理统计学[M]. 北京:人民教育出版社,2010:109.

3. 分层抽样

有时候,总体是由不同类型的个体组成,存在较为明显的差异。如果忽略这种类型差异,抽取的样本的代表性就可能比较差。面对这样的总体,就需要使用分层抽样(stratified sampling)。

分层抽样也可以称为分类抽样,有研究者认为:"其原理是通过分层使异质性高的总体分解为同质性高的若干子总体;而在同质总体中实施随机抽样比在异质总体中抽样误差要小。"[1]所以,分层抽样要先将总体分成互不交叉的层次或类别,然后按照一定的比例,从各层次或类别中随机抽取一定数量的个体作为样本。

从各层次或类别中抽取样本时,要遵循两个原则:一是随机化原则,从同质性高的子总体中抽取要随机抽取;二是按一定比例,可以按同一个比例从不同层次或类别中随机抽取,也可以按不同比例,不同层次按不同比例抽取。每个层次的样本数根据该层总体数及其标准差的积决定。如果某一层总体数较多、内部差异较大时,应予以分配多一些的样本量。

采用这种分层抽样的方式进行数据统计时,需要使用加权平均数,以反映真实的总体特征。这种样本可以看作是按一定比例缩小的总体,就像地图的比例尺一样。

分层抽样(分类抽样)的关键是合理分类。有的总体类别特征明显,分层抽样要充分利用总体本身的各种特征信息,如区域类型、学校类型、学科类型、年龄分段、成绩差异等。有的总体类别特征并不明显,如同一年龄段的学生同伴关系研究,如何分层分类,就变得比较复杂一些。有研究者建议采用一个总的原则:层内样本的变异要小,而层与层之间的变异要尽可能地大,否则将失去分层的意义,即"层内同质,层外异质"。其实,"层内同质,层外异质"也是所有分类研究的基本原则。

分层抽样在实际中应用广泛。当总体是由差异明显的几个部分组成时,要尽可能保持样本结构与总体结构的一致性。

4. 整群抽样

整群抽样(group sampling)与简单随机抽样相似,但不是随机抽取个体,而是随机抽取自然形成的群(可以是一个或几个班,或整个学校等),即从总体中随机抽取一个或多个单位整体作为样本。例如,研究总体是多个学校的所有班级,随机抽取 10 个班级的全部学生作为样本,而且班与班之间比较均衡同质。

在教育调查研究、准实验研究和行动研究中,整群抽样会用的比较多,以班为单位,随机抽取其中的某个班或某些班,操作起来比较方便,容易获得大样本。但同样,这种抽样方法也存在缺点,即样本不独立。

整群抽样比较适合"大总体",已经形成的"群"与"群"之间较均衡同质。

总之,设计抽样方法的核心问题是如何使抽取的样本具有更好的代表性。在实际抽样中,通常要同时使用几种抽样方法。例如,可以先用分层抽样,把总体划分成不同的类别、层次或维度,确定从不同的类别、层次或维度中抽样的比例及个数。然后,再用系统抽

---

① 张红霞. 教育科学研究方法[M]. 北京:教育科学出版社,2009:270.

样或简单随机抽样抽取一定数量的样本。

概率抽样方法还有更多、更复杂精确的抽样方法。概率抽样方法的共同特点就是保证总体的每一个个体被抽取的可能性(概率)是均等的。在研究方法设计时,要审慎选择并详细说明采用什么抽样方法选取的研究对象。

■ (二)非概率抽样

非概率抽样(non-probability sampling)与概率抽样相反,研究者根据方便原则或主观判断抽取样本。在非概率抽样方法中,总体中每一个元素被抽取的概率是互不相等的,研究者一般不能准确估计样本对于总体具有何种程度的代表性,而且也无法估计抽样误差。因而,非概率抽样方法限制了把研究结果推广到样本范围之外的可能性。但是,教育研究有时并不需要特别关注研究结果的可推广性,而是强调特殊样本(或案例)本身的价值。当然,非概率抽样方法根据样本研究结果也可在一定程度上说明总体的性质和特征。

非概率抽样主要有方便抽样、目的抽样、滚雪球抽样,等等。这里介绍方便抽样和目的抽样。

1. 方便抽样

方便抽样(convenience sampling)是研究者依据方便的原则和研究目的,自行选择确定研究对象样本。方便抽样也叫"偶遇抽样"或"任意抽样"。"街头拦人法"就是一种偶遇抽样。比如,调查员在街头、公园、商店等公共场所进行拦截调查;厂家在出售产品柜台前对路过顾客进行的调查,等等。这种碰巧或随意的抽样虽然不太严谨,却有方便易行的优势。也因此,研究者经常选择自己所教的班级或同事所教的两三个班级作为样本。

方便抽样看起来是一种随机性事件,但它与简单随机抽样有着本质的不同。两者的区别在于,方便抽样中的每一个个体能被抽取到的概率是不确定的,研究者并未对总体进行了解,而随机抽样中的每一个个体能被抽取到的机会是均等的,且对总体进行了解。

方便抽样是非概率抽样中最简单的方法,简便易行,成本低、省时间,常作为为访谈法、观察法、实物分析法、行动研究法的抽样方法。但是,采用这种抽样方法时,样本的代表性无法控制和客观地测量,受偶然因素影响太大,总体上不太严谨。

2. 目的抽样

目的抽样(purposive sampling)也称为"判断抽样"或"典型抽样"。研究者根据自己的判断,选择那些被判断为最有代表性的个体作为样本,或者只抽取最适合研究目的、最需要的样本个体。这种抽样方法基于研究者的主观判断,选择极端个案或典型代表作为研究对象。

目的抽样要想获得代表性较高的样本,研究者必须熟悉自己的研究领域,对研究总体也比较了解并根据自己的判断作出选择。例如,如果要研究自闭症儿童的行为特点,就需要使用目的抽样方法,抽取自闭症儿童作为样本。要研究留守儿童的家庭教育缺失问题,就要有意抽取典型的留守儿童家庭,而不是一般儿童家庭作为样本。

非概率抽样在教育研究中应用比较多。在实际应用中,非概率抽样往往与概率抽样结合使用。

■（三）样本容量

样本的代表性除了受抽样方式的影响，也受样本的数量的影响。样本的数量多少就称为"样本容量"。如果样本容量太大，又会造成人力、物力、财力和时间的浪费，没有必要盲目增大样本容量。但是，如果样本容量太小，样本就可能只是一些特例，所得的研究结果不稳定，与实际情况的差异就比较大。

确定样本量是一个需要综合权衡的复杂问题，要科学合理地确定抽样方法和样本量。比如，样本容量大小会受到问卷长度（即变量数）的影响。有研究者认为，从概率论原理来讲，对于正态总体的单个变量的平均数，样本容量在30以上就可以较准确地推断总体，因此，30以上的样本容量一般被视为"大样本"。但就社会科学研究而言，由于所涉及的研究变量远不止一个，因此样本往往要求大于30。[①]

样本量的大小主要取决于研究对象的变化程度，所要求或允许的误差大小（即精度要求）以及要求推断的置信程度，等等。研究的现象越复杂，样本量要求越大；精度要求越高，样本量要求越大。有关多个变量的数据收集，采用多元统计方法对数据进行复杂的高级分析，就需要比较大的样本。

在实际研究中，还有其他许多不确定的因素影响最小样本容量的确定。研究者更多地参考借鉴他人研究的经验和做法。例如，统计学家们通常都赞同从实践经验得来的标准，即相关性研究的样本容量不小于30，实验或因果比较性研究的样本每组被试不少于15，针对全部班级的研究每个研究处理至少要有5个班级。[②]

当然，样本容量的确定是为了研究结果的准确性，抽样设计可以在很大程度上影响研究结果的可推广性及研究成本的多少。虽然样本容量越大越好，但更重要的原则是抽样的随机化。如果样本选取不当，即使样本容量很大，也不会得出有效的结论。（见案例7-1）

案例 7-1

抽样的表述方法[③]

采用三阶段随机整群抽样的方法对中国中部省会城市的所有初中一、二年级（7年级和8年级）的儿童进行抽样。第一阶段以该市17个区的经济、教育发展水平以及人口数量为指标，采用聚类分析得到四个类别，从每个类别中随机抽取一个区。第二阶段是对入样区的所有学校抽样。根据学校所在的位置、学校性质、学校类型及经费等级四个方面进行分类并随机抽样。第三阶段是对入样学校的班级进行抽样。入样班级的儿童、儿童的家长、班级对应的教师、学校对应的校长都填写了相应的问卷。

---

① 张红霞. 教育科学研究方法[M]. 北京：教育科学出版社，2009：281.
② 查尔斯. 教育研究导论[M]. 张莉莉，张学文，等，译. 北京：中国轻工业出版社，2003：127.
③ 黄小瑞，安桂清. 家长参与类型与儿童学习结果的关系[J]. 学前教育研究，2018：287(11)，40—49.

二、信度与效度

抽样会影响研究的信度与效度,但变量的测量信效度同样会对研究的信度和效度产生巨大的影响。

测量的信度和效度是相互联系的,既可信又有效的测量才是好的测量。好的测量效度有赖于测量信度,缺乏信度的测量不可能达成好的效度。没有信度的效度是不存在的,没有效度的信度也没有意义。

▉ (一) 信度

信度(reliability)是指测量的一致性和稳定性。它是采取同样方法对同一对象重复测量时,其所得结果相一致的程度。如果每次测验获得的数据都相似,就可以认为数据是可靠的、可信的。

信度测定的方法主要有:重测信度、复本信度和内部一致性信度等。

(1) 重测信度(test-retest reliability)。重测信度也称为再测信度或稳定性系数。其操作方法比较简单,就是对一组群体用测验或量表实施测验,间隔一段时间再实施同一项测验,对两次所得结果做相关分析。相关系数越大,则重测信度越高。

两次测验间隔时间长短对重测信度的影响比较大。对于两次测验的间隔时间,也有不同的说法。通常的间隔是 1—3 周。间隔时间太长,被试的情况容易发生变化,两次测验结果就会有较大差异,这样就会低估测验的信度。相反,如果间隔太短,由于记忆的影响,第一次测验结果会对第二次产生影响,这样就会高估测验的信度。也有人认为间隔时间以 2 到 4 周为宜,最长不超过六个月。[1] 重测信度更适合那些不容易受重复使用影响的测验,如运动测验、人格测验等。

(2) 复本信度(alternative-form reliability)。复本信度与重测信度的方法相似,都是进行两次测验。不同之处在于,复本信度强调对同一组受测者实施两个不同的复本测验,测定的是两个复本测验的相关关系。也就是说:“对一组被试先实施 A 测验,过一段时间再对这组被试实施 B 测验,对两项测验的得分做相关分析,得出的相关系数就是信度系数。”[2]复本信度要求两次测验内容不能重复,但两次测验是等值的。两次测验既可以有一段时间间隔,也可以连续实施。

复本信度对复本的设计要求比较高,形成两个完全等价的复本比较困难。

(3) 内部一致性信度(internal-consistency reliability)。内部一致性信度指测验内部的各个题目之间的一致性。主要包括分半信度和同质性信度两种。

分半信度就是把一个测验分为对等的两半,对一组受测群体进行测验,对两半的测验得分进行相关分析,得出的相关系数就是分半信度。

---

① 王轶楠. 心理学研究方法:从选题到论文发表[M].北京:中国人民大学出版社,2019:157.
② 查尔斯. 教育研究导论[M].张莉莉等译.北京:中国轻工业出版社,2003:130.

这种分半信度操作简单,只需要做一次测验,不受受测者的练习或记忆影响。分半信度的理想状态是把一份测验等值地分为两半,如可以按奇数题目和偶数题目分半,两部分的分数分布完全等值。实际情况并不完全是这样,而且如何分半也会导致不同的分半信度系数。

分半信度的缺陷在于,不同的分半方法可能得到不同的信度系数。此外,一些测验本身整体性强,难以拆解为两半,或者是分成的两半并不能保证完全对等。因此,分半信度也并非适用于所有测验。

内部一致性信度的另一种方法是同质性信度,旨在考察测验内部所有题目之间的一致性程度,即测验内部的各题目之间的相关性。例如,一份编制好的问卷包括若干题目,这些题目的一致性程度如何,是否测量了同一个特质,就需要进行同质性信度分析。α系数多用于衡量若干问卷题目是否测量了同一个特质。一般来说,该系数越高,即测验工具的信度越高。"α系数"也称克隆巴赫系数(Cronbach's alpha,也译为"克龙巴赫"或"克伦巴赫"系数)。"α系数"可用SPSS或其他统计软件计算,也可以手工计算。

综上所述,重测信度、复本信度和内部一致性信度等评估方式都适用于客观测验,即分数评定完全客观化的测验。

不同的估计信度的方法,都是针对不同的误差来源而设计的,尽可能减小误差,确保研究结果的正确性和有效性。一项研究,如果抽样不合理,测量工具不可信,研究设计有偏差,研究数据不准确,那么,其研究结果就没有任何价值,无法实现预定的研究目标,就是无效度的。

■ (二)效度

效度(validity)是指研究中所获得的研究结果的正确度以及可推广程度。研究结论的正确程度反映的是研究的内在效度,也就是指研究结果与研究目标的吻合度和达成度。研究的外在效度就是指研究结果的可推广程度。

1. 内部效度

科学探索与科学研究就是一个证实或证伪的过程,即"大胆假设,小心求证"的过程。当一项研究的设计科学、过程严谨、论证充分、有理有据,并得出正确的研究结论,达成预期的研究目标,就可以说,该研究具有较好的内部效度(internal validity)。如何提升研究的内部效度,视具体的研究类型、研究目的和研究方法而定。

实验研究的目的是为了验证实验假设,也就是要验证某种因果关系存在与否,其内部效度就是衡量自变量与因变量之间因果关系的明确程度。实验研究内部效度越高,其研究结果越能支持或证明研究假设。

如果要提高实验研究的内部效度,就要科学严密地进行实验设计,随机抽取样本,随机分配实验组与控制组,控制无关变量,降低或消除无关变量对因变量的影响。

除实验研究外,还有大量的调查研究、观察研究等基于真实情境的研究类型,其研究目的是为了探寻某些现象与要素之间的关系。影响内部效度的因素很多,首先研究样本的选取很重要,需要综合考虑样本的代表性、样本覆盖面、样本量大小等因素,还要考量所使用的问卷或量表等测验工具的效度,更要注重数据的统计处理与分析过程的科学性和客观性。

测验效度主要体现在学科测验中,重在判定测验题目(内容)是否符合它想要测出的目标。测验效度主要涉及内容效度和效标关联效度两种。

内容效度(content validity)是指测验内容的适当性和相符性。它关注实际测到的内容与所要测验的内容之间的一致性。如果实际测到的内容与要测的内容不相符,内容效度就是低的。要提升学科测验的内容效度,关键在于选择具有代表性的测试题目,选出的题目要能包含所测的内容范围的主要方面,每项内容保持适当的比例权重。通常的做法是,编制测验双向细目表,确定好每一项测验内容的要点、权重及认知目标,再据此编制相应的测验题目。

评定内容效度的可行方法有专家评定法、复本法和重测法等。每年度的中考模拟考试和高考模拟考试,可以看作是一种复本信度和重测信度。在实际应用中,专家评定法也比较普遍,操作起来也比较方便易行。专家评定的核心是检查双向细目表是否符合课程大纲或课程标准的要求,各章节的内容比例及其权重是否合理。

效标关联效度(criterion-related validity)的"效标"是一个比较客观的、值得信赖的参照标准,也可以看作是一种常模参照。要想了解某次成绩测验是否反映学生的知识水平和智力水平,可以寻找一个比较客观的可信度高的测验成绩作为"效标",再将二者进行比较分析。效标关联效度反映的就是一个测验与其他测验标准之间相关关系的程度。效标关联效度也经常用于未来情况的预测指标。例如,可以用学生模拟考试成绩预测学生真实的应考水平和相应的成绩,而且未来真实的中考或高考成绩也证实了这种预测。

2. 外部效度

实验研究结果是基于特定实验情境得出来的,当脱离研究情境后能否成立,这就涉及到外部效度问题。外部效度(external validity)指实验结果能普遍推论到样本的总体和其他同类现象中去的程度,即结论的普遍代表性和适用性。外部效度越高,实验的普遍代表性越广。

其实,每一项研究的研究情境都是具体的、独特的,有特定的研究对象、测量技术和操作程序。但是,研究者通常期望研究结果呈现的是某种规律性,具有普遍意义,可以推广到研究情境之外。

为了提高外部效度,让研究结果具有更大的应用价值、适用性和可推广性,就要考虑研究情境的普遍性。比如,让研究场景更接近现实生活,尽可能在多样化群体中随机抽取有代表性的样本,增大样本覆盖面和样本量,等等。

外部效度与内部效度是相互影响的。提高内部效度可能会因其对实验环境的控制而导致外部效度的下降;而提高外部效度的方法可能会因其对真实生活情境的模拟而导致内部效度的降低。研究者需要兼顾研究的内部效度和外部效度,在两者之间保持必要的平衡。

3. 构念效度

构念效度(construct validity)也译为"构想效度"或"逻辑效度"。构念效度是指理论依据的合理性及其转换为抽象与操作性定义的恰当程度。

研究结果的科学性和合逻辑性是建立在研究数据基础上的,而研究数据的获得有赖于科学合理的构思和假设。研究需要有一个前提性追问:研究数据所测量的变量的抽象定义或操作性定义是否正确合理? 或者,抽象性定义或操作性定义是否基于理论的合理性? 每个变量的界定与测量都必须依据某种理论上的构思(构念)。

在教育研究中,有些变量和概念内涵复杂,被调查者或研究者自己都很难准确把握。有人研究者认为,这些难测的复杂变量主要有两个的共同特点:一是与深藏在被调查者行为后面的情感、态度、价值观有关;二是待测变量所代表的概念没有固定、明确的内涵,如"科学素养"。[①] 这就要求研究者把内涵复杂的变量进一步分解成可测量、可言说的操作性定义或行为指标,使被解释的事物成为可以看得到、摸得着、可以测量的项目。然后利用这些项目进行测量并收集数据,采用某些统计分析技术来判定这些操作性项目之间的关系在多大程度上符合理论的假设。此时,常用的统计分析技术包括验证性因素分析(confirmatory factor analysis,CFA)和项目反映理论(item response theory,IRT)。

如果在一项研究中自编量表或问卷,就需要首先检验研究所使用的测量工具的信度和效度。比如,要检验内部一致性信度,要检验内容效度和构念效度等。

三、变量的测量类型

测量是对研究变量进行量化和赋值的过程。研究变量就是所要研究与测量的因素。由于这些因素(变量)的测量数据事先无法确定,这些变量叫做随机变量。随机变量具有一定的特点。研究目的就是为了探寻这些随机变量的变化规律。不同研究类型中的研究变量有所不同,变量的维度和表述方式也有差异。如实验研究主要研究三种变量的关系,即自变量、因变量和无关变量。

研究变量的性质也不尽相同,量化和赋值的方式决定了变量的测量类型,测量类型对应不同的变量类型。主要存在四种变量类型,即定类、定序、定距和定比变量。

■（一）定类变量与定序变量

定类变量(nominal variable)也被称为称名(名义)变量或分类(类型)变量。定类变量主要用于说明某一事物和其他事物在属性或类别上的不同。比如,研究学生性别对学习的影响,则性别分为男女,就属于定类变量。问卷题目的选项 A、B、C、D 是可以赋值的,可分别标记为 1,2,3,4。赋值后的定类变量便于进行统计处理。但这些赋值的数字不可以比较大小,即无次序、大小的区别。

定序变量(ordinal variable)也称为等级变量或顺序变量。定序变量的取值可以按照某种逻辑顺序将研究对象排列出高低或大小,确定其等级及次序,如按喜欢程度或按同意程度赋值等,得分高低代表相应的喜欢程度或同意程度,或按优 1、良 2、中 3、差 4 的等级

---

① 张红霞.教育科学研究方法[M].北京:教育科学出版社,2009:161.

评价成绩或品德等。这种顺序只能表示位次关系或程度上的相对区别,不能作数量比较。定序变量属于不连续的变量。

■ (二) 定距变量

定距变量(ordinal variable)也称为等距变量或区间变量。定距变量不仅可以区分类别和等级,还可以确定相互之间的间隔距离和数量差别,其测量单位是相同的,但不能表示数值间的倍数关系。例如:智力测验分数 120、100 与 80 的得分差距是相等的,但不能说得分 120 的学生比得分 60 的学生聪明两倍。百分制考试成绩得分也是定距测量,分数相差距离相等。

与定类变量和定序变量相比,定距变量有确定的等距的关系。定距变量的值之间具有等于、不等于、大于、小于等关系,可以进行加法、减法运算,然而乘、除运算没有意义。定距变量属于连续变量,可以进行平均数、方差等统计运算。

■ (三) 定比变量

定比变量(ratio variable)也称为等比变量或比率变量。定比变量除了有量的大小、相同单位之外,还具有一个绝对的零点(即有实际意义的零点)。如学生身高、体重、人数、经费等。一般而言,教育测量直接获得的数据都不是定比变量。但通过一些现代测量理论和相应分析技术(如前文提及的项目反映理论),可以将非定比变量转化为定比变量。

总体而言,四种变量的测量类型的量化程度和精确程度是不同的。在研究设计时,研究者需要心中有数,在编制问卷或量表时,要考虑采用合适的测量类型和统计方法。不同的统计方法适合于不同的变量类型,如在使用频数分布图时,名义变量采用柱状图或饼状图表示,定序变量用柱状图,只有连续变量(包括定距变量和定比变量)才可以用直方图、曲线和散点图表示。在进行统计检验时,如 t-检验、F-检验适合于连续变量。而 χ^2-检验适合于分类变量。如果要用多因素方差分析,一定要将因变量设计为连续变量。

第 2 节　描述统计

研究数据的统计分析,是运用统计学的方法,通过对所得数据的分析和处理,对研究结果做出恰当的解释,以此来进行描述统计或推断统计。

描述统计是对样本数据资料进行整理分析并以恰当的方式呈现。描述样本数据的分布状态多用图表方式,用平均数、中数和众数等描述样本数据的集中趋势,用方差和标准差描述样本数据的离中趋势,用相关系数描述样本数据的相关关系。描述总体数据特征的值称为参数。用希腊字母表示,如方差用 σ^2、标准差用 σ 表示。描述样本数据特征的值称为统计量,用英文字母表示,如方差用 S^2、标准差用 SD 表示。统计结果的呈现与描述要使用法定计量单位、符号和标准化、规范化的名词术语。常用的统计学符号规定如下[1]:总样本容量为 N,分组样本容量为 n,平均数为 M,标准差为 SD,t 检验为 t,F 检验为 F,卡方检验为 x^2 相关系数为 r,显著性为 p。英文字母都须用斜体。希腊字母(α、β、η^2、χ^2)、上标和下标的数字和文字,不用斜体。

一、集中量数:样本集中量的描述

集中量数是描述样本数据集中趋势的统计量。描述样本大小的统计量又称为样本的集中量。集中量数主要包括算术平均数、加权平均数、几何平均数、中位数、众数等。其中,平均数、中位数和众数是三种最常用的数字特征。

■(一)平均数

样本平均数(Mean)是描述样本集中趋势的量数,用 M 表示。最常用的是算术平均数,简称平均数。当出现不同组别和不同权重时,就要计算其加权平均数。

在统计推断中,可根据样本平均数推断总体平均数。

■(二)中位数与众数

中位数(Mdn)也称为中数,是指将一组数据按顺序排列,位于中间位置的数。当样本容量为奇数时,取位于中间的数的数值作为中数。当样本容量为偶数时,取中间两位数字的均值,即以第 $\frac{n}{2}$ 个与第 $\frac{n}{2}+1$ 个数值的平均值为中位数。

众数是指一组数据中出现次数最多的数,常用 M_0 表示。众数可以通过计算得出,有一种计算方法叫"皮尔逊经验法"。"皮尔逊经验法"求理论众数时,要求频数分布正态或接近正态。

■(三)三个集中量数的关系

算术平均数易受极端数据的影响,在统计处理时,有时会采用去掉极端数据的策略,例如,在计算平均分时,采用"去掉一个最高分,去掉一个最低分"的办法,这样得出的平均数更能准确地描述数据的集中趋势。

一般而言,当极端数据影响很大时,中位数优于平均数。如果平均数大小与中位数大小差不多时,用平均数比用中位数更合适。

在统计实践中,众数可作为集中量数的粗略估计,没有平均数和中位数准确。当一组数据出现不同质的情况,或分布中出现极端数据时,也用众数作为集中量数的粗略估计。

---

① 王轶楠. 心理学研究方法:从选题到论文发表[M]. 北京:中国人民大学出版社,2019:208.

二、差异量数：样本差异量的描述

差异量数是对样本数据"离中"趋势的描述，即描述数据离散程度的统计量。差异量可以看作是集中量数的补充说明。差异量数越大，表示变量值与集中量数的偏差越大，这组数据就越分散。

差异量数主要包括四种：全距、四分位距、方差(S^2)、标准差(SD)等。四种差异量数适用于描述哪种变量类型，要加以区分。通常标准差、方差适用于连续变量，而四分位距适用于不连续变量。全距对于两者都适合，但多用于不连续变量。

■（一）全距和四分位距

全距就是样本数据的最大值与最小值之差。全距表示样本数据间的最大差异，其意义明确，计算简单。例如分析班级成绩，可以了解最高分和最低分的差距。只要样本数据的最大值与最小值不变，全距就没有变化。

四分位距强调将从小到大排列的样本数据分成频数相等的四段。四分位距将样本数据一分为四，由此出现三个"四分位数"。"第一个四分位数"又称为第 25 百分位数，"第三个四分位数"又称为第 75 百分位数，第二个四分位数就是中位数。

将样本数据均等地分为四段，四分位距可以比较方便地计算出来。四分位距就是第三个四分位数与第一个四分位数之差的一半。从四分位距的大小可以看出，四分位距越大，数据的离散性、差异性越大。

■（二）方差和标准差

最经常用于描述样本数据离散程度的差异量数就是方差和标准差。

方差和标准差值的计算都要用到"离差"，离差是指原始数据与平均数相减后的距离。这样计算得到的离差可能是正数，也可能是负数。

方差的计算方法，就是离差的平方和的平均数，即原始数据与平均数之差的平方和的平均数。[①]

标准差就是方差的算术平方根。

方差和标准差是统计学中应用最为广泛的统计量之一，是推断统计最常用的统计量数，是表示一组数据离散程度的最好指标。其值越大，说明次数分布的离散程度越大；其值越小，说明次数分布的数据比较集中，离散越小。在统计实践中，人们常将其与平均数一起描述一组数据的全貌。例如：

方差还具有可加性，既可以计算总的方差，也可以分解出各因素的方差大小，说明总体差异和各因素差异对总结果的影响。

---

① 为了避免求和时正负值抵消，所以要将其平方后再求和。

■（三）自由度

　　用样本方差推断总体方差时，为了使样本方差和总体方差更接近，就需要使用"自由度"（degree of freedom，df）来计算样本方差。

　　总体方差和标准差是以总体作为研究对象，通过对被研究总体所含的每个个体进行观测而计算所得（例如某地区的中考成绩）。然而，许多数研究很难获得研究总体的数据（例如全国中学生语文阅读素养、学生的作业负担、教师的职业倦怠情况等）。在推断统计中，如果总体方差未知，就用样本方差来代替。而且更多的时候，研究者只能对样本进行研究，统计分析时使用的是样本方差和样本标准差。

　　样本变异性往往只能大部分地反映总体变异性，也就是说，样本方差和标准差比总体方差和标准差要小。在统计学上，用自由度 $n-1$ 代替 n（计算样本方差时，分母减小，方差值变大）。样本方差 $S^2 =$ 离差平方和除以自由度（$df = n-1$。其中 n 为样本数量，其自由度为 $n-1$）。而总体方差 $\sigma^2 =$ 离差平方和除以总体容量 N。

　　在统计学上，引入"自由度"这一概念，是为了更精确地用样本推断总体。自由度就是指样本中可以自由变化数据的个数，$df = n-1$。在样本平均数不变的情况下，大小为 n 的样本中只有 $n-1$ 个样本可以自由变化数据，最后一个样本就不能自由变化数据。样本平均数相当于一个限制条件，只要 $n-1$ 个数据确定，第 n 个数据也就确定下来了。所以，$n-1$ 为样本的自由度。

三、地位量数：样本相对位置的描述

　　相对位置的描述更多地用于不同事物属性之间的比较分析。由于使用不同的测量工具所获得的数据之间不具有等值性和可比性，最典型的就是学生学科成绩之间的比较评价，基于原始分数的比较，简单明了，方便易行。但是细究起来，原始分数并不具有科学的评价功能和比较意义，不同学科内容、不同难度水平、不同评分标准、不同考试类型等都存在差异，同样的分数并不意味着同等优秀，所处群体的相对位置也不相同。这些都限制了原始分数的评价意义。

　　要作出更为精准科学的成绩评定，需要对原始分数进行统计处理，作统计学意义上的分数转换。实现这种转换的统计学原理，就是将用不同研究工具或测量工具得到的不等值的原始变量放到它们各自所在的次数分布中，研究并比较它们在各自所处次数分布中的相对地位，从而得到正确的解释。这种描述相对位置的量数就叫做"地位量数"，也称为"相对地位量数"，即原始分数在其所处分布中地位的量数，包括百分位数、百分等级分数、标准分数和 T 分数等。

■（一）百分位分数

　　百分位分数（percentile）也叫百分位数，它是一种相对地位量数。百分位分数的转换原理如下：把一个次数分布排序并分为 100 个单位。百分位分数就是次数分布中相对于某个特定百分点的原始分数。它表明在次数分布中特定个案百分比低于该分数。百分位数用 P 加下标 m（特定百分点）表示。例如，第 P_{90} 百分位分数是 93 分，这表明至少有 90％的分数小于或等于这个值，至少有 10％的分数大于或等于这个值。

■（二）百分等级分数

百分等级分数与百分位分数不同之处在于：百分等级分数是事先知道分布中的一个原始分数，再求这个原始分数在分布中所处的相对位置——百分等级。百分等级分数用 PR 表示。百分等级分数指出原始数据在常模团体中的相对位置，百分等级越小，原始数据在常模团体中的相对位置越低；百分等级越大，原始数据在常模团体中的位置越高。如 $PR_{85}=87.5$，意指有 87.5％的分数低于 85 分。[①]

■（三）标准分数

学生测验分数的分布大多呈正态或接近正态分布，而百分位量表的分布呈长方形，就会夸大或缩小原始分数的差异。为了避免这种偏差，可以将学生的测验分数"标准化"，标准化后的分数称为标准分数或 Z 分数。

任何一条正态分布曲线都可以转化为标准正态曲线。

正态分布曲线形如钟形，它的形状特点是：中间有一单峰，由高峰向两侧逐渐下降，并且先向下弯，后向上弯，表明下降的幅度是先小后大，以后又再次变小，最后到达接近底线处。标准正态分布简称为正态分布，又称为"Z 分布"，是以其总体平均数 μ 为原点，以总体标准差 σ 为横坐标，$Z=\dfrac{X-\mu}{\sigma}$，总概率为 1。

标准分数转换公式为：原始分数（X）减去样本平均数（$\bar{X}$），再除以样本标准差。即

$$Z=\frac{X-\bar{X}}{S}$$

用标准分数计量学生分数，可能会出现小数和负数，人们更习惯于用百分制表示考试分数。

为了避免出现小数和负值，就需要将 Z 分数转换成 T 分数。

根据不同的考试类型和评价筛选要求，对 T 分数的转换设计了不同的计算方法。对于通常的考试，T 分数是 $T=10Z+50$。由于 Z 值几乎都在 -4 到 $+4$ 之间，所以这样算出来的 T 分数几乎都在 10—90 之间，数值上和原始分数接近，没有负值和小数，符合人们的评分习惯。这样转换后的 T 分数称为标准百分。在教育研究和实践中，很多智力测验和选拔性考试都采用标准化的赋分方法，而且更愿意转换成 T 分数而不是直接用 Z 分数表示。

另外，统计描述也需要描述样本的构成及各个部分所占的百分比或累积百分比。常

---

① 在教育与心理统计中，将百分位分数和百分等级分数称为百分位量表，常用于表示常模的方法，比如高考考生可以根据百分等级位次判断自己的成绩优劣，百分位代表某考生考试成绩的相对位次。例如，某考生总成绩为 560，百分位等级为 75，表示全体考生中有 75％的考生总成绩等于或低于他的总成绩（560 分）；有 25％的考生成绩比他高。

用图表方式呈现,能够比较集中地、直观地呈现数据构成。

常用的统计图表主要有直方图、条形图和饼状图,或绘制成折线图,或列表。数据统计中的列表一般为三线表。这样呈现的数据结果,直观形象,明了易懂。

条形图和饼状图适用于定类变量。如样本群体是由五种类型人群组成,每一类占比多少或数量多少,按比例画出条形图或饼状图即可。条形图是建立在纵横两轴坐标中的,其横轴常用来表示类型,纵轴表示数量,既可以是频数,也可以是百分比。而饼状图的整体感更强,样本由几个部分组成,占比多少,一目了然。为了美观,各条形图的宽度要相同,相邻长条之间要保持一定的间隔,因为每条代表一个类型变量,是离散的。

不同的变量类型适用于不同的图形描述。直方图通常适用于等距及等比变量的描述。也就是说,只有连续变量能用直方图表示,不连续变量不能使用。连续变量则可以在量表上的任何两点加以细分,可以取得无限多个大小不同的数值,不连续变量则在量表上的任何两点中只能取得有限个数值。直方图是条形图的一种,但更精准,横轴坐标表示分数段,纵坐标表示每个分数段出现的频数。

制作直方图一般的步骤是:第一,以细线条标出横轴和纵轴,使其垂直相交。第二,每一直方条的宽度由组距 i 确定并已体现在横轴的等距刻度上。第三,在直方图横轴下边标上图的编号和图的题目,并检查一下图形结构的完整性。

统计图表的生成方式主要有两种:手动制表和用程序自动生成,其中用程序制表是通过相应的软件,例如 SPSS、Excel 等。

各种统计软件的制作图表功能都比较强大,可以采用更形象、更美观的图表呈现数据构成或变量之间的关系,如将两三组在每个时间点上的平均值连成折线,放在一个坐标系中,生成的不同折线的区分标志明显,易于分辨,有的软件还会自动采用不同的颜色和形状来准确区分三条折线。

第3节　推断统计

推断统计主要包括参数统计与非参数统计。变量类型不同,采用的统计处理方法也是不同的。基于连续变量的参数统计主要包括单个样本的参数估计与假设检验、两个或两个以上独立样本的 t-检验、方差分析和回归分析等。基于非连续变量的非参数统计主要采用卡方检验(χ^2-检验),卡方检验细分为两类:拟合性检验和独立性检验。

一、参数估计与假设检验

当总体很大时,就需要从总体中抽取部分个体组成样本,对样本进行研究,样本代表性和样本容量非常重要。样本研究的最终目的就是能够比较准确地由样本特征推知总体特征。这种通过样本统计量推断总体参数的推断统计,一般有两种方法:即参数估计与假设检验。

如果样本的代表性好，对总体的估计就会比较准确，如果样本的代表性差，对总体的估计就会发生偏差。抽样样本的代表性，主要基于两点：抽样方法科学合理，样本容量适当。

■（一）抽样分布：样本代表总体的统计学依据

抽样分布是指样本估计量的分布。样本估计量在统计学中称作统计量，例如样本平均数是总体平均数的一个估计量，就称为统计量。抽样分布也称为统计量的分布或随机变量函数分布。

例如，当从一个总体中按照相同的样本容量、相同的抽样方法，不断地抽取样本时，每次抽取一个样本获得一个平均数，所有可能抽取的样本平均数的分布，就叫做"抽样分布"。

不难发现，当样本容量越来越大，样本平均数的分布范围就越来越小，相同的平均数会越来越多，而且越来越接近总体平均数。对于简单随机样本，随着样本容量的增加，样本的平均值越来越接近于总体的均值，样本的方差越来越接近于总体的方差。

■（二）参数估计：点估计和区间估计

参数估计就是直接用样本统计量代表总体参数。主要分为点估计和区间估计两种方式。

点估计就是依据某个样本特征值推断估计总体的某个未知参数。如总体平均数、方差和相关系数等。

区间估计也叫"置信区间"。区间估计就是通过统计推断找到包括样本统计量在内的一个区间。该区间被认为很可能包含总体参数。例如，估计总体平均数，选择置信度为95%，计算得出的置信区间，就可以解释为，总体平均数在这个区间内出现的概率为95%。SPSS操作时需要选择置信度（默认值是 95%）。

区间估计比点估计的精确度要高，比点估计更为常用。

■（三）假设检验

为了避免对总体参数的估计误差，更多的时候不用一个具体值或区间进行估计，而是用假设检验方法对其可靠性进行检验。

假设检验是推断统计的重要内容。假设检验的原理和步骤可以简单地表述如下：当对某一总体的平均数进行推断时，首先从该总体中随机抽取一个样本、假设该样本平均数与总体平均数相等（称为零假设：H_0），或者说二者之间的差异仅仅是允许范围内的抽样误差造成的。然后寻找与此 H_0 相关的检验统计量的值并进行计算，再将其与误差的临界值 $P(0.05、0.01、0.001)$所对应的 Z 值进行比较。如果大于临界值，就说明在那个临界值的水平上，样本所代表的总体与真实总体之间存在显著差异。

这里涉及到显著性水平。显著性水平是用于检验假设的一个标准。教育研究中常用的显著性水平是 0.05 和 0.01。显著性水平也就意味着研究者在多大的置信水平上作出对零假设的拒绝或接受。在作出拒绝假设或接受假设的决断时，都有决断错误的可能。要想同时降低两类错误的概率或在 α 不变的条件下降低 β，需要增加样本容量。

显著性水平规定着一定的临界值和临界点，把临界点以外的区域作为零假设的拒绝域。拒绝域位于正态分布曲线的双侧还是单侧，遂出现了两类检验，即假设检验中的双侧检验和单侧检验。双侧检验基于正态分布曲线的对称性，拒绝域在两边，各占 α/2。例如显著性水平 α＝0.05 时，则两端拒绝域的面积比例各为 0.025，而不能采用单侧的 0.05。在实际研究中何时用单侧检验，何时用双侧检验，要根据研究目的而定（关于单侧检验和双侧检验的区别，见注释说明）[①]。

例如，已知全市学生平均分 μ_0，标准差 σ。其中某所学校抽取样本容量为 n 的样本，平均分 $\bar{X}$，问该校总体平均成绩 μ 与全市平均成绩 μ_0 是否有显著差异。

假设检验的操作步骤比较简单，主要分为四步：

第一步，建立零假设（也称为虚无假设）和备择假设

零假设 H_0：$\mu = \mu_0$

备择假设 H_1：$\mu \neq \mu_0$

第二步，选择检验统计量并计算其值

一般选择两种检验统计量，即 Z-检验和 t-检验。

当总体标准差 σ 已知时，用 Z-检验统计量。计算统计量的方法：$Z = \dfrac{\bar{X} - \mu}{\sigma / \sqrt{n}}$，当总体标准差未知，无法计算 Z 值时，可选用 t-检验统计量，进行 t-检验。t-检验统计量的计算时，用样本标准差替换总体标准差，即 $t = \dfrac{\bar{X} - \mu}{S / \sqrt{n}}$

第三步，确定双侧检验和置信度，并判断差异是否显著。

在收集数据前，为了拒绝或接受虚无假设而确定的显著性水平（α），当数据收集和数据分析都完成后真正得到的显著性水平时，则称为概率值（P）。

将第二步计算得出的检验统计量的值与显著性水平相应的 Z 值或 t 值进行比较，并作出判断。如计算得出的 Z＝5.58＞$Z_{\alpha/2}$＝1.96，即拒绝零假设，差异显著。

正态分布中有几个关键点是统计检验中的重要临界值，是样本平均数与总体平均数差异显著与不显著的分界线。

一般情况下都选择使用双侧检验，双侧检验时，0.05 水平的临界值是 ±1.96；0.01 水平的临界值是 ±2.58。在统计检验中，主要设定两个水平，即 95％ 或 99％ 为推论可靠性的标准。这时，推论错误率仅为 0.05 或 0.01。推论正确的可能性小于 95％ 时，常被认为

[①]　主要有以下几点区别：1. 问题的提法不同。双侧检验的提法是：μ 和已知常数 μ_0 是否有显著差异？单侧检验的提法是：μ 是否显著高于已知常数 μ_0 或 μ 是否显著低于已知常数 μ_0？2. 建立假设的形式不同。双侧检验的零假设和备择假设为：H_0：$\mu = \mu_0$，H_1：$\mu \neq \mu_0$。单侧检验的零假设和备择假设为：H_0：$\mu \leqslant \mu_0$，H_1：$\mu > \mu_0$。H_0：$\mu \geqslant \mu_0$，H_1：$\mu < \mu_0$。3. 拒绝域不同。双侧检验的拒绝域为 $|Z| > Z_{\alpha/2}$，而单侧检验的拒绝域为 Z＞Z_α（右侧检验）或 Z＜$-Z_\alpha$（左侧检验）。张敏强. 教育与心理统计学[M]. 北京：人民教育出版社，2010：143.

推论结果不可靠。

统计学对显著性差异解释的一般原则为：$p > 0.05$ 表示差异性不显著；$0.01 < p < 0.05$ 表示差异性显著；$p < 0.01$ 表示差异性极显著。

二、独立性检验与相关分析

在统计推断中，主要是对两个或多个样本的相关关系的研究，有学者概括出相关关系研究的两个层次：一是确定某种关系是否存在的显著性检验。常用的方法有 z 检验、t 检验、F 检验、χ^2 检验等。二是计算并检验相关关系的大小。前者只是定性地判断是否存在某种相关关系，但后者能够定量地告知关系的大小。相关关系的大小的常见计算方法有：皮尔逊相关系数、斯皮尔曼相关系数、C 系数，等等。回归分析则进一步探寻两个变量或多个变量之间的函数关系，要找出具有相关关系的变量之间的数学关系式。

■ （一）独立性检验

一般而言，当研究大样本（$n \geq 30$）时，适宜采用 Z 检验，研究小样本 $n \leq 30$ 时，采用 t 检验。在实践中，研究者通常不考虑样本规模，一般都采用 t 检验，而不采用 Z 检验。

1. 两个独立样本的 t 检验

独立样本的 t 检验是指互不干扰的两个组别在连续变量上是否存在差异，检验的是两个平均数的关系。如检验学习成绩与性别之间是否存在差异，男生组和女生组之间毫无相关存在，就是两个独立样本，学习成绩就是连续变量。

独立样本 t 检验之前，要先做方差齐性检验，即判断两个总体的方差是否有显著性差异。如果两总体方差无显著性差异，就叫两总体方差齐性。如果检验结果是不拒绝两样本方差相等的假设，接着用双样本等方差假设的 t 检验，否则用双样本异方差假设的 t 检验。如果两总体方差有显著性差异，即方差不齐，就不能采用独立样本 t 检验。

独立样本 t 检验的重要条件之一就是方差齐性，两总体的方差没有显著差异。在方差齐性的前提下，两样本来自正态总体，或两样本的总体不服从正态分布，但两样本量 n_1、n_2 都大于 30，都可以使用 t 检验。

方差齐性检验，先建立零假设 H_0：两个样本的方差没有显著性差异。

计算 F 值，依据两组数据计算得到两个样本的方差，再用公式计算出 F 值。

$$F = S_{大}^2 / S_{小}^2$$

将计算所得的 F 值与 F 表中的值比较，表中的横向为大方差数据的自由度，纵向为小方差数据的自由度。

当 $F < F_表$ 表明两组数据没有显著差异；

当 $F \geq F_表$ 表明两组数据存在显著差异。

在 SPSS 统计软件输出表中，F 检验结果呈现两个值，F 和 sig. ，sig. 为 P 值，当 $P > 0.05$ 时，两个方差没有显著差异，说明两总体方差齐性。

经过 F-检验后,两个总体方差没有显著差异,即两总体方差齐性时,就可以进行两个独立样本的 t 检验。

在 SPSS 统计软件输出表中,t-检验结果呈现的数据有:t 值、df、sig.(2-tailed)等。论文展示一般只要求呈现显著性水平即可,即 sig.(2-tailed,双侧检验)一栏的数值。sig. 为 P 值,当 P>0.05 时,两组平均数之间差异不显著,当 P<0.05,两组平均数之间有显著差异。

2. 配对样本 t 检验

与独立样本相反,配对样本属于相关样本。例如,实验研究中,要比较实验组和对照组的前测成绩(或后测成绩)就是两个独立样本。要验证实验组的前测成绩与后测成绩之间是否存在差异,这就是相关样本,因为实验组被试的前测会影响后测。

当相关样本成对出现时就构成配对样本,对配对样本的检验叫做"相关样本 t 检验"或"配对样本 t 检验"。

配对样本与独立样本的共同点都是对两组数据均值进行比较。不同点在于:独立样本 t 检验用于组间设计的比较(即针对不同的被试组别),配对样本 t 检验用于组内设计的比较(即针对同一组被试)。而且配对样本 t 检验不需要做方差齐性检验。

配对样本是对两个同质的样本分别接受两种不同的处理或一个样本先后接受不同处理,来判断不同的处理是否有差别。如果取显著水平 $\alpha=0.05$,当 P>0.05,则差异不显著;当 P<0.05,则差异显著。

配对样本 t 检验,先确定统计假设,在统计软件中输入数据,报告统计结果。统计结果呈现为:从左到右分别为配对样本 t 检验的 t 值(t)、自由度(df)和 P 值(sig.(2-tailed))。如果 P<0.05,表示 2 个相关(配对)组别的均数差异具有统计学意义;反之,表示 2 个相关(配对)组别的均数差异无统计学意义。

3. 方差分析

方差分析(Analysis of Variance,简称 ANOVA)用于两个及两个以上样本均值差异的显著性检验。其目的是找出影响事物的主要因素,遵循 F 分布,也叫 F 检验。从变量的测量层次来看,方差分析与 t 检验考虑的都是一个连续变量和一个分类变量之间关系的显著性。在实验研究中,方差分析常常用来检验接受多种处理的各实验组和控制组后测之间的差异是否呈现显著差异。

方差分析要求不同样本来源的总体方差齐性,要作方差齐性检验。方差分析与独立样本 t 检验的使用条件大体是一致的,区别在于:独立样本 t 检验只适用于比较两组之间的差异,F 检验用于比较多组之间的差异。

运用调查研究、实验研究等研究方法所获得的数据,分类变量往往不止两个,也不限于两组数据,要进行多组数据的比较,或多个平均数的差异显著性检验,就会用到方差分析。方差分析还分为单因素方差分析和多因素方差分析。

方差分析的原理是:通过对几组平均数的"组间差异"(用组间方差表示)与"组内差异"(用组内方差表示)进行综合比较。如果组间差异大于组内差异且大到一定的程度,就认为几组平均数之间存在显著差异,即它们代表了不同的总体。否则便得出相反的结论,即这几组平均数来自于同一个总体。

方差分析以 F 值为统计量,用公式表示为:

$$F = \frac{\text{组间方差}}{\text{组内方差}} = \frac{\text{组间平方和 / 组间自由度}}{\text{组内平方和 / 组内自由度}}$$

这里,组间自由度＝组数减 1,组内自由度＝各组容量之和减去组数。

组间平方和＝(第一组平均数－样本平均数)^2＋(第二组平均数－样本平均数)^2＋…

组内平方和＝各组内每个测量值与该组的平均数的离均差平方和

总离差平方和＝组间平方和＋组内平方和

计算得出 F 值,做检验决断。根据 F 值与显著性水平的临界值比较,或否定原假设或接受原假设。下面以例证说明如何根据 F 值推断各组样本代表的总体之间差异是否显著。

方差分析在 SPSS 里的操作步骤是:Analysis-Compare means-One-way ANOYA,然后选择因变量(为连续变量)和自变量(为分类变量或作为分类变量使用的等级变量)进入相应的变量框。比如,研究来自三种不同生源地(大城市、城镇、农村)的学生的学习态度之间是否存在差异,测验得出三个样本中每个学生的数据,根据方差分析的 SPSS 输出结果,可以看出,如果计算得出的 $F < F_{0.05}(df_{组间}, df_{组内}) = 3.88$,说明三组平均数所代表的总体之间的差异不显著。如果计算得出的 $F > F_{0.05}(df_{组间}, df_{组内})$,说明三组平均数所代表的总体存在差异。方差分析的结果只能说明几组平均数所代表的总体存在显著差异,但不能说出哪两组之间的差异更显著。如果要进一步地比较任意两组之间的差异,此时应该继续使用 t 检验,但需要对显著性水平进行校正。

这种检验一个连续变量与一个分类变量之间关系的显著性分析叫做单因素方差分析。如学生学习态度或学习成绩就是一个连续变量,学校类别或生源类型就是一个分类变量。单因素方差分析推断的是组间差异是否显著。

多因素方差分析更多地用于多因素实验设计。在教育和心理研究实践中,很多现象的变化是由多种因素共同作用的结果,在实验中安排这些影响因素作为自变量,同时研究分析这些因素对因变量的影响(主效应),以及因素之间相互作用对因变量的影响(交互效应)。这种实验设计叫多因素实验设计。对其结果进行的方差分析叫多因素方差分析。

多因素方差分析在实验研究中广泛应用,对于问卷调查的数据也同样适用。

多元方差分析要处理多个变量之间的相互影响和相互作用,探寻自变量的变化是否对因变量有显著影响,各因变量之间的关系以及各自变量之间的关系。

总之,方差分析是用来比较两组以上平均数的差异,或者,它是在多个因素中找出主要影响因素的一种统计分析方法。所依据的基本原理是变异的可加性。数据必须满足总体服从正态分布、变异的可加性和各处理内的方差一致这三个基本条件。否则,就不能使用方差分析方法。

■ (二) 相关分析

χ^2 检验适用于分类变量之间的相关关系研究,即两个分类变量是独立无关的还是具有连带关系。

以相关关系和相关系数描述两个变量之间的关系,只能对它们之间密切程度进行描述。而回归分析尤其是一元线性回归分析可以在两个变量之间建立函数关系,线性回归方程不仅可以更准确地描述两个变量之间的相关关系,还可以进行估计和预测未来。回归分析可以在描述变量之间不确定关系的基础上,进一步通过自变量去估计和预测因变量的发展及变化,并且能较好地以回归系数去刻画各自变量对因变量的影响。回归分析中所应用的模型多种多样,但以线性回归模型的应用最为广泛,一元线性回归模型最为简单,还有多元线性回归模型。

结构方程模型(SEM)产生于多元回归,是多元回归的发展。结构方程可以更好地取代多元回归、因素分析等,结构方程模型代表了目前社会科学定量研究的前沿水平。结构方程模型的优势主要在于处理多变量交互作用,有专门的统计软件。

1. χ^2 检验

卡方检验属于非参数检验的范畴,对于非正态分布总体,且变量为分类变量或等级变量时,样本数据不是以连续变量的平均数出现时,就不能用 z 检验、t 检验和 F 检验,只能用"非参数检验"。

非参数检验与参数检验都是统计学的重要分支。能根据经验或某种理论在用样本推断总体之前就能对总体作出比较准确的假设,如已知总体呈正态分布。这种统计方法叫做"参数统计"。

非参数统计方法与总体究竟是什么分布几乎没有什么关系,对总体分布不作假设或仅作非常一般性假设条件,它的应用范围很广。当参数统计方法不适用时,就可以采用非参数检验。

卡方检验是非参数检验最常见的一种,主要用于分类变量之间的关系研究,比较两个或多个不同组别在构成比例上的差异以及两个分类变量的关联性分析。

卡方检验可分为两类:拟合性检验和独立性检验。

(1) 拟合性检验

拟合性检验主要是检验实际得到的数据是否服从理论上所假定的某一概率分布,也称卡方拟合优度检验。拟合性检验就是总体分布的假设检验。

拟合性检验的步骤:第一步,建立假设。包括零假设和备择假设。第二步,计算卡方统计量。第三步,统计推断,取显著性水平 $\alpha = 0.05$,在 $df = n-1$(n 为组别),查卡方值表,当实得的卡方值大于临界值时,说明差异显著,可以在 $\alpha = 0.05$ 水平上否定零假设,接受备择假设。如果实得的卡方统计量的值小于临界值,则说明差异不显著,就没有充分的理由否定零假设。

例如,已知某中学英语科毕业会考成绩次数分布和按优、良、中、中下、不及格五级评定的次数分布,就有两个问题需要检验。问题 1:所有学生的英语成绩是否服从正态分布? 问题 2:如果学生的英语能力是服从正态分布,那么,表中的成绩等级评定结果是否满足正态分布下按能力水平等距方式来划分? 这有待于进一步统计检验。

卡方检验步骤如下[①]:

---

① 张敏强. 教育与心理统计学[M]. 北京:人民教育出版社,2010:278—279.

第一步是建立假设。零假设 H_0：实际成绩等级评定人数分布与正态分布(按能力水平等距划分)所期待的理论次数无显著差异；

备择假设 H_1：实际成绩等级评定人数分布与正态分布(按能力水平等距划分)所期待的理论次数有显著差异。

第二步是计算 χ^2 统计量。本例中的实际观测次数是已知的,但理论次数的获得尚需要查表与计算。首先,把标准正态曲线的横轴自 $Z=-3$ 至 $+3$ 划分为五个等分；其次,借助于正态曲线 f 左尾面积比例 p,推算出正态曲线 f 相邻两个等分点所界定的面积比例 p；再次,以本例中的个案总数 N,分别乘以各个面积比例 p,求出个案总数 N 在五级评定成绩 F 的理论次数；最后,计算卡方统计指标。

第三步是统计推断。取显著性水平 $\alpha=0.05$,查 χ^2 值表,当自由度 $df=5-1=4$ 时,可知 $\chi^2_{0.05(4)}=9.4$。

由于实得的 $\chi^2=22.2748 > \chi^2_{0.05(4)}=9.4$,所以我们可在 α 为 0.05 水平上否定零假设 H_0,从而说明按照表格中的五级成绩评定,其次数分布与正态分布 f 按能力水平等距划分所期待的理论次数之间有显著的差异。提醒读者注意的是,这里的统计检验结果隐含这么两种可能：第一种可能是实际成绩等级评定人数分布不服从正态分布；第二种可能是服从正态分布,但不按能力等距的方式划分等级。

(2) 独立性检验

卡方检验的另一类型就是独立性检验。独立性检验主要用于检验两个特征分类变量之间有无关系,构成双向分类列联表,有 2×2 列联表和 $r\times c$ 列联表两种。

2×2 列联表的卡方检验又称配对记数资料或配对四格表资料的卡方检验。

卡方值计算公式为：$\chi^2 = \dfrac{N(ad-bc)^2}{(a+b)(c+d)(a+c)(b+d)}$，$N=a+b+c+d$.

分子是四格数据交叉项乘积之差的平方再乘以 N,分母则是列联表中 4 个边缘小计数据的乘积。

设两个分类变量 X 和 Y,它们的值域分别为 $\{x_1, x_2\}$ 和 $\{y_1, y_2\}$,其样本频数 2×2 列联表为：

	y_1	y_2	小　计
x_1	a	b	$a+b$
x_2	c	d	$c+d$
小计	$a+c$	$b+d$	$a+b+c+d$

利用卡方独立性检验可以考察两个分类变量是否有关系,并且能较精确地给出这种判断的可靠程度。

卡方独立性检验的步骤如下：

第一步,根据样本数据列出 2×2 列联表。第二步,由表中的数据算出卡方检验统计量的值。查表确定临界值。第三步,如果实得的卡方值大于临界值,$P < 0.05$,说明存在显著差异,两分类变量连带相关,否定零假设(两分类变量独立无关)。

例如,零假设 H_0:学生性别与英语学习成绩独立无关,备择假设 H_1:学生性别与英语学习成绩连带相关。若选取显著性水平 $\alpha = 0.05$,在 $df = 1$ 下,查卡方值表,如果实得的卡方统计量的值大于临界值,则说明差异显著,有充分的理由否定零假设。如果实得的卡方统计量的值小于临界值,说明差异不显著,没有充分的理由否定零假设,结论:学生性别与英语学习成绩独立无关。

$r \times c$ (contingency table)列联表下的卡方检验

当样本数据同时按 A 和 B 两个特征变量进行双向多项分类时,就构成 $r \times c$ 列联表,由 r 行 c 列组成。2×2 列联表是其中最简单的一种。$r \times c$ 列联表的卡方检验,可以是多个样本率的比较,也可以是两组或多组构成比的比较。

$r \times c$ 列联表的卡方检验步骤:

第一步,建立零假设和备择假设。零假设 H_0:变量 A 与变量 B 之间是独立无关的;备择假设 H_1:变量 A 与变量 B 之间有连带关系。

第二步,计算卡方统计量的值。要先逐个计算理论次数,即每一类实际观测次数乘以此类的总频数,再除以样本容量。

卡方值计算方法为,每一格内的实际观测次数与理论次数的差的平方除以理论次数的总和。即 $\chi^2 = \sum \dfrac{(fo - fe)^2}{fe}$

f_o 为期望频数或理论频数,f_e 为实际频数。

计算自由度。计算自由度的计算公式为:$df = (r-1)(c-1)$。

另一种计算方法,无需计算理论次数。即 $\chi^2 = N[(n_{11}^2/a_1b_1 + n_{12}^2/a_1b_2 + \cdots + n_{rc}^2/a_rb_c) - 1]$。

这些复杂的计算统计过程可以由电脑统计软件完成,如依据 SPSS 软件处理结果,可以直接对比显著性水平,作出统计决断。

第三步,检验决断。将计算所得的卡方值和自由度与设定的显著性水平的临界值进行比较,如果实得的卡方值大于临界值,则 $P < 0.05$,就说明存在显著差异,可以推断两个变量有连带关系。如果小于临界值,则 $P > 0.05$,就说明不存在显著差异,支持零假设,即两个分类变量独立无关。

2. 相关系数:变量间相关关系的描述

两个或多个变量之间的相关关系研究,主要围绕两个问题展开:一是要判断是否存在相关关系;二是要判断相关关系的强弱。相关关系的强弱大小用相关系数来衡量,用相关系数描述的就是变量之间的相关关系。

相关系数与推断统计密切相关,推断统计分为参数统计和非参数统计两类,相关系数也有相应的适用范围,皮尔逊相关系数适用于参数统计。参数统计中,总体分布是给定的,但总体均值和方差却是未知的。统计推断就是要用样本统计量推断总体参数,对这些未知参数进行估计或检验。

非参数统计对总体分布不作假设或仅作非常一般性假设,卡方检验就属于非参数检验,在社会科学研究中广泛应用。卡方检验就是对分类变量之间进行拟合优度和独立性检验,根据样本的频数分布来推断总体的分布,推断总体分布是否服从某种理论或某种假设。与卡方检验有关的相关系数主要是列联系数。

(1)皮尔逊相关系数:参数统计中的相关分析

统计学上,皮尔逊相关系数表示两个连续变量之间的线性关系的大小。皮尔逊相关系数主要用于定距变量和定比变量的相关分析,属于参数统计。

皮尔逊相关系数用于总体相关系数时用 ρ 表示;用于样本相关系数时用 r 表示。其值范围为$[-1,1]$,r 的绝对值越接近于 1,表明两个变量样本的线性相关程度越高。

皮尔逊相关系数描述的就是两个变量的线性共变关系。如,X 与 Y 为正相关时,即 X 值越大,Y 值也越大;或者 Y 值越大,X 值越大。X 与 Y 值负相关,即 X 值越大,Y 值越小;或者 Y 值越大,X 值越小。值得注意的是,X 与 Y 是属于共变关系,但不存在 X 的变化引起 Y 的变化,或者 Y 的变化引起 X 的变化。也就是说,相关关系不等于因果关系。

SPSS 软件可以直接求得皮尔逊相关系数,并可以同步进行其显著性检验。其计算方法有助于进一步解释 r 的含义。r 的含义为两个标准分数的乘积之和除以样本容量。r 的值在 −1 到 +1 之间,r 值为正时称为正相关;r 值为负时称为负相关;r 值为零时称为零相关。散点图上点的线状集中程度反映了两变量的线性关系程度:相关程度最高时,散点图呈现为一条直线,即所谓线性关系;相关程度最低时,散点图呈现为圆,即零相关。

散点图常用于两个变量的关系描述。散点图的做法为:在直角坐标系中,将两个变量分别在 X 轴和 Y 轴上对应其观测值的交汇处进行描点。散点图上点的线状集中程度反映了两变量的线性关系程度;最高程度呈现为一条直线,即所谓线性关系;最低程度呈现为圆,即没有相关。散点图可以比较形象地呈现两个变量的关系,根据散点图呈现的形态进行关系估计。皮尔逊相关系数有特定的应用条件:① (近似)正态分布;② 等距变量;③ 成对的数据;④ 两变量呈线性关系(通过散点图估计)。

例如,如果学生学习成绩与父母社会经济地位呈正相关,表示学习成绩好的学生,其父母的社会经济地位往往较高。两个变量呈线性相关。学生学习成绩与视力呈负相关,表示学习成绩越好,其视力越差。

(2)列联相关系数:非参数统计中的相关分析

分类变量之间的关系常使用卡方检验(χ^2 检验),用于与 χ^2 值有关的相关系数有两个,ϕ 系数和 C 系数。

ϕ 系数只用于 2×2 列联表,其 χ^2 值与 ϕ 系数之间存在着一定关系,关系式为:$\chi^2/N = \phi^2$,ϕ 的取值范围在 0—1 之间,越接近 1,说明关系强度越大。

列联相关系数,也叫列联系数,用 C 表示,简称 C 系数。当列联表为 2×2 表时,列联系数称为 ϕ 系数。ϕ 系数只能用于 2×2 列联表中的两分变量的相关关系描述。当列联表行列数增大后,ϕ 系数不可用,因为 ϕ 系数将随行列数增大而增大,且没有上限,这样与其他相关系数就缺乏可比性。

列联系数与卡方 χ^2 检验有关。当所得的卡方值大于预定的显著性水平及特定自由度的卡方临界值时,就说明存在显著差异,有理由拒绝零假设(假设两个变量完全独立无关),从而推断出两个变量之间有关系。但是两个变量之间的相关关系有多大,就需要引入列联系数进行描述。

列联系数 C 与卡方值的关系式是:$C = \sqrt{\dfrac{\chi^2}{N + \chi^2}}$

列联系数的取值范围在 0 和 1 之间取值。当列联系数为 0 时,说明两个变量之间完全独立无关。相关系数越大,说明两个变量的关联程度越大。其最大值依赖于列联表的行数和列数,且随着行数和列数的增大而增大。但是,列联系数不会无限度增大,每一个具体的列联表的列联系数上限是固定的,总是达不到 1。例如,对于 3×3 表,其 C 系数的最大可能值是 0.816;而对于 3×4 表,最大的可能值是 0.786,对于 10×10 的列联表,其 C 系数的最大值为 0.949。实际算出的列联系数,要除以其固定的上限值,经过这种矫正之后,才能与其他相关系数结果进行比较。经过矫正的列联系数称为"矫正后的 C 系数"。

其实,统计学中的相关系数还有很多,不同的相关系数适用于不同的变量类型,变量的测量标准不同,变量类型也不同。最为常用的相关系数是皮尔逊相关系数,要求两变量都是等距变量或等比变量。列联系数要求两变量都是类别变量。常用的相关系数还有斯皮尔曼系数(Spearman)和肯德尔系数(kendall),二者对数据条件的要求是相同的,要求两变量都是等级变量,即定序变量。

斯皮尔曼系数也叫斯皮尔曼等级相关系数,用希腊字母 ρ(rho)表示其值,用来估计两个变量 X、Y 之间的相关程度。斯皮尔曼系数取决于两个变量的等级顺序之差:当两个变量的等级顺序之差越大,斯皮尔曼系数越小。肯德尔系数用希腊字母 τ(tau)表示其值,也叫肯德尔和谐系数,可以计算两个或多个等级变量相关程度的相关量,适用于数据资料是多列相关的等级资料。(见案例 7-2)

案例 7-2

描述性统计的表述方法[①]

表 1 报告了研究中使用的连续变量的均值和标准差、分类变量的百分比。变量之间的相关系数矩阵呈现于表 2,连续变量之间的相关系数为皮尔森相关系数;连续变量与分类变量、分类变量与分类变量之间的相关系数为斯皮尔曼相关系数。在表 2 中,补习与班级排名存在负相关($r = -.01$, $p = .346$),但不显著;与年级排名的相关系数为正($r = .01$, $p = .478$),几乎接近于 0;与区内排名存在显著正相关($r = .10$, $p < .001$)。

---

① 黄小瑞,宋歌,李晓煦. 不同成绩排名对初中生课外补习参与的影响[J]. 教育发展研究,2018:15—16,106—111.

3. 回归分析

当两个变量之间存在潜在因果关系时,即一个变量的变化依赖于另外一个变量的变化时就可以构造一个关系式。可以用一定的概率来利用这个不确定关系,根据一个变量预测另一个变量。这个经验性关系就叫回归方程。如果要同时考虑多个变量以预测一个因变量,则称为多元回归。

回归分析有一元回归和多元回归之分,还有线性回归和非线回归之分。一元线性回归和多元线性回归的区别在于,多元线性回归有一个以上的自变量,而一元线性回归通常只有一个自变量。

回归分析中所应用的模型多种多样,以线性回归模型的应用最广泛。一元线性回归模型则最为简单,其经验性关系式呈现为一元一次函数。这样,两个变量的关系就呈现为直角坐标系中的一条直线,也叫"回归线"。

教育与心理统计中的回归分析包括三部分内容:建立回归方程,检验和评价所建回归方程的有效性,利用所建回归方程进行预测和控制。

一元线性回归分析,其方程式又叫回归方程或线性回归模型、经验公式:

$$\hat{Y} = a + bX$$

这样,X 与 Y 的关系就是在直角坐标系中的一条直线:回归线。式中 a 是回归线在 Y 轴上的截距;b 是回归线的斜率,又叫回归系数,$b = \Delta Y / \Delta X$。斜率越大,表示自变量的影响越大。解释为,当 X 变化 1 个单位时,对应 Y 值平均增加 b 个单位。

利用 Excel 软件或 SPSS 软件等,可以比较方便地求出回归方程。

在回归分析中,有一个参数很重要,即判别系数 r^2,也叫效应量(Effect size)。r^2 可以判定线性回归线对数据点的拟合好坏,r^2 越大,拟合越好。例如,$r^2 = 40\%$,则说明变量 Y 的变化中,约有 40% 是由 X 引起的。或者说,Y 变异中有 40% 可以由 X 变量得到解释。相关系数表示两个变量的相互关系,而 r^2 表示两个变量共同变异部分的比例。

回归方程有效性检验的思路方法如下[1]:建立零假设是所求的回归方程无效,假设的实质是由自变量决定的回归方差与 0 没有统计学上的差异。一元线性回归方程方差分析的总自由度是 $n-1$,回归自由度为 1(即自变量个数),剩余自由度为 $n-2$(即总样本量—自变量个数—1)。在求出总体平方和与回归平方和之后,方差分析的后续工作可以在方差分析表中完成。在显著性水平 α 确定的条件下,据回归自由度与剩余自由度,查 F 分布表,可得检验临界值 Fα(dfU, dfQ)。dfU 表示回归自由度,dfQ 为剩余自由度。如果所求 F 值不大于临界值,则无充分理由拒绝零假设,说明所求回归方程无效;如果所求 F 值大于临界值,则要拒绝零假设,说明所求方程具有统计学显著性,可以实际使用。(见案例 7 - 3)

---

① 张敏强. 教育与心理统计学[M]. 北京:人民教育出版社,2010:243.

回归分析的表述方法[①]

多元线性回归模型中,阅读成绩和数学自我效能感解释了数学成绩变异的 81.1%, $R^2 = .811$, adjusted $R^2 = .810$。 该模型显著的解释了数学成绩的变异 $F(2,315) = 677.240$, $p < .001$。 在控制了学生的自我效能感,阅读成绩每增加一分,数学成绩平均增加 0.987 分, $b = .987$, $s_b = .038$, $t(316) = 25.666$, $p < .001$, 95% CI from .912 to 1.063. 在控制了学生的阅读成绩,学生自我效能感每提高一分,对应数学成绩提高 47.623, $b = 47.623$, $s_b = 6.135$, $t(316) = 7.762$, $p < .001$, 95% CI from 35.552 to 59.694.

一般而言,自变量值离它的均值越近,估计越精确,反之则误差越大。一般来说,利用回归方程作估计或预测, x_i 的取值不宜超出原样本数据的范围。

三、统计方法拓展

教育研究中经常遇到类似的问题:如何描述学生的成绩? 怎么回答"成绩受到其他因素的影响"? 怎么回答类似"家庭社会经济地位不仅影响学生成绩和家庭教养方式,家庭教养方式又影响学生成绩"这样的问题? 怎么回答"成绩受到其他因素的影响"? 可以采用相应的统计方法来解决这些问题。

■（一）如何描述学生的成绩

如何描述学生的成绩? 把全班同学甚至全校学生的成绩表呈现出来,虽然信息很全面,但信息太多、太杂,会让读者无法迅速抓住关键信息。研究者可以采用集中量数和差异量数来描述班级总体成绩情况。最简单的办法就是报告全班同学的平均成绩(均值)和方差(表示离散/分散程度),也可以报告频数(在某个分数或分数段有多少个人),众数(出现最多的分数的人数),中位数,百分位数等。

除了描述班级成绩的情况之外,很多时候研究者想知道学生的成绩与哪些因素有关系,以便进一步探索影响学生间成绩差异的可能原因。此时便可以采用相关系数来描述变量与变量之间的线性关系。

比如,学习成绩跟个体的家庭社会经济地位是否存在共变关系。我们可以采用软件或手算获得学习成绩与家庭社会经济地位之间的相关系数。若获得一个正相关的系数,我们便可以解释为社会经济地位与成绩存在正相关的关系。

然而,此时仍然无法得到这样的结论:社会经济地位越高,所以成绩也越高的因果

---

① Steven, J. Applied multivariate statistics for the social sciences[M]. Lawrence Erlbaum associates: Mahwah & New Jersey. 2012.

关系,或社会经济地位是导致学生成绩差异的原因,或学生成绩是导致社会经济地位差异的原因。相关关系是描述两个变量共同变化的关系,不是描述因果关系。相关不等于因果。

■（二）怎样回答"成绩受到其他因素的影响"

除了知道成绩与哪些因素有关系之外,研究者更想知道的是：学生之间的成绩差异可能因为哪一个或哪些因素影响的？此时,相关分析就无法满足这种需求,可以采用回归分析来回答这类的问题。

回归分析就是用来回答一个或多个变量对一个因变量的影响的问题。[1][2] 比如,社会经济地位及家庭教养方式对学生成绩的影响。注意到,我们的表述当中暗含因果关系,所以回归分析是用来验证因果关系或者回答可能存在因果关系的研究问题。

怎么回答类似"家庭社会经济地位不仅影响学生成绩和家庭教养方式,家庭教养方式又影响学生成绩"这样的问题？家庭社会经济地位(SES)不仅是直接影响学生成绩,有可能通过影响家庭教养方式,从而影响学生成绩。此时,一个回归方程就无法回答,同时需要两个回归方程才能够回答这个问题：第一个回归方程为家庭教养方式和家庭社会经济地位影响学生成绩,第二个回归方程为社会经济地位影响家庭教养方式。这就需要路径模型(path modeling)。路径模型就是解决变量之间相互影响的模型。[3] 这样的模型更接近于现实的情况。

■（三）碰到不能直接测量的潜变量怎么办

教育中有很多变量,如考试焦虑、家庭教养方式、社会经济地位等都不能直接测量得到,而是需要通过多个可以直接观测的变量(observed variables)测量得到。比如,考试焦虑无法通过像尺子一样的工具直接测量到(学生的考试焦虑程度),而是通过可以观测到的行为、情感等反映出学生的考试焦虑程度,这种变量我们称之为潜变量(latent variable)。通过多个观测变量测量到潜变量的统计模型,我们称之为测量模型。

同样,社会经济地位很难直接测量得到,通常采用三个指标来表征：家长教育水平,家长收入,家长职业。此时,社会经济地位就是潜变量,由三个指标测量,这样的统计模型就叫做测量模型。

多个潜在变量之间存在解释或预测关系,怎么办？如果研究中涉及到的变量是潜变量,且用潜变量作为预测变量或者因变量,那么此时,就可以采用结构方程模型(测量模型＋路径模型)。

简言之,用潜变量代替路径模型中的变量就成为结构方程模型了。比如,家庭社会经济地位、教养方式以及数学能力等三个变量都无法直接测量,但可以通过多个可以直接观

① Cohen, B. 心理统计学[M]. 高定国,等,译. 上海：华东师范大学出版社,2010.
② Cohen, J., Cohen, P., West, S. G., Aiken, L. S. *Applied Multiple Regression/Correlation Analysis for the Behavioral Sciences* (3*rd* *ed*)[M]. Lawrence Erlbaum Associates：London, 2003.
③ Geiser, C. *Data Analysis with Mplus*[M]. The Guilford Press：New York & London, 2013.

测的变量测量得到。结构方程模型主要用来同时看多个潜变量之间的影响关系。①② 结构方程模型是比路径模型更加复杂，可以同时考虑测量误差和路径系数的模型，其更接近于实际情况，可以解决更复杂的问题。

教育研究中如果碰到复杂结构的数据怎么办？以上介绍的各种模型是适用于满足随机抽样的样本数据，即个体数据与数据之间是独立的。然而，教育研究经常碰到的样本数据是来自于很多个学校或班级。同一个班级由于受到同一套教师的教学，同一个学校的学生间的相似性高于来自不同学校的学生，同一班级学生间的相似性也要高于来自不同班级的学生。

这样的数据就无法满足数据和数据之间相互独立的条件，就会导致参数估计出现偏差，因而传统的统计方法就不再适用。这个时候就需要有更复杂的统计方法来处理这样的数据，也就是多水平模型（Multilevel modeling）③或多层线性模型（Hierarchical Linear Modeling）。④

以上是用具体的问题来简要介绍目前教育研究中常用的统计方法。如果读者想对回归分析、路径模型、结构方程模型及多水平模型有进一步的了解，可以参考每一个部分所引用的参考文献。另外，统计方法是为研究问题服务的，无需一味追求复杂的统计方法，选择能够回答研究问题的统计方法便是最好的。

关键术语

抽样　测量　描述统计　推断统计　显著性差异检验　相关性检验

讨论与探究

1. 讨论：在中国知网下载 1 篇采用统计测量的方式发表的研究报告，讨论其统计与测量的基本方法。

2. 讨论：信度与效度是什么关系？如何提高研究的信度与效度？

3. 讨论：描述统计与推断统计的区别与关联

4. 探究：案例 7-1 和案例 7-2 是两篇学位论文，请分析其中是否存在学术失范或学术不端的问题。

进一步阅读的文献/网站

1. 黄小瑞,安桂清.家长参与类型与儿童学习结果的关系[J].学前教育研究,2018(11)：40—49.

---

① 候杰泰,温忠麟,成子娟.结构方程模型及其应用[M].北京：教育科学出版社,2004.

② Kaplan, D. *Structural Equation Modeling: Foundations and Extensions*[M]. Thousand Oaks, CA：Sage, 2009.

③ Goldstein, H. Multilevel statistical models[M]. John Wiley & Sons, Ltd, 2010.

④ Randenbush, S. W. & Bryk, A. S. *Hierarchical Linear Models: Applications and Data Analysis Methods*[M]. International Educational and Professional Publisher；Thousand Oaks, 2002.

2. 张敏强.教育与心理统计学[M].北京：人民教育出版社,2010：109.

3. 张红霞.教育科学研究方法[M].北京：教育科学出版社,2009：270.

4. 温忠麟.教育研究方法基础[M].北京：高等教育出版社,2009：160.

5. 候杰泰,温忠麟,成子娟.结构方程模型及其应用[M].北京：教育科学出版社,2004.

6. 王轶楠.心理学研究方法：从选题到论文发表[M].北京：中国人民大学出版社,2019.

7. Cohen,B.心理统计学[M].高定国,等.译.上海：华东师范大学出版社,2010.

8. Goldstein, H. Multilevel statistical models[M]. John Wiley & Sons, Ltd, 2010.

9. Kaplan，D. *Structural Equation Modeling: Foundations and Extensions*[M]. Thousand Oaks, CA：Sage，2009.

10. Steven，J. Applied multivariate statistics for the social sciences[M]. Lawrence Erlbaum associates：Mahwah & New Jersey, 2012.

11. 网站：中国知网（http：//www. cnki. net）、JSTOR（http：//www. jstor. org）或 OALib（http：//www. oalib. com）。重点搜索本章提示的相关论文。

第 8 章

怎样撰写论文

　　学术论文或研究报告的格式虽然没有必要保持绝对的统一,但是,为了便于表达和阅读,学术界逐步形成了类似 APA 格式的规范。在撰写论文时,最好区分实证研究报告与思辨研究论文。实证研究报告有比较稳定的语步和次语步,对如何呈现摘要、引言、文献综述、研究设计、研究结果以及对结果的讨论并形成结论有基本的要求。思辨研究论文也有基本的结果,并在论证方法上普遍呈现为演绎法、归纳法或类比法。无论实证研究报告还是思辨研究论文,都需要掌握价值判断、价值关怀与价值中立的基本技巧以及呈现图表与排版的方法。

通过本章的学习,你将能够:

- 了解完整的实证研究报告的语步与次语步;
- 理解撰写摘要、引言与文献综述的方法;
- 理解撰写研究设计或方法论的方法;
- 理解撰写结果、讨论与结论的方法;
- 了解如何撰写思辨研究论文;
- 理解思辨研究论文的结构;
- 理解演绎、归纳、类比等思辨研究的论证方法;
- 理解教育研究中的语言与表述规范;
- 理解零修辞写作与教育研究中的八项注意;
- 掌握学术论文的图标与排版的方法;
- 理解价值判断、价值中立和价值关怀的差异;
- 理解价值判断及其合理范围;
- 理解价值中立的有关争议;
- 理解价值关怀并掌握"借尸还魂"的技巧;
- 掌握既价值关怀又价值中立的研究技巧。

本章内容导引

第 1 节　实证研究报告的语步与次语步

　　论文的写作需要按照语步与次语步的逻辑逐步展开。论文的每一个部分都有一些必不可少的关键内容，以及一些可以省略的非关键内容，只要把关键内容按照一定的逻辑整合起来即可。学术论文必须重视部分与部分之间的逻辑、句子与句子之间的逻辑。学术论文的每一部分包括几个相互之间有逻辑联系的语步。每一个语步下面又包含一个或多个次语步。次语步越多，则表明该语步越重要。

一、如何撰写摘要、引言与文献综述

　　摘要部分共包含五个语步，由于摘要部分本身篇幅短小，每个次语步的表达应尽量简洁。

　　语步一是研究介绍，它包含了两个次语步，分别是：（1）介绍本研究发生的情境与背景；（2）点明研究空白。在这一语步中，研究者最多用两句话直接点明研究背景和研究空白即可。

　　语步二是研究目的，仅包含一个次语步，即用一句话陈述本研究是为了解决什么研究问题或研究现象。

　　语步三是研究方法，仅包含一个次语步，即介绍为了解决该研究空白本研究所使用的研究方法，如个案研究、民族志研究、现象学研究等，除此之外，还需简要概括本研究收集了哪些数据，研究对象有哪些，这些信息都要融合在一句话里进行介绍。

　　语步四是研究发现，也仅包含一个次语步，即展示与研究问题相关的主要研究发现或研究结果，这一语步的写作要根据期刊的字数要求来写。如果期刊所要求的字数较少，则介绍最主要的发现即可；如果期刊所要求的字数较多，则除了列出所有主要的发现外，还要用一句话列出比较有意思的次要发现。

　　语步五是研究结论，它包含了两个次语步：（1）陈述本研究的研究意义及其对相关理论、他人研究和相关领域实践的的贡献；（2）点明本研究对实践的启示，以及对未来研究方向的建议。语步五中的两个次语步要融合成一句话，作为摘要部分的最后一句话。

　　引言的写作共有三个语步。

第一,界定本研究的研究领域,它包含了四个次语步,分别是:(1) 直接介绍相关的关键研究领域,例如,某研究的研究领域为"peer assessment",那么在引言的一开始就应开门见山地点明这一关键词,不需要进行解释,如果需要解释,则放在本语步的次语步四中进行简单的解释;(2) 提供与该研究领域相关的背景信息;(3) 介绍并回顾前人在该研究领域的研究成果,在引言的部分只需要介绍相关领域最关键的研究即可;(4) 定义术语并交代接下来的文章结构,仍以"peer assessment"为例,如果作者认为这一术语有的读者理解起来会有困难或容易引起理解偏差,则可以在这一次语步中对关键术语进行简短的介绍。这一语步的写作目标是让读者读完后,知道本研究是研究什么的,知道本研究是重要且有意义的。

第二,建立一个研究空白,它包含了两个次语步,分别是:(1) 在引言第二段的开始,直接指出前人研究中有局限的地方,并直接指出研究空白,写作时可以用"while/although"这样的词引出研究空白;(2) 明确本研究的研究问题与研究需求。

第三,填补这一研究空白,它包含四个次语步,分别是:(1) 列出本研究的目的与目标;(2) 点明本研究独特的理论视角与方法论,可以用一句话来解释该理论视角,要避免过多的解释;(3) 明确解释本研究对该领域研究的贡献与价值,以此来说服编辑和读者我们的研究是有意义的;(4) 列出接下来本文的行文结构。在撰写这一段时,可以通过这样的语句进行表达:"To fill this gap, the present study aims to . . ."。

一般来说,引言是比较难写的部分,也是放到最后来写的,如果文章中出现了关键术语,则需要在引言中用一句话进行解释。引言是审稿人决定稿件去留的重要依据,正如前面提到的,引言的最大功能是让读者包括审稿人在内,认可本研究的意义。如果引言部分没有突出本研究的研究价值,读者或审稿人就会留下坏印象。需要注意的是,尽管引言部分起着非常重要的作用,但是该部分的篇幅不宜过长,只要基本的逻辑结构正确即可。

引言之后是文献综述。也可以把文献综述整合到引言里。单列的文献综述是对引言的扩充。在论文的撰写中,要避免过于详细的文献综述。研究者应避免写这样的句子:"某人在某年说了……"。只需要梳理与本研究问题最相关的文献即可。文献综述最基本的思路是让读者看完以后知道我们的研究问题是什么,有什么意义。文献综述部分的撰写共分为三个语步。

一是对相关研究进行归类。它包含了三个次语步,分别是:(1) 介绍对理论、信仰、定义等信息持有不同态度或立场的研究;(2) 陈述当前该研究领域的核心研究,以及具有深远意义的研究;(3) 展示相关论据。这一部分的介绍要比引言中更加详细,例如我们研究"peer assessment"时,在引言中直接提出这一关键词即可,但是在文献综述中要把这一关键词与本研究相关的方方面面都介绍清楚,并作出分析。

二是点明并论证该研究领域的研究空白。它包含了五个次语步,分别是:(1) 对语步一中提出的前人研究的观点、议题等做出批判分析,例如,前人从某个角度来研究"peer assessment",它的问题是什么;(2) 用文献佐证前面的相关评论,要通过引用相关研究进行论证;(3) 再次明确前人研究中的空白;(4) 对相关领域中前人研究不充分的部分再进行深入挖掘,例如前人对某一问题只关注了一个方面,并未关注到其他方面;(5) 基于语步一中的陈述,展示前人对新的研究视角或理论框架存在的争论。该语步是文献综述中最核心的内容,不仅要点明研究空白,更要论证本研究是如何从现有文献中一步步得出该研究空白的。

三是阐明本研究将如何填补该研究空白。它包含了四个次语步,分别是:(1)阐明研究方法与研究问题,一般来说,研究问题是在文献综述的最后呈现出来;(2)阐明本研究的理论框架或理论立场,如果研究中有特别的理论视角,也可以单独列出一节进行分析;(3)简单陈述研究设计与研究过程;(4)阐明本研究是如何定义关键词和核心概念的。文献综述部分的语步很清晰,但次语步的内容并非固定,由于写作风格各不相同,研究者可自行组织内容,只要将以上述语步中的内容完整交代即可。另外,如果研究者拟投的期刊没有硬性要求,研究者可以将引言与文献综述合二为一,统称为引言部分,这样可以避免两部分重复的内容。

二、如何撰写研究设计或方法论

研究设计或方法论是文章最核心的部分。如果属于质性研究,方法论部分就需要有更详细的说明。研究者需要交代的细节比较多,例如本研究的研究方法,以及对方法选用的论证,数据收集和分析的方法以及相应的论证,等等。如果方法论部分撰写得不够严谨,读者或审稿人就会对该研究产生怀疑。方法论部分共包含三个语步。

一是描述研究背景。它包含四个次语步:(1)对本案研究研究方法与研究基础的综述。(2)对使用该研究方法而不选用其他研究方法的原因进行论证,解释所采用的研究方法对本研究的适用性,此时宜引用该研究领域中较为权威的学者的话,作为研究方法具有适用性的有效佐证。(3)详细描述本研究发生的情境,举例来说,如果研究者要研究上海某两所小学,那么要先在文中介绍上海教育的情况,再介绍选择的两所学校的情况。如果本研究是个案研究,那么还要对研究对象的背景信息做出详细介绍,详细的程度要根据研究问题进行判断,与研究问题相关的全部信息都要做出介绍。(4)详细介绍本研究的研究对象,如果是案例研究,则需要对每一个案例的方方面面都进行非常详细的介绍,详细程度要根据研究问题进行判断。这一部分的描写需要特别详细,在正式依据次语步的框架进行写作前,研究者首先要介绍本研究的研究范式,区分质化研究与量化研究。如果是质化研究,需要进一步说明本研究属于质化研究中的哪一类研究,为什么要用这种研究范式。

二是描述数据收集方法,它包含三个次语步:(1)描述数据来源,每一种数据的来源都要进行详细介绍,例如访谈数据、观察数据是从何而来;(2)描述数据收集过程中的步骤,即研究者是如何一步步将数据收集起来的,研究者可以将数据收集的过程用表格展示出来;(3)对数据收集的过程进行论证,包括对数据收集方式优缺点的论证,以及与研究目标和研究问题相关的数据选取。此时的重点在于论证,可以通过引用相关领域比较权威的学者的话来支撑自己的数据收集方式的正确性。

三是阐释数据分析的过程,它包含了三个次语步:(1)展示数据分析的过程,在这一次语步下,研究者要详细展示整个数据分析的过程,对于数据处理的细节也要进行详细的介绍,以访谈数据为例,研究者需要详细交代这些数据是谁转录的,是按照什么标准转录的等等;(2)论证数据分析的过程是公正并且有效的,论证时可以引用相关领域权威学者专著中或者文献中的话语作为佐证;(3)介绍样本的编码信息(coding),并展示编码是如何形成类别的,类别又是如何一步步形成主题的。研究者常常需要对收集到的数据进行编码,进而对编码信息归类,从而形成不同的主题进行汇报。编码方式及其组合成主题的方式很重要,需要详细交代,要避免过于笼统和宽泛的介绍。

在实证研究的开题报告中,陈述"研究方法"时应注意的问题主要包括:

第一,完整而恰当地叙述如何使用某种研究方法。介绍研究方法时不能太简单。研究方法的陈述是否完整而恰当,可以依据一个大致的标准:读者读了这份开题报告(或正式的研究报告)之后,他可以按照这个研究方法做一个重复性的研究。容易出现的错误是:介绍研究方法时太简单。只用一句话提示"本研究采用……",或者,引用某些教材的说法为该研究方法提供定义或解释。

第二,注意各种研究方法的层次。不能将不属于同一个层次的各种研究方法杂糅、并列。容易出现的错误是:将不属于同一个层次的各种研究方法杂糅、并列。比如"本研究采用文献研究法、实证研究法、质的研究法、观察法、访谈法、叙事研究法"。这些研究方法并不属于同一个层次。可以调整为:本研究采用"质的研究",具体采用访谈法和观察法两种研究方法。在收集资料和分析资料以及撰写研究报告的过程中,主要采用"叙事"的形式。

第三,一般不将文献法视为独立的研究方法。文献研究是所有研究的前提条件。

第四,详细介绍收集资料的途径和方法,比如如何设计实验、如何编制问卷或借用了什么问卷或量表、如何抽样、参与者(被试)有哪些特征,等等。容易出现的错误是:只提示一个或几个具体的收集资料的方法,比如实验法、问卷法、观察法、访谈法,而不说明实验的设计、不交代如何编制问卷或问卷从哪里来、不说明如何抽样、不描述参与者(被试)的特征。

第五,详细描述收集资料的工具(比如实验器材)。

第六,详细描述分析资料的工具(比如统计软件)。

第七,如果采用了问卷法或测量法,则以附录的形式呈现问卷或量表,或告诉读者到哪里可以获取这些问卷或量表。

第八,如果采用了实验法或调查法,则需考虑相关的伦理及道德原则。

三、如何撰写结果、讨论与结论

结果或发现部分的逻辑结构相对简单,主要有两个语步。

语步一是展示接下来汇报发现的逻辑结构和呈现方式,它包含了两个次语步,分别是:(1)简要提供研究的背景信息;(2)描述汇报研究发现的逻辑结构。

研究发现的逻辑结构最好考虑以下几个要点:第一,数据分析提炼出什么主题就汇报什么主题,这是最常见的汇报方式。但是,需要特别注意的是,汇报的主题要和相关理论以及概念框架有所联系。如果没有联系，我们研究的价值就会受到质疑。第二，按照个案或研究对象进行汇报。选用这种逻辑进行汇报时要注意汇报的内容与研究问题密切相关，通过对个案的汇报来回答研究问题，同时也要留意与相关理论的结合，文章中出现的关键性术语要在汇报时有所体现。第三，按照研究问题进行汇报。这种汇报方式在量化研究中使用的比较多，即根据前文中提出的研究问题按顺序进行汇报。第四，按照研究过程或阶段进行汇报。如果属于质化研究，则需要关注研究的过程，研究者可以对研究发展的过程划分成不同的阶段进行汇报。例如在研究新手教师专业发展时，我们可以将新手教师的专业发展划分成不同的阶段，分别对每个阶段进行汇报。

语步二是展示研究结果，它包含了两个次语步，分别是：（1）重新陈述研究问题或研究假设；（2）展示关键的发现，并通过引用、举例、图表或表格等形式佐证我们的研究发现。除展示之外，我们还要用语言阐释这些结果，避免单纯的描述性数据展示。在研究结果或发现部分中，研究新手可以在开头用一两句话展示这一部分的行文组织，即按照什么逻辑进行汇报。在汇报时不能夸大自己的研究发现。

有人总结了有关研究结果的三个叙述规则：（1）尽量围绕研究的问题或研究的假设，并保持一定的顺序。如果有多个假设或多个实验，则呈现的顺序要么与前面的研究假设的顺序保持一致，要么与所做调查或实验的顺序保持一致。（2）先文字后数字，先展示描述统计（如平均数、标准差）后报告推论统计（如方差分析、t 检验）。对于类比数据，应先提供频次和百分比，然后提供推论统计结果（如卡方检验）。（3）在不影响多个结果之间的逻辑关系的前提下，按重要程度和主次关系排序。可先报告最精彩的结果，尽量讲出一个"动听且富有吸引力的故事"，而不必按照统计分析的顺序呈现流水账。讲故事的先后顺序将显示研究者的语言风格，但是，一般而言，应先报告一些基本的数据信息，比如问卷的信度、因素分析和被测变量的性别差异，等等，然后再按照重要程度陈述研究结果。[①]

讨论部分最主要的讨论内容为四个为什么，即本研究发现为什么是新的，为什么是重要的，为什么对知识有贡献，为什么是有意义的。讨论部分也是比较难写的部分。讨论部分的内容与发现部分有相似的地方，但二者又有不同。讨论是结合现有的理论、研究和实践对研究发现进行重组。讨论共有三个语步。

语步一是提供背景信息。它仅含一个次语步即对研究目标和研究问题的再次陈述。

语步二是对研究发现进行再次陈述。它包含两个次语步：（1）对关键发现的再次陈述，这里要注意避免对所有研究发现的陈述，选取研究发现中最为核心的几条进行再次论述即可；（2）对关键研究发现的陈述进行扩充。

语步三是对研究发现进行评估或评价，它包含了三个次语步：（1）论证为什么我们的发现是新的，是有意义的；（2）回应前人的研究，并陈述我们的研究发现对理论框架、概念框架和相关领域知识作出的贡献，要结合理论或概念框架以及前人的研究来谈，这里的"前人的研究"指的是文献综述中出现过的研究；（3）从研究发现中进行提炼，提出更加宽泛的结论。值得注意的是，讨论部分引用的文献一定是文献综述中出现过的。

① 侯杰泰，邱炳武，常建芳. 心理与教育论文写作[M]. 北京：中国人民大学出版社，2013：68—69.

　　结论部分与讨论部分可以合起来，但分开写更清晰一些。论文的最后是归纳观点，形成结论。结论部分共有四个语步。

　　语步一是重述本研究的研究目标和方法论，它包含两个次语步，分别是：(1) 重述本研究的研究目标和研究问题；(2) 重述本研究的方法论和所采用研究方法的关键特性。

　　语步二是对研究发现的总结，它仅包含一个次语步，即总结关键的研究发现。

　　语步三是对于研究贡献的评价，它包含四个次语步，分别是：(1) 本研究对相关理论和相关领域发展的贡献与意义；(2) 本研究的研究发现对于实践层面的启示；(3) 对前两个次语步的论证；(4) 对本研究局限性的陈述。

　　语步四是对未来研究方向的推荐，它包含两个次语步，分别是：(1) 指明对未来研究可能方向的推荐；(2) 论证为什么这样推荐，这要结合研究的重点和研究发现来论证，不能随意提建议。需要注意的是，对于质性研究而言，研究的局限性是一定要有所呈现的，但不要将局限性的内容放到文章最后，结尾最好应为本研究的闪光点或研究的启示等。另外，结论部分的语步一和语步二与讨论部分重合，研究者可以选择保留一个，也可以选择将讨论部分与结论部分合并。

　　一般而言，对结果的讨论有三个要点：(1) 回应前文陈述的"研究问题""研究假设"。说明研究结果是否支持前文所述的问题或假设，是否出现了预料之外的研究结果。若出现了预料之外的研究结果，则解释为什么会出现预料之外的结果。它是因为研究设计存在缺陷还是本研究获得了意外的收获？(2) 指出本研究的结果与前人相关研究的结果在哪些方面是一致的，在哪些方面是不一致的，并提供相应的解释。"一致"与"不一致"的分析是研究报告中讨论部分的核心，读者将通过这个部分来判定该研究是否具有知识贡献。(3) 进一步指出该研究的理论意义或实践意义。它颠覆了还是完善了前人的相关理论？它是否能够改进相关的实践环节？

　　为了增强"讲故事"的趣味性，有些研究者往往采取一些"跌宕起伏"的叙述方式，比如，"本研究预期的结果是……，而比较重要的三个发现是……"；"有些研究结果支持……，本研究结果支持……"；"期待的结果是……，本研究的结果发现……"；"在研究之初，本研究确信……，但后来发现……"，等等。①

　　除了以上三个重要维度之外，在"对结果的讨论"中可讨论的内容还可以涉及以下几个方面：(1) 研究的局限、缺陷或其他解释的可能性。(2) 本研究的内部效度和外部效度。内部效度指研究的设计、结果和推论是否可靠，是否有无关变量影响了研究的有效性，外部效度指研究结论在多大程度上具有可推广性或适用性。(3) 展望未来研究的方向。

　　如果讨论的内容比较简单，研究者可以将讨论与结论合并成"讨论及结论"。合并之后，一般先说"结论"，然后再提供相关的讨论。如果结果、讨论和结论都比较少，则可以考虑将三者合并为"结果与讨论"。但是，从报告的逻辑来看，研究结果、对结果的讨论和结论是三个独立的部分。研究结果是对收集到的资料和相关数据的"归纳"，而研究结论是对研究结

---

　　① 　有关"行文富有趣味性"的讨论，详见：侯杰泰，邱炳武，常建芳. 心理与教育论文写作[M]. 北京：中国人民大学出版社，2013：80.

果的进一步"归纳"和"概括"。在保证不出现推论过度或推论不足的前提下,研究结论越有概括性越好,越简单越好。[①] 比如,研究结果是"学生的家庭社会经济地位与其学业成就之间存在密切关联",而讨论与结论则呈现为对结果以及相关争议的解释(见案例 8-1)。

案例 8-1

我国五城市初中生学业成就及其影响因素的研究[②]

总体看来,父母受教育水平越高,学生的问题解决能力和数学成绩也越好。但父母教育水平对学生学业成就的影响呈现出不同方式。与父亲相比,母亲的受教育水平对学生的学业成就具有更显著的影响。对于父亲和母亲的教育水平,究竟哪一个对孩子的学习具有更大的影响,已有研究结论并不一致。例如,Crook 发现母亲的教育水平所起的作用更大,而 Ermisch 和 Pronzato 则发现父亲的受教育水平的影响更大;以 PISA 2000 的数据为基础,Marks 则发现在大多数国家,父亲和母亲的受教育水平对孩子的学业成绩的影响相当。我们认为,父母受教育水平与孩子学业成就之间的关系,可能受学习介入这一中介因素的影响。如,Nord 发现,父亲对孩子的学习介入水平越高,孩子的学业成绩通常也越好;而受教育水平较低的父亲,通常也较少介入学生的学习。同样的,中国母亲的受教育水平对孩子的学业成就影响较大,其中的主要原因可能在于在家庭中主要由母亲来介入孩子的学习,更多地由母亲来承担教育孩子和辅导其作业的责任,因为我国一直存在"男主外,女主内"的传统。

中国教育界一度热衷于在 SSCI 期刊(Social Sciences Citation Index,简称 S 刊)上发表论文。初学者发表英文论文时,可以从模仿开始。逐步由亦步亦趋的模仿过渡到自由发挥的创作。与撰写中文学术论文类似,撰写英文学术论文一般可采用以下几个步骤:

第一步,确定自己专业和研究方向,比如课程与教学论、课堂研究。

第二步,在网上寻找在这个领域较有影响的英文杂志,用逆向法的方式,完整浏览每一本杂志最近 15 年所发表的论文。从众多论文中寻找并确认与自己的专业和研究方向相关的论文,从中找出一到两个可模仿研究的关键词。

第三步,带着已经确定的一到两个关键词,重新搜索英文杂志中的相关论文,下载或复印这些论文,重点关注其文献综述(有些论文的文献综述隐含在引言中)。

第四步,根据相关论文的文献综述,逆向追查有关这个主题研究的核心文献。

第五步,逐步缩小研究的范围,聚焦有关这个主题研究的几篇重要文献,逐行阅读。重点关注其研究方法和研究结果中的数据。在阅读中复询问自己:"如果我做类似的研究,我应该去收集哪些数据"。

[①] 有关"小学一、三、五年级的注意广度"的例子以及关于研究结论的"越有概括性越好"的说法,详见:侯杰泰,邱炳武,常建芳.心理与教育论文写作[M].北京:中国人民大学出版社,2013:68—69.

[②] 任友群,杨向东,王美,等.我国五城市初中生学业成就及其影响因素的研究[J].教育研究,2012(11):36—43.

第六步,模仿相关文献的研究设计与研究思路,选择自己的研究对象,收集数据。留意跟已有相关研究一致的以及不一致的数据,以便形成新的发现并提出自己的知识贡献。

第七步,分析数据,开始写论文。如果缺乏论文写作的技巧和经验,可逐行逐句模仿他人的英文论文,琢磨其语言表述方式。重点模仿三个部分:引言或文献综述;研究方法;结果与讨论。英文论文的摘要也值得逐行逐句模仿,英文论文的摘要一般呈现为比较稳定的结构和格式。

第2节　怎样撰写思辨研究论文

思辨研究论文与实证研究报告在写作结构及其论文方法上存在较大的差异。实证研究报告的结构比较统一,并没有太大的自由发挥的空间。而思辨研究论文往往形态各异,即便面对同样的主题、提出同样的观点,不同的作者往往有不同的表述风格。但是,在形态各异的思辨研究论文的背后,依然有比较一致的"章法"。思辨研究论文的写作很难像实证研究报告那样保持"价值中立",但是,思辨研究论文依然需要保持语言的节制,尽可能保持"零修辞写作"状态。

一、思辨研究论文的结构

出色的论文并无套路,有灵气的作者往往"独抒性灵,不拘格套,非从自己胸臆流出,不肯下笔"。① 不过,对于初学者而言,还是可考虑一些基本结构与"论文规范"。

思辨研究论文相当于一般所谓"议论文"。关于议论文的写作,主要有三种说法:一是"论点、论据、论证",一般称之为"议论文三要素"。② 与之相关的说法是"义理、考据、辞章"。③ 二是"提出问题、分析问题、解决问题"。与之相关的说法是"为什么、是什么、怎么办"。④ 三是"总、分、总"。与之相关的说法是"凤头、猪肚、豹尾"。⑤

三者之中,"论点、论据、论证"或"义理、考据、辞章"的说法对议论文的写作并没有太大的意义。它只是"议论文"的评价标准,并非议论文的写作方法。也正因为如此,即便学生记住了"论点、论据、论证"或"义理、考据、辞章",也还是不会写作。⑥

---

① 这里借用"公安三袁"的说法。详见:熊礼汇. 公安三袁[M]. 长沙:岳麓书社,2000:123.
② 1922年,陈望道发表《作法讲义》,提出议论文的论题、判断、证据、证明的式样等要素,后人称之为议论文的"三要素"。详见:陈望道. 作文法讲义[C]//凌瑜,张英宝. 陈望道全集(第四卷). 杭州:浙江大学出版社,2011:45—50.
③ 这个说法最初由戴震提出来,当时的说法是"义理、考证、文章"。详见:余英时. 论戴震与章学诚[M]. 北京:三联书店,2005:15. 后来姚鼐延续了戴震的说法:"学问之事,有三端焉:曰义理也,考证也,文章也。"详见:姚鼐. 述庵文钞序[C]//惜抱轩全集. 北京:中国书店,1991:46.
④ "为什么"接近价值研究,"是什么"接近本质研究,"怎么办"接近对策研究。
⑤ "凤头、猪肚、豹尾"是元代诗人乔孟符(乔吉)的说法。详见:陶宗仪. 南村辍耕录[M]. 沈阳:辽宁教育出版社,1998:101.
⑥ 有人对"议论文三要素"提出激烈的批评。详见:潘新和. 试论"议论文三要素"之弊害[J]. 语文建设,2012(1):17—22. 孙绍振. 用具体分析统率三要素[J]. 语文建设,2012(9):14—18.

比较有意义的说法是"为什么、是什么、怎么办"（或"提出问题、分析问题、解决问题"）。"总、分、总"可视为"为什么、是什么、怎么办"的辅助方法。这些说法接近中国传统的"八股文"，相当于"八股文"的简写版。"八股文"虽然被视为笑柄，但就写作方法和文章结构而言，"八股文"不失为一种有意义的探索。

下面重点讨论如何撰写论文的"大标题和小标题""开头、正文和结尾""摘要和关键词"。然后再讨论与之相关的论证方法和"零修辞写作"等问题。

■（一）大标题和小标题

思辨研究论文的标题和实证研究的标题在表述形式上差异较大。思辨研究的标题一般直接或间接呈现为研究者赞成什么或反对什么的立场，其标题往往显示为"从 A 到 B"或"A 与 B""A 还是 B""A 或 B""返回 A""走向 B"，等等。也有可能以某个关键词作为论文的标题，比如，"论可能生活""天下体系""一个或所有问题""无立场的伦理分析"，等等。①

思辨研究论文的小标题一般为文章的核心观点。提取小标题的技巧以及需要留意的问题是：

第一，警惕小标题之间的并列或排列关系。好的小标题之间绝非并列或排列的关系，而是呈现为递进关系、对立统一关系或否定之否定关系。

第二，每一级小标题的数量最好不要超过三个。如果小标题超过了三个，则说明这些小标题的分类可能比较混乱。一般而言，宁可使每个小标题派生出更小的标题，也不要出现三个以上的小标题。

第三，警惕论文的小标题呈现为"教材目录"。"教材目录"往往显得四平八稳、老气横秋，且往往追求形式上的对称，比如"校本教学研究的目的""校本教学研究的结构""校本教学研究的开发""校本教学研究的评价"，等等。学术论文的小标题如果呈现为"教材目录"，则这种学术论文就会显得呆板、僵硬。学术论文不仅不追求标题与标题之间形式上的对称，而且刻意以提问、质疑或直接提出自己的立场等方式打破这种"对称"。比如，学术论文的标题可能呈现为"……何以可能""从……到……""……吗""……的危机""……的三次浪潮"，等等。

实证研究报告的标题一般呈现为"A 对 B 的影响"或"A 与 B 的相关性""A 与 B 的关系""A 在 B 中的作用"。实验研究一般讨论"影响"，调查研究一般考察"相关性"。历史研究的标题一般由历史中的某个事件和该事件的冲突与发展阶段构成。发展阶段一般由"演进""起源""变化""几个阶段"等显示时间变化的词语构成。比如，"人类的起源""万历十五年""1998，自由主义浮出水面"，等等。如果历史研究不是研究事物的发展变化的阶段而是研究事物发展变化的因果关系，那么，这样的历史研究也可能采用类似调查研究、实验研究的标题，比如，"A 对 B 的影响"或"A 与 B"。这里的"A 与 B"其实也还是"A 对 B 的影响"。比如，"五四新文化运动与中小学国文教育改革"这个标题其实隐含了"五四新

---

① 详见赵汀阳的系列论文和专著。

文化运动对中小学国文教育改革的影响"。[①]

实证研究报告和思辨研究论文中的标题虽然有明显差异,但二者还是有一些共同的规范。比较容易出现的问题主要包括:

第一,标题啰嗦,字数太多。标题一般不宜超过 20 个汉字。

第二,标题不简洁,不明晰,有赘语,比如,在类似"……研究""……分析""……初探""……简析""……刍议"的标题中,后面的"研究""分析""初探""简析""刍议"等属于赘语,最好删除。同样,标题中不宜出现"……的研究"或"……之研究"。如果希望突出自己的研究方法,偶尔可以使用"……实验研究"或"……实证研究"。但是,一般而言,研究方法不必在标题中呈现。

第三,出现多余的符号,如逗号、引号、破折号、书名号,等等。偶尔可以使用问号,但是,即便以提问的方式建立标题,也同样可以不使用问号。如果希望在标题中出现研究视角,也可以在标题中出现冒号,并将研究视角置于冒号之前,使之发生类似"从……看……"的效果。也可以采用"……的视角"的方式将研究视角置于冒号之后。如果标题中某个词语有特定的含义(比如属于某个书名、电影名),也可以采用引号(但不能采用书名号)。如果没有特定的含义,就尽量避免使用引号。

第四,原本只用一个标题就可以表达清楚的,却多余地使用了副标题。应尽量避免使用副标题,或者说,如无必要,不要增加副标题。使用副标题的后果是,研究者提交之后,杂志或数据库、档案馆一般只呈现主标题而不呈现副标题而导致标题残缺不全。即便增加副标题,也最好采用冒号而不采用破折号。以冒号取代破折号可以避免让副标题另起一行,甚至可以使副标题转化为主标题的一个部分。即便如此,也要谨慎使用冒号,最好不使用任何符号。

第五,以夸张的文学方式呈现主标题,导致主标题含糊不清,无法显示或提示研究的问题。即便以副标题的形式对夸张、模糊的主标题构成补充说明,也仍然不能弥补主标题的缺憾。比如,"只为那个遥远的梦想——卢梭教育思想研究""荒漠中的一片绿洲——赫钦斯自由教育研究",等等。

第六,使用口号式的、政府工作报告式的标题。诸如"坚定不移地走素质教育的道路""加强校本研究,促进教师发展"或"高举公民教育的旗帜",皆属于"坏标题"。

第七,以"让""要""应该"等情态动词开头的祈使句式的标题。祈使句的背后往往有深重的"导师情结"或泛滥成灾的教育口号。

第八,文不对题。标题与正文脱节,既没有显示正文的关键词,也没有表达正文的核心观点,甚至隐含了与正文相反的观点。

■（二）开头、正文和结尾

有关论文的开题、正文和结尾的形象说法是"凤头、猪肚、豹尾"。开头要有灵气,正文要有说服力,结尾要有回味或回响的效应。

---

1. 有灵气的开头

文章的开头最好显示出"开门见山""点题""破题"的效应和敞亮的气势。"点题"或"破题"是中国八股文的传统。八股文因过于拘谨僵硬而令人不屑,但八股文之所以长期通行也说明它有内在的魅力。就点题、破题以及收题而言,八股文非但没什么不好,反而显示了写作的基本经验。"八股的基本形式很简单。开头'破题',是说出这次要讲的主要内容是什么,性质也就相当于今天所谓的'主题';次是'承题',即简单地进一步作主题的补充,类似'副标题'的作用;然后是'起讲',是较深入地说明这个题目的用意所在,或说是内容大意。以下逐条分析,正面如何,反面如何,反复罗列优点缺点、利处弊处。最后收场结束语。"①这样写作的好处是:读者可以从文章的开头、正文和结尾(小结)这三个部分中的任何一个部分了解文章的主体结构和核心观点。

撰写文章开头的常见思路是:先设想文章有哪些主要观点,然后,围绕文章的主要观点以"提问""假设"的方式"提出问题"。也就是说,文章的开头虽然涉及文章的主要观点,但最好保持必要的克制(或节制),只"提出问题"而并不直接呈现答案或文章的主要观点。等到撰写文章的结尾时,再完整地呈现答案或文章的主要观点。

"提出问题"的一般思路是由前人或他人已有的观点出发,尽可能以"三言两语"的方式形成一个简短、明晰的"文献综述"。然后由前人或他人的观点引出本文要讨论的问题和假设。在这点上,思辨研究论文与实证研究报告的基本思路是一致的。如果论文中已经安排了专门的章节来呈现"文献综述",那么,正文的开头则可以直接亮出自己要讨论的问题或研究的假设。

尽管文章的开头一般呈现为"提出问题"或"研究的假设"而不是"解决问题"或公布答案,但是,也可以直接亮出答案或主要观点。不仅整篇文章的"总开头"可以直接呈现文章的主要观点,而且,文章的各个章节的开头也可以直接提示本章或本节的主要观点。这样写作的好处也在于:它让读者阅读了本章或本节的开头之后,就大致了解本章或本节将要讨论的主要内容或核心观点。

文章的各个章节的开头与文章的"总开头"(开篇)的写法虽然大体一致,但还是有区别。文章的"总开头"(开篇)和各个章节的开头虽然都有"承上启下"的要求,但是,"总开头"的"承上"主要指承接前人或他人的相关研究,由前人或他人的相关研究引出本研究。而文章的各个章节的开头的"承上"主要指承续本文的上一个章节的观点并引出下一个章节的观点,由"回顾上文"引出有待进一步讨论的问题及其观点。

文章开头除了显示为提出问题或直接亮出本文的主要观点之外,将"本研究的意义"作为文章的开头也是一个比较普遍的套路。不过,这个套路如果使用不当,则会显得过于"老套"。这样的文章开头之所以可能显得过于"老套",主要因为它容易使文章显得自夸、矫情、做作。甚至,它使文章或作者显得装腔作势、自我炫耀。也就是说,文章开头虽然可以让读者明白本研究的意义,但是,最好不要直接出现类似"本研究的意义在于……"或"本研究具有重要意义"之类的话语。如果想让读者体察该研究的意义,比较可取的办法

---

① 启功,张中行,金克木.说八股[M].北京:中华书局,2000:2.

至少有：简述已有的研究并指出已有研究的不足或遗憾、缺陷；告诉读者你打算通过何种方式超越已有研究的不足或遗憾、缺陷。

文章开头虽然可以呈现为文章的重要内容的浓缩或者显示为"研究的意义"，但是，文章的开头并不是"非如此不可"。比较可爱的开头是"寓言式开头"。先讲一个看似与文章无关的故事，但是，这个故事却构成了整个文章的灵魂。这个故事可能是对文章中的某个核心人物的反讽，也可能是对文章中的某个现象的赞叹。由一个故事或一条寓言"引起下文"，类似中国古代"兴"的艺术。①

2. 有说服力的正文

如果说思辨研究论文的基本思路是"为什么、是什么、怎么办"（或"提出问题、分析问题、解决问题"），那么，正文的重点是解释"是什么"和"怎么办"（或"分析问题、解决问题"）。而在"是什么"和"怎么办"之间，思辨研究论文的重点在于"是什么"而不是"怎么办"。

相反，如果研究者将写作的重点由"是什么"转向了"怎么办"，那么，这种研究很容易由思辨研究滑向实践研究。思辨研究的重点是价值研究、本质研究或批判研究，实践研究的重点是教育改革（问题解决）、经验总结或对策研究。即便思辨研究论文在对某个教育思想或教育制度提出"批判"（批判研究）的同时也提供相应的对策（对策研究），其重点也依然在于"批判"，而只是谨慎地、有节制地提出"对策"。而且，"怎么办"的对策是否合理，也依然取决于论文是否给出了足够的"是什么"的批判或辨析。

为了避免滑向"怎么办"的对策研究，思辨研究论文可以选择两条路线，以便作出"是什么"的解释以及"有说服力"的论证。一是大量引证相关的实证研究的结果，用有关实验研究、调查研究或历史研究的结果来显示相关的经验证据。二是采用"分类别、作比较、找关系"的方式提供"是什么"的解释。

"分类别"既可能呈现为横向的空间维度的分类，也可能呈现为纵向的时间维度的分类。它可以显示为先验的纯粹概念的演绎式的分类，也可以显示为经验事实的归纳式的分类。

"作比较"是对两个或两个以上的不同类型的概念或事物进行异同分析。或者说，"比较"就是研究者对概念或事物进行"分类"之后，进一步分析各种类型之间的"关系"。比较主要是寻找"异同关系"。有关因果关系或对立统一关系的分析也可以视为广义上的比较研究。

"找关系"一般包括表里关系、因果关系和对立统一关系（含否定之否定关系以及相关的递进关系、主次关系）。② 虽然并列关系也属于关系的范畴，但是，学术研究一般不采用并列关系的方式去辨析概念或归纳事实。"并列关系"隐含了比较简单的、平面化的思维。

比如，有研究者以分类别、作比较、找关系的方式提出中国式的"天下体系"（或"世界

---

① 在诗经所提示的"六艺"（风、雅、颂、赋、比、兴）之中，"兴"也许是最关键的要素。"兴"既是文章的关键，也是谈话、教学的重要技艺。有关"兴"的教学也可成为兴发教学。详见：刘良华. 兴发教学的原理与方法［J］. 上海教育科研，2014（3）：27—31.

② "主次关系"意味着，在复杂、纷乱的事件之中寻找"关键要素""关键事件"或"关键概念"。比如，在蔡元培主持北京大学期间，"浙籍章系"（浙江籍章太炎系）的人（尤其是沈尹默、沈兼士、马裕藻、钱玄同、黄侃、周树人、周作人等等）是北京大学教授群体中是"实权派"，他们的意见一度左右北京大学的人事安排。沈尹默的权谋最多，被称为北京大学的"鬼谷子"。相比之下，从美国留学回来的胡适最初处处受挤压、欺辱。从"浙籍章系"的角度来研究近代的北京大学的教授群体中的人际关系，就可以视为"主次关系"的研究。详见：桑兵. 近代中国学术的地缘与流派［J］. 历史研究，1999（3）：25—41.

主义")与西方式的"国家体系"(或"帝国主义")两个关键概念,并比较二者的异同,辨析二者的关系(见案例8-2)。

案例8-2

天下体系

怀特提出,为什么还没有国际理论? 到目前为止,我们只有国家内政的"国家理论"而没有真正的"国际理论"。怀特的"国际理论"这个概念本身就有问题,指望用"国际理论"去解决"世界问题",这是文不对题。真正能够化解世界冲突的不是"国际"视野,而是"世界"视野。

马克思的共产主义社会概念则是个世界政治制度的认真想象,但马克思主义并没有成为西方思想主流,相反几乎是个异端。此前康德虽然提出了关于"人类所有民族的国家"或者所谓"世界共和国"的想象,但康德的"世界共和国""世界公民"以及由此而产生的"联合国""欧盟"的方案可能都是无效的,类似"联合国"的机构,"不拥有国家制度之上的世界制度和权力,而只不过是民族/国家之间的协商机构"。①

需要"重思中国"和"重构中国",用中国思维取代西方思维。古代中国的"天下体系"不同于西方的"帝国主义"。西方语境中的"帝国"及其"异端"或"异教徒"意识只能导致某个国家的霸权主义。美国的民主虽然在国内得到了良好的应用,但无法用于处理国际关系(全球民主)。只有中国文化中的"天下"才称得上"饱满的或完备的世界概念"。"世界制度优先于国家制度,这可能是中国政治哲学中最具特色而且在今天最富有意义的原则。"②

---

3. 有回味的结尾

结尾可以有多种写法,唯一需要关注的问题是,尽可能让结尾显得有某种回味或回响的效应,尽可能避免"画蛇添足"的多余唠叨或"奄奄一息"的无病呻吟。

文章的结尾与文章的开头相关。文章的结尾既是对正文中所呈现的重要内容或主要观点的梳理或归纳、概括③,也是对文章开头的呼应。文章的开头和文章的结尾的主要差异在于:文章的开头一般以"设问"或"假设""研究背景""研究的意义"等方式"提出问题";而文章的结尾是对文章开头所提出的问题作出回应、解答、归纳、概括或总结。也因此,文章的结尾比文章的开头更接近文章的摘要。

不过,文章的开头和结尾的差异只是相对的,并没有绝对的界限。虽然文章开头一般只是提出问题而并不呈现答案或主要观点,但是,不少作者习惯于在文章开头直接呈现答案或主要观点。这使文章开头和文章结尾容易显得重合或重复。如果作者采用"相似"而并不"相同"的话语来陈述相同的观点,那么,文章的开头和结尾彼此重复或重合就不仅不

---

① 赵汀阳. 天下体系:世界制度哲学导论[M]. 北京:中国人民大学出版社,2011:30—31.
② 赵汀阳. 天下体系:世界制度哲学导论[M]. 北京:中国人民大学出版社,2011:90.
③ 对此感兴趣的读者可以参考杜威式的小结(提要)。在《民主主义与教育》中,每章最后都有对该章的主要观点进行整理的"提要"。

成为问题,反而有首尾呼应的效果。

如果文章的开头已经开门见山地亮出了答案或主要观点,那么,文章甚至可以没有结尾。没有结尾的文章不见得就是残缺的文章。如果作者在文章的开头中提出了问题或假设,然后分别讨论这些问题或假设。戛然而止也是一个可取的写作方法。戛然而止的文章可能显得意犹未尽,也可能显得余音绕梁。这样看来,文章不能没有开头,但可以没有结尾。

■(三)中英文摘要和关键词

实证研究报告的摘要一般包括四个部分:(1)方法(含研究对象和研究工具);(2)问题(含研究对象);(3)结果;(4)结论。一般称之为"结构性摘要"。与之相应,撰写摘要一般包含四句话:"采用……方法,考察……,结果表明……,本研究认为……"。

撰写摘要和关键词应注意的问题是:(1)摘要应包含正文中的关键词。(2)长篇学位论文的摘要可分段,但一般公开发表的1万字以内的论文不分段。(3)摘要不宜出现图、表或复杂的公式。(4)不宜对文章进行自我评价,一般不呈现"研究的意义与价值",避免自我吹捧,尤其应该避免"本研究创造性地提出了……"之类的说法。(5)摘要不宜太长或太短,太长则使摘要失去了"简介""概括""便于读者迅速了解文章内容"的功能。摘要太短则有偷懒的嫌疑。(6)英文摘要须同时显示文章的英文"题名"。英文题名中每个词的首字母大写,但3个或4个字母以下的冠词、连词、介词全部小写(开头第一个单词无论是什么词性都应保持首字母大写)。(7)避免出现翻译错误。(8)如果调整了中文摘要,则立即调整相应的英文摘要,避免出现中英文不匹配的错误。

关键词一般为3—7个。不少于3个,也不必多于8个。关键词如果太少,不便于他人检索文献。关键词若太多,就算不上"关键"。关键词有两个来源:一是标题;二是文章的主要观点。英文摘要尤其要注意关键词翻译的准确性和学术性。

二、思辨研究的论证方法

逻辑学教材一般将论证分为演绎论证、归纳论证两种,也有人分为演绎论证、归纳论证和类比论证三种。[①]

■(一)演绎法

演绎论证的经典范式是亚里士多德式的"三段论"。除此之外,演绎论证还可能显示为某种理论视角和分类视角的论证。

1. 三段论式的演绎论证

经典的演绎法是亚里士多德式的"三段论"。"三段论"的论证包括三个要素:一是"大前提";二是"小前提";三是由大前提和小前提推出的"结论"。比如,凡人总是会死的(大前提);苏格拉底是人(小前提);所以,苏格拉底是会死的(结论)。

---

① 金岳霖. 形式逻辑[M]. 北京:人民出版社,1979:226.

教育研究领域的演绎论证也同样显示为亚里士多德式的三段论。比如,(1)大前提:教育必须随着时代精神的变化而变化。(2)小前提:时代精神已经发生了深刻的变化,一个呼唤人的主体精神的时代已经来临。首先,时代变化的节奏加快,变化的幅度与强度增加,社会结构性变化的周期也缩短,打破了原来平稳缓慢发展的格局。其次,人类的生存环境呈现多变、多元、多彩、多险的飘忽迷离状态,不确定性和可选择性同时增强。(3)结论:时代呼唤理想的新人的诞生。新人形象必须体现时代精神和新教育对象观的综合。这一综合主要从人的认识能力、道德面貌和精神力量三个不同维度进行,每一个维度又包含着对外和对内两个方面,体现出知、情、意等人的生命的多方面的统一。①

不过,教育研究领域的演绎论证只可能大体遵循三段论的思路而不可能呈现为纯粹的逻辑演绎。而且,在寻找经验事实作为相关证据时,教育研究中的演绎不可避免地会兼顾归纳论证。

2. 基于理论视角的演绎论证

在教育研究领域,演绎论证中的大前提往往显示为某个"理论视角"。然后,由这个"理论视角"演绎出教育理论或教育实践改革的方向。

理论视角的演绎的基本思路是:(1)用新的理论视角取代旧的理论视角;(2)从这个新的理论视角去反思或批判传统的教育理论或教育实践;(3)从新的理论视角去建构新的教育理论体系或教育实践改革方案。

比如,(1)以"生命课堂"的视角取代"教学特殊认识论"的视角。(2)对传统的课堂教学及其理论视角提出批判:第一,传统的"教学特殊认识论"在强调教学的"特殊性"时,忘记了教学的"一般性",它在区别教学与其他认识活动的同时,忽视了它们之间的联系。第二,传统的"教学特殊认识论"在强调课堂教学的"认识活动"时,忘记了教学中的"人"的复杂性和丰富性。"特殊认识活动论"不能概括课堂教学的全部本质。(3)从"生命课堂"的视角重新建构新的课堂教学观以及"让课堂焕发出生命活力"的实践效应。②

又如,(1)从哲学解释学的视角来看,理解是人的存在的基本方式。或者说,从哲学解释学的视角来看,人的本质就是理解。任何人都为理解而活,任何人都生活在理解之中。(2)从哲学解释学的视角对传统的教育提出批判。(3)从哲学解释学关于"理解"的视角出发,把理解看作是学生接受教育的根本方式,并由此演绎并建构相关的教育理论和教育实践的改革方案:"理解与教育意义的生成""理解与受教育者的精神建构""理解与师生交往关系的建构""理解与课程""从理解到实践",等等。③

而在具体的论证过程中,研究者往往不会严格按照"大前提——小前提——结论"的三段论的顺序展开论证。常见的思路是同时采用归纳与演绎:

第一,先以"归纳"的方式提出问题。比如,讨论理性主义研究、实证主义研究、精神科学—解释学研究、分析哲学研究、元教育学研究等传统的教育学研究框架的问题与不足。

---

① 详见:叶澜.时代精神与新教育理想的构建[J].教育研究,1994(10):3—8.
② 详见:叶澜.让课堂焕发出生命活力[J].教育研究,1997(9):3—8.
③ 有关"理解"的哲学解释学视角的讨论,详见:金生鈜.理解与教育[M].北京:教育科学出版社,1997:31—58.

第二,再以演绎的方式提示解决问题的思路,引介或选择某个新的理论视角(大前提)。比如,采用"文化"的分析框架(文化社会学、文化哲学、文化语言学、文化人类学、民俗学的视角)。同时,简要解释这个新的理论视角与教育研究或教育学研究的适切性或吻合性(小前提)。

第三,采用这个新的理论视角对教育理论或教育实践重新作出解释(结论)。比如从"文化的视角"重新解释教育理论、不同国家的文化传统及其教育学的文化性格。[①]

3. 基于关系视角的演绎论证

除了采用某个理论视角作为演绎论证的"大前提"之外,研究者也可以采用"差异与同一关系""因果关系"或"对立统一关系"等关系视角作为演绎的开端。[②]

关系视角也可以理解为分类视角或比较视角。分类别、作比较和找关系几乎是所有研究的基本方法。就此而言,学术研究就是分类别、作比较、找关系。而且,分类别、作比较、找关系是"三位一体"的不同侧面而并非三种独立的方法。也因此,关系研究的标题既可能显示为"……的类型"(分类研究),也可能呈现为"从……到……"或"……对……的影响"(关系研究),还可能直接显示为"……与……的比较"(比较研究)。比如,亚里士多德在《形而上学》中将知识分为三种:理论、实践和技术(生产)。[③] 与之对应的三种理性为:理论理性(或理论知识)、实践理性(或实践智慧)和技术理性(或应用技术)。分类别的同时总是伴随着作比较和找关系。比如,在理论、实践和技术(生产)三者之间,理论与技术是对立的关系,而实践介于理论和技术之间并使二者合二为一。[④]

■ (二)归纳法

归纳法也可称为经验论证,归纳法常用的论证工具是例证、言证(或引证)和对比论证三种。归纳法的关键技术是为某个"结论"(或"假设")寻找原因以及相关的证据,并使各种证据形成一个"证据链"。"证据链"一旦形成,结论就自动生成、"显而易见"。

演绎法是先验论证,归纳法则显示为经验论证。演绎法的理论假设(大前提)是全称判断,且推论的结果显示为"必然性";归纳法的理论假设是"概率论",且推论的结果显示为某种"可能性"(或然性)。

---

① 详见:石中英. 教育学的文化性格[D],北京:北京师范大学,1997. 石中英. 教育学的文化性格[M],太原:山西教育出版社,1999.阎光才. 识读大学:组织文化的视角[D]. 上海:华东师范大学,2001.阎光才. 识读大学:组织文化的视角[M]. 北京:教育科学出版社,2002.

② 有关分类视角的讨论,参见第1章第2节有关"关系视角"的解释以及第6章第2节有关"历史发生学"的解释。

③ 也译为:实用、制造和理论. 详见:亚里士多德. 形而上学[M]. 吴寿彭,译. 北京:商务印书馆,1991;118. 另有人译为:实践、创制和思辨. 详见:亚里士多德. 形而上学[C]//苗立田,译. 苗立田. 亚里士多德全集(第七卷). 北京:中国人民大学出版社,1993;146. 亚里士多德认为理论包括数学、物理学和神学三种. 详见:亚里士多德. 形而上学[M]. 吴寿彭,译. 北京:商务印书馆,1991;119.

④ 亚里士多德的知识类型对后来的知识分类以及其他领域的分类产生了持久的影响。哈贝马斯(J. Habermas, 1929—)将知识兴趣分为三种:一是技术的兴趣;二是实践的兴趣;三是解放的兴趣。哈贝马斯的三种"知识兴趣"与亚里士多德的知识分类有某种呼应关系。而教育行动研究的三种类型(技术的行动研究、实践的行动研究和批判的行动研究)的划分则明显受哈贝马斯的三种"知识兴趣"的影响。详见:哈贝马斯. 作为"意识形态"的技术与科学[M]. 李黎,郭官义,译. 上海:学林出版社,1999;126. 另参见:哈贝马斯. 认识与兴趣[M]. 郭官义,李黎,译. 上海:学林出版社,1999;323—328.

经典的归纳法是"穆勒五法"。穆勒在《演绎与归纳的逻辑体系》中讨论了"实验研究的四种方法"，具体包括求同法、求异法、求同求异并用法、剩余法和共变法五种方法。后来的逻辑学教科书称之为"穆勒五法"。由于穆勒本人认为"求同求异并用法"并非独立的方法，因此"穆勒五法"也被称为"实验四法"。①

归纳论证往往采用"例证"的方式，其结果因此而只能呈现出某种"或然性"（或可能性）。而演绎论证往往采用全称判断，其推论的结果显示为某种"必然性"。归纳法主要用于实证研究。几乎所有的实证研究都采用归纳法作为其论证方式。与实证研究不同，哲学研究追求普遍性和必然性，也因此哲学研究主要采用先验的演绎研究。

不过，这并不意味着哲学研究不可以采用归纳论证。当哲学研究采用归纳论证尤其是因果关系的论证时，哲学研究中的归纳论证与实证研究中的归纳论证比较接近。其差别在于，哲学研究的归纳与实证研究的归纳至少有两个不同之处：一是哲学研究的归纳论证所列举的事例往往来自他人研究的资料及其结论而并不来自研究者本人的亲自取证。但是，实证研究所采用的证据必须来自研究者本人的亲自取证。二是哲学研究的归纳往往借用大量的、多角度的证据（往往是大量的二手资料），也因此，哲学研究的归纳往往重视类似"大量证据表明……"或"大量事实表明……"的效应。实证研究的归纳强调研究者以实验研究或调查研究（含历史的调查）的方式收集"一个"实验研究的证据或"一项"调查研究的资料。

与演绎论证类似，归纳论证的主要技术也是"分类别、作比较、找关系"。与演绎论证一样，哲学研究中的归纳论证也可能采用"异同关系""因果关系""对立统一关系"等分类视角。虽然演绎论证与归纳论证都会采用这些分类视角，但是，二者的差别在于：

第一，演绎论证更重视教育概念或教育观念之间的关系及其比较，而归纳论证更重视具体的教育事实之间的关系及其比较。演绎论证在进行异同关系或因果关系、对立统一关系的比较时，虽然也可能列举相关的事例，但其重点只在于概念之间的辨析而不在例证本身。演绎论证往往显示为大量的概括并为概括出来的结论提供详细的解释。而归纳论证更多地呈现出事实和材料，从中归纳出相应的结果并在对结果的讨论基础上形成结论。

第二，演绎论证可能围绕一份证据"说很多话"，而归纳论证强调"有很多证据，但只说一分话"。演绎论证是概念和观念先行，"以论带史"，由概念和观念附带地引出相关的例证，例证只有辅助的价值。而归纳论证的重点并不在于概念辨析而在于陈述事实，通过实验研究、调查研究或历史研究的方式来考察各种事实（变量）之间的关系以及相关的数据和结论。实证研究是事实先行，"论从史出"，由事实归纳出结论。也因此，面对同样的主题，同样比较孔子和苏格拉底的"言说方式"，研究者既可以采用实证研究的归纳论证②，也可以采用哲学研究的归纳论证③。

———————————

① 详见：J. Mill. A System of Logic, Ratiogilative and Inductive[M]. New York：Harper & Brothers Publishers，1846：222—233.

② 详见：陈桂生. 孔子"启发"艺术与苏格拉底"产婆术"比较[J]. 华东师范大学学报（教育科学版），2001（1）：7—13.

③ 详见：邓晓芒. 苏格拉底与孔子的言说方式比较[J]. 开放时代，2000（3）：39—45.

第三，归纳论证是先收集和排列事实，然后对各种事实进行概括。归纳论证的重点是经验事实；而演绎论证是先确认某种思维形式，然后进行概念或观念之间的分类与比较。演绎论证虽然可以采用某些经验事实来"举例说明"，但演绎论证的重点是概念或观念的分类与比较，甚至可以只描述概念或观念的各种类型而不用经验事实来"举例说明"。比较经典的概念分类和演绎论证是黑格尔的《逻辑学》和胡塞尔的《逻辑研究》。教育研究领域也不时有人以概念分类与比较的方式展开相关的研究。①

■（三）类比法

类比论证也称为"喻证"。类比以"天人合一"为其前提性假设，关注不同类别之间的"同源性""相似性"。如果说演绎法的核心论证技巧是"三段论"，归纳法的核心论证技巧是"以例证为基础的概率论"，那么，类比法的基础是"以喻证为基础的相似论"以及与之相关的"应和论""感应论"。

类比的关键技术是为某个"事件"寻找相似或类似的其他事件，而且，越能从"毫不相关"的事件中找到令人惊叹的相似，其类比的力量和效应就越强烈。因此，类比与其说是寻找相同事物的相似性，不如说，是寻找那些表面完全不同的两个或多个事物之间的相似与一致。

类比是一种诗性思维、原始逻辑。类比法也可视为"直觉"的方法或"原型启发""诗性智慧"。比较而言，西方人更重视逻辑思维，而中国人更重视类比思维（"象"思维）。中国文字（象形字、会意字）就大量地诞生于类比。《周易》则被视为"人类历史上第一个以类比为特征的符号推理系统"。② 先秦诸子（尤其是老子、庄子）也以类比为首选的论证方法。

教育研究领域一直或隐或现地存在一条"类比研究"的传统。比如，孟子的"揠苗助长"，荀子的"青，取之于蓝，而青于蓝；冰，水为之，而寒于水"，柳宗元的"种树郭橐驼传"，龚自珍的"病梅馆记"，夸美纽斯的"大教学论"，洛克的"白板论"，卢梭的"早熟的果实"③，杜威的"教育即生长"，以及"教师是园丁""教师是春蚕""教师是蜡烛"等流行的说法，都以"人"与"自然"的相似性（尤其是人的发展与动物和植物的生长之间的相似性）来暗示和解释教育的秘密。

类比论证既不提供实证研究的因果关系的证明，也不提供哲学研究式的逻辑思辨，现代学术研究很少采用类比论证的方法。即便有研究者采用类比论证的方法提交论文，也很难被认定为"学术论文"。在现代学术体制中，类比只被作为论证的辅助形式，而一般不作为正式的学术研究方法，更不宜作为学位论文的研究方法。

类比论证虽不被现代学术采用，但它却是现代学者的解毒剂。当现代学术研究遇到无法解释的现象和道理时，人们往往会借助类比和直觉的力量。

① 详见：陈桂生.教育学辨析："元教育学"的探索[M].福州：福建教育出版社，1998：3—18.布雷钦卡.教育科学的基本概念：分析、批判和建议[M].胡劲松，译.上海：华东师范大学出版社，2001：7—9.
② 周山.中国传统类比推理系统研究[M].上海：上海辞书出版社，2011：2.
③ 卢梭的原话是："大自然希望儿童在成人以前就要像儿童的样子。如果我们打乱了这个次序，我们就会造成一些早熟的果实，它们长得既不丰满也不甜美，而且很快就会腐烂；我们将造成一些年纪轻轻的博士和老太龙钟的儿童。"详见：卢梭.爱弥儿（上卷）[M].李平沤，译.北京：商务印书馆，2010：91.

三、教育研究中的语言与表述规范

实证研究报告要求研究者必须在语言表述上严守价值中立的立场,而思辨研究(哲学研究)论文既可以保持价值中立,也可以直接作出价值判断。但是,思辨研究论文在作出价值判断时,必须使价值判断限定在合法的界限之内而不能任意越界。

■ (一)零修辞写作

学术论文的陈述不可避免地隐含作者的价值关怀(或价值追求),这使论文的写作总是不同程度地染上作者的感情色彩。但是,学术论文在表达自己的价值关怀时,需要尽可能保持克制、节制,尽可能少用"修辞",尽可能"少用形容词或副词"①,尽量少用纲领性定义、口号和比喻等"实践教育学"的语言②,更不必"口诛笔伐"。思辨研究论文虽然不可能完全做到"价值中立",但可以保持必要的"零修辞写作"(或称之为"零度写作"或"零度风格"③)。这里所谓"零修辞写作"或"零度写作",就是尽可能保持"不介入""不动心""不在场"的白描风格。④ "零度写作"所反对的是"政治式写作""革命式写作""战斗式写作""道义担当式写作"或"思想式写作"。⑤

■ (二)教育研究中的八项注意

第一,不使学术论文成为仇恨文学,少说狠话。学术论文可以表达自己的不同意、不赞成,但不必破口大骂、泼妇骂街,不必使用文字的暴力。比如,学术论文中应尽量避免类似"无耻""反动""贩卖""叫嚣""狂吠""暴露""揭露""揭穿""戳破""陈词滥调""别有用心""随声附和""这无疑是一记响亮的耳光"等词语。⑥ 此类修辞使学术论文迅速滑向"仇恨文学"。与之类似,学术论文最好少用或不用"鼓吹""宣扬""散布"等词语。这些词语看起来比"无耻""叫嚣""狂吠"更温和一些,但依然显示了作者的"谩骂"倾向。为了避免滥用感情,学术论文中最好不用或少用感叹号。

第二,尽量避免俗气的语言。学术语言虽不一定严格要求做到韩愈所追求的"硬语盘

---

① W. Strunk, E. White. The Elements of Style[M]. Massachusetts: Allyn & Bacon, 2000: 73.
② 详见:布列钦卡. 教育科学的基本概念:分析、批判和建议[M]. 胡劲松,译. 上海:华东师范大学出版社,2001:7—9.
③ 这里的"零度风格"(zeros tyle)是朱光潜先生的说法。不过,朱光潜受当时的意识形态影响(该文写于1962年),对"零度风格"持否定的态度。朱光潜当时指出说理文有两条路,"一条是所谓零度风格的路,例子容易找,用不着我来举;另一条是有立场有对象情感有形象既准确又鲜明生动的路,这是马克思在《神圣家族》,恩格斯在《反杜林论》,列宁在《唯物主义与经验批判主义》以及我们比较熟悉的《评白皮书》和《尼赫鲁的哲学》这一系列说理文范例所走的路。"详见:朱光潜. 漫谈说理文[C]//王力,等. 怎样写学术论文. 北京:北京大学出版社,1981:40,另参见朱光潜. 漫谈说理文[C]//王力,等. 怎样写论文. 沈阳:辽宁教育出版社,2006:48—49.
④ 详见:巴尔特. 零度写作[M]. 李幼蒸,译. 北京:中国人民大学出版社,2008:48.
⑤ 详见:巴尔特. 零度写作[M]. 李幼蒸,译. 北京:中国人民大学出版社,2008:18—19.
⑥ 比如,最好不使用类似这样的话语:"巴枯宁甚至狂吠:'强盗就是英雄、保卫者、人民的复仇者'。"详见:罗徽武. 试论巴枯宁无政府主义[J]. 四川师范大学学报(社会科学版),1980(4):47—51.

空"①或欧阳修、苏轼等人追求的"白战体"或"禁体诗"②，但至少要求做到"陈言务去"。③
如无必要，勿增修饰（Omit needless words）。"一幅画不应有多余的线条，一台机器不应
有多余的零件。"④尽量避免使用"陈词""俗词"、奉承词语、贴金词语。比如，最好少用或
不用"精辟地分析了……""一针见血地指出……""深刻地揭示了……""无情地批判
了……""旗帜鲜明地提出……"等带有强价值倾向的词语；最好不用或少用"蓬勃发展"
"高瞻远瞩""雨后春笋""伟大举措"等"大词""大话"。在叙事时最好少用或不用类似"不
由得""禁不住""脑海里""油然而生"等俗词。这样说并不意味着学术话语不可使用日常
词语。恰恰相反，经典作家往往随处采用日常词语甚至民间俚语。不同之处在于：初学
者只是人云亦云地使用日常词语，而经典作家在使用日常词语时，往往能使日常语言陌生
化。⑤ 此外，为了避免俗气的语言，最好不在"某某说""某某回答"的动词前面加上修饰的
副词，比如"他和蔼地说""她幽怨地回答"，等等。尽可能"让话语本身显示说话者的态度
和状态"。⑥

第三，尽可能少使用最高级或最低级式的不留余地的修辞。学术论文可以表达作者
对某个人或某个观点的赞赏或钦佩，但不必轻易使用"最高级"或"卓越"等修辞。最好少
用或不用"最……""绝对……"以及类似的词语（"说有易，说无难"）。节制的语言比夸张
的语言更冷静也因此更深刻或更有分量。

第四，尽可能少用"无庸质疑""毋庸讳言""不用怀疑""不可否认""无疑""显而易见"
"众所周知""不言而喻""应该说""应该是"等口水话语。⑦ 把"应该"和"是"严格分开。
"应该是"在日常语言中是可以理解的，但是，它在学术语言中不具有合法性。在学术研究
领域，几乎没有什么结论是不能怀疑、质疑的。动辄使用"无庸质疑""毋庸讳言""无疑"等
词语，显得装腔作势、少年老成或倚老卖老。

在学术研究领域，也很少有家喻户晓或不言自明的知识，因此，最好少用"众所周知"
"显而易见""不言而喻"这类词语。说话不要"太满"，学术话语应留有余地。

不过，为了直接亮出自己的立场，也有人愿意"把真理恶狠狠地说出来"⑧，习惯于采
用"……不是……，而是……"或者"……既不是……，也不是……，而是……""……既不同

---

① "硬语盘空"出自韩愈的《荐士》："横空盘硬语，妥贴力排奡。"
② 有关禁体诗的解释和讨论，详见：程千帆. 火与雪：从体物到禁体物[C]//莫砺锋. 程千帆全集（第9卷）. 石家
庄市：河北教育出版社，2000：62—81.
③ "陈言务去"出自韩愈的《答李翊书》："惟陈言之务去，戛戛乎其难哉！"沈章明博士参与了"零修辞写作"的讨
论并提供了有关"硬语盘空""禁体诗"或"白战体""陈言务去"的解释，谨此致谢。
④ W. Strunk, E. White. The Elements of Style[M]. Massachusetts：Allyn & Bacon，2000：23. W. 斯特伦
克，E. B. 怀特. 英文写作指南[M]. 陈一鸣，译. 上海：上海译文出版社，1992：45—46. 这是 The Elements of Style 的
中译本，该书标题直译应该是"风格的要素"。
⑤ 海德格尔的《存在与时间》堪称"日常词语陌生化"的范例（中译本的译者在翻译这部作品时也保持了日常词
语陌生化的这个特色）。比如，"解释向来奠基在先行视见之中，它瞄着某种可解释状态，拿在先有中摄取到的东西'开
刀'。"详见：海德格尔. 存在与时间[M]. 陈嘉映，王庆节，译. 北京：三联书店，2006：175—176. 这里的中译本的译者陈
嘉映等人所选择的中文词语也比较切合海德格尔的日常语言陌生化的用法。
⑥ 详见：W. Strunk, E. White The Elements of Style[M]. Massachusetts：Allyn & Bacon，2000：75. W. 斯特
伦克，E. B. 怀特. 英文写作指南[M]. 陈一鸣，译. 上海：上海译文出版社，1992：148. 引用时译文略有改动。
⑦ 另外，最好避免说类似无独有偶、匠心独运、茅塞顿开等这类比较"俗气"的词语。
⑧ 赵汀阳. 论可能生活：一种关于幸福和公正的理论[M]. 北京：中国人民大学出版社，2004：3（修订版前言）。

于……，也不同于……，更不同于……"或"如果不……，所谓……就显得可疑""但肯定不是……""凡是……""……弱于……""……优先于……"等话语对传统观点或他人观点进行批驳并由此摆明自己的结论。比如，"如果不表现为真理的必然性，所谓高尚的东西就总是显得可疑。"①"凡是不可做的都不是思想问题。"②"也许超越性是人的一种欲望，但它肯定不是一种思想。"③

第五，尽可能避免"大口大气"地论断他人，尽可能少以导师姿态或法官姿态去教训他人。尽可能少说"我们应该保持清醒的头脑，绝不……""我们要自觉抵制……""南辕北辙，缘木求鱼"之类的导师姿态或法官姿态的话语。在对历史上的经典名著及其作者提出批评时，尤其需要谨慎和节制并保持必要的敬畏感。比如，尽量避免说，"虽然弗洛伊德提出了一些创造性的见解，但是，弗洛伊德极端夸大性心理的自然性，宣扬泛性主义的性力决定论，则是根本错误的"。

第六，尽可能少用或不用"我们认为""我们知道""人们普遍认为""大家认为"。当研究者说"我们认为"时，究竟谁跟他一起认为呢？当研究者说"我们知道"时，人们真的都知道吗？如无注释，最好少用或不用"有人认为""有研究显示""有学者提出"。不要急于提出"笔者认为""我认为"。尽可能"让事实说话""述而不作"（尽管不必做到"信而好古"）。相反，如果学术论文中频繁出现"我认为"或"笔者认为"，则说明该研究可能只是实践研究而不是学术研究。

第七，为了引起读者特别的注意，可以采用"值得一提的是""特别值得说明的是""值得注意的是"等引导语。但是，一旦使用了"值得一提的是""值得注意的是"等引导语，后面所引导的内容就必须显示出"值得一提""值得注意"的实力和分量。如果只是想做额外的补充而并无特别值得关注的内容，最好直接以"此外""另外"的方式或以"脚注""加括弧"的方式做补充说明。

第八，避免过度使用"言证"（用某权威人物的言语来证明自己的观点），尽可能少用"朱熹说""马克思说""杜威说""孙中山说"等排列的句式作为论述。论证一个观点是否成立，需要提出证据或证词，列举有代表性的观点作为证词，但不必过度引证。论证一个观点是否成立，即便千万人说了相关的话，也不能说明该观点是正确的。把千万人的口水化的意见聚集起来，依然还是口水化的意见，而不是有根据的知识。

无论某个名人说出了什么名言，他的名言都不能用来论证某个结论是否成立。要进行有效的论证，只能有两个路径：要么采用经验的归纳的路子，要么采用先验的演绎的路子。只有那些尚未入门的初学者才不断用名人名言来为自己做辩护。无论马克思还是杜威、孙中山、朱熹，任何他人的观点都只是有待验证的假设。要尽可能保持学术研究的独立性和严肃性。

■（三）学术论文的图表与排版

论文虽然以学术观点取胜，但也要讲究语言的表述形式。同时，为了提高写作的效率

---

① 赵汀阳.论可能生活［M］.北京：三联书店，1994：193.
② 赵汀阳.论可能生活［M］.北京：三联书店，1994：187.
③ 赵汀阳.论可能生活：一种关于幸福和公正的理论［M］.北京：中国人民大学出版社，2004：4（修订版前言）.

和增强论文的审美效果,需要有必要的图表并注意论文的排版。最好采用"目录自动生成""参考文献自动生成"。

目录自动生成不仅让作者在写作过程中保持写作的"整体感",作者可以借助"目录自动生成"经常返回目录,察看文章的整体思路。而且,作者可以因此而避免目录与正文标题的不匹配问题。

为了使文章的写作保持清晰的结构,最好利用 Microsoft Office Word 软件的"目录自动生成"功能,使研究者随时可以回到目录,及时调整和修改论文的"小标题"。

Microsoft Office Word 软件一直处于更新转换之中,Word 2010 版、Word 2007 版与 Word 2003 版的"目录自动生成"功能大体相似。

有关"目录自动生成"的具体方法,可以在网上搜索"如何实现目录自动编排""在 Word 中怎样使提取的目录不占页码",就可以得到相关信息和帮助。

参考文献的排列主要有三种方式:一是按照作者姓名的音序排列,这是常见的方式;二是按照作者姓名的笔画排列,它仅适用于汉语文献;三是按照文献出现的先后顺序排列,这是比较糟糕的排序。

若采用作者姓名的音序排列,则可发挥 Word 软件的参考文献自动排序功能。此外,也可以考虑使用 Endnote 软件实现"自动更新参考文献"。在网上搜索"如何实现参考文献自动排序功能",就可以得到相关的说明和帮助。

为了简化复杂的结果和增强可读性,有时还需要采用插图和表格。"图表"虽然是一个词语,但图和表在写作中有明显的区别。"表"(tables)主要指表格,"图"(figure)主要指框图(chart)、坐标图(graph)和相片(photograph)、绘画(draw),等等。

制作表格主要有两种方式:一是直接选择 Word 系统中的相关按钮"插入表格";二是选择相关按钮中的"绘制表格"。

常用的方式是直接选择"插入表格",然后,根据写作的需要确定行和列,填写相应的文字,调整行和列的宽度。

研究报告中常用的"图"主要包括条形图(含柱状图)、圆形图(饼图)、流程图、相片、绘画,等等。其中,线状图、饼图和流程图可以利用 Word 系统中的"绘制表格"功能键实现出来,而相片和绘画等图像只能由作者制作或采集好再插入文档。

在条形图、圆形图(饼图)和流程图三者之间,比较常用的是条形图。不过,圆形图(饼图)也有其独特的优势,它可以让读者看到类似"切蛋糕"的"瓜分"效果。

如果作者希望在 Word 文档中插入相片和绘画等图像,则可以利用"插入"键插入图片。在网上搜索"怎样制作插图",就可以得到相关说明和帮助。

在正文中插入图表是为了使读者更轻松、更迅捷地理解相关信息。按照这个原则,作者在使用图表时需要考虑一些必要的规则:

第一,图表和文字叙述各司其职,二者虽然相互呼应,但不能重复。如果图表中已经明确列出了统计数据,那么,正文的文字叙述就不再重复该数据。如果在正文中已经用文字叙述的方式陈述了图表的主要内容,则没有必要画蛇添足地采用图表。不仅图表和文字叙述不能重复,图与图、表与表、图与表之间也不能重复,应尽可能合并那些重复数据的表格。① 学位论文或学术报告或许可以用图和表两个不同的角度重复呈现同一数据,但是,作为期刊发表的学术论文一般不用图和表重复同样的数据。②

第二,保持图表的"不言自明"的独立性。注意图题的清晰和有足够的注解,让读者不看正文的文字叙述就能理解图表的内容。如果图表过于复杂,则可考虑以附录的形式呈现。过于详细的数据则应以规范的格式存放在网上,以便他人下载和核对。

第三,给每一个图、表设置标题。表的标题位于表的上方,图的标题位于图的下方。

第四,给每一个图表编码。给图表编码时,图和表应分别编码而不能使图和表"混编"在一起。

第五,图表与文字叙述必须构成呼应。应在文字叙述中提及每一个图表,不让任何一个图表在文字叙述中"受冷落"。在提及每一个图表时,尽量采用类似"见表 4 - 1"或"图 4 - 1 显示"等准确的编号,尽量避免类似"见下表""见上图"或"见第 15 页的图"等模糊的或不稳定的说法。

第六,条形图优先于柱状图。在二维的条形图和三维的柱状图之间,柱状图虽然显得更有立体感,但它有时会歪曲数据,甚至误导读者。在制作条形图时,所有条柱的宽度应保持一致。

第七,在制作插图时,黑白插图优先于彩色插图。彩色插图比较适合于讲座或答辩时的幻灯片而不太适合于研究报告或论文。彩色插图的制作容易增加打印成本,而且容易出现色阶效果失真。如果在研究报告或论文中采用彩色插图,也应尽量保证彩色插图转换为黑白插图之后依然有较好的分辨度。若确实需要呈现大量的彩色图片或影音数据,则可考虑存入网络资料库,供读者下载、参考、核实。

第八,注意图表的版权或隐私权的问题。如果采用他人拥有版权的图表,则不仅需要注明图表的来源,还应以类似"……持有版权,获准在此次重印"的方式注明已经获准使用。如果发表有他人头像的图片,则需要取得当事人的"授权同意书"。

第 3 节   论文写作中的价值
判断及其争议

任何研究都有其价值关怀(或价值追求),不过,研究者心中存有某种价值关怀并不一定就意味着要在语言表述上作出价值判断。哲学研究虽然可以像黑格尔的"逻辑学"或胡塞尔的"逻辑研究"那样只描述和辨析概念而不作出价值判断,但也可以直接作出价值判断。实证研究报告则必须保持语言修辞上的价值中立。在思想上保持绝对的价值中立几乎不可能,也不必要,但在语言表述上保持价值中立是可能的。

---

① 详见:美国心理协会.美国心理协会写作手册(第 5 版)[M].陈玉玲,王明杰,译.重庆:重庆大学出版社,2011:111.

② 详见:侯杰泰,邱炳武,常建芳.心理与教育论文写作[M].北京:中国人民大学出版社,2013:14.

一、从价值判断到价值中立

对价值中立的怀疑或批判往往因为混淆了价值关怀、价值判断与价值中立的内涵。问题的关键在于,究竟何谓"价值判断"? 如果价值判断是合法的,那么,它的合法范围是什么? 究竟何谓"价值中立"? 价值中立何以是可能的? 以及,一种既价值关怀又价值中立的研究何以可能?

■（一）何谓"价值判断"

价值判断是指研究者在研究报告中直接对他所研究的对象作出善恶、好坏、应该如何或不应该如何的判断。

首先,价值判断显示为道德上的善恶、好坏判断。研究者一般采用有益或有害、好的或坏的、有价值或无价值、有意义或无意义等谓词对研究对象作出判定。比如,研究者在研究"卢梭的教育思想"时,他在研究报告中直接断言卢梭教育思想是有意义的或无意义的,或者直接断言卢梭教育思想对推进当下的教育改革是有益的或有害的,那么,该研究者就作出了价值判断,该研究报告在文字的表述上就呈现了价值判断。

其次,价值判断可能显示为情感上的好坏、是非判断,一般采用正面或负面、褒义或贬义等形容词或动词来显示研究者对研究对象的情感倾向。比如,在"杜威正确地指出……""洛克苦心孤诣地发表……""随着实证主义的泛滥"等表述中,"正确""苦心孤诣""泛滥"等词语就显示了研究者的价值倾向。

此外,价值判断也可能显示或隐含了应该或不应该、要或不要、必须或不必、让或不让等情态动词。比如"让课堂焕发生命活力"中的"让"就显示了研究者的情态;而在类似"教育与生产劳动相结合"的表述中则省略(但并非隐含)了教育"要"(或"应该""必须")与生产劳动相结合的情态。①

■（二）价值判断的合法范围

在表述方式上,严格区分"是"与"应"两种判断,不能采用"应该是"。事实判断一般采用"是"什么(或"有"什么)的表述方式;价值判断一般直接采用"应"如何的表述方式,或者,采用"是"什么的方式来作出"好坏""善恶"的判断并因此而暗含"应"如何的表述方式。比如,当研究者作出类似某事物"是"好的或坏的、善的或恶的等判断时,其中有关"是"的陈述实际上暗含了"应"这样(这样是好的、善的)而"不应"那样(那样是坏的、恶的)的价值判断。

思辨研究既可能保持价值中立,也可能直接作出价值判断。尽管某些思辨研究可能

---

① 也可以认为"教育与生产劳动相结合"中"隐含"了"要""应该"或"必须"等情态动词,但是,这种"隐含"已经明白地显露出作者的情感态度。真正的"隐含"意味着研究者只在内心深处保持了某种价值关怀而并不作出价值判断。因此,最好将"教育与生产劳动相结合"理解为"省略"而不是"隐含"了"要""应该"或"必须"等情态动词。

显示为"无立场的研究"或"弱立场的研究"①,但思辨研究更多地呈现为"有立场的研究"或"强立场的研究",甚至显示为强烈的价值判断的研究。

对策研究和价值研究(以及相关的评价研究、批判研究)往往直接亮明研究者的立场并在相互冲突的价值观之间坚守自己的立场,为自己的立场进行辩护,对"异己"的价值观提出批判。

思辨研究中的价值判断的合法范围是:价值研究、对策研究可以作出价值判断,但是,本质研究以及"元研究"只能保持价值中立。

思辨研究中的本质研究以及相关的"元研究"需要采用"无立场""弱立场"的研究。比如,在"何谓教学""论教学的本质"等论题中,研究者只能为某个概念提供事实描述或逻辑分类,而不能以"应"代替"是"。"应如何"属于价值判断。"是什么"(或"有什么")属于事实判断。研究者可以提出:"教学有三个要素:一是教师;二是学生;三是教材。教学是三个要素的互动。"类似这样的话语属于事实描述。研究者也可以为之提供纯粹的逻辑分类:"从教学组织形式来看,教学可分为集体教学、小组教学和个别教学;从教学目标来看,教学可分为知识导向教学和能力导向教学。"

除此之外,研究者还可以对已有的经验事实进行逻辑分类:"从人类教学活动的历史经验来看,教学一般呈现为三种形式:一是讲授教学,主要显示为教师讲学生听;二是自学辅导教学,它以学生自学为主以教师指导为辅;三是探究教学,它是自学辅导教学的高级形态,不仅强调学生自学,而且重视学生在解决问题、研究问题中自学。"但是,如果论文的主题是"论教学的本质"或"何谓教学",而论证过程中大量呈现为"教学应该如何"的价值判断,就出现了越界、违规行为。若出现此类越界行为,则要么改变论证的方式,严格以"是"什么或"有"什么的方式展开本质研究的论证;要么调整研究主题,避免"文不对题",使本质研究转换为价值研究或对策研究。比如,将"论教学的本质"或"何谓教学"转换为"有效教学的途径"或"有效教学的策略"。

■ (三) 价值中立及其争议

也就是说,价值中立的本义是研究者在研究报告中只陈述事实而不直接作出价值判断。按照价值中立的原则,如果研究者描述这个事实而不描述那个事实时,只能说这个研究者在他的内心深处有自己的"价值关怀"("隐含""暗含"了价值判断),他把价值判断的权利留给或还给了读者,而不能说他"直接"作出了价值判断。

如果研究者在描述事实时"禁不住"对该事件作出善恶、好坏、应该如何或不应该如何的价值评判,让那些原本埋藏在内心深处的"价值关怀"泄露出来,那么,该研究以及相关的陈述就违反了"价值中立"的原则。相反,如果价值判断被"隐含""暗含"在研究者的内心深处而不表露出来,那么,这个研究者就做到了既价值关怀又价值中立。

---

① 有关"无立场的研究",详见:赵汀阳.无立场的伦理分析[J].哲学研究,1995(7):66—73;金生鈜.无立场的教育学思维[J].华东师范大学学报(教育科学版),2006(3):1—10.李迪.无立场的教育学分析[D].东北师范大学,2009.

价值中立的原则主要来自两个哲人的倡导：一是休谟（D. Hume，1711—1776）；二是韦伯（M. Webber，1864—1902）。前者暗示了价值中立；韦伯则直接倡导价值中立。

英国学者休谟认为，人们的价值判断往往来自无效的推理，因为事实和价值是两个不同的领域。当人们根据"是"什么而推出"应"如何时，这种推论本身却是无效的。有关"是"什么的命题推导不出"应"如何的命题。"应该"如何的价值判断并不建立在"是"什么的事实判断之上。"人是上帝创造的"属于事实判断，而"我们应该服从上帝"属于价值判断，前者无法推出后者。

在休谟看来，他的这个发现"会推翻一切通俗的道德学体系，并使我们看到，恶和善的区别不是单单建立在对象的关系上，也不是被理性所察知的。"[①]后来，哲学界普遍将"休谟问题"称为不能从"是"推出"应"的原则。[②] 也有人称之为"事实"与"价值"的二分法。

按照休谟的思路，对某个事实"是"什么的了解虽然会推动人们作出某种价值判断或采取某种生活行动，但是，人最后作出的"应"如何的价值判断或采取某种生活行为并不完全建立在"是"什么的事实判断之上。即便人们了解某个事情"是"什么，也不一定会作出相应的听命于现实的"应"如何的价值选择或行动。相反，人们可能"明知山有虎"，却"偏向虎山行"。人们明知业精于勤而荒于嬉，却依然愿意过嬉戏和游戏的生活。人有一种"按照意志的决定而行动或不行动的力量"。[③]

休谟的这个说法虽然没有直接倡导价值中立，但它为价值中立提供了一个重要的依据。

与休谟不同，德国学者韦伯直接倡导价值中立。尽管在韦伯之前已有不少人提倡价值中立，但是，价值中立的问题在韦伯那里才正式成为一个重要的议题。价值中立意味着只陈述事实而不作价值判断。以"工团主义"研究为例，研究者的责任是解释"工团主义"这个观念是什么，说明它形成的条件，它的原因和结果，"做到这一步，那么对工团主义分析中的价值中立的科学任务就完成了。至于人们是否应该成为一名工团主义者，这样的问题……是科学无法证明的。"[④]

韦伯只是提出了"价值中立"的建议，但究竟何为"价值中立"，他本人并没有为之提供详细的解释。也因此，韦伯的提议后来引发各种争议和非议。在种种有关价值中立的非议之中，施特劳斯的批判影响较大。施特劳斯在其代表作《自然权利与历史》中专章讨论"自然权利论与事实和价值的分野"，对韦伯的"价值中立"发起批判。为了批判韦伯的价值中立，施特劳斯耐心地从韦伯作品中检举大量的价值判断的词语和句子，比如"伟大人

---

① 休谟. 人性论（下册）[M]. 关文运，译. 北京：商务印书馆，1980：509—510.
② 详见：普特南. 事实与价值二分法的崩溃[M]. 应奇，译. 北京：东方出版社，2006：30.
③ 休谟. 人类理智研究[M]. 吕大吉，译. 北京：商务印书馆，1999：85.
④ 韦伯. 社会科学方法论[M]. 韩水法，莫茜，译. 北京：中央编译出版社，2002：159—160. 引用时对译文略有改动。韦伯之所以倡导价值中立，主要因为他反对当时大学教师把自己当作先知并在讲台上传播自己的价值观。他认为学术有学术的职业道德，学术研究不应该传播自己的私人信念，"讲台不是先知和煽动家应呆的地方。"详见：韦伯. 学术与政治[M]. 冯克利，译. 北京：三联书店，2005：37. 韦伯给学术设限，目的是给政治留出地盘。或者说，韦伯发表《以学术为业》的真正目的乃是给《以政治为业》留出地盘。韦伯追随马基雅维利的思路，他认为"以政治为业"意味着道德和政治是两个不同的领域，它们有各自的职业分工。这种职业的分工要求道德工作者管道德，而政治职业者管政治（上帝的归上帝，凯撒的归凯撒）。"为自己和他人追求灵魂得救的人，不应在政治这条道路上求之。"详见：韦伯. 学术与政治[M]. 冯克利，译. 北京：三联书店，2005：114.

物""无可比拟的辉煌""难以逾越的完美""虚假的体系",等等。①

问题是,当韦伯以夸张的、热情洋溢的方式说话时,韦伯本人并非处于"学术写作"状态。韦伯并不禁止人们在学术研究之外做出价值判断,相反,"他严厉抨击在学术领域之外保持'道德中立'的错误主张。"②把那些不作为的现代学者斥为"没有灵魂的专家,全无心肝的纵欲之徒。"③施特劳斯动情地说:"在社会科学中禁止价值判断,就会导致这样的结果:我们可以对在集中营中所能观察到的公然的行动作出严格的事实描述,而且或许也能够对于我们所考察的行动者的动机作出同样的事实描述,然而,我们却被禁止去谈到残忍。"④

可是,这个说法并不符合"禁止价值判断"(或价值中立)的本意。实证研究虽然"被禁止去谈到残忍",但研究者在作出这样的事实描述时,他的内心深处很可能被集中营的残忍激怒,而且,正因为研究者"详细""客观"地描述了集中营的事实,才更能激发读者对残忍行为的愤怒。也就是说,实证研究虽以学术的"禁欲"为"天职",但"禁止价值判断"正是为了激发读者的价值判断。或者说,"禁止价值判断""禁止去谈到残忍"并不意味着作者一定是"冷血"的。

二、何谓"价值关怀"

价值关怀是指某项研究直接或间接地表达了研究者的价值追求。价值关怀也可称为"价值追求"。

教育研究中的价值中立之所以引起争议,主要原因在于人们习惯于在价值判断和价值中立之间作出非此即彼的两分,而较少考虑在"价值中立"和"价值判断"之间,还有"价值关怀"。

教育研究者可以保持"价值中立",但是,任何教育研究者都不可避免地显示为"价值关怀"。或者说,即便研究者在语言表述上保持了价值中立,这并不意味着研究者没有任何价值关怀。恰恰相反,任何研究者在选题和展开研究的过程中,他必须有自己的价值关怀,没有价值关怀的研究就是没有灵魂的研究。如果说研究的三个要素是义理、考据和辞章,那么,价值关怀就是研究的"义理"。没有价值关怀的学者就是没有灵魂的人。

与其说研究始于问题或困惑,不如说研究始于兴趣或信念。研究者之所以研究某个问题,是因为他心中有一个教育理想或教育追求、教育信念(相信什么是好的什么是不好的)。没有教育理想或教育信念的学者,就是没有灵魂的学者。教育理想或教育信念就是研究者的价值关怀。这种价值关怀往往表述为"要……""必须……""我希望……""我梦想……""我相信……"或"我认为……"。

有了价值关怀(教育理想或教育信念)这个灵魂之后,研究者既可以采取价值中立式

---

① 施特劳斯. 自然权利与历史[M]. 北京:三联书店,2006:53.
② 韦伯. 学术与政治[M]. 冯克利,译. 北京:三联出版社,2005:45.
③ 韦伯. 新教伦理与资本主义精神[M]. 于晓,译. 北京:三联书店,1987:143. 引用时对译文略有改动.
④ 施特劳斯. 自然权利与历史[M]. 北京:三联书店,2006:54.

的实证研究,也可以采取价值判断式的思辨研究。或者说,有了价值关怀之后,研究者面临两种选择。

一是将自己的价值关怀(教育理想或教育信念)发展为思辨研究并由此而由"价值关怀"走向"价值判断"。比如,在《我的教育信条》中,杜威的核心信条是:教育既需要立足于儿童的兴趣又必须立足于社会生活。后来,杜威在《学校与社会》《儿童与课程》《教育中的兴趣与努力》《明日之学校》和《民主主义与教育》等著作中为这个信条提供了详细的论证。不过,杜威的这些作品大多数都没有显示出出色的思辨品质。

按照现代学术标准,杜威的《学校与社会》①《儿童与课程》《教育中的兴趣与努力》的论证方式比较"散文化",离现代意义上的学位论文标准更远。在杜威的所有教育学著作中,《明日之学校》和《民主主义与教育》这两部作品比较接近现代学术体制中的"学位论文"的要求。《明日之学校》主要显示为实证研究,而《民主主义与教育》主要显示为思辨研究。

二是将自己的价值关怀(教育理想或教育信念)转化为实证研究。这需要研究者将价值关怀严格限制在内心深处而不让它跑出来,保持语言上的价值中立,并由此而显示为只描述事实而不作价值判断的实证研究报告。

研究者心中有了价值关怀(教育理想或教育信念)之后,虽然可以将之扩展为价值判断式的思辨研究,但是,将之扩展为规范的学位论文会比较艰难。以杜威的教育研究为例:他的《学校与社会》《儿童与课程》《教育中的兴趣与努力》等作品虽然提出了重要的理论观点,但是,其论证方式几乎不符合现代学术体制尤其是学位论文的要求。他的《明日之学校》和《民主主义与教育》倒是比较符合现代学术体制的要求,而在两者之间,《民主主义与教育》仍然显得过于零散和重复,唯有《明日之学校》比较接近现代学术体制中的"学位论文"的标准。它是一份比较完整的实证研究报告。或者说,它是一份有"理论视角"(该书第 1 章便提示了理论视角)的教育调查研究报告。

就此而言,在杜威的所有教育论著中,值得初学者模仿的著作是《明日之学校》,而不是《民主主义与教育》。正因为如此,学术研究一般并不奢谈研究者自己的教育理想或教育信念,不直接展开价值判断式的思辨研究,而是将某个教育理想转化为价值中立式的实证研究。

将某个教育理想转化为价值中立式的实证研究的具体方式是:将教育理想或教育信念转化为具体的可操作的实验研究或调查研究的假设;或者,关注某个与自己的价值关怀(教育理想或教育信念)相关的思想史、制度史或学术史的个案,将这个思想史、制度史或学术史的个案转化为相应的价值中立式的历史研究。价值关怀(教育理想或教育信念)是研究的"灵魂",实证研究是研究的"身体"。从价值关怀到实证研究的转换类似神话中的"借尸还魂"或宗教中的"道成肉身"。

初学者往往容易直接将自己的价值关怀扩展为相关的思辨研究或实践研究。比如,

---

① 详见:杜威.学校与社会.明日之学校[M].赵祥麟,任钟印,吴志宏,译.人民教育出版社,2005:25—52.该书主要有三份讲演稿和其他相关文章,但核心内容是"学校与社会进步"和"学校与儿童生活"两份讲演稿。

研究者心中有一个有关"精英教育"的价值关怀,认为"精英教育是有价值的"或者"应该重视精英教育"。有了这个价值关怀之后,如果研究者直接将之扩展为"论精英教育的价值""论精英教育的本质""论精英教育的几个策略"或"精英教育的途径与方法",那么,该研究就显示为思辨研究或实践研究。

与之相反,教育研究中的"借尸还魂"就是将研究者内心深处的某种教育关涉(或价值关怀)隐含在相关的实证研究之中。从价值关怀到实证研究则意味着研究者将这个价值关怀扩展为类似"尼采的精英教育研究"(历史研究)或"英、美、日三国的精英教育"(调查研究或比较研究)。这样,有关精英教育的"灵魂"就附着于某个历史研究或调查研究的"身体"之上。实证研究的方式就是借助历史研究或调查研究、实验研究的"肉体",把写作的"灵魂"还原出来。

"借尸还魂"的实证研究也可以视为"有价值的实证研究""有价值关怀的实证研究""有价值追求的实证研究"。在此类研究中,研究者在词语的表述上尽可能保持"价值中立",但研究者的内心深处实际上隐含了自己的"价值追求"(或价值关怀)。所谓"借尸还魂"就是说,借助"……是……""……有……"的现象描述来实现"要……""必须……""我相信……"的价值追求。研究者只是站在"中立"的立场,"客观"地叙述有关"精英"或"精英教育"的现象或事实。实证研究要求研究者严格将自己的判断限定在现象的界限之内,而不去做越界的非法的判断。就实证研究而言,一切应然判断(比如应该如何、必须如何),一切信仰或信念陈述(比如我相信什么、我的理想是什么),一切有关事物的本质的讨论(本质研究),一切有关事物的意义或价值的讨论(价值研究)都属于越界行为或"非法"判断。

"借尸还魂"的实证研究表面上回避了应然判断和对策研究,但是,这种借尸还魂式的实证研究不仅具有理论意义,而且有实践意义。实证研究虽然不提出"应然判断",虽然不提出"对策",但是,当实证研究寻找出问题的原因,当实证研究提出教育现象中隐含的因果关系时,所谓的对策或应该如何的判断,已经呼之欲出。实证研究只负责提出什么是什么的"因果关系",读者或实践工作者可以从实证研究报告中所显示的因果关系找到相关的对策。

这样看来,实证研究中的价值中立虽然强调表述上的不动声色、无动于衷,但不动声色、无动于衷的背后恰恰隐含了研究者对他的研究对象的"深仇"或"大爱"。出色的实证研究的真实程序是:研究者先有了某个"应然判断"或"对策"的冲动,然后不直接提出对策,而是往后撤退,冷静地寻求并公布相关的事实及其"因果关系"或"相关关系"。

三、一种既价值关怀又价值中立的研究何以是可能的

价值中立的原则并不禁止研究者有自己的价值关怀,它只是要求研究者尽可能节制语言、控制情绪;尽可能用平实的语言陈述事实,只作事实判断而不作价值判断。研究者不作价值判断同时也就意味着把价值判断的权利交还给读者,让读者自己作出价值判断和选择。

　　比如,如果研究者虽然在他的内心中倾向于认为卢梭教育思想是好的或坏的,或者,他虽然在内心中倾向于认为卢梭教育思想对推动当下的教育改革是有益或有害的,但是,他在研究报告的表述中只陈述有关卢梭教育思想的事实,并不作出是与非、好与坏、善与恶的判断,那么,该研究者以及该研究报告就显示出价值中立的态度。

　　或者,研究者之所以研究"尼采的教育思想",那是因为该研究者认为尼采的教育思想是好的,对推进当下的教育改革有益处。或者,他认为尼采的教育思想是有害的,要对这种坏的思想保持某种警惕。关于尼采教育思想的善恶、好坏、有益还是有害的心理倾向,就是该研究者的价值关怀。但是,价值关怀并不意味着价值判断。相反,研究者有了自己的价值关怀之后依然可以保持价值中立。只要研究者将尼采教育思想的好坏、善恶保持在内心深处而不直接作出价值判断,研究者就做到了价值中立(见案例 8-3)。

案例8-3

尼采的道德教育①

　　大众道德被尼采称为"奴隶道德"。奴隶道德的核心价值观是"同情"。"同情"是卢梭道德的重要主题,也是尼采反卢梭的重要原因。尼采认为卢梭是典型的"现代人",是一个"怪胎"。② 尼采认为卢梭以及启蒙运动推动了"上帝之死",导致了"消极的虚无主义"的流行。针对这种消极的虚无主义的流行,尼采发动了一场"积极的虚无主义"运动——重新评估一切价值,推行精英教育,重建主人道德。尼采将精英视为一种"强壮的人的状态",尼采称之为"主人道德"。主人道德意味着"强壮有力的体魄,情感豪放的健康"。③

　　但是,尼采并不否认大众的存在价值,他并非仇视大众。大众是精英的基座。尼采区分了两种不同的教育:一是大众教育,其核心是服从,服从教育的基本途径是谎言,包括宗教的谎言和哲学的谎言。二是精英教育,包括"牧人"式领导者的教育和"孤独者"哲人教育。尼采把意志力教育视为教育的第一课程。在尼采看来,对意志力教育这个"第一课程"的轻视和遗忘导致了现代教育的衰败。④

─────────────

　　也有另外两种可能。一种可能是,研究者在研究尼采教育思想时对尼采思想无动于衷。他并不关心尼采思想的好坏,也不关心尼采思想对当下的教育改革有益还是有害。他仅仅只想介绍尼采思想或澄清有关尼采教育思想的误解。这种态度是"为研究而研究""为知识而知识"或"为学术而学术"。此类研究者反对、反感那些有价值关怀的研究,甚至认为那种有价值关怀的研究过于追求功利而丧失了学术精神。

　　另一种可能是,研究者之所以研究尼采,仅仅因为他希望公开发表一篇文章以便因此

　　① 详见:覃晓思.大众教育与精英教育:尼采的道德教育思想研究[D].广州:华南师范大学,2012.
　　② 详见:尼采.权力意志(上卷)[M].孙周兴,译.北京:商务印书馆,2007:461.
　　③ 尼采.论道德的谱系·善恶的彼岸[M].谢地坤,等,译.桂林:漓江出版社,2007:18.
　　④ 尼采.权力意志(上卷)[M].孙周兴,译.北京:商务印书馆,2007:635—636.

而能够评职称或获得科研奖励。这种态度是"为发表而研究"。这种两种现象都是可能的，但是，这两种现象都比较少见。即便如此，"为发表而研究"或者"为学术而学术"的研究态度本身就隐含了某种价值关怀。不同之处在于，该研究者的价值关怀指向发表或者学术研究本身，而一般研究者的价值关怀指向他所研究的对象。

也就是说，价值中立的原则不仅不要求研究者排斥价值关怀或价值追求，相反，它恰恰要求研究者在内心深处产生并持久地保持某种价值关怀和价值追求。价值关怀或价值追求是研究的灵魂。如果研究者内心深处没有自己强烈的价值关怀或价值追求，研究就没有了灵魂。

从这个意义上来说，既暗含"价值关怀"又保持"价值中立"的教育写作是可能的。或者说，一种既价值关怀又价值中立的研究是可能的。

关键术语

实证研究报告　语步与次语步　思辨研究论文　零修辞写作　价值中立　价值判断　价值关怀　排版技巧　图表制作

讨论与探究

1. 浏览近 5 年的《心理学报》或《心理科学》的目录，从中找出 3 篇与教育有关的论文。体验心理学专业的实验或调查研究报告的结构及其语言风格。

2. 尝试做一次小型的调查研究或实验研究，并撰写一份结构完整的实证研究报告，尽可能呈现目录自动编排、规范的图表或插图。

3. 案例 8－1 是一份实证研究报告的有关"讨论与结论"的简介，你可以在网上搜索并下载这篇论文。分析这份实证研究报告的写作结构。

4. 讨论：在国家哲学社会科学学术期刊数据库（http：//www.nssd.org）中查找《哲学研究》《历史研究》或《中国社会科学》，浏览近 5 年的有关哲学或史学的论文目录，选择并下载 3 篇论文，讨论哲学论文或史学论文的基本结构及其话语风格。

5. 案例 8－2 是一份思辨研究论文的案例。请分析这篇论文的论证风格与写作风格。

6. 案例 8－3 是一篇历史研究论文，请分析这篇论文的价值关怀，分析这篇论文是否做到了零修辞写作。

7. 探究：阅读一篇师兄或师姐的学位论文，从"零修辞写作"的视角分析其中的语言失范现象。

8. 讨论：你是否认同"零修辞写作"的系列禁忌？请列举你觉得最值得警惕的 3 个语言修辞方面的禁忌。

9. 讨论价值判断和价值中立、价值关怀的含义，同时讨论一种既价值关怀又价值中立的研究何以是可能的？

10. 提交一份模拟的实证研究报告,呈现目录自动编排的效果并内含 3 张以上的图片和 3 张以上的表格。

进一步阅读的文献/网站

1. 侯杰泰,邱炳武,常建芳.心理与教育论文写作[M].北京:中国人民大学出版社,2013:14.重点关注该书第 3 部分有关"图表"制作的讨论。

2. 范良火.教师教学知识发展研究[M].上海:华东师范大学出版社,2013.重点关注其研究设计。

3. 国际学生评估项目中国上海项目组.质量与公平[M].上海:上海教育出版社,2013.重点关注其研究设计以及研究结果的呈现。

4. 赵汀阳.天下体系:世界制度哲学导论[M].北京:中国人民大学出版社,2011.参阅:赵汀阳.论可能生活:一种关于幸福和公正的理论[M].北京:中国人民大学出版社,2004.

5. 赵汀阳.无立场的伦理分析[J].哲学研究,1995(7).参阅:(1)李迪.无立场的教育学分析[D].东北师范大学,2009.(2)金生鈜.无立场的教育学思维[J].华东师范大学学报(教育科学版),2006(3).金生鈜.理解与教育[D].北京师范大学,1993.

6. 叶澜.让课堂焕发出生命活力[J].教育研究,1997(9):3—8.叶澜:时代精神与新教育理想的构建[J].教育研究,1994(10):3—8.

7. 石中英.教育学的文化性格[D],北京:北京师范大学,1997.石中英.教育学的文化性格[M].太原:山西教育出版社,1999.

8. 阎光才.识读大学:组织文化的视角[D].上海:华东师范大学,2001.阎光才.识读大学:组织文化的视角[M].北京:教育科学出版社,2002.

9. 李政涛.教育生活中的表演——人类行为表演性的教育学考察[D].上海:华东师范大学,2003.李政涛.表演:解读教育活动的新视角[M],北京:教育科学出版社,2006:34.

10. 网站:国家哲学社会科学学术期刊数据库(http://www.nssd.org)的《哲学研究》《历史研究》《中国社会科学》数据库。

第 9 章

学术规范与学术失范

研究的伦理规范既包括写作的规范,也包括发表与出版的规范,比如不可一稿多投、不经他人同意署名,等等。此外,还有调查研究或实验研究的伦理规范,比如尽可能做到"无伤害性",注意研究报告中的保密性和匿名性,尽可能尊重"知情权"和"署名权",等等。

这里主要讨论写作的规范以及有关"被试"和实验研究中的伦理问题,暂不考虑发表与出版的规范。在有关写作的规范的解释中,重点关注引用的规范、注释的规范以及相关的"学术失范"与"学术不端"。

通过本章的学习,你将能够

- 了解直接引用的基本规范;
- 理解直接引用和间接引用的差别;
- 了解间接引用的基本规范;
- 掌握注释与参考文献的规范;
- 理解学术失范与学术不端行为;
- 了解有关"被试"的伦理问题。

本章内容导引

- 引用的规范
  - 一、直接引用的规范
  - 二、间接引用的规范
  - 三、转引的规范
- 注释与参考文献的规范
  - 一、传统的注释和参考文献规范
  - 二、中国学术期刊检索与评价数据规范
    - (一)图书的注释与参考文献范例

- (二)期刊论文、学位论文和电子文献的注释与参考文献规范
  - (三)外文文献的注释与参考文献规范
  - 三、APA 格式
- 学术失范与学术不端
  - 一、学术失范:数据、引文与注释
  - 二、学术不端:抄袭与造假
  - 三、有关"被试"的伦理问题

第1节 引用的规范

引用是学术研究"必不可少"的要素。文学式的小说、诗歌、散文可以不引用或引用而

不加注释,但学术研究需要立足于前人的研究成果而推进相关的研究,它不仅需要引用,而且需要注释。

学术研究没有自己的观点,这是一种遗憾;但是,如果学术研究没有根据,或者参考了他人的观点却不注释,这就不只是遗憾,而是学术失范甚至"学术不端"。在英语国家的人文社会科学领域,有关引文和注释的比较通用的标准手册主要有三个:一是"APA 格式"(由美国心理学协会制订的出版规范手册),主要用于心理学和社会学研究领域;二是"MLA 格式"(美国现代语言协会制订的出版规范手册),主要用于语言、文学和艺术研究领域;三是"芝加哥格式手册"(由芝加哥出版社制订的出版规范手册),主要用于历史学科。①

研究者在"引用"方面可重点参考《高校人文社会科学学术规范指南》,若遇到《高校人文社会科学学术规范指南》尚未涉及的问题,可参考"APA 格式""MLA 格式"和"芝加哥格式"。

一、直接引用的规范

引用包括直接引用、间接引用和转引三种。三者之间,最常见的是直接引用。直接引用的前提是:"原文的文字非常清楚、优美、生动有趣,若作者加以转述就失去原味。"②但是,如果感觉原作者的话语表述不太清晰或比较啰嗦,则可以采用"间接引用"。直接引用的要求是:

第一,在引用的地方加引号,并用脚注、尾注或夹注的方式注明准确的出处。若引文"超过一定数量",应另起一段,后退一格,用仿宋体。类似《高校人文社会科学学术规范指南》的国内学术规范手册并没有明确说明引文多长才算"超过一定数量"。但西方学术界对此有明文规定。

比如,《美国心理学协会写作手册》对"独立的引语段"(block quotation)的规定是:"如果引文有 40 个字或超过 40 个字,则在独立的段落中显示出来,且,不必用引号。"③而《芝加哥格式手册》给出的数据是:"超过 100 字,或,至少超过 8 行"(详见《芝加哥格式手册》第 15 版 11. 12 条)。

比较而言,《美国心理学协会写作手册》的规定的数量(超过 40 个字)太少,《芝加哥格式手册》的规定(超过 100 字,或,至少超过 8 行)也许更适合汉语界的学术格式。

第二,完整地引用原始文献的观点,既不断章取义,也不过度引用。尽可能保持引文的原貌,如有增删,则必须在括弧或注释中注明"对原文略有删改"或"对译文略有调整"。删减的部分一般采用省略号连接上下文。"被省略号连接的部分一般应在同一段落中,超

---

① 有关"MLA 格式"可参见:吉鲍尔尔迪. MLA 文体手册和学术出版指南[M]. 沈弘,何姝,译. 北京:北京大学出版社,2002. 有关"芝加哥格式手册"可参见:University of Chicago Press. The Chicago Manual of Style (15ᵗʰ ed)[M]. The University of Chicago Press, 2003.

② 毕恒达. 教授为什么没告诉我——论文写作枕边书[M]. 北京:法律出版社,2007:73.

③ 详见:美国心理协会. 美国心理协会写作手册(第 5 版)[M]. 陈玉玲,王明杰,译. 重庆:重庆大学出版社,2011:86. 美国心理学会. APA 出版手册[M]. 周晓琳,叶铮,张璇,曹琳,译. 北京:人民邮电出版社,2011:133.

过同一段落应分两段引用。"①如果需要增删较多的内容,则可以采用复述、概述的方式而使直接引用变换为间接引用。

第三,若某文献出现多个版本,则尽可能引用学术界公认的比较权威的版本。若某外文著作或汉语古籍已经出现多个译本,则尽可能引用学术界公认的比较权威的译本。若某文献有上下卷或分册,则需标明卷数,并注意各卷准确的出版时间、作者或译者。②

第四,若正文中连续出现两个以上的引号(直接引用),则需要用自己的话使之连贯、流畅。两个以上的引号并排在一起不仅看起来不流畅不美观,而且有"过度引用"的嫌疑。作者需要用自己的话牵着引文跑,而不是让引文牵着作者跑。

第五,若在脚注中出现大量的引用同一份文献的现象,则有"过度引用"的嫌疑。为了减少对同一文献引用的频率,可以把同一页的同一段话的前后两个引文用省略号连接起来。如果两个以上的引文跨段落或跨页码(在前后连续的几个页码上),则可以考虑用自己的话概括相关的观点,把直接引用转换成间接引用,将多次引用转换为一次引用。但,将直接引用转换为间接引用、将多次引用转换成一次引用时,必须用自己的话语准确概括他人的观点并注明出处,避免产生"抄袭"的嫌疑。

第六,谨慎引用网络电子文献,尽可能根据网络电子文献追溯纸质的原始文献,或采用根据纸质文献制作的 PDF 版本。

第七,引用尚未公开发表的学位论文或信件时,须征求原作者的同意和授权。引用未公开发表的文献以不让原作品失去发表价值为前提。

第八,引用未成文的口语实录(演讲实录、课堂教学实录、采访实录等)时,须征求原作者同意。最好为原作者提供笔记整理稿或录音整理稿,经原作者审阅并书面同意。

此外,为了显示学术的严谨性,在引用中译本或古籍注释本时应尽可能核对原文,如果中译本或古籍注释本与原文有出入,则根据原文调整引文。若某论著已经出现了修订版,则尽可能引用最新的修订版。

二、间接引用的规范

如果引用的原文过于啰嗦或模糊,有些不恰当的跳跃或在表述的顺序上比较混乱,就可以采用间接引用。间接引用就是用自己的话概括原文的观点,并在概括的观点之后加上注释。

除了能够更简洁、更清晰地概括原作者的观点之外,间接引用还有一个好处:它避免因直接引文太多而侵害原作者的知识产权。按照严格的学术标准,引用的字数超过一定的数量,需要征求原作者的同意。如果作者长篇地"自引",则需要征求相关的杂志或出版社的同意。

---

①　王宁. 高校人文社会科学学术规范指南[M]. 北京:高等教育出版社,2009:23.
②　比如,罗素《西方哲学史》中译本的上卷和下卷不仅出版时间不同,而且译者也不同。

但是,正因为间接引用可以带来某些方便,它才容易导致不规范引用甚至抄袭。总体而言,直接引用虽然也可能出现不规范的问题,但大量的不规范或抄袭主要来自间接引用。所以,一旦使用间接引用,就需要格外小心谨慎。与之相关的间接引用的要求是:

第一,尽可能直接引用,只有当引用的原文显得过于啰嗦或模糊、跳跃、混乱时,才选择间接引用。

第二,必须用自己的话概括原文。如果只在个别的词语上做了轻微的改写,则不能显示为间接引用的格式,而应该采用规范的直接引用,并在注释中注明"对原文略有调整"。如果只是对原文做轻微的改写而完全没有概括就采用间接引用,则有"抄袭"的嫌疑。

第三,以脚注、尾注或夹注的方式注明间接引用的出处,并以"详见"或"参见"或"有关……的论述详见……"等方式引出相应的文献出处。

第四,采用"据说""有人认为"作为间接引用的引导语是可以的,但是必须提供注释;如果不显示为间接引用并提供注释,则应该明确显示原作者的姓名,严禁使用"据说""有人认为"之类的引导语。

第五,若间接引用跨越两个以上的页码,则需在注释中显示完整的首尾页码。为了便于读者查找间接引用的出处,所标注的首尾页码不能跨越太大。若跨越太大,则应该把一次引用分为多次引用并注明出处。

第六,区分间接引用和补充说明。间接引用需要注明准确的出处和页码,而补充说明可以显示为参见某一本书或某一篇文章,不需要注明准确的页码。

第七,准确地复述、概述原文的观点,不能歪曲原文的观点。

第八,在开始引用的地方,使用类似"有人认为""据说"或"某某认为""在某某看来"等引导语(也可直接称之为"引用提示语")[1],让读者知道哪些地方属于作者自己的话语而从哪里开始是对他人观点的引用。引导语(或"引用提示语")的作用就在于:它使作者自己的话语和引用的话语"断开"。遗憾的是,初学者在引用他人文献时往往既不采用直接引用也没有引导语,导致读者无法分辨哪些句子是作者自己的话语哪些句子是引用他人的话语(见案例9-1)。[2]

案例9-1

行动研究的史与思[3]

"追踪行动研究"旨在透过行动研究的生长经历探查行动研究的种种事件。从行动研究的复杂命运中感受行动研究的初衷与流变,并以行动研究的种种争议作为理解行动研究的背景。

从斯腾豪斯的《课程开发与研究导论》、埃利奥特的《指向学校变革的行动研究》以及卡尔

---

[1] 有关"引导语"的说法,详见:刘大生. 剽窃、抄袭、不规范引用的区别[J]. 社会科学论坛,2010(17):95—97.

[2] 有关标头、标尾和标中间的讨论,详见:刘大生. 剽窃、抄袭、不规范引用的区别[J]. 社会科学论坛,2010(17):95—97.

[3] 详见:刘良华. 行动研究的史与思[D]. 上海:华东师范大学,2001. 读者可寻找该论文中的引用和注释的不规范现象。

和凯米斯合著的《走向批判——教育、知识与行动研究》这三本书对教育行动研究的解释来看，教育行动研究的关键性特征集中显示为"参与""改进""系统"和"公开"。

行动研究从一开始就有拒斥理论、历史、传统以及权威的情结。这使行动研究一直面临合法性危机。行动研究需要返回历史、传统、权威，在"理论阅读"和"理论对话"中关照行动。理论阅读有两个前提性条件：一是教师与校外研究者之间的对话。二是选择适合自己的"文本"并制作属于自己的个性化文本。教师既可以选择哲学文本式的教育理论，也可以阅读并制作艺术文本式的"教育理论"，如教育传记、教育日记、教育个案、教育小说、教育散文或教育诗，等等。

总之，行动研究既不同于传统的"正规的教育研究"，又不得不使用必要的"科学的方法"；参与行动研究的教师既需要反思此时此地的教育实践，又不得不经常地返回历史、学会与研究者对话进而阅读和制作适当的理论文本。

三、转引的规范

不到万不得已，不采用转引。转引的前提是，作者经过努力后，仍然找不到原始文献。"经过努力"意味着：第一，该文献已经佚失，学术界很难找到该文献。第二，在本校图书馆、国家图书馆、超星数字图书馆及"读秀""中国知网"（CNKI）、"维普"和"万方"、JSTOR、"百度文库""道客巴巴"等资源库都找不到该文献。第三，多次向同行咨询、求助之后仍然无法获得该文献。

有学术规范意识的学者绝不会轻易采用转引。如果某个研究者所转引的文献是常见的或容易获得的文献，那么就说明这个研究者是一个不懂学术规矩的初学者或这个研究者缺乏基本的学术规范意识。

若经过努力之后仍然找不到原始文献，则可以采用转引的方式。但是，在转引时必须注明"转引自……"或"详见……"。转引的规范是"不做伪注"。"掩盖转引，将转引标注为直接引用，引用译著中文版却标注原文版，均属伪注。"[①]完整的转引包括两个部分，前面部分是原始文献，后面部分是"转引自……"。中间用分号或句号隔开。

某些研究者做了"伪注"之后，期望在读者那里能够蒙混过关，但是，读者一旦发现该注释及其引文与某份早先公开发表的文献中的注释及其引文出现了同样的错误，那么，该作者就有了"做伪注"的嫌疑。

为了避免"做伪注"的嫌疑，研究者最好根据二手文献所做的注释追查一手文献。追查到原始的一手文献之后，不仅需要核实引文与原文是否一致，而且，最好考查引文是否完整地引用了原文的关键句子或关键段落。若二手文献中的引文只是"残缺引用"或"引用不足"，则可以根据原始文献扩充引文。如果原始文献是外文资料，则需要核查引文所翻译文字是否符合外文资料的原意。如果二手文献所引用的文字不合原始的外文资料的

[①]　王宁.高校人文社会科学学术规范指南[M].北京：高等教育出版社，2009：23.

本意,则需要做翻译上的调整或修改。

第2节　注释与参考文献的规范

引用他人的学术成果时,须加上引用的标记。注释须遵守基本的"注释与参考文献的规范"。学术研究不仅需要诚实地做注释和参考文献,而且需要按照通行的规范做注释和参考文献。

研究者可以根据需要选择不同类型的注释和参考文献规范:一是采用传统的注释和参考文献规范。二是采用 2006 年的《中国学术期刊(光盘版)检索与评价数据规范》(修订版)所要求的格式。也可以参考 2009 年出版的《高校人文社会科学学术规范指南》。三是采用"APA 格式"(由美国心理学协会制订的规范手册)。

一、传统的注释和参考文献规范

按照传统的注释和参考文献规范,需要区分图书的"著"和"主编",并以书名号标明图书和论文的标题,但不需要标明出版社所在的城市名。外国作者要标明作者国籍,并随后标明译者。

[1] 石中英著:《教育学的文化性格》,山西教育出版社 1999 年版,第 87—88 页。

[2] 崔允漷主编:《有效教学》,华东师范大学出版社 2009 年版,第 177—235 页。

期刊论文或学位论文的注释与参考文献的规范为:以书名号的形式标明论文的标题和杂志的名称。只需要指出该论文所发表的年份和期号,不需要标明论文在杂志中的页码。报纸上发表的文献则需要具体到年月日。

[1] 赵汀阳:《无立场的伦理分析》,《哲学研究》,1995 年第 7 期。

[2] 谢希德:《创造学习的新思路》,《人民日报》,1998 年 12 月 25 日。

[3] 彭正梅:《解放的教育》,华东师范大学博士学位论文,1999。

外文文献的注释与参考文献的规范为:书名或期刊名以斜体字的形式出现。文献发表的时间可以放在最后,也可采用括弧的方式呈现在作者之后。

[1] Carr, W. & Kemmis, S. *Becoming Critical: Education, Knowledge and Action Research*[M], Deakin University Press, 1986: 165.

[2] Stenhouse, L. What Counts as Research? [J], *British Journal of Educational Studies*. 1981(2): 103—114.

二、中国学术期刊检索与评价数据规范

1999 年,国家新闻出版署发布了《关于印发〈中国学术期刊(光盘版)检索与评价数据

规范(试行)〉的通知》,对有关注释和参考文献做了详细的说明。① 2006 年,《中国学术期刊(光盘版)》编辑委员会规范化工作组对部分条文进行了修订,形成《中国学术期刊(光盘版)检索与评价数据规范》(以下简称《规范》)的修订版本。总体而言,2006 年的《规范》弥补了 1999 年版的某些缺憾(不过,在电子文献以及析出文献的注释要求上,2006 年的《规范》似乎还不如 1999 年的《规范》合理)。

按照,2006 年的《规范》,文献的参考文献著录项目一般包括:主要责任者、文献题名、文献类型及载体类型标志、其他责任者(译者、校注、校点、校勘者等)、版本(初版省略)、出版项(出版地、出版者、出版年)、文献出处或电子文献的可获得地址、文献起止页码。

其中,文献类型及其标志以单字母方式标识:

参考文献类型	普通图书	会议论文	报纸文章	期刊文章	学位论文	报告	标准	专利	汇编	参考工具
文献类型标志	M	C	N	J	D	R	S	P	G	K

电子公告的载体类型及其标志为[EB/OL],数据库的载体类型及其标志为[DB/OL]。

其他未说明的文献类型,可采用单字母"Z"表示。

■ (一) 图书的注释与参考文献范例

一般图书不区分专著和编著,在书名后面注明文献类型。

[1] 石中英. 知识转型与教育改革[M]. 北京:教育科学出版社,2001:87—123.

[2] 杜威. 民主主义与教育[M]. 王承绪,译. 北京:人民教育出版社,2001:169.

1999 年的《规范》没有注明译者。2006 年的《规范》弥补了这个缺憾。

析出文献的注释规范为:

[1] 施特劳斯. 注意一种被遗忘的写作艺术[C]. 林志猛译//刘小枫. 苏格拉底问题与现代性. 北京:华夏出版社,2008:157.

[2] 张志扬. "光"与"死":两希精神的开端[C]//人文通识讲演录·哲学卷(二). 北京:文化艺术出版社,2008:74.

1999 年的《规范》对析出文献的注释要求为:

张志扬. "光"与"死":两希精神的开端[A]. 人文通识讲演录·哲学卷(二)[C]. 北京:文化艺术出版社,2008:74.

1999 年的《规范》与 2006 年的《规范》对析出文献的注释要求各有优势。前者的注释似乎更简洁,但后者的注释使析出文献更接近一般杂志的注释思路。

档案和古籍的注释规范为:

---

① 但在执行过程中,不少学者对《规范》提出了许多批评性意见。详见:杨玉圣,张保生. 学术规范读本[M]. 开封:河南大学出版社,2004:384—398.

［1］叶剑英委员关于安平事件调查结果的声明：1946－09－09［B］.中央档案馆.

［2］沈括.梦溪笔谈［O］.［元］大德九年茶陵刊本.中国国家图书馆藏.

■（二）期刊论文、学位论文和电子文献的注释与参考文献规范

报刊文献的注释规范与一般图书的注释规范相似，主要的差别是文献类型的标识有变化。规范的期刊文章的注释不仅具体注明第几期，而且进一步注明第几页。报纸上的文章除了要求注明年月日之外，还需要标明第几版。

［1］赵汀阳.无立场的伦理分析［J］.哲学研究，1995(7)：65—73.

［2］谢希德.创造学习的新思路［N］.人民日报，1998－12－25(10).

［3］彭正梅.解放的教育［D］.上海：华东师范大学，1999.

1999年的《规范》将电子文献的发表时间和引用时间放在文献的最后。这与专著、期刊和报纸的文献注释是一致的。比如：

王明亮.关于中国学术期刊标准化数据库系统工程的进展［EB/OL］.http：//www.cajcd.edu.cn/pub/wml.txt/980810－2.html，1998－08－16/1998－10－04.

而2006年的《规范》将电子文献的发表时间和引用时间放在文献和地址之间，比如：

［1］王明亮.关于中国学术期刊标准化数据库系统工程的进展［EB/OL］.(1998－08－16)［1998－10－04］.http：//www.cajcd.edu.cn/pub/wml.txt/980810－2.html.

［2］万锦坤.中国大学学报论文文摘［DB/CD］.北京：中国大百科全书出版社，1996.

这样看来，2006年的《规范》有关电子文献的注释要求似乎反而不如1999年的《规范》简洁、明了。

■（三）外文文献的注释与参考文献规范

各类外文文献的文后参考文献格式与中文示例相同。题名的首字母及各个实词的首字母大写。例如：

［1］CARRW. KEMMIS S. Becoming Critical：Education，Knowledge and Action Research［M］，Deakin University Press，1986：165.

［2］STENHOUSE L. What Counts as Research? British Journal of Educational Studies. 1981(2)：103—114.

三、APA 格式

学位论文一般按照《中国学术期刊(光盘版)检索与评价数据规范》(修订版)做相应的注释和参考文献。但是，也可以采用 APA 格式。

APA 格式严格区分注释和参考文献。注释是对正文的某个要点的"补充说明"，而参考文献是对"引文"出处的说明。而且，注释一般在页脚显示，参考文献出现在文章的尾部。

如果采用 APA 格式，那么，参考文献不仅要放在论文的最后，而且要按照作者的音序

排列。同一作者的多份文献按照发表的年月排列。

按照《中国学术期刊(光盘版)检索与评价数据规范》的要求,如果参考文献数量较多,可以将中英文分两栏单独排列。但是,按照 APA 格式,所有文献按照作者音序排列。

APA 格式的基本风格是:在文后呈现参考文献,而在正文中以夹注的方式注明文献的作者、发表时间和页码。APA 格式的优势在于:同一份参考文献只需要在文后出现一次。它可以避免出现大量重复的参考文献。

正因为 APA 格式有这样的"环保"优势,它被越来越多的教育学研究者采用。

除此之外,人们在引用柏拉图的著作时可能会采用"斯特方页码"。斯特方页码成为引用柏拉图著作的标准方法,比如"柏拉图著:《理想国》,327a"。这意味着,无论柏拉图的《理想国》被翻译为哪个国家的语言,无论《理想国》以什么版本出现,这本书的斯特方页码是"永恒不变"的。这为研究者查找柏拉图文献的准确出处提供了便利。引用亚里士多德的著作时也有类似的标准用法。[①]

第 3 节　学术失范与学术不端

学术研究经过长时间的探索,学术界逐步形成一些共同遵守的规范。但在学术研究领域,总会出现一些"学术失范"或"学术不端"行为。

一、学术失范：数据、引文与注释

广义上的学术失范包括学术不端。这里的学术失范是指违背了学术的规范而出现的不准确、不恰当的数据、引用或注释。其中,比较常见的学术失范表现为引用的不规范或注释的不规范。此类不规范现象包括:

(1) 过度引用。过度引用主要有三个含义:一是"引用他人的文字超过自己的论证"[②];二是连续引用某个文献;三是在尚未理解原文时就大量地引用他人的话语,歪曲引文的含义。这种不规范现象在引用外文文献或古汉语文献时尤其容易发生。此外,如果研究者引用某个特别人物的话语并将它作为定论,此种行为也属于过度引用。比如,为讨好迎合某个"重要他人"(比如自己的导师或某个政治人物)而引用他的话语作为定论;为炫耀自己的学术成果而不恰当地"自引";为显示自己的"阅读量"和"学术感"而狐假虎威地罗列某些不必要的文献。在所有的"学术失范"中,过度引用的学术危害最大。其危害就在于:看似有明确的注释,似乎没有抄袭,实际上,它是打着"有注释"的旗号公开地抄袭。

---

① 有关斯特方页码的讨论,详见:余纪元.《理想国》讲演录[M].北京:中国人民大学出版社,2009:14.
② 王宁.高校人文社会科学学术规范指南[M].北京:高等教育出版社,2009:39.

（2）残缺引用或引用不足。与过度引用相反，残缺引用或引用不足是断章取义、捕风捉影。比如，假设爱迪生的原话是："天才是99％的汗水加上1％的灵感，但是，1％的灵感比99％的汗水更重要。"而作者为了强调勤奋的重要，只引用前半句而故意删除了后半句。①

（3）未经同意引用尚未公开发表的文献。②

（4）对引文过度评价，或者批评过于苛刻，或者赞扬过于溢美。学术批评原本是学术进步的"助推器"。公正的学术批评表现为"实事求是""以理服人""学术争鸣""既要据理而争论，又不失平和大度"。但是，不能以学术批评的名义"公报私仇"，不能因为"门户之见"而对他人实施"学术压制和学术报复"。③

（5）引用不符合学术规范或公认品质低下的文献。比如，引用粗糙的编译本而不引用比较权威的全译本。

（6）某文献已经公开发表却引用该文献的网络版本；已经出现公认的比较权威的译本或修订本却引用其他非权威的版本。

（7）注释的要素不全或不准确，比如，只注明作者和著作名称而没有出版时间或出版机构、出版的版本；注释中出现漏字或错字；张冠李戴，弄错引文作者或出版时间、出版机构、版本。

（8）用"名著"装点门面，在参考文献中大量列举自己根本没有阅读、没有参考的中文名著和外文名著。

在以上不规范的行为中，前六条属于引用的不规范，后两条属于注释或参考文献的不规范。

二、学术不端：抄袭与造假

学术不端指违反公认的学术准则、损害学术公正的行为。2009年出版的《高校人文社会科学学术规范指南》列举了八条学术不端行为：（1）抄袭剽窃、侵吞他人学术成果；（2）篡改他人学术成果；（3）伪造或者篡改数据、文献、捏造事实；（4）伪造注释；（5）没有参加创作，在他人学术成果上署名；（6）未经他人许可，不当使用他人署名；（7）违反正当程序或者放弃学术标准，进行不当学术评价；（8）对学术批评者进行压制、打击或者报复。④

在以上列举的问题之中，比较严重的学术不端是抄袭和剽窃。广义上的抄袭包含"剽窃"，但抄袭和剽窃的区别在于：有些抄袭可能注明了出处，只是出处模糊而让读者无法辨认哪些是作者自己的观点而哪些是他人的观点；而剽窃则完全不注明出处。

---

① 这里只是关于爱迪生的原话的一个假设，至于爱迪生的原话究竟如何，待考证。
② 以上1—3条的详细讨论，详见：刘大生.剽窃、抄袭、不规范引用的区别[J].社会科学论坛，2010(17)：95—97.
③ 王宁.高校人文社会科学学术规范指南[M].北京：高等教育出版社，2009：38—39.
④ 王宁.高校人文社会科学学术规范指南[M].北京：高等教育出版社，2009：26.

第一，明目张胆地抄袭是直接使用他人的原文而不加引号和注释。这样的抄袭不会太多，但也有某些著名学者犯这样的错误。这种抄袭有时也表现为抄注释、抄袭外文和抄袭翻译。抄注释就是做"伪注"，用直接引用代替转引。作者只是从他人的作品中转引了另外一个作者的话语，却并没有在注释中标明"转引"的出处。

另一种比较隐蔽的抄袭是"抄袭翻译"：已经出现公认的比较权威的中译本，研究者参考了该译本，只对该中译本做无关紧要的修改，却在注释中不注明对中译本的引用而直接引用原始的外文文献。如果作者确实发现学术领域公认的比较权威的某个中译本的翻译存在比较严重的问题，作者完全可以不引用该中译本而亲自翻译并直接引用原始的外文文献。但是，这样做的前提是，在注释中说明已有的中译本的错误或不足，或者，让读者清楚地看到作者重新翻译的引文与他人的翻译有明显的差别。

如果有人对自己的外语翻译水平有足够的自信，执意亲自引用原始的外文文献而不想参考已有的中译本，且对已有的中译本不加任何评价，那么，这种引用就有抄袭的嫌疑。若作者的翻译明显不如已有的中译本的质量，则属于学术研究中比较无知（甚至无耻）的"低水平重复"的"学术失范"。但是，如果作者引用了他人的资料而没有提供完整而准确的出处①，则属于"不规范"行为而不是"抄袭"（见案例 9 - 2）。

案例 9 - 2

道德理想国的覆灭②

卢梭为罗伯斯庇尔提供了极权主义的政治理论资源。罗伯斯庇尔的悲剧在于，在从思想到实践的过程中，突破了道德理想主义的边界，跨越了道德理想主义者只能论政不能执政的界限，因而进入了一个直接执政和最高执政的危险状态。法国革命不同于美国革命。美国革命是典型的政治革命，强调政教分离。政治归政治，文化归文化。法国革命以及后来的俄国革命、中国革命既是政治革命，更是"文化革命"。它以革命的手段恢复中世纪的"政教合一"。

第二，间接抄袭原文而不加引导语，使抄袭变得比较模糊、隐蔽。此类抄袭往往采用标尾或标头的方式引用他人的原文，却没有采用引号标明引用的范围，也没有用引导语（或"断语"）使自己的话语和引用的话语断开，只在引文结尾或开头加一个注释。读者看

① 朱学勤的《道德理想国的覆灭——从卢梭到罗伯斯庇尔》借鉴了《卢梭与道德共和国》和《姊妹革命：美国革命与法国革命启示录》的标题、关键概念、研究框架、核心观点和叙事形式。详见：朱学勤. 道德理想国的覆灭——从卢梭到罗伯斯庇尔[M]. 上海：上海三联出版社，2003. Blum, C. Rousseau and the Republic of Virtue：The Language of Politics in the French Revolution. Cornell University Press, 1986：133—152. 邓恩. 姊妹革命：美国革命与法国革命启示录[M]. 杨小刚，译. 上海：上海文艺出版社，2003：1—23.

② 详见：朱学勤. 道德理想国的覆灭——从卢梭到罗伯斯庇尔[M]. 上海：上海三联书店，2003. 相关主题的讨论可参见：朱学勤. 从文化革命到"文化革命"[C]//凤凰卫视编. 世纪大讲堂（第 8 辑）. 沈阳：辽宁人民出版社，2005：51—65.

不出有多少文字是"引文"而有多少文字是作者自己的话语。这种抄袭的问题不在于用"间接引用"代替了"直接引用",因为间接引用也有间接引用的规范。间接引用不仅意味着有注释,而且,间接引用和直接引用一样,它必须以"某某认为"或"某某说"等方式让读者清楚地知道哪些文字是对他人观点的引用或参考。

而标尾或标头式的抄袭的问题在于:作者故意混淆视听,让读者误以为只有少量的话语是间接引用或参考了他人的观点,而其他的大量的话语是作者自己的原创。与标头和标尾类似的抄袭是"标中间"。整段地抄录了他人的文字,却既不标头也不标尾,只在段落的中间某个地方插入一个注释。此种抄袭比标头和标尾的问题更恶劣。

与直接抄袭相比,间接抄袭的问题更严重,它是"学术不端"的重灾区。在学术论文(含学术著作)的写作中,某些作者为了避免频繁地引用他人话语而显得没有自己的观点,在本来应该直接引用的地方做一些无关痛痒的词语的调整,然后不加引号地引用,使直接引用变成间接引用,只在句头、句尾或句中加一个注释。同时,由于作者没有使用引导语(或"断语"),读者不知道哪些话语是作者自己的话语而哪些话语是对他人的间接引用。学术界明目张胆地抄袭他人的话语而不加引号者并不多见,因为那样会冒随时被他人揭发的危险。比较常见的抄袭往往显示为间接引用而不加引导语。

有一种比较常见的学术不规范或学术偷懒行为:采用标头的方式,在某章或某节的标题后面采用脚注的形式声明,"本章"或"本节"主要参考了某某专著或某某论文。然后,明目张胆地大量借用相关文献的资料。如果属于"编"或"主编"的材料,只做笼统的注释然后大量借用他人资料,尚可以理解(尽管也不规范)。但是,如果属于学位论文或专著,在章节的标题后面笼统注明参考某某文献,然后大量采用他人的研究材料,就是比较严重的学术不规范,而且是比较严重的学术抄袭。

学位论文或专著的基本原则是:凡有引用,必有注释。而且不能大段引用他人的话语。这增加了学术写作的难度,但也说明学术研究是有规则的,研究者需要对学术研究有基本的敬畏感。

第三,与抄袭或剽窃类似的不端行为是伪造或篡改数据。此类问题常见于调查研究和实验研究。

除了调查研究或实验研究中容易出现伪造或篡改数据之外,历史研究、思辨研究中也可能出现类似的伪造或篡改行为。二者的差异在于:调查研究或实验研究可能会伪造或篡改"数据",而历史研究或思辨研究可能会伪造或篡改"观点"或"注释"。

三、有关"被试"的伦理问题

调查研究或实验研究中有关"被试"的比较严重的伦理问题主要是对"被试"带来困扰或伤害。

(1)不尊重"被试"的隐私,给"被试"的学习、工作和日常生活带来困扰。比如在没有征得"被试"同意的前提下公开"被试"的姓名、家庭背景、工作单位、私人信件,等等。

(2)严重干扰"被试"的生活。比如,利用不正当的行政手段,强迫"被试"填写超长的问卷而严重浪费被试的学习、工作或休闲的时间。或者,"被试"在实验过程中身心受到严重的伤害(见案例 9-3)。

案例 9-3

斯坦福监狱实验[①]

1971 年,斯坦福大学津巴多(P. Zimbardo,1933—　)教授领导的研究小组在斯坦福大学心理学系大楼地下室的模拟监狱内进行了一项关于制度环境对人的行为的影响的实验研究。被试是在校大学生志愿者。他们被分为两组,分别扮演看守和囚犯的角色。该实验结果显示,恶劣的制度环境会使好人变成恶魔。实验原计划进行 14 天,但进行到第 6 天就不得不终止实验(而且中途有 5 个"囚犯"退出)。在实验过程中津巴多受到伦理问题的困扰和相关的谴责。

在实验过去 36 年之后,2007 年津巴多出了一本书《路西法效应:好人是如何变成恶魔的》。津巴多在这本书中反思了"斯坦福监狱实验"以及"路西法效应"的相关问题。该书也讨论了与之相关的从众心理、盲从权威、权力的滥用、纳粹种族大屠杀以及阿伦特提示的"平庸的恶"等问题。

---

(3) 采用"欺骗"的方式让"被试"参与调查或实验。在有些研究中研究者不得不采用"欺骗"的方式。比如,在"期望效应"的实验研究中,参与实验的校长和部分教师、学生被欺骗是该实验设计和操作的一个必要部分。即便如此,也要做到尽早向被试解释。最好是在实验结束时及时作出解释,最迟也不能拖到实验结束之后。[②]

(4) 剥夺"对照组"中被试的正常待遇。比如,在"期望效应"的实验研究中,教师对部分学生的"期望"导致了对另外一部分学生的"冷落"。

(5) 违反被试"自愿参与"和"自愿退出"的原则。

(6) 剥夺被试的知情权。比如,在研究之前或在研究的过程中研究者曾经承诺向被试反馈相关的研究结果,而研究结束之后,研究者不再理睬被试。

(7) 侵犯被试的肖像权。比如,在没有征得被试的同意之前就以照片或录像的方式公开展示被试的肖像。

(8) 虐待动物。没有采取措施"仁慈"地对待动物,没有"确保动物的舒适、健康和受到有人情味的对待"。比如,在进行手术时没有对动物施以适当的麻醉,以"防止感染,减低疼痛"。[③]

---

① 详见:津巴多.路西法效应:好人是如何变成恶魔的[M].孙佩妏、陈雅馨,译.北京:三联书店,2010:232. 相关的实验研究报告详见:Haney, C. Banks, C. Zimbardo, P. Interpersonal Dynamics in a Simulated Prison[J]. International Journal of Criminology and Penology,1973(1):69—97.

② 美国心理学会(APA)制定的《心理学家的道德原则和行为准则》提供了详细的解释。详见:F. Gravetter,L. Forzano.行为科学研究方法[M].邓铸,等,译.西安:陕西师范大学出版社,2005:48—49.

③ 美国心理学会(APA)制定的《关于在研究中关怀和利用动物的道德准则》提供了更多的解释。详见:F. Gravetter,L. Forzano.行为科学研究方法[M].邓铸,等,译.西安:陕西师范大学出版社,2005:55.

关键术语

直接引用　间接引用　转引　注释　学术失范　学术不端　抄袭　研究伦理

讨论与探究

1. 讨论：在直接引用的八条要求中，你认为哪三条是比较重要的？
2. 讨论：在间接引用的八条要求中，你认为哪三条是比较重要的？
3. 讨论：在转引中最容易出现哪些严重的不规范现象？
4. 讨论：学术失范与学术不端的差别。你认为哪三种现象是比较严重的抄袭行为？
5. 讨论：注释和参考文献有哪三种规范，APA 格式有哪些优点？
6. 讨论："被试"的伦理问题。
7. 探究：案例 9-1 和案例 9-2 是两篇博士学位论文，请分析其中是否存在学术失范或学术不端的问题。
8. 讨论：结合案例 9-3，讨论实验研究和调查研究中可能存在的研究伦理问题。

进一步阅读的文献/网站

1. 刘南平. 法学博士论文的"骨髓"和"皮囊"[J]. 中外法学，2000(1)：101—112. 另参见刘南平. 法学博士论文的命题与注释[C]//杨玉圣，张保生. 学术规范读本. 开封：河南大学出版社，2004.
2. 美国心理学协会. APA 格式：国际社会科学学术写作规范手册[M]. 重庆：重庆大学出版社，2011.
3. 美国心理学会. APA 出版手册[M]. 周晓琳，叶铮，张璇，曹琳，译. 北京：人民邮电出版社，2011：133.
4. 吉鲍尔迪. MLA 文体手册和学术出版指南[M]. 沈弘，何姝，译. 北京：北京大学出版社，2002.
5. 朱学勤. 道德理想国的覆灭——从卢梭到罗伯斯庇尔[M]. 上海：上海三联出版社，2003.
6. Blum，C. Rousseau and the Republic of Virtue：The Language of Politics in the French Revolution，Cornell University Press，1986.
7. 邓恩. 姊妹革命：美国革命与法国革命启示录[M]. 杨小刚，译. 上海：上海文艺出版社，2003.
8. University of Chicago Press. The Chicago Manual of Style. The University of Chicago Press，2003.
9. 网站 1：中国知网(http://www. cnki. net)、JSTOR(http://www. jstor. org)或 OALib(http://www. oalib. com)。重点搜索本章提示的相关论文。
10. 网站 2：读秀(http://www. duxiu. com)、bookfi(http://en. bookfi. org)、ebooksread(http://www. ebooksread. com)等。重点搜索本章提示的相关论文。
11. 网站 3："斯坦福监狱实验"官网(http://www. prisonexp. org)。
12. 视频：网易公开课："普通人如何变成魔鬼或英雄"(http://v. 163. com/movie/2012/1/R/2/M8SKLCF5L_M8SKLGVR2. html)，观看津巴多有关"斯坦福监狱实验"的演讲。

后记

2007年,本书第一版,其特点是:以案例的方式佐证相关的研究方法,每个专题后面提供三个完整的案例。全书7个专题,共21个完整的案例。"专题与案例"为教师的案例教学以及学生的案例学习提供了方便。第一版主要受华南师范大学扈中平教授和张晓明教授的推动和支持。

2014年,本书第二版,由7个专题扩展为9个专题,更新了将近95%的内容。每个专题后面不再呈现完整的案例,但每一节都用类似"摘要"的方式介绍了可参考的范例。

2018年正式启动第三版的写作。2020年,接受李恒平先生的建议,增加了"教育统计与测量",作为本书第7章。除了新增加的第7章,第三版对其他各章都做了修改和调整。

新版修订的主要原因是:在"教育研究方法"的教学中以及在参与《全球教育展望》杂志的约稿、审稿和编辑的过程中,在选题、论证和论文撰写等方面积累了新的经验。更重要的原因是,中国教育界近年来越来越强调教育实证研究。第三版大量增加了教育实证研究的方法论以及发表论文的写作建议。

为了便于阅读,本书特别看重"另起一行"的写作方式。每段话短则两三行,长则五六行,尽量不超过十行。

在第三版的修订过程中,得到不少人的帮助。肖思汉博士在文献综述以及课堂话语分析上提供了丰富的资料。高慎英博士和黄小瑞博士合作撰写了第7章。肖洋博士对第7章做了详细的校对并提出了修改建议。于书林博士和秦乐琦博士提供了如何撰写实证研究报告的采访稿。李恒平先生就书稿的结构以及案例提供了大量的修改建议。

华东师范大学课程与教学研究所为我的写作提供了宜人的学术环境。广州市海珠区第二实验小学教育集团的林秋玉校长、王瑜校长和朱晓蓉校长,以及集团高研班星期一例会为本书的撰写提供了大量的研究案例和研究思路。吴颖民教授和他带领的"四个猴子"在教育对话中为本书的撰写提供了灵感。

感谢所有帮助我的老师和朋友!

刘良华

2021年3月3日上海·文沁苑